Clarae Simplicesque Explicationes Libri
Apocalypseos B. Joannis Apostoli Praecipuis
Ecclesiae Universae, Historiaeque Imperiorum
Eventibus Applicatae Usque Ad Nostra Tempora.
Adjunctis Quibusdam Plausibilibus Circa Futura
Conjecturis ...
by P. F. Verschraege

Address:
HardPress
8345 NW 66TH ST #2561
MIAMI FL 33166-2626
USA
Email: info@hardpress.net

AD MAJOREM DEI GLORIAM

CLARÆ SIMPLICESQUE EXPLICATIONES

LIBRI

APOCALYPSEOS

B. JOANNIS APOSTOLI

PRÆCIPUIS ECCLESIÆ UNIVERSÆ, HISTORIÆQUE IMPERIORUM EVENTIBUS APPLICATÆ
USQUE AD NOSTRA TEMPORA.

ADJUNCTIS QUIBUSDAM PLAUSIBILIBUS CIRCA FUTURA CONJECTURIS
EX SCRIPTURA SACRA, S. S. PATRIBUS, ALIISQUE CATHOLICIS INTERPRETIBUS,
ADJECTIS ETIAM HINC INDE NONNULLIS EX PROPRIO
STUDIO ET MEDITATIONE.

AUCTORE P. F. VERSCHRAEGE,

PRESBYTERO.

TOMUS PRIMUS.

TORNACI

E TYPIS J. CASTERMAN FILIORUMQUE,
CANCELLARIÆ EPISCOPALIS TYPOGRAPHORUM.

1855

CLARÆ SIMPLICESQUE EXPLICATIONES

LIBRI

APOCALYPSEOS

B. JOANNIS APOSTOLI.

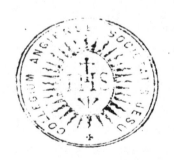

APPROBATIONES.

Ad petitionem Patris Amati a S. Familia, vicarii Provincialis Ordinis nostri in provincia Flandro-Belgica, Ego infra scriptus attente perlegi, quasi ex integro, præsens Opus, sive *Explicationes* infra scriptas *in Apocalypsim B. Joan. Apost.*, idque dignum judicavi quod typis mandetur.

Romæ, 4 Junii 1847.

J. LEOPOLDUS A S. HIER^{mo}. B. D^{ns}.

Commentaria in Librum Apocalypseos à Rev. Dno. VERSCHRAEGE, Hospitii Civilis Iprensis Eleemosynario exarata, ex Judicio S. Facultatis theologicæ Lovaniensis cui submissa fuerunt, ne verbum quidem continent quod cum Fide Catholica, aut moribus christianis pugnet. Insuper confidimus ea grata esse futura viris ecclesiasticis qui in sacræ Scripturæ Commentariis piam et plausibilem meditationem quærunt, potius quam acutam interpretationem. Ideo prædicta Commentaria in publicam lucem edi permittimus.

Brugis, 11 Augusti 1854.

† J. B. EPISC. BRUGEN.

AD MAJOREM DEI GLORIAM.

CLARÆ SIMPLICESQUE EXPLICATIONES

LIBRI

APOCALYPSEOS

B. JOANNIS APOSTOLI

PRÆCIPUIS ECCLESIÆ UNIVERSÆ, HISTORIÆQUE IMPERIORUM EVENTIBUS APPLICATÆ USQUE AD NOSTRA TEMPORA.

ADJUNCTIS QUIBUSDAM PLAUSIBILIBUS CIRCA FUTURA CONJECTURIS
EX SCRIPTURA SACRA, S. S. PATRIBUS, ALIISQUE CATHOLICIS INTERPRETIBUS.
ADJECTIS ETIAM HINC INDE NONNULLIS EX PROPRIO
STUDIO ET MEDITATIONE.

AUCTORE P. F. VERSCHRAEGE,

PRESBYTERO.

TOMUS PRIMUS.

TORNACI

E TYPIS J. CASTERMAN FILIORUMQUE,

CANCELLARIÆ EPISCOPALIS TYPOGRAPHORUM.

1855

PRÆFATIO.

M IRUM certo multis videbitur, et non immerito, postquam tot et tanti auctores antiqui
et moderni , in Apocalypsim scripserunt commentaria, virum obscurum non dubitasse, novam
adhuc Sacri istius Libri tentare lucubrationem.
Hujus autem opusculi conficiendi, mihi infra
scripto, quindecim abhinc annis, sic est oblata
occasio , præter meam ipsius expectationem.
Rogabar ut ad Reverendos Patres Carmelitas
Yprenses, in studiis suis tum Theologicis , tum
Scripturisticis adjutor accederem. Quod munus,
annuente Illustrissimo Domino VAN DE VELDE ,
tunc Gandensi simul et Brugensi Episcopo , sus-
cepi, et per octo annos præstiti ; donec illorum
studia Brugas translata fuerunt. At postquam
illis majorem partem Veteris , et fere totum
Novum Testamentum conatus eram, taliter qualiter, explanare ; veniens ad Librum Apocalyscos,

nullum inveniebam Auctorem, qui, meo judicio, tam probe difficilia enucleasset, obscura illustrasset, ut mihi et auditoribus meis nonnihil utilitatis, afferret. Ideoque fontibus omnibus exploratis, ex quibus boni aliquid me posse haurire sperabam ; et ipsis mecum invocantibus lumen ex alto, ut sensum, saltem utilem, inveniremus illorum locorum, de quibus Auctores quos consulere poteramus, vel nihil, vel non satis plausibilia dicebant ; annotavi omnia quæ mihi optima tandem videbantur. Inde duo volumina manuscripta exorta sunt. Quæ cum placerent supradictis Religiosis, et aliis sacerdotibus, qui ex occasione aliquid de illis viderant, cumque opus Universitati Catholicæ in examen traditum, etiam satis placeret, Rev. Patres supradicti illud etiam Romæ examinandum tradiderunt, Romæ dein prælo committere intendentes; quod tamen, exortis in Urbe sancta magnis turbationibus, nequaquam fieri potuit. Ideo postea rogavi ut, si facultas suppeteret, Manuscriptum ad me remitteretur, et remissum est ; sed contra meam expectationem, Romæ approbatum a celebri Patre Leopoldo, Generali emerito Ordinis Carmelitarum. Nunc ergo, addita licentia Illustrissimi ac Reverendissimi Episcopi nostri, qui et testatur de Judicio Universitatis Lovaniensis, ausus sum tandem opus imprimendum tradere Dominis Casterman, typographis Tornacensibus, qui jamjam illud prælo subjiciunt.

Opus in septem partes divisum est, quarum sex repræsentant sex ordinarias dies Magnæ Hebdomadæ, per sex principaliores ætates Ecclesiæ Christi, incipiendo ab Ascensione Domini; septima vero pars, consideratur ut magnum æternumque Sabbatum, ad quod pertinet, quasi Parasceve, quidquid triste præcedere debet extremum mundi Diem, et etiam extremum Judicium; sicut in Veteri Lege vespera Feriæ sextæ, et tota sequens nox, pertinebat ad Sabbatum. Sex ergo prioribus partibus, sub aliis et aliis imaginibus, sexies repetitur Historia Ecclesiastica; ultima parte datur descriptio Jerusalem Cœlestis.

Nonnulli forte objicient : multa in eo esse prolixiora; sed in votis erat nullas difficultates inexplanatas relinquere, et semper rationem plausibilem dare, cur multorum aliorum sententias non admiserim. Spero fore, ut attente et sine præjudicio legentibus, quantumvis imperfectum, probari, imo prodesse possit.

P. F. VERSCHRAEGE,

DIRECT. SP. NOSOCOMII BEATÆ MARIÆ VIRGINIS, YPRIS.

EXPLICATIONES

LIBRI

APOCALYPSEOS

SANCTI JOANNIS

PARS PRIMA.

CAPUT PRIMUM.

Asserit S. Joannes : rite legentes, vel audientes, ac custodientes rerum hoc libro contentarum, fore Beatos. Salutat septem Ecclesias, ad quas scribit. Angelus, Christum Dominum repræsentans apparet Joanni. Describitur hæc visio. Verba Christi ad Joannem, per Angelum.

1⁰ˢ Versus. Apocalypsis Jesu Christi, quam dedit illi Deus, palam facere servis suis, quæ oportet fieri cito ; et significavit mittens per Angelum suum, servo suo Joanni.

1° Quod antiquitus satis multum disputatum fuit, qua lingua hic *Liber* fuerit scriptus, jam ex primo verbo ipsius, incipit patere, quod quasi de industria, in textu latino conservatum est, sed totum pertinet ad linguam græcam ; sicut etiam *Alpha* et *Omega,* de quibus in tribus locis hujus *Libri* agitur. Titulus itaque et exordium hujus libri est :

APOC.   1

2° *Apocalypsis,* etc. , etc. Id est : Revelatio , seu collectio revelationum , primum accepta a *Jesu Christo,* *quam* scilicet revelationem *dedit illi,* nempe Filio suo , *Deus* Pater , *palam facere,* id est : Ut manifestaret , non omnibus , nec omnino clare et aperte ; sed *servis suis,* fidelibus Christianis , qui simplici docilique corde , pro propria proximique salute legem Dei meditantur. Nempe *quæ oportet fieri cito,* res quarum adimpletio *cito* incipiet, quamvis non *cito* debeat finiri ; cum per totam reliquam durationem hujus mundi debeat extendi ; nisi vox *cito* sumatur, comparative ad æternitatem futuram ; eo enim sensu , omnia *cito* transibunt ; et ita omnia , incipiendo a Christo Domino , *in fine temporum fieri* dici possunt. Dicit enim ipsemet sanctus Joannes (a) : *Filioli, novissima hora est,* etc.

3° Ex vocibus *cito fieri,* patet : Omnia quæ hoc *libro* continentur, debere intelligi de rebus tunc futuris, nullatenus de præteritis ; adeoque hic de præteritis non agi , nisi dum aliquando ut partes , unum totum cum futuris constituunt , veluti Patriarchæ et Prophetæ pertinent ad Ecclesiam Christi ; et sic de plurimis aliis ; vel dum præterita quædam, ut futurarum rerum figuræ allegantur.

4° Ex eo quod hæc omnia *servis Dei* revelentur , patet : omnia in Ecclesia catholica , vel circa eamdem Ecclesiam debere adimpleri ; nullaque hic reperiri, quæ non uno aliove modo ad eam pertineant, nempe : ut promissiones, ut monitiones , ut instructiones , ut persecutiones, ut prælia , ut triumphi, ut remunerationes, etc. Non enim pro satisfacienda curiositate, sed pro utilitate salutis , et consolatione omnium Fidelium , *servis suis* Christus hæc omnia *palam facere* voluit.

5° *Et significavit* seu nuntiavit, has res revelandas ,

(a) Ep. 1 , c. 11, v. 18.

mittens illas *per Angelum suum,* adeoque non immediate per seipsum ; sed *per Angelum* aliquem non certo cognitum ; sed quem non immerito aliqui opinantur fuisse Gabrielem Archangelum , qui missus etiam fuerat ad Danielem Prophetam ; et ad beatam Mariam Virginem , ad maxima mysteria nuntianda. Quisquis interim sit *Angelus* de quo hic , sæpe Christi Domini personam repræsentat , et quasi ex ipsius proprio ore loquitur , *servo suo Joanni.* Nempe *Discipulo* illi , *quem diligebat Jesus* specialiter ; Apostolo scilicet illi , qui in ultima Cœna supra pectus Domini recubuit ; tempore nimirum quo exulabat pro nomine Jesu in Insula Patmos ; uti mox patebit. Itaque sine ullo dubio , Joannes Apostolus et Evangelista , est auctor hujus Revelationum *libri,* quem scripsit in spelunca præfatæ Insulæ , ibidem relegatus sub Domitiano Imperatore , qui regnare cœpit anno Christi octogesimo primo , et occisus fuit anno nonagesimo sexto. Non autem certo scitur quo anno regni sui miserit Joannem Apostolum in ollam ferventis olei, et inde sanum egressum relegaverit in istam Insulam ; at certissimum est , hæc per illum Imperatorem facta fuisse.

2ᵘˢ VERSUS. Qui testimonium perhibuit Verbo Dei , et testimonium Jesu Christi , quæcumque vidit.

1° *Qui* nempe volente et jubente ipso *Christo,* has sequentes Revelationes conscripsit, ad *septem Ecclesias,* de quibus postea , nominatim ; et per eas ad *Ecclesiam universam* misit , et testatus est Revelationes has a Deo esse.

2° Ex præcedentibus invicte probatur Canonicitas hujus *libri,* de qua prioribus Ecclesiæ sæculis etiam multum disputabatur, sed quæ post plurima alia Conci-

lia generalia, et particularia, a Concilio Tridentino defi-
nita est, Sessione quarta, ubi eodem etiam decreto *Liber*
ille Sancto Joanni Apostolo tribuitur; quod proinde
nunc est de fide.

3ᵘˢ VERSUS. Beatus qui legit, et audit Verba
prophetiæ hujus, et servat ea, quæ in ea scripta
sunt; tempus enim prope est.

1° Dicit itaque Sanctus Joannes, inspirante, et quidem urgente Spiritu Sancto; *Beatus,* id est : Beati erunt
omnes, qui attente legendo, vel audiendo, pro salutari
sua instructione, conabuntur perscrutari hunc *Librum;*
et fideliter conformare vitam suam doctrinæ in eo contentæ, firmiter adhærendo veritatibus propositis; exse-
crando errores ibidem damnatos ; evitando causas minarum ; practicando diligenter virtutes requisitas ad
obtinenda bona *in hoc Libro* promissa.

2° Æquivalentia verba, seu monita leguntur iterum
in fine *Libri* hujus ; nempe capite vigesimo secundo,
versu septimo. Sed quo jure potuit Spiritus Sanctus
inspirare, et Sanctus Joannes scribere talia, si verum
sit, quod plurimi, etiam inter sacerdotes, opinantur :
hunc *Librum* esse tam obscurum, ut vix, vel ne vix, a
sublimioribus ingeniis aliquousque intelligi valeat ? Ad
quid Sanctus Joannes *Revelationes* tam obscuras misisset
ad septem Ecclesias quas ipse dirigere solebat, nempe
per Episcopos sibi subditos ? Etenim quod vix paucis
potest prodesse, videtur non debere mitti indiscriminatim ad omnes.

3° Nec ad hæc responderi debet : *Librum* hunc solis
Episcopis fuisse destinatum, qui eum pro sua propria
directione perlegerent, et hinc inde aliquid populis
suis, vel quibusdam particularibus, pro captu singulorum explicarent; dicit enim Sanctus Joannes : *Beatos*

fore, non solum *legentes*, sed et *audientes*; adeoque comprehendere videtur etiam imperitos, illitteratos, qui nequidem *legere* possunt, sed qui *legentes* dociliter *audiunt*; et non solum commendat partes aliquas; v. g. clariores; sed indistinctim omnes partes, dicendo : *Verba prophetiæ hujus*; omnia autem quæ in *hoc Libro* continentur, sunt *Verba prophetiæ hujus*, ergo, etc.

4° *Verba* itaque illa, sunt *totus Liber Apocalypseos*; sed quomodo aliquis erit *Beatus legendo*, vel *audiendo* res, quas non potest intelligere? Aut quare illa *beatitudo* omnibus obtinenda proponitur, si nonnisi a paucissimis ex doctioribus assecutio ejus sperari debeat? Sed adhuc præcipuum est, quod nunc sequitur ; nempe :

5° *Et servat ea,* id est : qui observat ea quæ ibidem docentur, vel præcipiuntur. Quomodo iterum poterit aliquis *servare*, seu observare quæ non intelligit? Ad quid tunc minæ negligentibus, aut spernentibus ea? Ad quid splendidissimæ promissiones observantibus ?... Ex illis omnibus omnino concludendum putamus : *Librum Apocalypseos* posse intelligi, etiam ab ingeniis mediocribus; modo velint diligenter illi incumbere, et ad hoc gratiæ cœlestis lumen ferventer implorare ; ad quæ utique sacerdotes inprimis teneri putamus, minus vel magis stricte, prout plura vel pauciora talenta receperunt, vel cura animarum ipsis commissa est ; ut ex ditissimo illo thesauro, pro opportunitate, sibi et proximo salutaria haurire valeant.

6° Nec objici debet : inutilia videri conamina ad recte intelligendum illum *Librum*, cum Ecclesia de sensu variarum illarum visionum fere nihil definierit, et inde quidem ipsimet sancti Patres, aliique magni auctores post illos, moraliter omnes, in varias sententias circa istarum significationes abeant : aliis passim aliter opinantibus ; præsertim adhuc, quia lapsu temporis non—

nullæ sanctorum Patrum explicationes demonstratæ sunt infundatæ; uti illa, v. g. , quæ jam a plurimis sæculis finem mundi adesse supposuerat, ex nonnullis signis quæ Judicium Extremum proxime præcedere debere putabantur. Et aliæ non paucæ. Etenim sufficit in omnibus istius *Libri* partibus , sensum vere pium, et Fidei catholicæ evidenter non contrarium, consequenter ædificationi Fidelium utilem invenire ; et talem sensum invenerunt omnes sancti Patres, et ideo *Librum* illum maximi fecerunt, eumque summa cum aviditate ac devotione legerunt ; dumque per experientiam cognoverunt unam quamdam conjecturam fuisse erroneam , animum non perdiderunt pii interpretes , sed continuo aliam quæsierunt. In hoc laudabiliter et cum fructu, recentiores multi imitati sunt antiquos. Nos ergo habentes tot fontes purissimos et abundantissimos , hauriamus etiam ex illis diligenter; conferamus multorum labores, meditemurque ferventer cœlestem illum *Librum;* et sicut prædecessores sibi et nobis, sic forte nos , nobismetipsis et aliis prodesse poterimus, per gratiam Dei.

7ᵘ *Tempus enim prope est.* Nempe *tempus* remunerationis piorum , et punitionis impiorum. Si enim hoc intelligatur de *tempore* Judicii Extremi ; considerando ea quæ dicta sunt supra , de voce *cito,* sciemus vere non procul abesse , quidquid in hoc mundo fieri debet ; sed notandum est : *tempus* mortis singulorum hominum , eorum sortem æternam determinare , ex statu in quo tunc reperiuntur; et utique nemo sanæ mentis dicere audebit : non prope adesse illud, quod in fine vitæ suæ debet habere locum ; cum ad singulum momentum contingere possit. Ergo , etc. , etc.

4ᵘˢ VERSUS. Joannes septem Ecclesiis , quæ sunt in Asia. Gratia vobis, et pax ab eo, qui est, et qui erat , et qui venturus est ; et a septem spiritibus , qui in conspectu throni ejus sunt.

1° *Joannes* Apostolus nempe et Evangelista , scribit præsertim illis *septem Ecclesiis,* seu Diœcesibus , quia illi specialiter cura illarum incumbebat; in illis maxime Evangelium prædicaverat ; aliquibus ex illis , Episcopos constituerat dignissimos, Discipulos suos, etc. Nihilominus quæcumque illis scribit, pro omnibus, vel tunc, vel unquam postea existentibus Ecclesiis, et pro omnium temporum et locorum Fidelibus etiam scripsit ; inde omnes debent allaborare, ut pro necessitate et utilitate sua spirituali , partem fructuum harum Revelationum sibi acquirant ; quæ enim de Cœlo concessa sunt generi humano pro omnium salute, a nemine negligenda sunt.

2° Ex hoc tamen nullatenus concludi debet : quod etiam simplices Fideles, propria auctoritate, cum fructu legere possint *Librum Apocalypseos,* quodque diligenter meditando , ipsi indocti ac rudiores, etiam mulierculæ , illum intelligere valeant : nullus enim unquam hunc , vel alium quemvis librum Scripturæ Sacræ , cum fructu salutari leget , vel audiet , ex toto, vel ex parte, nisi sit sincere obediens filius Ecclesiæ catholicæ ; quæ ut prudens Mater , prohibet, ne quis lingua vernacula legat Scripturam Sacram , aut quamcumque ejus partem (a) nisi ob specialem suam capacitatem, licentiam ad hoc *in scriptis* obtinuerit ab Episcopo suo ; excepto : dum traductio secum habet claras explicationes a quodam doctore evidenter catholico.

3° Itaque *septem Ecclesiis , quæ sunt in Asia.* Hic *Asia* non debet, nec potest sumi pro magna illa Asia , quæ una ex quatuor mundi partibus dici solebat, et erat omnium maxima ; sed pro *Asia* Minori , quæ est

_____
(a) Conc. Trid. Regula Indicis 4.

solummodo parva pars Majoris. Sciendum interim , quod , uti sanctus Hieronymus aliique sancti Patres docent, in sacro hoc *Libro*, tot contineantur sacramenta, seu mysteria, quot verba ; consequenter etiam in nomine istius regionis , etiam aliquod mysterium latere videatur ; et similiter in numero *Ecclesiarum* existentium in illa regione , ad quas scripsit Sanctus Joannes , non solum breves epistolas , quæ in secundo et tertio capite leguntur ; sed totum hunc *Revelationum Librum*. Ac tandem mysteria etiam non negligenda detegere conabimur, in cujusque *Ecclesiæ* nomine.

4° Hæc omnia forte multis videbuntur nimis nova, et non satis fundata ; nos autem : illa quidem valde antiqua non putamus ; sed non propterea rejicienda existimamus ; invenimus enim fere omnia ista in auctore quodam evidenter catholico , pio , et valde docto, sed anonymo ; qui sub violentissima Gallorum Revolutione, et persecutione , versus finem sæculi decimi-octavi , scripsit ; cujus opus satis rarum, et ignoto loco impressum est ; sed in quo multa reperiuntur conjecturaliter prædicta , quæ eventibus comprobata sunt , dum ejus liber jam diu fuerat in domo mea ; et consequenter non fuit scriptus post facta. Ideoque non est spernendus.

5° Illa igitur *Asia septem Ecclesias* particulares continens, videtur significare orbem catholicum universum ; non solum in sua extensione , sed et in sua duratione ; prout universam Christi Ecclesiam, ab initio ejus usque ad finem ejus in terris continet. Vox enim *Asia ,* significat *Lutosa ,* seu *turbida ;* talis autem semper potest dici *Ecclesia* militans , tum propter continuas tribulationes quas patitur , tum propter plurima peccata multorum membrorum suorum ; quamvis alio sensu , vere sit *tota pulchra ,* et *macula* in ea nulla reperiatur. Reliqua in sequentibus paulo serius explicantur.

6° *Gratia vobis et pax.* Hæc est Apostolica salutatio, qua Sanctus Joannes omnibus Fidelibus Dei efficax auxilium ad bonum operandum , misericordiam , omnemque favorem cœlestem , ac benedictionem , veram ac perpetuam in terris *pacem* Christianam , apprecatur , uti etiam reliqui Apostoli in suis epistolis facere solebant.

7° *Ab eo ,* nempe Deo ; *qui est.* Hic titulus , quasi nomen Dei, ipsique soli proprium , per ipsummet Deum Moysi declaratur, dum dicit *Ego sum qui sum. Dices illis,* nempe Israelitis ; *Qui est , misit me ad vos* (a). Scribit ergo Sanctus Joannes a parte illius , qui necessaria existentia gaudet, seu est *Ens a se,* et omnino independens. *Et qui erat ;* qui ab æterno existit, sine initio. *Et qui venturus est.* Id est : qui etiam in futuro semper existet sine fine. Hic est enim sensus illius termini *venturus est ;* quamvis aliqui auctores, et etiam non male , hoc intelligant de *Christo venturo* in fine mundi , ad judicandos vivos et mortuos.

8° Pergens adhuc addit : *Et a septem Spiritibus,* itaque Sanctus Joannes etiam precatur Fidelibus *septem Ecclesiarum ,* protectionem, et quoscumque favores Angelorum, et quidem præcipuorum principum aulæ cœlestis , qui nempe proxime Deo adstantes , apud eum , uti primarii ministri, plurimum valent ; cum sint illi ipsi, ex quibus unum se esse asserit Archangelus *Raphael ,* comes potentissimus ac mire beneficus, junioris Tobiæ, sanator oculorum senioris. Ergo *a septem* illis *Spiritibus.*

9° *Qui in conspectu throni ejus sunt.* De quibus in sequentibus adhuc sæpe erit mentio ; sed inde jam modo constat , (quod etiam aliunde de fide est,) Angelos in cœlo curam de nobis habere ; non enim sine causa addidit hoc Sanctus Joannes.

10° His nunc prælibatis, *septem* illæ *Ecclesiæ* particu-

(a) Exodi , c. iii . v. 14.

lares olim in Minori Asia existentes, uti jam incepimus dicere, significabant *Ecclesiam universalem;* sed
præsertim in septem præcipuis Epochis, seu Ætatibus
suis. Consequenter et *Angeli* seu Episcopi earum, præ-
figurabant summos Pontifices; non unum aliquem pro
singula Epocha, sed omnes qui in variis istis temporibus debebant existere. Etiam status singularum istarum *Ecclesiarum,* de quibus hic quæstio est, prænuntia-
bat statum universalis Ecclesiæ, quæ in diversis suis
Epochis, vel calamitatibus turbata per persecutiones,
hæreses, schismata, aut scandala, vel illustrata trium-
phis, in spiritu prophetico, a Sancto Joanne prævideba-
tur. Consequenter omnia quæ in sequentibus Epistolis
dicit inspiratus Scriptor, de Episcopis seu *Angelis septem*
illarum *Ecclesiarum,* et de populis illis commissis, non
de istis solummodo, sed etiam, et forte maxime, de
Pontificibus Romanis, in *septem Ecclesiæ Catholicæ* Epochis, et de universo populo Christiano illis commisso,
potest, aut debet intelligi. Inde.

Divisio hujus opusculi.

1° Variis modis a variis auctoribus dividuntur Epochæ
Ecclesiæ Christi, quæ *Ætates* dici solent. Singuli suo
modo reddunt rationem, quare unum vel alium modum
divisionis adoptârint. At omnibus attente consideratis,
nobis præplacuit divisio, quam proponit et sequitur
opus cui titulus : *Bible de Vence;* ubi sumitur :

Prima Ætas, ab initio prædicationis Evangelii per
Apostolos, usque ad Arianismum; circa annum Christi
320.

Secunda Ætas, ab initio Arianismi, usque ad invasionem Barbarorum in imperium Romanum, inceptam per
Hunnos et Gothos, anno 395. Hæc Ætas est brevissima
tempore, sed eventibus valde notabilis.

Tertia Ætas, a præfata invasione usque ad initium Mahumetismi, anno Domini 609.

Quarta Ætas, ab initio Mahumetismi usque ad initium Lutheranismi, anno Gratiæ 1517. Hæc Ætas est hucusque longissima, et ob tyrannidem Mahumetanorum, et schisma Græcorum, valde calamitosa fuit.

Quinta ætas, ab initio Lutheranismi, usque ad completam extinctionem Imperii Romani, sub Francisco secundo, qui abdicavit, cogente eum Napoleone, anno reparatæ salutis 1806. Etenim ejus filius et successor, non resumpsit titulum Imperatoris Romani.

Sexta Ætas, est et erit a præfata abdicatione, usque ad proxima præludia Judicii Extremi. Incertum quamdiu hæc adhuc duratura sit.

Hic notandum : 1° Quamvis variæ, et aliæ aliis plausibiliores reperiantur opiniones, seu conjecturæ, in magnis auctoribus antiquis et modernis, circa annum quo mundus hic cursum suum terminaturus sit, et idem fere dicendum de *die,* in quo Judicium Extremum habiturum sit locum ; nullam admittere ut aliquousque certam, aut valde saltem probabilem, ergo valui; minus adhuc novam mihi propriam formare; cum Christus Dominus ipsismet Apostolis suis dixerit : *non est vestrum nosse tempora, vel momenta, quæ Pater posuit in sua potestate* (a). Quod autem tempus et momentum, adeoque et *dies,* et annus finis mundi, et Extremi Judicii, ex illis rebus sint, quæ Deo soli sunt cognitæ, patet etiam ex alio loco, ubi directe de his interrogatus ab Apostolis, dicit illis Christus : *de die autem illa, et hora, nemo scit, neque Angeli cœlorum, nisi solus Pater* (b). Si igitur Angeli in cœlis hæc ignorent, et Apostolorum non sit, ea cognoscere ; a fortiori nec nostrum est. Inde tam multi magnique Auctores, inter quos quidem celeber-

(a) Act. c. 1, v. 7. — (b) Matt. c. xxiv, v. 36.

rimi Sancti numerantur , qui certo existimabant mundum non debere stare usque ad tempus in quo nos vivimus , in conjecturis suis fuerunt decepti , et forsitan multi etiam hodiedum opinantes , non minus erunt decepti. Etenim non satis bene intelligere possumus quandonam exhausta reputari debeant signa , secundum , ultimumque Christi adventum prænuntiantia ; nec quomodo illa signa , præsertim ultima, debeant explicari ; nihilominus admisimus , et perseveranter admittimus ut probabile , non tamen ut certum ; quod paulo ante finem mundi , tandem per illos prædicatores, qui vocantur *septem tonitrua,* tremendum *tempus illud, et hora,* seu *momentum* sint prænuntianda; per unum ex ultimis effectibus misericordiæ divinæ, erga peccatores eousque differentes suam ad Deum conversionem; uti suo loco latius expendemus (*a*). Et quidem rationes (præter eas quæ ibidem explicatæ invenientur) in favorem istius opinionis, hæ considerandæ sunt : 1° Quod Revelationes hujus *Libri* dicantur : *Apocalypsis Jesu Christi, quam dedit illi Deus palam facere servis suis , quæ oportet fieri cito,* etc. Bene notetur : *palam facere.* Videtur autem ex illis verbis concludendum : quod si forte non simul et semel *omnia ,* saltem tandem aliquando *omnia,* debeant manifestari , seu *palam fieri ;* non solum singula ex eventu dum contingunt , sed et multa antequam contingant; nempe illa *quæ ,* proprie loquendo , *oportet fieri cito ;* adeoque et illa , quæ Sanctus Joannes audiebat quidem , sed prohibebatur *scribere in Libro ;* quia , uti videtur , erant per alios , debito tempore publicanda. Alias enim , illa Christus Dominus nec *servis suis palam fecisset,* nec per illa monita peccatores vocasset ad pœnitentiam ; cum in solius Sancti Joannis mente mansissent abscondita.

(*a*) Apoc. c. x , v. 3 et 4.

2° Cum utique illa *verborum tonitruorum* manifestatio, certis argumentis irrecusabiliter probata, posset in fine temporum aliquos adhuc convertere, indubie illud ulti-mum medium nullatenus negliget misericordissimus Deus, qui dicit : *Judicate, inter me et vineam meam ;* (id est : populum meum) *quid debui ultra facere vineæ meæ, et non feci (a)* ? Videretur ergo fundate aliquid objici posse, illis etiam sacri eloquii verbis : *voluntas Dei est omnes homines salvos fieri (b)*, si hoc ultimum medium, non tandem aliquando tentaretur.

3° Omnino videtur ipsemet Spiritus Sanctus in textu sacro hujus *Libri* nos monere : quod per *septem Ecclesias* particulares ad quas nominatim et directe scripsit Sanctus Joannes, non illas exclusive, sed *Ecclesiam* uni-versalem, in variis suis Ætatibus ; et per *septem Ange-los,* seu Episcopos earum, similiter non illos solummodo, qui tunc temporis præfatis *Ecclesiis* præerant, sed omnes, omnium *Ecclesiæ* Catholicæ Ætatum, Summos Pontifices, specialiter intelligere debeamus ; quia Epi-scopos comparat *stellis,* et *Ecclesias candelabris ;* imo illas illosque positive istis nominibus appellat. Dicit enim *Angelus* instruens Joannem (c) *septem stellæ,* nempe *quas vidisti in dextera mea ; septem Angeli sunt, septem Ecclesiarum. Et septem candelabra, septem Ecclesiæ sunt.* Nunc illa omnia attente meditemur : antea (d) ipse Sanctus Joannes dixerat : *Angelum* illum non solum *habere a dexteris,* sed *in dextera sua, septem* præfatas *stellas ;* et clarius adhuc ipsemet *Angelus* Christum Dominum repræsentans, se dicit illum : *qui tenet septem stellas in dextera sua (e).* Interim omnibus notum est : quod ad *dexteram* Christi collocari, sit signum perpe-tuæ benedictionis, et felicissimæ conservationis. Ita

(a) Isaie, c. v, v. 3 et 4. (b) I. Tim. ii, 4. — (c) Apoc. c. i, v. 40. — (d) Ibidem, v. 16. — (e) Apoc. c. ii, v. 4.

latro a *dexteris* Christi crucifixus , gratiam efficacem
veræ conversionis obtinuit , et *cum ipso eodem die fuit
in paradiso;* id est : in loco gaudii , qui antea quidem
infernus vocabatur , et fuerat carcer luctuosus prope
infernum damnatorum ; sed verus factus erat *paradisus,* a momento, quo anima Christi in cruce mortui, eo
descenderat ad consolandas, ac liberandas animas Justorum in eo detentas.

4° Deinde omnes electi ad gloriam sempiternam , in
extremo judicii die , collocati erunt *a dexteris* Christi
judicis ; et eo ipso certi erunt de sorte sua in æternum
beata. Si autem consideremus hic de *septem Angelis ,* vel
Episcopis dici : quod Christus Dominus illos non solummodo collocaverit , sed *teneat in dextera sua,* clare videbimus in hoc situ eorum , *seu stellarum* ipsos repræsen-
tantium , specialissimam protectionem et curam summi
Regis , ad eorum sempiternam conservationem ; non
enim *tenet in dextera sua* illas *stellas ,* ad projiciendas
istas postea, sed ad illas semper firmiter *tenendas;* attamen ex severis correptionibus, et minis, quas adversus
aliquos eorum dirigit , patere videtur : eorum salutem
nullatenus adhuc certam esse. Si autem ad hoc dicatur :
illam specialem continuamque conservationem *in dextera*
Domini , forsitan non esse singulis individuis Episcopis
promissam ad propriam salutem , sed potius ad perpetuam Episcoporum successionem in istis Ecclesiis asse-
rendam ; nec etiam hoc admitti potest ; quia nequidem
ipsæ *Ecclesiæ* conservatæ sunt, sed a multis jam sæculis
fere totaliter evanuerunt sub impia dominatione Mahumetanorum. Nimirum de civitate *Ephesi,* vix miserrimus
pagus superest. *Smyrna* quidem existit adhuc , diciturque illustris et populosa ; sed paucissimi ibidem habentur Christiani catholici. De *Pergamo* fere idem dicendum , quoad numerum Christianorum. *Thyatire* hodie-

dum Akihissar vocata , cum pristino nomine suo, etiam veram fidem totaliter perdidit. *Sardis* olim celeberrima civitas , non est amplius nisi valde ruinosus pagus. De *Philadelphia* etiam vix umbra aliqua superest. Tandem *Laodicea,* similiter est in statu valde misero, sub respectu veræ Religionis. Si vero hoc tempore adhuc antiquarum illarum *Ecclesiarum* tituli Episcopis catholicis assignentur, plerumque non fit, nisi cum addito : *in partibus infidelium ,* adeoque in locis ubi hodiedum nulla *Ecclesia* particularis existit. Tamen in Apocalypsi videntur , uti jam antea insinuavimus , præfatæ *Ecclesiæ* in perpetuum debere conservari, quia repræsentantur per *candelabra aurea ;* aurum vero nunquam perit , nequidem violentia ignis , quantumvis ardentis. Si tamen objiciatur : non istam materiam , sed *candelabrorum* formam facile posse destrui , ita ut massa auri cesset esse *candelabra ;* notetur : *hoc eodem Libro* (a) de Christo Domino dici : *Qui ambulat in medio septem candelabrorum aureorum.* At numquid supponi potest ibidem Dominus *ambulasse* solummodo pro brevi aliquo tempore ? Indubie ibi *ambulat* ad promissionem suam adimplendum qua dixit : *Ubi... sunt duo vel tres congregati in nomine meo , ibi sum in medio eorum* (b) Et alibi : *Ecce Ego vobiscum sum omnibus diebus , usque ad consummationem sæculi* (c). Nempe ad servos suos protegendos , stimulandos , et adjuvandos , ut fideliter in omnibus, perseveranter *ambulent in viis Domini ,* et sint perfecti , veluti monebatur Abraham Pater omnium credentium ; etenim *apparuit ei Dominus , dixitque ad eum : Ego Deus omnipotens : ambula coram me , et esto perfectus* (d). Si vero Christus Dominus non ita constanter et perseveranter *ambulasse* dici possit *in medio septem* istarum

(a) Apoc. c. II, v. 1. — (b) Matth. c. XVIII, v. 20. — (c) Ibidem. c. XXVIII , v. 20. — (d) Genesis. c. XVII , v. 1.

Ecclesiarum Minoris Asiæ , ad perpetuam illarum con—
servationem , sed justo judicio suo , ob nimia membro—
rum istarum peccata , eas perire permiserit, debet ergo
ejus *ambulatio in medio septem candelabrorum aureorum* ,
de *Ecclesia* universali intelligi, in qua hoc evidentissime
adimpletur.

5° Idem nunc est de Episcopis, seu *Angelis septem* ;
quos, uti supra etiam ostensum est , nos putamus esse
omnes universalis *Ecclesiæ* Summos Pontifices , nempe
Romanos ; si enim non ita Christus Dominus eos
tenuerit in dextera sua , ut omnes et singuli infallibiliter
salvarentur (notum est enim aliquos personaliter duxisse
vitam valde reprehensibilem ; nec de omnium vera con—
versione constare) duplici tamen modo dici potest , et
debet , Christus eos *in dextera sua* constanter *tenuisse ,*
et protexisse , scilicet 1° quia eorum successionem sine
interruptione fecit, et etiamnum facit continuari. 2° Quia
eos efficaciter semper adjuvit in docenda illibata , seu
incontaminata Fide ; præservavitque ab omni errore in
definitionibus ad Fidem illam , vel ad bonos mores
pertinentibus. Ergo. , etc. , etc.

6° *Septima tandem, et necessarie ultima Ætas ,* inci—
piendo per supradicta ultima præludia Judicii Extremi,
et per illud transeundo , erit *beata æternitas ,* in qua
celebrabitur magnum Sabbatum ; dum scilicet Deus cum
omnibus *electis suis introïerit in requiem suam* summe
perfectam , summeque beatam , etiam pro omnibus par—
ticipibus ejus , quamvis ex mensura *meritorum singulo—
rum, pro singulis differentem , sed pro omnibus sine fine*
duraturam. Hæc divisio hujus opusculi , et applicatio
sæpe dictarum *septem Ecclesiarum* ad *Ecclesiam* univer—
salem , clariores et magis fundatæ videbuntur , dum
convenientibus suis locis explicare conabimur istarum
Ecclesiarum nomina , quæ sunt Hebraïca , vel Græca.

7° Interim notandum : quod tum initium, tum finis singulæ Ætatis, nec sine particulari revelatione possit assignari, nec consequenter debeat sumi omnino stricte, præcise ad annum vel diem aliquem absolute determinatum;quia magni eventus solent a longe paulatim præparari, antequam initium clare distinctum sumant ; et similiter post completum cursum, nonnisi paulatim evanescere. Contrarium non contingit nisi in casibus valde extraordinariis,per specialem Providentiæ divinæ ordinem.

8° Sic igitur reperietur prophetica historia *Ecclesiæ* universalis, *primo :* in ordine quo ponuntur in hoc *Libro septem* illæ particulares *Ecclesiæ,* in earum statu, et nominis significatione. *Secundo :* in apertura *septem sigillorum,* et singulorum sequelis. *Tertio :* in sonitu *septem tubarum,* et his quæ post singulum sonitum contingere videbimus.

Sic pervenimus usque ad caput duodecimum, ubi per apparitionem symbolicæ *mulieris,* incipit *quarta* repetitio, sed non tam completa, nec tam clare septem Epochis distincta, ac præcedentes ; tamen lectorem iterum ducens ab initio usque ad finem Historiæ Ecclesiasticæ.

Capite decimo quinto resumitur *quinta vice* eadem historia, per effusionem *septem phialarum,* quæ repetitio est iterum septem Epochis clare distincta, et duobus capitibus comprehensa. Postea sequitur *sexta* repetitio, quæ claudit historiam Ecclesiæ militantis ; sed etiam non facile distribui potest per septem Epochas ; incipit tamen evidenter etiam, per primas Christianorum calamitates sub Paganorum tyrannide, et terminatur per extremum Judicium, clarius quidem quam in præcedentibus repetitionibus expositum.

Tandem *Liber Apocalypseos* clauditur per historiam, seu descriptionem *Ecclesiæ* triumphantis in cœlis, in

qua tamen reperitur adhuc aliqua recapitulatio, sive
rememoratio præteritorum, quæ locum habuerunt in
terris; quasi ad ostendendum omnia antea prædicta,
tunc esse plene adimpleta; omnia etiam promissa fideliter data, non solum bonis, sed et malis, unicuique
secundum merita sua; remunerationes scilicet in cœlis,
vel pœnas in infernis, utrasque perpetuas.

9° Ecce quare in septem partes *Librum Apocalypseos,*
et consequenter Commentariolum nostrum dividendum
putavimus. Nunc, quamvis jam forte nimis diu in his
præludiis hæsisse videamur, tamen necesse est, adhuc
aliquid addere, antequam ex professo textum sacrum
explicare incipiamus. Nempe posset objici : nos gratis
supponere quod Sanctus Joannes variis imaginibus fere
eadem *septies,* aut saltem *sexies* repræsentata viderit et
descripserit; sed potius, cum multis auctoribus antiquis
et modernis, debere judicari : quod per omnes Apoca-
lypticas visiones continuo nova sibi succedentia, seu
alia et alia significantia debeant intelligi ab initio usque
ad finem *Libri;* ita ut historia sine ullis repetitionibus,
in istis mirabilibus Prophetiis reperiatur.

10° Sed longa experientia factum est evidens : frustra
tentasse, quicumque hoc tentarunt Auctores, quantumvis pios et doctos; nullo enim modo probabili, aut plau-
sibili, potuerunt hunc *Librum* explanàre, nisi in eo
admittendo varias repetitiones. Inde jam ipse Sanctus
Augustinus expressis terminis asseruit : repetitiones in
Apocalypsi reperiri non paucas; non tamen dixit quot
habeantur. Aliqui Auctores æstimarunt ibidem reperiri tres repetitiones, alii quatuor, alii quinque, etc. At
cum in his nihil absolute certi habeatur; nos magis ac
magis illum *Librum* meditando, putavimus ibidem reperiri *sex,* et certo sensu, *septem* repetitiones; uti modo
supra monuimus, et postea latius probare conabimur.

11° Nec mirum videri debet in hoc *Libro* easdem res variis modis repeti , seu pluries prænuntiari , cum talia exempla satis frequenter in Scripturis sacris Veteris Testamenti reperiantur ; v. g. in somniis Joseph , filii Jacob ; in somniis Pharaonis, Regis Ægypti ; in somniis Nabuchodonosor, etc. , etc. Et hoc quidem factum fuisse asserunt optimi interpretes , ut res significatæ altius imprimerentur menti videntis vel audientis , utque magis magisque certæ apparerent , ac inde firmius crederentur. Si autem Sancto Joanni exhibitæ fuerint plures quam usquam alibi , repræsentationes earumdem rerum , inde concludendum est : quod Spiritus Sanctus voluerit valde speciali cura certiorem reddere *Ecclesiam Catholicam*, de rebus in isto mirabili *Libro* contentis. Ex his iterum patet : quanti sit faciendus idem ille *Liber ;* quantaque diligentia laborandum sit, ut ejus obscuritates eousque vincamus, ut cum fructu illum legere , et aliis explanare valeamus. His itaque præmissis , pergamus in examinando , ac meditando textum.

5ᵘˢ Versus. Et a Jesu Christo , qui est testis fidelis, primogenitus mortuorum , et princeps Regum terræ , qui dilexit nos, et lavit nos a peccatis nostris, in sanguine suo.

1° Uti vidimus versu quarto, precatur Sanctus Joannes fidelibus omnibus *gratiam et pacem , à Deo , et ab Angelis* assistentibus *throno ejus* ; nunc addit : *et a Jesu Christo.* Non ponit tamen hic *Jesum Christum* ultimo loco , quasi esset inferior *Angelis* , cum ipse e contra sit *Rex Angelorum* , et *Filius Dei unigenitus;* sed quia ipse propius accessit ad homines , per assumptam humanitatem , et per opus Redemptionis generis humani. Quia scilicet *inter homines visus est , et cum hominibus conversatus est (a).* Dum voluntarie ex amore hominum elegit poni *paulo minus ab Angelis,* at solummodo secundum humanitatem suam , in hoc mundo.

2° *Qui est testis fidelis.* Etenim Jesus–Christus missus est in mundum, ut *testis* Dei Patris apud homines ; et *fideliter testificatus est* voluntatem Dei , ejusque bonitatem in se , et erga creaturas suas , misericordiam , et justitiam ejus; suamque missionem a Deo Patre. Etenim *in hoc natus erat, et ad hoc venit , ut testimonium perhiberet veritati.* Illudque *testimonium* suum , sanguine suo confirmavit. Inde etiam omnes utriusque sexus Christiani , qui pro Fide Christi sanguinem suum fuderunt , specialiter *martyres ,* id est *testes* Christi vocantur. *Martyr* enim , quæ vox græce *martur,* vel *martus* scribitur : idem est, ac latine *testis.* Unde *martyrium ,* seu *testimonium.* Talibus itaque exclusive reservatur titulus *martyrum* seu *testium,* propter similitudinem mortis illorum, cum morte Christi; reliquis autem Sanctis , quamvis reipsa et illi *fideles testes Christi et Dei* existant , non datur gloriosus ille titulus , propter absentiam hujusmodi similitudinis. Sed resumamus textum.

3° *Primogenitus mortuorum. Primogenitus* dicitur , quasi *primo loco* ex omnibus *mortuis,* qui aliquando debebant a morte renasci ad vitam immortalem , secundum corpus et animam ; non enim erat Christus primus inter homines qui post mortem ad vitam in terris rediit , cum jam sub Veteri Lege aliquos mortuos resuscitatos cognoscamus ; nempe unum ab Elia , unum ab Eliseo, et unum qui injectus in sepulchrum hujus prophetæ , per contactum reliquiarum ejusdem, suscitatus fuit : deinde Christus ipsemet ante mortem suam , tres saltem , mortuos suscitaverat ; sed illi redierant solummodo ad

---

(a) Baruch , c. ııı, v. 36.. — (b) Ps. 8, v. 6. Et idem. Hæbr. c. ıı. v. 7.

vitam temporalem , iterum morituri post aliquod tempus ; Christus vero resurrexit nunquam amplius moriturus , et omnino impassibilis , sicut omnes electi ejus , ipso auctore , resurgent , in extremo die ; adeoque in hoc erat ille *primogenitus* inter omnes , unquam resuscitandos. Insuper et ipse dicitur, ac vere est.

4° *Princeps Regum terræ* , id est : *Rex* supremus, seu *Rex Regum et Dominus Dominantium* , a quo omnes Imperatores, Reges, Principes, et quicumque Dominatores terræ , cujusvis ordinis , (velint, nolint) , semper et in omnibus dependent , et cujus Vicarii sunt omnes quidem , sed præsertim Christiani ; et ut tales quidem , a tempore quo Religio Christiana satis in mundo stabilita fuit, ex manibus Summi Pontificis,Christi locum tenentis in terris, solebant coronam recipere, et ab eo inungi unctione incomparabiliter sanctiori , quam antiquitus , mandante Deo, dabant Prophetæ , Regibus sub lege Mosaïca ; de quo merito , usque ad nostra tempora , Imperatores et Reges Christiani gloriari consueverant ; inde etiam a populis Christianis maxima cum veneratione honorabantur. Si enim sub Lege Veteris *unctus Rex, Christus Domini* vocabatur , quia repræsentabat verum *Christum Domini venturum ;* a fortiori in Nova Lege *uncti Reges* repræsentant Christum , qui jamdiu venit , nimirum in rebus civilibus , in quibus solum sunt ejus Vicarii.

5° Additur adhuc : *qui dilexit nos,* et eousque quidem , ut *tradiderit semetipsum pro nobis ,* et patiendo ac moriendo in summis tormentis , *lavit nos a peccatis nostris,* per ineffabiles passiones et humiliationes reparando injuriam Deo illatam per peccatum ; sic abstergendo maculas animarum nostrarum, ac solvendo debita nostra *in sanguine suo* pretioso , quem usque ad ultimam guttulam propterea effudit. Hisque mediis.

**6ᵘˢ Versus. Et fecit nos Regnum, et Sacerdo-
tes Deo Patri suo; ipsi gloria et imperium, in
sæcula sæculorum. Amen.**

1° Itaque, *et fecit nos Regnum*, Christus Dominus præfiguratus per *Melchisedech Regem Salem, et sacerdotem
Altissimi*, et sub Deo Patre, supremus ac vere solus *Rex;*
dicit enim ipse, per os Davidis : *Ego autem constitutus
sum Rex ab eo super Sion, montem sanctum ejus.* Idem
ipse est summus ac vere solus *Pontifex*, seu *Sacerdos*,
dicit etenim, per eumdem, ipse Deus Pater Filio Christo:
tu es Sacerdos in æternum secundum ordinem Melchisedech.
Ast quia Christus Ecclesiam, seu populum suum, voluit
secum *unum esse, sicut ipse et Pater unum sunt*, fecit ut
omnes manentes in eo per charitatem, *et in quibus* consequenter *ipse manet*, certo sensu, sub ipso, cum ipso, et
per ipsum, sint *Reges* et *Sacerdotes*. Itaque verba illa : *et
fecit nos Regnum*, vere quidem significant : quod effece-
rit, ut nos populus ejus, essemus omnes simul *Regnum*
illius ; sed et significant : quod fecerit nos *Reges*, sive
constituerit nos *Reges;* et quidem in multis exemplaribus
græcis, ita exprimitur hæc phrasis. Sequitur tunc :

2° *Et Sacerdotes Deo et Patri suo.* Hoc eodem modo in
utriusque linguæ textu sacro. Christiani igitur, nempe
Catholici, cum Christo, per Christum, et sub Christo
supremo *Rege et sacerdote*, sunt omnes veri *Reges*, et
etiam *Sacerdotes Dei Patris.* Adeoque cum Christus in
omnibus, et per omnia quæ fecit et quæ passus est,
quæsierit non suam gloriam, sed gloriam Dei Patris sui,
seque et omnia sua, Patri in sacrificium obtulerit, sic
vult, totum populum sibi unitum, in omnibus, et
per omnia quærere gloriam ejusdem *Patris* cœlestis,
nullatenus gloriam propriam, seque et omnia sua,
continuo *Patri* in sacrificium offerre, nempe per ipsum-

met Unigenitum ejus Filium , semper etiamnum sacrificantur.

3° In variis hujus *Libri* locis clarius adhuc patebit , quomodo jam in hac vita omnes Christiani sint *Reges,* et ut tales se gerere debeant, ut maneant, et multo perfectius adhuc fiant, *Reges,* in vita futura et sempiterna ; sed ut jam modo clarius intelligatur quomodo sint *Sacerdotes,* non solum illi qui per Sacramentum Ordinis, veri et proprie dicti *Sacerdotes* facti sunt in hac Nova Lege , sed etiam simplices laïci utriusque sexus, sufficit notare, quod nemo ignorare potest ; omnes et singulos sacrificium Novæ Legis, nempe Eucharistiam , quotidie *Deo Patri* offerre; Presbyteri scilicet propriis manibus , viri laïci, et omnes mulieres, per manus Presbyterorum hoc faciunt ; sed omnes cum Christo , et per Christum , quia alias nullius sacrificium Deo Patri placere posset.

4° Cum itaque omnia debeant Deo offerri , illi totaliter consecrari, et subjici, ut supremo omnium Domino , Creatori, ac Gubernatori , ipsi , et ipsi soli, merito semper et per omnia, seu ab omnibus creaturis visibilibus et invisibilibus datur *gloria ,* ipsius agnoscitur *imperium in sæcula sæculorum ;* id est sine fine, in perpetuas æternitates duraturum. Et additur *Amen,* id est : ita fiat. Ex his, quæ in explanando hoc versu dicta sunt , etiam patet quomodo debeant intelligi illa, quæ scribit Sanctus Paulus ad Hebræos ; scilicet : quod in Veteri Lege , Aaron Summus Sacerdos , quia morte prohibitus erat in officio permanere, debuit habere successores ; Christus vero , Summus Sacerdos Novæ Legis, qui devicta morte , per ascensionem suam ingressus est verum æternumque Dei Tabernaculum, verumque Sanctum Sanctorum , semper mansurus; non debuit habere , nec, proprie loquendo , habuit successores ; omnes enim , qui in Ecclesia pro Christo Pontificatum gerunt , vel Sacerdotio quomodocumque funguntur ; non sunt ejus successores , sed solummodo servi illius , et repræsentantes, qui ipsius nomine, virtute, et potestate, officio funguntur visibiliter in terris; ipso incessanter et principaliter fungente in Cœlis.

7ᵘˢ Versus. Ecce venit cum nubibus,et videbit eum omnis oculus, et qui eum pupugerunt. Et plangent se super eum , omnes tribus terræ : Etiam : Amen.

1° Sanctus Joannes utique scribens ut homines *intelligerent ac novissima providerent* (a) , jam ab initio operis sui ostendit : supremum Judicem Christum *cito* adfuturum; eo nempe sensu, uti ad versum tertium adnotavimus; dicens : *Ecce venit,* quasi ipsum jamjam advenientem eminus aspiceret ; ut certo aliquando futurus adventus ejus, cujus ignoramus momentum, semper sit nobis in mente præsens , et conemur continuo ad illum esse parati.Sed monet illum *venire,*non *de,*vel *ex nubibus.*

2ⁿ Sed *cum nubibus.* Quænam , aut quales sunt illæ *nubes?* et ad quid *cum istis venit Judex?* Etenim hic non videtur agi de *nubibus* materialibus, quales in aere quotidie aspicimus; sed de quibusdam *nubibus* spiritualibus; quia in hoc *Libro* ordinarie spiritualiter intelligenda sunt illa, quæ per vulgares terminos, res materiales litteraliter significantes , exprimuntur. Alias sæpissime esset impossibile sanum sensum invenire. Et etiam tunc non reperiretur verum , quod singula hujus *Libri* verba, contineant mysteria. Multi quidem auctores , aliquos terminos materialiter intelligentes , sæpe inutiles , evidenter erroneas , et interdum fere ridiculas explicationes tradiderunt , in variis hujus *Libri* partibus , et

_____

(a) Deuter. xxxii , 29.

etiam in aliis nonnullis locis Scripturæ Sacræ ; uti post ea non pauca exempla probabunt. Sed resumamus quæstionem.

3° Hic igitur *nubes,* videntur esse, seu significare : multitudinem Angelorum et Sanctorum , quibuscum Christus Judex de cœlo descendens *veniet.* Hoc putamus 1° quia fide certum est , quod maxima tali multitudine stipatus venturus sit Dominus ad judicandum univer- sum mundum. 2° Quia tunc renovata tota natura, *nubes* materiales probabilissime nullæ existent , cum nulla amplius pluvia tunc erit terræ necessaria. 3° Quia nubes ordinarie non veniunt , seu *descendunt* de cœlo ; sed e contra, de mari, ac humidis partibus terræ, *ascendunt* ac cœlum aereum ; nec inde *descendunt,* quamvis pro varia dispositione atmosphæræ sint minus vel magis alte suspensæ , nisi dum in pluviam , nives , vel grandines dissolutæ , descendendo dispereunt. 4° Tandem , quia in Scriptura Sacra, per *nubes cœli,* non raro cœlitum mul- titudines significari , omnibus aliquousque eruditis notum est.

4° Interim , ut quantum in nobis est, nulli objectioni locum præbeamus ; quia pro tertia ratione opinionis nostræ , quantum ad præfatas *nubes ,* diximus : *nubes ordinarie non descendere,* sed potius *ascendere,* quia for- mantur ex vaporibus ascendentibus , etc. , notandum est : in casibus extraordinariis posse , non quidem *nubes ,* sed vapores, ex quibus formantur, primo *nubes ,* deinde pluviæ abundantes , ex altissima parte atmos- phæræ nostræ , seu cœli aerei descendere. Ibi enim suspensæ sunt aquæ copiosæ, in tenuissimis vaporibus redactæ, quæ oculis nostris non apparent ; et merito æstimantur esse illæ aquæ , de quibus Scriptura Sacra dicit : *quæ erant super firmamentum* (a) id est : supra

(a) Gen. c. 1 , v. 7.

spatium ubi *nubes* visibiles firmiter in aere feruntur,
videlicet quamdiu non uno aut alio modo, dissolvuntur.
Isti vapores denuo condensati , seu aquæ superiores,
descenderunt tempore diluvii universalis, dum dicitur :
cataractæ cœli apertæ sunt (a) ; ut simul cum aquis
nubium inferiorum , maris, fluviorum, fontium , etc. ;
totam terram inundarent. Forte etiam eædem aquæ
produxerunt, sereno aere paucis adhuc antea momentis,
subitam copiosamque illam pluviam, tempore Eliæ prophetæ (b) ; et in quibusdam aliis casibus. Sed tunc
etiam : non descendebant *nubes,* sed pluviæ. Dominus
autem non dicitur *venire* cum pluvia , sed *cum nubibus.*

5° Sequitur tunc : *Et videbit eum omnis oculus.* Judicem venientem inevitabiliter omnes homines *videbunt ,*
non solum oculis corporis ; sed et oculis mentis ; adeoque et cognoscent eum , sive antea cognoverint sive
non ; scientque ipsum esse eumdem *Dominum Jesum
Christum ,* qui olim pro salute omnium hominum in
Cruce passus et mortuus est ; et quidem clare distin-
guent vulnera in manibus, pedibus, et latere ejus, quæ
in Cruce ex clavis et lancea recepit. Reliqua vulnera ,
quæ Christus durante passione sua recepit , ex flagellatione, ex corona spinea etc. ; contusiones , et vestigia
vinculorum ; etiam macerationes ex jejuniis, laboribus,
et vigiliis, sanata et restaurata fuerunt, ita ut nihil inde
remaneret post resurrectionem ejus ; sed quinque illa
vulnera , quæ in ipsa Cruce receperat , fuerunt conservata, ad demonstrandam identitatem personæ ejus, dum
redivivus repetitis vicibus Discipulis suis apparebat ; et
etiam ad idem præstandum in extremo Judicio.

6° *Et qui eum pupugerunt ,* utique illi etiam ipsi, qui
eum crucifixerunt, et ea vulnera manibus, ac pedibus

(a) Gen vii, v. 2. — (b) Reg 3 . c. xviii. v. 44.

intulerunt, ac tandem latus et cor transfixerunt, *videbunt* et agnoscent ; esse eumdem ; fatebunturque Judices, qui eum condemnaverunt, adimpletam tunc esse prophetiam ejus, dicentis fore ut *viderent ipsum venientem cum potestate magna et majestate* (a). Omnes etiam Pagani, qui vel illius existentiam ignoraverunt, vel saltem ejus fidem non cognoverunt, aut rejecerunt; ejus servos persecuti sunt, etc. Omnes similiter hæretici, qui ejus divinitatem negaverunt, aut alio quocumque modo, Sanctissimam ejus Doctrinam falsificaverunt, *videbunt* et necessarie coram universo mundo, agnoscent eum, ut verum Filium Dei, æqualem Patri secundum divinitatem, quamvis sit minor Patre secundum humanitatem suam.

7° *Et plangent se super eum, omnes tribus terræ.* Bene hic notandum quod dicatur : *plangent se,* non vero *plangent eum.* Quia certe tunc nullatenus ille parebit *plangendus,* uti olim bajulantem crucem mulieres amicæ *plangebant;* nec *plangent* de eo, quasi aliquid minus quam æquum et justum erat, pro ipsis fecisset ; sed *plangent se super eum;* et quidem *plangent omnes tribus terræ!*... Videlicet *mali plangent,* quia sua culpa *eum* vel non cognoverunt, vel non receperunt ; vel eum in propria persona, aut in servis ejus, persecuti sunt; vel eum in vera fide non fideliter adoraverunt, aut saltem in ejus servitio non usque ad finem perseveraverunt. *Boni* etiam, certo sensu, *plangent;* considerantes quod pro tanto amore, pro tanta bonitate, propter tanta bona fidelibus servis Dei promissa, et jamjam præstanda ; sed maxime propter tam ineffabiles perfectiones Dei, non ferventius in vita sua Deum et Christum amaverunt ; non fidelius illi servierunt, quam recordabuntur se in terris fecisse. At Beatorum *planctus* nullatenus erit afflictivus ; reproborum autem *planctus,* quia sero veniens, nullatenus uti-

(a) Luc. c. xxi, v. 27.

lis ; et ideo desperate furiosus. Insuper notandum :
quod si plangant se reprobi, non erit more dolentium
de peccatis , ad obtinendam remissionem, sed more
convictorum de aliquo crimine , qui coacte fatentur se
male fecisse , ac justam esse pœnam illis paratam ; non
tamen corde humiliantur. Etenim reprobi dæmonibus,
quorum servi fuerunt in vita , assimilati post mortem ,
erunt immutabiliter obdurati in malo , nec poterunt
bene velle', sed nec poterunt amplius negare , aut dissi-
mulare evidentem veritatem , quæ manifestissima tunc
erit omnibus creaturis rationabilibus.

8° Tandem pro omnium legentium , vel audientium
saluberrima monitione additur : *Etiam;* quasi diceretur :
omnino , seu certissime ita erit. Et quia hæc omnia ita
exigit , ab una parte summa Dei Justitia ; ab altera
parte summa Dei bonitas, misericordia , et fidelitas ;
claudit Sanctus Joannes terribilem hunc versum , quasi
exoptando , adeoque approbando , omnia quæ præce-
dunt , dicens : *Amen.* Quæ est vox Hebraïca , tam in
Græco , quam in Latino textu conservata , et significans
fiat, seu ita sit, aut *contingat :* etiam interdum significat :
in veritate ; certe ita est , etc. , etc. , prout sensus præcedens, aut sequens, ad quem refertur , requirit.

8ᵘˢ Versus. Ego sum Λ et Ω, principium et
finis, dicit Dominus, Deus, qui est, et qui erat,
et qui venturus est, omnipotens.

1° A , id est : Alpha , est prima littera Alphabeti
græci, Ω seu omegna, id est: o magna, est ultima ejusdem
Alphabeti littera ; inde convenienter *principium,* seu initium, et *finis* seu terminus omnium rerum , per duas
illas litteras significantur; et ex hac comparatione, quæ
ter in hoc *Libro* recurrit , iterum clare patet : hunc
Librum originaliter Lingua Græca fuisse conscriptum.

Præfata enim locutio, sive comparatio, in nulla alia lingua, ni fallor, locum habere potest; etenim quamvis littera A soleat esse prima in omnibus alphabetis; O *omega* in aliis, quas novi, linguis non reperitur; et simplex *o*, nullibi, quod sciam, est ultima littera. Ergo, etc.

2° Quamvis Verba totius hujus versus, possint intel— ligi vel de Deo Patre, vel de tota sanctissima Trinitate ; tamen quia immediate antea Sanctus Joannes locutus est de Christo venturo ut Judex totius mundi, debent hæc de Christo intelligi, nimirum secundum ejus divi— nitatem ; quod tanto certius est, quod in omnibus scri— ptis suis, continuo conatur demonstrare divinitatem Christi Domini, contra hæreticos, qui jam illius tem— pore, illam negare inceperant, erantque præcursores multorum nostri temporis hæreticorum, in eodem dog— mate pertinaciter errantium.

3° Dicit itaque Christus, *Dominus* supremus omnium rerum, et ipse *Deus*, consequenter et *omnipotens;* (pro eis quæ sequuntur, *qui est, qui erat,* etc. Videantur dicta in versum quartum ;) *dicit* inquam, *Ego sum... princi— pium,* videlicet initium omnium rerum; id est : Creator universi, à quo, sine exceptione omnia existentia pro— veniunt, cui omnia necessarie subsunt, a quo omnia, et in omnibus dependent. *Et ego sum* similiter *finis,* qui omnibus dum volo, et prout volo, terminum, seu *finem* impono, et ad cujus gloriam omnia necessarie debent dirigi; cujus etiam potestati nemo unquam vel ullo modo poterit resistere : qui semper potero præstare quæ promisero servis meis fidelibus, et ut *Deus,* sum essentialiter justus, consequenter accurate tribuam cuique pro meritis, nempe remunerationem aut pœnam. Firmiter ergo sperent Justi ; continuo timeant impii. Quod Christus sit *principium,* ipse asserit in Evangelio, dicens : *Principium , qui et lôquor vobis* (a). Quod autem sit *Deus ,* uti in multis aliis locis , præsertim ibi , ubi dicit : *Ego et Pater unum sumus,* ipsa Veritas probat.

9ᵘˢ VERSUS. Ego Joannes frater vester , et particeps in tribulatione, et Regno, et patientia, in Jesu Christo; fui in insula quæ appellatur Patmos , propter verbum Dei et testimonium Jesu.

1° Sanctus Joannes dicit se *fratrem,* non solum eorum ad quos immediate scribit, sed omnium Fidelium tunc vel unquam postea in Ecclesia Christi existentium ; cum sit profitens eamdem cum ipsis fidem , serviens Deo eadem spe, et hoc in eadem charitate. *Fratrem* se dicit, non *patrem;* monente scilicet Domino Discipulos suos : *unum esse eorum* omnium *Patrem ,* nempe *Deum ; unum Magistrum ,* nempe *Christum.* Omnes primitivæ Ecclesiæ Christiani solebant se invicem vocare *fratres,* sine distinctione personarum , aut dignitatum. Hoc tamen non impedit quin interdum Apostoli, sicut et post illos, viri Apostolici, se probaverint *Patres* illorum , quos ad fidem converterunt Christianam; vel jam Christianorum, quos ad vitam specialiter sanctam adduxerunt. Sic Sanctus Paulus Corinthiis dicit : *Si decem millia pædagogorum habeatis in Christo , sed non multos Patres ; nam in Christo Jesu per Evangelium ego vos genui* (b) id est : Ego sum *Pater vester* in Christo. Hæc dicebat : ut paterna ejus auctoritate ab errorum periculis præservarentur ; sed de cætero agebat et ipse ut *frater* cum discipulis suis.

2° Pergit tunc Sanctus Joannes dicens : *Et particeps in tribulatione;* vivente Sancto Joanne , jam inceperant omnes Fideles multas pati *tribulationes,* quæ adhuc diu

(a) Joan. c. viii, v. -5. — (b) 1 Cor. c. iv, v. 15.

post ejus obitum durarunt, et quarum omnes Apostoli maximam semper partem habebant; et ita ipse Sanctus Joannes, quamvis realiter non fuerit occisus pro fide, tamen multas persecutiones et tormenta pro ea passus est, adeo ut nonnisi per miraculum supervixerit, uti notissimum est, ex historia Ecclesiastica. Ita ut et ipse vere biberit calicem Passionis Domini sui. Addit se dicere *participem*...

3° *Et Regno*, nempe Christi, cum reliquis fidelibus; cujus videlicet, est unus ex primariis ministris. *Regnum* autem de quo hic agitur, est Ecclesia Christi. De illo *Regno*, jam vidimus ad versum sextum, quod omnes ejus *participes*, non solum sint servi, seu ministri Supremi *Regis*; sed et ipsimet spiritualiter *Reges*; gloriose enim et feliciter regnant, (uti alibi clarius adhuc videbimus), quamdiu fideliter per charitatem Christo adhærent, etiamsi sub multis tribulationibus, et persecutionibus gemant; postea tamen multo felicius regnaturi cum eodem Christo Capite suo, in cœlis. Indicit tunc Sanctus Joannes locum, in quo habuit postea enarrandas revelationes ac visiones.

4° Dicit itaque, *fui in insula quæ appellatur Patmos :* nempe missus erat in exilium ab imperatore Domitiano, postquam sanus ex olla ferventis olei exierat ; anno Christi, ut videtur, nonagesimo quarto, et per duorum annorum tempus ibidem mansit. Insula autem illa, quondam Patmos, hodiedum Subturcia, est in archipelago Maris Ægæi, ibique adhuc ostenditur spelunca sub monasterio Sancti Joannis, in qua dicitur idem Apostolus scripsisse Apocalypsim, et etiam revelationes istius *Libri* habuisse. Nuperrime quidem, et repetitis vicibus, locutus sum honestæ cuidam Dominæ Anglæ, quæ tempore belli Græcorum contra Turcas, cum marito suo, satis diu fuerat in eadem insula, et viderat præfatam speluncam.

5° Dicit itaque Sanctus Joannes : se fuisse in supradicta *insula* exulem *propter verbum Dei,* quod scilicet multis in locis , multisque populis prædicaverat : docendo unum esse solum Deum verum ; adeoque deos Gentium esse falsos ; inde impium esse et perniciosum illos colere , qui neminem salvare , sive ullo modo protegere possunt , nequidem seipsos , etc., etc. Cæterum si quam vitam, aut vitæ effectus ostendebant, hæc non de illis provenire , sed solummodo esse opera dæmonum in illis sæpe latentium , et adoratoribus eorum misere illudentium , etc., etc.

6° *Et* propter *testimonium Jesu.* Quia nempe Sanctus Joannes , uti et reliqui Apostoli omnes , *testis* resurrectionis Domini nostri Jesu Christi , ipsum ardenter prædicaverat esse Filium Dei, qui assumpta natura humana , de cœlo descenderat ad expianda peccata mundi , et homines ab omnibus erroribus revocatos, ab omni corruptione purificatos , destructa idololatria , ad unicum verum Deum reducendos ; ut beatitudinem æternam obtinerent. Etiam Sanctus Joannes persecutionem sustinebat tanto acriorem , quia *testimonium a Jesu Christo* ipse acceperat, ut servus summe fidelis ; quod publice notum erat , ac de quo ipse nullatenus erubescebat, sed de quo potius gloriabatur in Domino ; unde specialiter odiosus evasit omnibus idolorum cultoribus, sed maxime imperatoribus paganis, qui solebant esse pontifices idolorum , ac reliquis illorum sacerdotibus , imperatores excitantibus contra omnes servos Christi. Illo autem tempore et loco , dicit sanctus Joannes :

10ᵘˢ VERSUS. Fui in Spiritu , in dominica die , et audivi post me vocem magnam , tanquam tubæ.

1° Igitur *fui in Spiritu*, seu mente fui raptus in exstasim, corpore, probabiliter, non mutans locum, sed animo separatus ab omni re terrena, ut in visionibus et colloquiis Angelorum Cœlestia contemplarer, et conscriberem quæcumque utiliter Ecclesiæ Christi essent prænuntianda. Certissime Deus non tam admirabilibus visionibus, tam extraordinariis revelationibus, dilecto præ cæteris Christi Discipulo, ac ferventissimo Apostolo, manifestasset, et Ecclesiis scribere mandasset, res parum momentosas, parum salutares. Inde dum contingit Interpretes, quamvis aliunde multum æstimabiles, in explicatione Apocalypseos hujusmodi opiniones formare, merito rejiciuntur.

2° Itaque Sanctus Joannes dicit se *fuisse in Spiritu, in Dominica die*. Duo hic præsertim sunt notanda; nempe primum quod ex tunc, id est, a primo sæculo Legis Gratiæ, seu a tempore Apostolorum, consequenter per illos ipsosmet *Dies Dominica* fuerit instituta, et Deo specialiter consecrata, seu dicata, loco Sabbati, quod jam ex parte vel ex toto erat abrogatum, seu suppressum. Inde enim *Dies Dominica* nominatur, quia Domino Deo consecrata est, ad ejus cultum. Quod autem Sabbatum jammodo tunc esset abrogatum, patet etiam ex Evangelio Sancti Joannis; loquens enim de corporibus Crucifixorum descendendis de crucibus ante Sabbatum; dicit: *erat enim magnus dies ille Sabbati*. (*n*) Si vero olim, nempe tempore de quo loquitur Evangelista, *erat magnus*, innuitur, tempore quo hoc scribit, non amplius esse *magnum* illum Diem.

3° Secundum hic notandum est : quod dies Deo sacra, nempe *Dominica*, sit specialiter apta ad mysteria cœlestia consideranda, meditanda et contemplanda, propter mysteria, illa die adimpleta, et gratias illi diei

_____

(*a*) Joan. c. xix, v. 34.

annexas : quod tamen ad alios omnes dies Festivos
extendi potest et debet ; maxime pro mysteriis in quorum memoriam solemnisantur. Ad istum enim finem
instituta sunt, tum Festa, tum etiam Dominica ; et ideo
jubetur, istis diebus, a negotiis laboribusque temporalibus abstinere.

4° *Et audivi post me vocem*, inquit ; sed quare Sanctus
Joannes *audivit vocem post se*, potius quam ante se? R.
Si a tergo ipsius extitisset templum Dei, Ecclesia, aut
Sacellum aliquod, plausibiliter opinaretur hanc esse
rationem. Sed hoc nullatenus est supponendum in illa
insula, et tunc temporis. Videntur tamen illa Verba
post me, aliquam causam mysticam debere includere.
Putamus itaque nos *vocem* illam *a tergo* ad Sanctum
Joannem clamasse 1°, ut oculos suos averteret ab omnibus objectis perituris, quæ hic mundus conspicienda
habitatoribus exhibet, seu *ante* conspectum suorum
exponit; ut rebus cœlestibus unice ac totaliter mentem
applicaret. 2° Ut, quasi præterita aspiciens, recordare-
tur antiquarum figurarum, et Prophetiarum, quibus illa
quæ jamjam visurus et auditurus erat, etiam antea a
longe, et obscure, modo fuerant prænuntiata. Etenim
in prophetiis Danielis, Ezechielis, Isaiæ, Jeremiæ, et
nonnullis aliis, multa reperiuntur, quæ quidem primam
aliquam adimpletionem debebant habere, et de facto
habuerunt in Veteri Testamento, sed plenius tamen in
Novo adimpleri iterum debebant; quæque ideo *in hoc
Libro* iterum prædicuntur, aliquando quidem iisdem fere
terminis, uti suis locis videbimus. Etiam ex templo,
altaribus, sacrificiis, sacerdotibus, etc. plurima assumpta sunt in mysticis imaginibus hujus *Libri;* et utique valde convenienter, quia omnia illa erant figuræ
futurorum, et omnium earum rerum memoria erat tunc
adhuc recens inter Fideles.

5° Audierat autem Joannes : *Vocem magnam tanquam tubæ;* id est : *Vocem* alte clamantem ; non quod necesse esset ut Joannes audiret illam ; sed quia res ibi dicendæ , per universum orbem terrarum publicari , audiri, et intelligi debebant. Eratque *tanquam vox tubæ,* quia sub veteri Lege , populus Israeliticus sonitu *tubarum* moneri solebat de rebus momentosis ; cum autem hic agatur de rebus valde momentosis , in nova Lege hac Spirituali tuba , Ecclesia Christi mediante Sancto Joanne moneri debebat. Cæterum non clamabat nuda *vox,* sed Angelus a Deo missus, ad loquendum Sancto Joanni.

Erat igitur *vox,* quasi *tubæ* articulato sonitu loquentis, Sancto Joanni...

11ᵘˢ VERSUS. Dicentis : quod vides , scribe in libro ; et mitte septem Ecclesiis quæ sunt in Asia, Epheso, et Smyrnæ, et Pergamo, et Thyatiræ, et Sardis, et Philadelphiæ, et Laodiciæ. (Et per eas , Ecclesiæ universæ , uti mox patebit.)

1° *Quod vides, scribe ,* adeoque omnia quæ vel statim in hac prima, vel postea in sequentibus visionibus visurus est Sanctus Joannes jubetur scribere ; et quidem *in Libro,* non breves aliquas notulas faciendo ad propriam juvandam memoriam earum rerum , sed componendo inde volumen omnia continens uti apparuerint, ut tam posteri quam contemporanei ea legere , et intelligere valeant. Insuper scribenda etiam esse intellexit Sanctus Joannes omnia quæ audiebat , vel in decursu revelationum auditurus erat; nisi contrarium præciperetur, uti in uno solummodo casu factum est , nempe de verbis septem tonitruorum.

2° *Et mitte septem Ecclesiis.* Itaque debebat Sanctus Joannes scribere, et nominatim supradictis Ecclesiis , seu *in libro* conscripta mittere, non solum ea, quæ capite secundo, et tertio, jubetur, quasi per breves epistolas, dicere *Angelis,* seu Episcopis illarum, sed totum opus, seu collectionem Revelationum, ut instructioni fidelium serviat; quibus nimirum Episcopi, præsertim in conventibus sacris debebant explanare ea, quæ ab omnibus non satis intelligebantur, et tamen scitu necessaria, aut utilia esse poterant. Illæque *Ecclesiæ* dicuntur : *quæ sunt in Asia,* Minori scilicet, uti jam probavimus in notis ad versum quartum. Videatur etiam ibidem quid significet nomen *Asiæ.* Significationes nominum Ecclesiarum istarum, videbuntur capite secundo et tertio, in articulis spectantibus ad eorum *Angelos,* ubi et probare conabimur : per *septem Ecclesias* illas, *Ecclesiam universam,* per *septem* illos *Episcopos,* omnes Summos Pontifices repræsentari.

Sæpissime et evidenter in decursu hujus opusculi patebit : numerum *septem,* et nonnullos alios numeros, non debere sumi stricte, sed pro indeterminata aliqua multitudine; inde nec nocet, si quis forte plures Ecclesiæ Catholicæ notabiles, ac bene distinctas Epochas assignare potuerit; et nihil facit ad rem, quot in singula Epocha reperiantur summi Pontifices; utrimque enim omnes significantur per *septem.*

12ᵘˢ VERSUS. Et conversus sum ut viderem vocem, quæ loquebatur mecum, et conversus vidi septem candelabra aurea.

1° Igitur Sanctus Joannes pergens in enarratione hujus primæ visionis, dicit : *Et conversus sum ut viderem vocem,* natura docente, dum aliquis audit *post se* clamari, solet se *vertere,* quo distinctius intelligat quid dicatur, præsertim dum percipit *vocem* ad se dirigi. Sic etiam hic fecit Sanctus Joannes ; etenim audiens *vocem* a tergo, *conversus sum* inquit, id est : verti me, versus illam partem unde veniebat strepitus. Non tamen dicit : ut melius intelligerem; sed : *ut viderem vocem;* at *vox* proprie loquendo, *videri* non potest; sumit itaque personam loquentem, pro ipsa *voce,* quam emittit. Fere sicut diu antea Sanctus Joannes Baptista interrogatus quis esset; de semetipso dicit : *Ego sum vox Clamantis in deserto,* etc. sensus ergo hic est : Verti me, ut *viderem* personam clamantem ad me, seu *quæ loquebatur mecum,* vel mihi; et ita convenientius illi respondere; etiam quæ mihi ostenderentur attentius aspicere valerem.

2° *Et vidi septem candelabra aurea.* Nobis videretur convenientius prius loqui de *Angelo* se alloquente, et postea de *candelabris;* ab una parte, quia se verterat, non ad videnda *candelabra* illa, de quibus utique nihil antea sciverat; sed ad videndam personam loquentem ad se; ab altera parte, quia *Angelus,* præsertim repræsentans Christum, quod indubie Sanctus Joannes mox cognovit, erat objectum infinite dignius. Nihilominus contrarium facit Sanctus spectator, sic inspirante Spiritu Sancto. Forte ut pateat *septem Ecclesias* illis *candelabris* repræsentatas, *in nomine Christi esse congregatas,* et secum invicem charitate unitas; et secundum promissionem suam, ipsummet Christum *esse in medio earum.* Etenim, uti mox ipsemet *Angelus* explicabit, *septem* illa *candelabra aurea* significabant supradictas *septem Ecclesias* ad quas scribit Sanctus Joannes; nempe septem Diœceses in Minori Asia olim existentes, quarum specialem curam habebat idem Sanctus; sed ille numerus *septem,* et *Ecclesiæ* illo comprehensæ, repræsentabant 1° *multitudinem Ecolesiarum,* quæ ex tunc in variis orbis tractibus existebant, et quæ postea in universo orbe existere unquam debebant. 2° *Universam Ecclesiam* Christi, in *septem,* seu in *multis* suis Epochis, sive ætatibus, uti postea multo clarius patebit.

3° Præfatæ Ecclesiæ, et similiter Ecclesia universalis, optime per *candelabra* repræsentantur ; nam 1° Ecclesia est visibilis , et conspicua, ad instar candelabri, scilicet magni , uti hic supponi debent illa *septem*. 2° Ecclesia *lucem mundi* , id est Christum ejusque doctrinam , universo mundo profert, seu exhibet, uti candelabrum fert candelam accensam, et lucentem. 3° Erecta est Ecclesia ad res divinas ac cœlestes ostendendas, sicut candelabrum cum luce sua , ad res terrenas distinguendas. 4° Sicut præfata *candelabra* ex *auro* confecta apparebant, sic Ecclesia universalis et omnes Ecclesiæ particulares, propter charitatem qua fulgent , et qua omnes uniuntur in Christo Capite suo, *auro* conflatæ dici possunt; charitas enim Christiana per *aurum* significatur. Propterea quidem in descriptione cœlestis Jerusalem , seu Ecclesiæ triumphantis, videbimus fere omnia ex *auro optimo* esse confecta ; quia charitas , et quidem perfectissima , est sola virtus quæ in cœlo locum habet; et nihil a charitate alienum eo pervenire, aut in illud admitti valet. Hic *candelabra* Ecclesias repræsentantia , ex *auro* sunt , quia nullum Ecclesiæ membrum Deo placere potest , nisi charitate fulgeat; et quia , sicut vasa *aurea* multo igne purificata , multoque labore fabricata sunt ; sic Fideles multis tribulationibus purificari ac probari , multisque laboribus , et pœnitentiis Cœlo digni reddi debent.

4° Cæterum non constat cujus formæ fuerint apparentia illa *septem candelabra ;* Sanctus enim Joannes nihil de hoc dicit ; sed plausibiliter opinantur interpretes, illa fuisse ejusdem formæ ac illud , quod , Deo jubente , confecerat Moyses ; quod , præter stipitem, habebat sex ramos , et sic portabat septem lucernas, nempe unam præcipuam, in medio, quæ habebat ab utraque parte tres alias. Sic tam omnis Ecclesia particularis quam ipsa Ecclesia universalis , habet in medio , seu centro

suo, Episcopum, sive Summum Sacerdotem, Pontificem, quasi in stipite collocatum, uti *lucernam* primariam; sed ille habet, velut a dextris et a sinistris, plures assistentes sibi, quasi lucernas laterales, inferiores
prælatos, pastores, aliosque sacerdotes, et quos vis
Ecclesiæ ministros sibi subditos.

**13ʳ VERSUS. Et in medio septem candelabrorum aureorum, similem Filio hominis, vestitum
podere, et præcinctum ad mamillas zona aurea.**

1° Ecce *Angelus* cujus vocem *post se*, seu a tergo, *audire*
inceperat Sanctus Joannes, et qui mox pergit illi loqui,
ab initio hujus primæ visionis usque ad finem capitis
tertii, tam evidenter loquitur ex persona Christi Domini,
ut sumeretur pro ipsomet Christo, nisi moneret Sanctus
Joannes, virum ibi apparentem, esse *similem Filio
hominis*, seu Christo; adeoque non ipsummet *Filium
hominis*. Et erat *Angelus* ille Christo *similis*, forte non
forma corporis, et certe non forma vestium; sed in eo,
quod symbolice Christum repræsentaret, secundum admirabiles qualitates ejus; et quia ejusdem Verbum gerebat, seu quasi ex proprio ejus ore loquebatur.

2° Videbat autem eum *vestitum podere*, id est: Veste
talari, seu ad pedes usque demissa; quæ ideo ex Lingua
Græca, a pedibus nomen sortitur. Illa autem *vestis* erat
sacerdotalis, ad Christi sacerdotium significandum;
Christum enim, ut Summum Sacerdotem, decebat
Ecclesias corripere, monere, docere, etc.; quod, ejus
nomine, hic mox facturus est *ille Angelus;* quem etiam
Sanctus Joannes percipiebat esse...

3° *Præcinctum ad mamillas zona aurea.* Nunc : quamvis hæc *zona*, possit significare pretiosum cingulum
summi Pontificis, tamen, per materiam ex qua facta est,
ejusdem Christi regiam dignitatem denotare potius

videtur ; nimirum ad augendam adhuc auctoritatem
loquentis. Et positam habet *zonam* illam *auream .. ad
mamillas;* ut intelligatur : quæcumque dicit , facit , aut
pro futuro intendit , ex pectore , seu corde , charitate
pleno , provenire. Etiam per hanc *Zonam* significatur
vinculum charitatis , quo corpus Christi mysticum semper ligari , et indivisibiliter uniri debet.

14ᵘˢ Versus. Caput autem ejus , et capilli ,
erant candidi , tanquam lana alba , et tanquam
nix : et oculi ejus tanquam flamma ignis.

1° *Caput* istius symbolici *Angeli* significat Christum
Dominum, in quantum est *caput* Ecclesiæ universalis, uti
summus Pontifex; et simul etiam *caput* totius generis
humani , uti *Rex supremus.* Itaque ab una parte , ille
Angelus non solum repræsentat proprie dictam personam Christi , sed simul etiam Corpus Christi mysticum ,
quod est Ecclesia Catholica. Ab altera parte , adstat
idem *Angelus* non solum ut per Sanctum Joannem
loquatur ad *Ecclesias,* de rebus ad illas , vel ad universalem *Ecclesiam* pertinentibus ; sed etiam de rebus
superventuris universo generi humano, usque ad finem
temporum ; ad prædicendam subjectionem omnium potestatum, supremo ac sempiterno Christi imperio ; jammodo in hoc mundo, sed infinite perfectius in futuro.

2° *Et* (istius *Angeli*) *capilli erant candidi ;* candor
capillorum ejus, uti notant boni interpretes , æternitatem Christi significant; quasi summam , seu infinitam
senectutem ; cum ab æterno natus sit a Patre ; et quia
secundum naturam divinam, idem , cum Patre, Deus ,
sine initio est, et sine fine erit ; *primus* et *ultimus ;* uti
jam ipse dixit, et mox repetet. Sed quia dicitur *Angelus*
habere *caput et capillos* ejusdem coloris , repræsentatur
etiam ibi Christi perfectissima puritas , seu innocentia

Agni immaculati, ejusdemque sanctitas ; quæ omnia colore albo, seu candido significari solent.

3° Per capillos, etiam solent significari cogitationes, quasi ex cerebro productæ ; adeoque et consilia cordis, quæ certissime omnia in Christo Domino erant, et sunt, sanctissima, justissima, maturissima, et consequenter rectissima, quæ possunt concipi ; cum sit ipse Divina Sapientia ; per capillos *nivei* coloris etiam illa optime repræsentabantur.

4° Tandem erant *et oculi ejus tanquam flamma ignis.* Oculi Christi, seu *Agni* divini, uti postea latius videbimus, significant ejus infinitam scientiam, qua omnia penetrat, et perfecte cognoscit, ita ut nullo modo decipi possit. Sed etiam per ejusdem *oculos* significantur vigilantissimi Pastores, seu Episcopi Ecclesiæ. Quod autem uti *flammæ ignis* appareant, eo significatur. 1° Justa ira Christi, contra impios. 2° Fervor zeli ejus, pro gloria Patris sui, et salute animarum. 3° Ardor charitatis ejus. 4° Eædem qualitates in veris servis ejus ; qui, uti diximus, per *oculos* illius repræsentantur, et Spiritu ejus animati sunt.

15" Versus. Et pedes ejus similes aurichalco, sicut in camino ardenti, et vox illius tanquam vox aquarum multarum.

1° *Aurichalcum* est pretiosa species æris, cujus nomen significat : æs aureum ; vocatur etiam aliquando : chalco libanum, quia ex monte Libano extrahitur. Secundum prioris nominis sui significationem, colore et fulgore suo, aurum prope imitatur, quasi esset deauratum. Ex hoc metallo videbantur facti esse *pedes Angeli* symbolici ; per *pedes* autem istos, repræsentantur prædicatores Evangelii Christi, qui nempe Christum per universum terrarum orbem ad omnes nationes ex tunc portabant, et etiamnum portare pergunt. Sunt ergo *pedes* illi : omnes Apostoli Christi , et septuaginta duo ejus Discipuli , omnesque tum horum , tum istorum successores, usque ad finem mundi; et quidem non solum illi, qui prædicatione proprie dicta, seu viva voce, Christum annuntiant, ejusque Fidem, et mores illi con-sentaneos , populis inculcant . propriis pedibus ad hoc regiones peragrantes ; sed etiam illi : qui scriptis suis laborantes in Vinea Domini , eam sustentant, Fidem explicando, et promovendo ; errores refutando , pieta-tem bonosque mores inculcando , etc. , etc. uti plurimi Sancti Patres , aliique Doctores , et boni Auctores anti-qui et moderni; imo et omnes talium , aut viva voce instruentium cooperatores.

2° Insuper illi *Pedes* non erant quasi ex frigido me-tallo , sed sicut supradictum metallum est, dum ad fabricandum , positum est *in carmino ardenti ,* adeoque jam etiam *ardens,* ad significandum iterum : ferventissi-mum *ardorem* charitatis Christi , quam imitari debent servi ipsius, ut universum orbem in continuis laboribus, et periculis percurrant , ad doctrinam salutis prædi-candam.

3° *Pedes* interim illi , non sunt ex *auro ,* sed ex metallo minus perfecto, seu minus nobili , indeque minus pretioso , uti vidimus ; attamen ex metallo aûrum imitante ; quia predicatores Evangelii , omnesque ope-rarii in Vinea Domini , tempore vitæ suæ mortalis, quantumvis Sancti, tamen semper manentes fragiles homines , nondum possident illam perfectionem . et excellentiam, quæ per *aurum* purum, et optimum signi-ficatur ; nihilominus ad illam strenue aspirant ; et etiam proximum ad illam perducere conantur, pro vita præ-sertim futura , in qua tandem charitas vere perfecta erit. Postea redit adhuc ad *vocem ,* aitque :

4° *Et vox illius tanquam vox aquarum multarum.* Dum prius audierat *vocem ,* quæ omnino videtur fuisse ejusdem *Angeli ,* erat solummodo *tanquam tubæ.* Sed tuba illa mystica fortiter et valde pressim sonabat, ut videtur postea; et fit *tanquam vox ,* seu strepitus, *aquarum multarum ,* quæ nempe magno impetu fluunt, uti v. g. dum ex altissima rupe, vel monte, subito, sive violenter prolabuntur in abyssum. Sic significabat prædicationem Evangelii, quia propter necessitatem procurandi salutem animarum, pressim debebat promoveri, quæ in omnibus totius mundi partibus debebat resonare, et ab omnibus nationibus audiri. Sic enim doctrina Evangelica ab altissimo monte spirituali, seu Petra Christo, velut impetuosissima aquarum abundantia, descendebat ad profundissimam hujus mundi abyssum, ad diluenda omnia crimina, ad purificandas omnes animas.

16ᵘˢ Versus. **Et habebat in dextera sua stellas septem, et de ore ejus gladius utraque parte acutus exibat , et facies ejus sicut sol in virtute sua.**

1° Ecce nunc, de quibus jam prolixe in præcedentibus locuti sumus; nimirum : *Et habebat ,* seu tenebat præfatus *Angelus ,* Christum repræsentans, *in dextera sua stellas septem.* Uti jam alibi diximus ; *Dextera Domini* teneri, vel simpliciter *ad dexteram* ejus collocari, est valde specialiter ab eo foveri, protegi, benedictionibus repleri, etc. Ideo in extremo Judicio electi omnes ad dexteram Supremi Judicis collocabuntur, et eo ipso infallibiliter certi erunt de sorte sua in æternum beata. Sic quidem in hoc mundo, si quis ad dexteram Regis vel Principis sedeat, illum ejusdem speciali gratia et protectione gaudere intelligitur.

2° *Et septem stellas* tenet Angelus ille *in dextera sua.*

Stellas istas, uti ex contextu satis constat, etiam vidit Sanctus Joannes: ergo *dextera Angeli* apparebat aperta; ergo et *stellæ* erant manui annexæ; alias viderentur fuisse in periculo decidendi. Deinde *stellæ*, quæ tamen in natura sunt valde magnæ, debebant apparere omnino parvæ, minores quidem adhuc quam stellæ in firmamento fulgentes sese nudis oculis nostris exhibent; aut manus *Angeli* enormiter magna, ut una manu *septem stellas* includere, et tenere valeret; consequenter totus *Angelus* statura ingens, quod tamen Evangelista non dicit. Sed notandum pro prima difficultate : omnia quæ *tenet* Deus, sacro glutino amoris ejus, manibus illius tam firmiter affiguntur, et vinculo charitatis ligantur, ut *de manu ejus nemo quidquam possit eruere.* Pro secunda autem, omnia quæcumque magna, sunt valde exigua, comparative ad immensitatem Dei cujus locum ibi tenebat iste *Angelus.*

3° Interim præfatæ *stellæ*, uti ipsemet mox dicit *Angelus, septem Angelos*, seu Episcopos *septem Ecclesiarum sunt*, seu significant, et quidem, uti nos omnino putamus, et ulterius probare conabimur; præfigurant omnes totius Ecclesiæ Catholicæ Summos Pontifices, ac simul indirecte etiam particularium Ecclesiarum omnium Episcopos, ad ostendendum quanta cura Christus Dominus custodiat, et protegat, foveat, et dirigat illos, qui in Ecclesia militante, ejus locum tenent, et pro eo funguntur officio, sive in supremo, sive in inferiori aliquo gradu dignitatis.

4° *Et de ore ejus* etc. Hoc iterum nullatenus debet intelligi de solo corporali *ore* Christi Domini, ibidem per admirabilem illum *Angelum* repræsentati, sed et post Christum, de *ore* omnium servorum ejus, per quos unquam locutus est, hodiedum loquitur, aut in posterum locuturus est mundo, ad salutem æternam omnium credentium; et ad condemnationem cunctorum, qui obdurati usque ad finem, credere noluerint. Etenim qui *crediderit et baptizatus fuerit, salvus erit* : modo per opera sua fideliter ostenderit fidem suam. *Qui vero non crediderit, condemnabitur* (a).

5° *De ore* igitur *ejus gladius utraque parte acutus exibat. Gladius* ille est *Verbum Dei* (b) quo in prædicatione Evangelica, dividitur, seu distinguitur bonum a malo ; quo hominum corda separantur ab amore creaturarum, circumciduntur, et adiguntur ad amorem Creatoris ; quo boni ac pii homines, contra malos impiosque defenduntur. Dicit enim Dominus : *pugnabo cum illis, in gladio oris mei* (c) quo in sententiis Excommunicationis, obdurati rebelles in Ecclesia, a societate Fidelium abscinduntur ; *Abscindantur qui vos perturbant* , dicit Apostolus (d); quo tandem etiam per sententiam æternæ damnationis, proprio *ore* suo Christus Judex in fine mundi separabit reprobos ab electis suis dicens : *discedite a me maledicti, in ignem æternum* (e). Divinus ille *gladius* præfiguratus fuerat per *gladium flammeum atque versatilem* (f) quo protoparentes nostri, post peccatum, ejecti ex Paradiso, prohibebantur illuc redire.

6° Tandem de eodem *Angelo* dicit sanctissimus spectator : *Et facies ejus sicut sol in virtute sua. Facies* illa, splendore suo, significat gloriam Christi redivivi, et glorificati in cœlo, quam gloriam anticipate per aliquot momenta, Dominus ostenderat in monte Thabor, tribus ad hoc electis Apostolis, et quacum veniet judicare mundum universum. Sed etiam *facies* illa angelica significat puritatem, sanctitatem et indo spiritualem splendorem Ecclesiæ Sponsæ Christi. Dicitur autem splendere eadem ipsa *facies : sicut sol in virtute sua*, id est, uti *sol*

(a) Marc. c. xvi. v. 16.— (b) Ephes. c. vi, v. 17. — (c) Apoc. c. ii. v. 16. — d) Galat. c. v, cv. 12.— (e) Matth. c. xxv, v. 41.—'f) Genes. c iii, v. 24.

apparet in maximo suo fulgore. Cum utique nihil in hoc mundo splendidius existat quam *sol*, dum nullis nubibus, aut vaporibus impeditur; illam comparationem adhibet Sanctus Joannes; sed indubie, splendor ille cœlestis longe superabat splendorem *solis* nostri.

Sic etiam dicit Evangelium, vestimenta Christi in Transfiguratione, fuisse *alba sicut nix*, quia nihil albedinem nivis superans, in hoc mundo cognoscitur.

17ᵐ Versus. Et cum vidissem eum, cecidi ad pedes ejus, tanquam mortuus. Et posuit dexteram suam super me, dicens : noli timere; ego sum Primus et Novissimus.

1° *Et cum vidissem eum*, inquit idem Sanctus Joannes, nimirum *Angelum*, tam mire, tam splendide Magistrum meum, jam in cœlis elevatum, et ad Patris æterni dexteram collocatum, apud me in terris repræsentantem; perterritus tanta majestate, tamque sublimi cœlestium mysteriorum visione, nec audebam, nec poteram amplius stare in conspectu Supremi Regis Ministri,... et.

2° *Cecidi ad pedes ejus*, non solum ad reverentiam debitam illi exhibendam, vel ex admiratione, quod tanto Principi cœlesti loqui dignus haberer, ego homo mortalis, et *servus* quidem Dei, sed utique *inutilis*; sed quia factus eram...

3° *Tanquam mortuus*, exanimatus, sine sensu, omnino immobilis velut cadaver; ac probabilissime vita privatus mansissem, nisi Deo volente, ipsemet *Angelus* auxilium mihi attulisset, et ad sensum revocasset, sed benigne me aspexit,...

4° *Et posuit dexteram suam super me*; nempe in signum benevolentiæ, ut pateret nihil mali, nullum periculum imminere Joanni , hic extendebat ad illum *Angelus dexteram suam* . uti olim extenderat Rex Assuerus sceptrum aureum , ad Esther Reginam , in signum gratiæ et protectionis ; et sicut ille afflictam Reginam , sic Angelus Joannem , ad sensus suos revenire fecit , eum erexit , roboravit , et ad ulterius ipsum audiendum confirmavit.

5° *Dicens : noli timere, ego sum Primus et Novissimus.* *Noli* scilicet tibimetipsi *timere ,* etenim quamvis multa mala malis , seu impiis ; etiam multa bona bonis , seu piis Fidelibus nuntiaturus venio ; adeoque tibi potius lætandum , quam timendum est. Hoc utique *Angelus* facile intelligendum subdabat auditori suo ; sciebat enim optime Sanctus Joannes : se esse *Discipulum ,* *quem diligebat Jesus* (a). *Noli* ergo *timere* ait ; Etenim...

6° *Ego sum Primus et Novissimus ; sum Dominus ac Magister* omnium , quia *Primus ,* Supremus, idem cum Patre Deus , a nemine , nec ab ulla causa dependens , sed a quo omnes , et omnia dependent ; cui omnia subjecta sunt *in cœlis et in terra.* Ac simul etiam *Novissimus,* finis ultimus omnium entium ; quem nulla potestas vincere , nec ad finem , seu interitum ducere potest , sed qui cuncta sibi contraria vincet, et pro libitu suo , aut destruet , aut ex justa vindicta , servabit vinculata. In quem consequenter fideles servi , summa cum fiducia semper sperare debent , cum infinite bonus , potens , et justus sim. Cæterum hic eadem innuit *Angelus ,* uti in locis ubi dicit : *Ego sum Alpha et Omega.* Etiam sum.

18ᵐ VERSUS. **Et vivus ; et fui mortuus, et ecce sum vivens in sæcula sæculorum, et habeo claves mortis et inferni.**

(a) Joan. c. XXI , v. 7.

1° Itaque Ego sum : *Et vivus;* nempe ipsemet vitæ Dominus ; qui ab ipso nativitatis , et quidem a primo conceptionis momento , *habebam potestatem ponendi animam meam,* seu vitam relinquendi , *et iterum,* pro beneplacito meo , *eam sumendi ;* quod et feci, modo scilicet et tempore a meipso constituto , ignominiose moriendo , et gloriose resurgendo. Adeoque.

2° *Et fui mortuus,* non apparenter solum , sed vere et proprie loquendo : etenim Christus in Cruce , *clamans magna voce emisit spiritum* (a). *Jesus autem , emissa voce, expiravit* (b). *Pater, in manus tuas commendo spiritum meum ; et hæc dicens expiravit* (c). *Et inclinato capite, tradidit Spiritum* (d). *Et milites, ut viderunt eum jam mortuum, non fregerunt ejus crura* (e). *Pilatus... interrogavit si jam mortuus esset , et cum cognovit a centurione, donavit corpus* (f). Post hæc , et innumerabilia alia testimonia æqualiter certa, mirum præfecto est , hoc sæculo decimo-nono, reperiri philosophos tam impudentes et absurdos , ut realem mortem Christi in dubium vocare, imo negare audeant , quales hodiedum reperiuntur in Germania , qui tamen se Christianos esse prætendunt (g)!!!

3° *Et ecce sum vivens,* non solum secundum animam , sed etiam secundum corpus, uti Christus Dominus probavit : dum pluries cum Discipulis suis manducavit, post resurrectionem, dum Thomæ Apostolo plagas manuum, et lateris videndas , et tangendas præbuit, quas in glorificato corpore suo, velut etiam plagas pedum suorum, conservaverat , in demonstrationem , tum anterioris mortis suæ (plagam enim lateris , nonnisi post mortem receperat) tum posterioris veræ resurrectionis. *Et sum vivens* ait.

(a) Matth. c. xxvii, v. 50. — (b) Marc. c. xv, v. 37. — (c) Luc. c. xxiii. v. 46. — (d) Joan. c. xix. v. 30. — (e) Joan. c. xix , v. 33. — (f) Marc. c. xv, v. 45. — (g) Theolog Perrone , t. 1, p. 117, et seq. edit. Lovan.

4° *In sæcula sæculorum*. Adeoque non sum solummodo redivivus, uti Lazarus, et quidam alii resuscitati, post tempus aliquod iterum moriturus, sed impassibiliter, immortaliter; victurus in perpetuas æternitates; et in statu corporis undequaque perfectissimo, simul, et immutabili; quia ex nunc *anni mei non transibunt*. Præterea : ut Rex et Judex Supremus.

5° *Et habeo claves mortis et inferni*. Id est : Habeo potestatem vitæ et mortis, salutis et damnationis æternæ, in universum genus humanum; simul et in totam multitudinem Angelorum, tum bonorum tum malorum; etenim : *data est mihi omnis potestas, in cœlo et in terra* (a). Pergitque *Angelus*.

19ᵘˢ Versus. Scribe ergo quæ vidisti, et quæ sunt, et quæ oportet fieri post hæc.

1° *Scribe ergo*, inquit *Angelus* in volumine, post completam seriem revelationum, mittendo præfatis *Ecclesiis*, ut universis præsentibus et futuris communicetur, ad omnium Fidelium instructionem, ac utilitatem spiritualem. Scilicet.

2° *Quæ vidisti*, quæcumque jam modo *vidisti*, et *audisti*; addendo et postea omnia, quæ in decursu harum revelationum adhuc *visurus*, et *auditurus* es; nisi quæ expressa prohibitione excipientur; quibus revelationibus, et visionibus, exponentur, repræsentabuntur, vel præfigurabuntur, mysticis verbis et imaginibus, omnia momentosa, seu notabilia.

3° *Et quæ sunt*, id est : illa quæ hodiedum modo existunt, seu locum modo habent in Ecclesia Christi, aut circa illam fiunt; vel solummodo recenter præterierunt, scilicet ab Ascensione Christi; ita ut eorum memoria sit adhuc recens. Notat enim Sanctus Augusti-

(a) Matth. c. xxviii, v. 18.

nus : Apocalypsim continere historiam Christi Ecclesiæ , a dicta Ascensione ejus, usque ad finem hujus
mundi ; quod bene notandum est, propter varia . quæ
in decursu explicationum nostrarum occurrent. Similiter etiam.

4° *Et quæ oportet fieri post hæc.* Adeoque et illa , quæ
per tempora futura fieri debent, usque ad triumphantem ingressum Christi Supremi Regis , cum omnibus
electis ejus , in Regnum gloriæ suæ , cujus nullus
unquam erit finis; imo *et quæ* in illo ipso *Regno* locum
habere debent ; illa sunt enim præsertim, *quæ oportet
fieri post hæc.*

20ᵘˢ VERSUS. Sacramentum septem stellarum
quas vidisti in dextera mea; et septem candelabra aurea; septem stellæ : Angeli sunt , septem
Ecclesiarum ; et candelabra septem , septem
Ecclesiæ sunt.

1° *Sacramentum septem stellarum,* id est : Mysterium ,
seu arcanum , quod latet sub istis figuris *septem stellarum ,* ecce ipsemet explicabo , ut recte facileque ab
omnibus , ad quos volumen tuum perveniet, intelligatur ; idemque faciam de *candelabris aureis.* Nimirum
hoc est :

2° *Septem stellæ Angeli sunt , septem Ecclesiarum.* Id
est : repræsentant *septem Angelos ,* seu Episcopos; Episcopi enim non immerito vocantur *Angeli.* Etenim Angeli
proprie dicti, vocantur cœlestes spiritus , dum mittuntur in quoddam ministerium. Uti dicit Scriptura : *Qui
facis Angelos tuos spiritus,* etc. (*a*). Nempe a voce græca
aggelos , quæ significat *missus,* seu *nuntius.* Inde sæpe
Prophetæ, Sacerdotes , Reges etiam , et Duces populi, a

(*a*) Ps. CIII, v. 4.

Deo constituti , vocabantur *Angeli* in Veteri Lege. Joannes Baptista vocatur illo titulo , ubi dicitur : *Ecce ego mittam Angelum meum , et præparabit viam ,* etc. (*a*) Ipsemet Christus Dominus, uti *missus* per excellentiam , variis in locis Scripturæ Sacræ nomine *Angeli* significatur. Adeoque etiam Episcopi , qui eum repræsentant , singuli in sua Ecclesia particulari , et Summus Pontifex in Ecclesia universali , ita vocari possunt.

3° *Et candelabra septem , septem Ecclesiæ sunt.* Ne faciamus inutiles repetitiones , pro ulteriori horum verborum intelligentia , videantur notæ in versum duodecimum , pag. 36 , et sequentibus.

4° Hic tandem addi potest : Quod , uti Ecclesia universalis debet esse , sicuti est , conspicua , ideo enim dicitur *Civitas supra montem posita* (*b*) ut undequaque a longe visa , præbeat omnibus mortalibus facilem occasionem ad se veniendi ; omnibusque nationibus per Orbem dispersis , ostendat *rerum lumen ;* sic Ecclesiæ particulares , ejus nimirum partes , debent *lumen* in altum levatum exhibere , proportionaliter ob easdem rationes ; et ideo cunctæ per *candelabra* repræsentantur, non per vacua , sed per ea , quæ portant luminaria. Homines autem non accendunt lucernam, et *ponunt eam sub modio, sed super candelabram , ut luceat omnibus , qui in domo sunt* (*c*). Et utique, ut ingredi volentes, inveniant introitum.

(*a*) Malach. c. iii, v. 1. — (*b*) Matth. c. v, v. 14. — (*c*) Ibidem, v. 15.

CAPUT SECUNDUM.

Laudatur Angelus Ephesi, de pristina virtute sua. Reprehenditur autem de relaxatione. Angelus Smyrnæ , dives in paupertate sua , et in persecùtione beatus. Angelus Pergami accusatur de negligentia in expugnandis erroribus. Angelus Thyatiræ reprehensus , quia non impedit seductiones.

1ᵘˢ VERSUS. Angelo Ephesi Ecclesiæ scribe : Hæc dicit, qui tenet septem stellas in dextera sua , qui ambulat in medio septem candelabrorum aureorum.

1° *Angelus* seu Episcopus Ecclesiæ Ephesinæ omnino videtur tunc fuisse Sanctus Timotheus , dignissimus Discipulus Sancti Pauli. Ephesus significat *desiderium ;* illo ergo nomine vocatur civitas quæ est sedes primæ ex *septem Ecclesiis ,* ad quos nominatim scribit Sanctus Joannes. Illo mystico *desiderio* apte repræsentatur *Ecclesia* Catholica, in prima sua Epocha , seu Ætate ; dum Apostoli omnes, multique alii ex Christi et Apostolorum discipulis recenter inflammati igne Spiritus Sancti , ardentissime *desiderabant* progressum *Regni* Christi in semetipsis, et in proximis ; pro quo solo vivere et mori cupiebant ; ita ut *gauderent , dum digni habiti erant pro nomine Jesu contumeliam pati* (a) ; dum omnes Fideles quasi certatim *vim inferebant Regno cœlorum ad rapiendum illud* (b) ; in prima illa Ecclesiæ universalis Epocha *Angeli* illius , seu Episcopi , id est , Summi Pontifices , qui postea speciali nomine *Papæ* vocati sunt , fuerunt Sanctus *Petrus ,* ejusque successores usque ad Arianismum , qui omnes Sanctorum catalogo adscripti sunt.

(a) Act. c. v, v. 44. — (b) Matth. c. ʜ, v. 42.

2° *Scribe* ergo ait : *Hæc dicit , qui tenet septem stellas ;* qui scilicet omnia novit , omnia secundum justissimum valorem æstimat , ac summa gaudet auctoritate et potestate ; quique *tenet* istas *stellas in dextera sua;* ad illas nimirum continuo protegendas , dirigendas , beneficiis plurimis replendas , etc. *Videantur dicta c. 1 , adv.* 16 *, pag.* 43 *, et seq.*

3° *Qui ambulat in medio septem candelabrorum.* Id est : qui secundum promissionem suam , semper est in *eorum medio, qui in ejus nomine congregati sunt* (a) in vera Christi Ecclesia ; et quia agitur de viatoribus versus patriam cœlestem ambulantibus, etiam cum illis *ambulat,* quocumque tendant., et per quamcumque viam ducantur , modo pergant vere pertinere ad *candalebra aurea,* purissima fide et charitate fulgentia. *Hæc* itaque *dicit :*

2ᵘˢ VERSUS. Scio opera tua et laborem , et patientiam tuam, et quia non potes sustinere malos; et tentasti eos, qui se dicunt Apostolos esse , et non sunt ; et invenisti eos mendaces.

1° Omnia quæ hoc , et sequenti versu dicuntur , certe optime conveniunt Sancto Timotheo , qui fideliter secutus est exempla , consilia , et exhortationes , seu monitiones Magistri sui , Sancti Pauli Apostoli ; adeoque fecit et passus est ea , et eo modo , uti duobus istis versibus legitur. Absque dubio, multi ex Ecclesia Ephesina etiam illas laudes meruerunt , sequendo vestigia optimi sui Pastoris , saltem aliquousque. Sed certissime illa omnia etiam applicari possunt Summis Pontificibus illius temporis, nempe Sancto Petro Apostolo, ejusque successoribus in prima Epocha ; et ejusdem temporis populo Christiano catholico per orbem disperso. Ait itaque Angelus.

(a) Matth. c. xviii , v. 20.

2° *Scio opera tua* : optime novi quam bona , ac lau-
dabilia sint, quantum Gregi tibi commisso utilia, et præ-
mio sempiterno digna ; utique si perseveres usque ad
finem. Etiam apprime cognosco :

3° *Et laborem* tuum. Vidi etenim : quam strenue die ac
nocte laboraveris in Vinea Domini tui , quamque magnanimiter omnia obstacula , tum propriæ tum proximi
salutis vincere conatus sis ; ac præbueris teipsum *exemplum bonorum operum* , omnibus quidem , sed præsertim
Fidelibus curæ tuæ commissis. Perfectissime etiam per-
scrutatus sum , scioque :

4° *Et patientiam* tuam ; quanta scilicet , et quæcumque patiaris ab adversariis , ab oblocutoribus , a falsis
zelatoribus , et ab apertis persecutoribus ; quam etiam
libenter omnia illa toleres , pro gloria Domini tui , et
salute animarum ; pro omnium bonorum progressu.

5° *Et non potes sustinere malos.* Quod nimirum tanto
etiamnum ardore succensus sis , ut non valeas *sustinere*
publicos peccatores, quin eos *importune opportune objur-
gando , increpando , arguendo* (a) emendare coneris ; vel
si recusent sanari , ex Ecclesia Christi expellas. Nec
vales tolerare hypocritas , qui cum sint vere mali , ac
pessimi , volunt nihilominus videri æstimarique pii et
optimi Fideles ; contra quos magno zelo procedis.

6° *Et tentasti eos , qui se dicunt Apostolos esse , et non
sunt.* Prudenter examinasti eorum missionem, vocationem , mores , et doctrinam , sapienter refutasti eorum
errores ; monuisti populum tuum, ne oves tuæ per falsos
illos pastores deciperentur , aut seducerentur , diligenter curando ne Fideles perverterent , aut Infideles male
converterent , ad Fidem scilicet non rectam.

7° *Et invenisti eos mendaces.* Instituto nimirum debito
examine circa illos , multisque etiam adhibitis conami-

(a) II. Tim. v. iv, c. 2.

nibus ad illos ipsos reducendos ad viam veritatis, *invenisti eos* non in bona fide, vel in excusabili ignorantia; nullatenus recta intentione, sed ex perversis motivis, scienter volenterque prædicasse falsam doctrinam, turpis lucri gratia, et ad animas audientium se, perdendas. Tales sunt, quos Christus Dominus vocat *fures et latrones, qui non intrant per portam;* etc. (*a*) Interim propter talium malitiam, non cadis animo, sed :

3ᵘˢ Versus. Et patientiam habes, et sustinuisti, propter nomen meum, et non defecisti.

1° Tu autem nihilominus *patientiam habes,* non solum cum humili submissione voluntatis tuæ, voluntati divinæ, sed etiam cum infatigabili longanimitate perseverans tandem aliquando sperare successum, ad emollienda ad salutem corda etiam durissima, quamdiu funesta morte non perierint irrevocabiliter. Hæc itaque iterum, si de Sancto Timotheo ejusque Ecclesia recte intelligi possint, certe non minus congruunt Sancto Petro ejusque successoribus ac Discipulis, in prima Ecclesiæ catholicæ Ætate.

2° Tu igitur *patientiam habes, et sustinuisti, propter nomen meum;* etenim multas persecutiones, contemptus, et omnis generis ærumnas passus es, et etiamnum pateris, propter confessionem *nominis mei,* propter prædicationem Evangelii ; verbo, pro gloria mea, et salute animarum. Attamen :

3ᵘ Perseverasti in *patientia* tua. *Et non defecisti,* per gratiam meam, qua fideliter uti conatus es, nec a dextera, nec a sinistra declinasti, nec in media via stetisti, sed huc usque perrexisti, superatis omnibus obstaculis, et difficultatibus, ambulando coram me, in via veritatis. Sciens, quod *diligentibus*

(*a*) Joan. c. x, v. 8.

Deum omnia cooperentur in bonum (a), primitivæ Ecclesiæ Pontifices, Sacerdotes, et fideles, cum gaudio contemptus, spoliationes bonorum, carceres, et etiam
mortem susceperunt, propter Deum. Interim ne credas
te perfectum ; laudabilem te inveni valde.

**4ᵘˢ VERSUS. Sed habeo adversum te : quod
charitatem primam reliquisti.**

1° Ne reputes igitur, nihil in te reprehensibile inveniri ; hoc enim valde periculose superbires, et insuper
omnino falsum supponeres, etenim non obstantibus
omnibus gratiis, quas recepisti ; et omnibus, quæ per
illas bene gessisti ; remanent in te vestigia humanæ
inconstantiæ, indeque provenit, quod in te mihi displicet ; scilicet ab aliquo tempore :

2° *Quod charitatem tuam pristinam reliquisti.* Memi-
nisse hic debemus omnes hæc verba legentes : Illa quæ
cuicumque Episcopo, vel Summo forte Pontifici dicuntur, uti jam plus semel monuimus, non de illo solo, sed
de ipso, ut Ecclesiæ suæ, seu gregi suo juncto, debere
intelligi ; quia in multis, tum laudibus, tum reprehensionibus, Episcopus et ejus Ecclesia, simul, per modum
unius considerantur.

3° Fere quidem idem est, de ipsomet Christo Domino,
Summo scilicet Episcopo Ecclesiæ militantis, patientis,
et triumphantis, qui sæpissime in Scriptura Sacra, per
modum unius, cum Sponsa sua, universali Ecclesia,
consideratur ; ita ut multa, quæ de illo dici videntur,
de ipsa debeant intelligi ; præsertim in Psalmis, et aliis
Prophetiis.

4° Nunc quamvis possibile sit, quod Sanctus Timotheus in provectiori ætate paululum remiserit de *pristino*
fervore charitatis, in convertendis infidelibus, corri-

(a) Rom. c. vɪɪɪ, v. 28.

gendis aliis peccatoribus, et stimulandis ad progressum veris Fidelibus; tamen nullatenus potest supponi, quod ad statum tepiditatis pervenerit; et quidem constat : quod ad minus pristinum fervorem renovaverit, et ad finem usque, vitæ suæ, in eo perseveraverit, siquidem per historiam Ecclesiasticam notum sit illum, dum maximo ardore laborabat ad absterrendos Paganos a superstitione idololatriæ; per furibundos quosdam occisum, martyrio coronatum fuisse. Itaque reprehensio, quæ hic reperitur, de *relicta pristina charitate*, non tam de ipso Timotheo, quam de grege ipsius intelligenda videtur. Uti enim fieri solet, multi qui in initio conversionis fuerant ferventissimi, potius quam tractu temporis fecissent continuum progressum, forte e contra, notabiliter laxati reperiebantur.

5° Idem in Ecclesia universali locum habuit, præsertim a tempore quo plurimis nationibus conversis, etiam Principes, Reges, et Imperatores, inter Fideles numerabantur; similesque relaxationes, imo et defectiones in omnibus Ecclesiæ partibus et Epochis contigerunt; et ideo, sicut olim prophetas sub Veteri, sic identidem sub Nova Lege, speciales Sanctos Deus suscitavit, ad reprehendendos, vel saltem monendos, tum Prælatos, tum simplices Fideles; vel etiam permittit persecutiones, aut immittit alias calamitates, universales, aut particulares, ad expurgandam Ecclesiam, uti in decursu hujus opusculi sæpissime videbimus.

5ᵘˢ VERSUS. Memor esto itaque unde excideris, et age pœnitentiam, et prima opera fac : sin autem, venio tibi; et movebo candelabrum tuum, de loco suo, nisi pœnitentiam egeris.

1° Itaque in memoriam revoca (*memor esto*) attenteque considera bona opera tua, facta in initio conver—

sionis , vel in initio ministerii tui. Recorderis quam
puram tunc habebas intentionem ; quanto ardore fla-
grabas pro gloria Dei, pro extirpatione idololatriæ, aliorumque errorum , pro tua sanctificatione, et proximi
salute procuranda. Compara actualem statum animæ
tuæ, cum statu illo pristino, ut videas unde *excideris*, et
salutari timore majoris adhuc mali perculsus, ad emendationem properes. Renova ergo zelum tuum.

2° *Et prima opera fac.* Postquam scilicet per sinceram
pœnitentiam , jam commissas negligentias rite expiave-
ris ; pro futura vitæ tuæ parte , humiliter ferventerque
invocata gratia Spiritus Sancti , *ut Spiritus mentis tuæ
renovetur* (a) , coneris ex tunc pristinum vitæ tuæ ordinem resumere, agere in omnibus uti olim agere solebas,
imo duplicato zelo, *dies* aliquousque *perditos redimere* (b),
et ita pericula punitionis avertere.

3° *Sin autem, venio tibi,* si videlicet nunc monitus a
parte ipsius Dei, adhuc pergas in negligentiis tuis , utique magis reus evades , *spernendo* enim *modica , paulatim decides* (c) , et inopinate tandem *veniam ad te , ut* pro
meritis puniam te , seu nullatenus præparatum , ad *reddendam rationem de vilicatione,* te vocabo. Iterum, quamvis hæc ad solum Episcopum dirigi videantur , nihilominus de istis minis sentiendum est, uti in aliis locis jam
notavimus; quia nimirum in Episcopo , etiamsi esset
omnino ipse innocens, culpabiles ejus subditi reprehendi
possunt ; ut ipsius vigilantia augeatur, et illi ad salutarem timorem excitati , majori docilitate ipsum audiant.
Pergens itaque *Angelus* ,

4° Ait : *Et movebo candelabrum tuum de loco suo.* Id est :
si veniens ad te non inveniam te emendatum, *Ecclesiam
tuam,* seu potius *Ecclesiam meam* tibi commissam , sive
partem ejusdem , quam administras , auferam a te, ut a

(a) Ephes. c. iv, v. 23. — (b) Ibidem, c. v, v. 16. — (c) Eccli. c. xix, v. 1.

servo infideli, et tradam cuipiam alii, meliori te, sicque mercedem tibi promissam , in æternum perdes; *Episcopatum* enim *tuum* , simul cum corona illi annexa *accipiet alter* (a).

Candelabrum ergo Episcopi *movetur a loco suo* , dum ob ejus negligentias , aut crimina , ipsius Ecclesia ad alium transfertur. Idem in similibus casibus dicendum, de omnibus animarum curam habentibus. Etiam idem contingit , in simplici Fideli, vel in toto aliquo populo , dum propter peccata sua , lumine Fidei privatur, et ejus loco alii vocantur a Deo. Hoc itaque , subintelligit *Angelus,* tibi timendum est.

5° *Nisi pœnitentiam egeris; nisi* pœnitentiæ lacrymis diluas maculas delictorum tuorum , et pœnalibus operibus temetipsum castigare festines ; ac revertendo ad pristinas saluberrimas vias, duplicato zelo, uti jam supra dictum est , damna præterita, in futuro reparare satagas. Quæ iterum intelligenda et applicanda sunt, modis jam sæpe propositis.

6ᵘˢ VERSUS. Sed hoc habes, quia odisti facta Nicolaitarum; quæ et Ego odi.

1° *Sed hoc habes,* quod mihi pergratum est , et te, sub illo respectu , laudabilem exhibet ante oculos meos, efficitque ut imperfectiones tuas in aliis rebus, majori cum longanimitate tolerem , ac misericorditer differam severam castigationem , patienter expectans reditum tuum , et desiderans per illum impediri ab omni pœna tibi infligenda; nempe :

2° *Quia odisti facta Nicolaitarum, quæ et Ego odi.* Nicolaitæ falso , ut videtur, ex Nicolao, uno ex septem primis Diaconis , se ortum habuisse gloriantur ; aliqui Sancti Patres Nicolaum istum ab hac labe omnino pur-

(a) Act. c. i, v. 20.

gant , dicuntque hæreticos Nicolai verba , et facta , male explicasse ; alii tamen eum accusant , ut vere et graviter errantem ; alii tandem asserunt præfatos hæreticos non ex isto Diacono, sed ex quodam alio perverso Nicolao ortum duxisse. Quidquid sit,per historiam Ecclesiasticam certum est , sectam *Nicolaitarum* illa prima Epocha , præsertim in Ecclesia Orientali , multa incommoda suscitasse , multisque scandalis occasionem dedisse. Ex hoc autem textu constat : hæreticos illos , etiam per Ecclesiam Ephesinam fuisse dispersos , et ab istius Ecclesiæ Episcopo, strenue fuisse oppugnatos, uti merebantur. Propter hoc laudatur Episcopus ab *Angelo* nomine Christi loquente ; in hoc enim ejus voluntas , voluntati divinæ perfecte conformis reperitur ; *odit* etenim ille mala , quæ ipsemet Christus , *se odisse* declarat.

3° Notandum, quod dicatur : *Odisti facta Nicolaitarum*, quia cum perversa et damnabilia sint,*odio* omnium Fidelium sunt digna ; non tamen *odio* habendæ sunt personæ, quia omnis homo in terris vivens , quantumvis errans , manet proximus noster , adeoque charitate christiana diligendus; attamen propter pericula nonnunquam evitandus est. In hac prima, de qua hic agitur , Ecclesiæ Ætate, Summi Pontifices multum laborarunt ad extirpandos *Nicolaitarum* errores. Qui nihilominus in variis sæculis multum infestarunt Ecclesiam Dei , et variis sectis abominandis dederunt originem , errabant præsertim in materiis matrimonialibus, et castitatis.

7ᵘˢ VERSUS. Qui habet aurem, audiat quid Spiritus dicat Ecclesiis : Vincenti dabo edere de ligno vitæ, quod est in paradiso Dei mei.

1° *Qui habet aurem* , scilicet spiritualem, seu cordis, id est : auditum docilem , ac saluti animæ intentum

Nota : quamvis in corpore requirantur duæ *aures* , ut
sit perfectum ; tamen hic ponitur *aurem*, in singulari
numero , quod etiam in textu Græco observatur ; quia
dum agitur de mentis auditu , uti hic , ponitur *aurem*,
nempe in singulari , quia ad solam unius Dei vocem
audiendam , invitatur homo ; si tamen Christus Dominus , interdum in Evangelio, attentionem adstantium
provocet , loquendo in plurali , *qui habet aures audiendi
audiat (a);* dici potest : ipsum tunc exigere , ut uterque
auditus , videlicet corporis et animæ , in audiendis verbis illius occupetur.

2° Itaque , quicumque habet docilem mentis *aurem*,
seu auditum , *audiat quid Spiritus dicat Ecclesiis* :
Nempe *Spiritus* Sanctus , qui olim multum locutus est
per Prophetas, et nunc hic loquitur per *Angelum,* ac per
ipsum Scriptorem suum , Sanctum Joannem , nomine
Christi : unusquisque ergo talis , attente *audiat* , quid
ille *Spiritus* dicat *Ecclesiis*.

3° Non tamen solummodo istis , ad quos nominatim
dirigitur hic Revelationum *Liber;* sed omnibus , omnium
locorum et temporum *Ecclesiis ;* adeoque toti Ecclesiæ
universali , seu catholicæ. Dicit enim ipsemet Christus
Discipulis suis : *quod autem vobis dico, omnibus dico* (b).
Sicut enim *septem* Minoris Asiæ *Ecclesiæ* repræsentabant
omnes, quæ unquam existere debebant, *Ecclesias* particulares , et universam Ecclesiam in *septem* , seu omnibus suis Epochis ; sic priores Christi fideles discipuli ,
quibus proprio ore loquebatur, vel qui per ipsosmet
Apostolos , verbis aut scriptis instruebantur, repræsentabant omnes , omnium sæculorum Fideles. Itaque hæc
dicit *Spiritus Ecclesiis*.

4° *Vincenti dabo edere de ligno vitæ ;* nempe cuicumque
fideliter perseveranti usque ad finem , patienter pro

(a) Matth. c. ii, v. 15. — (b) Marc. c. ii. v. 37.

vera Fide pugnando, contra corruptionem hujus mundi,
et contra sollicitationes dœmonis ; magnanimiter fe-
rendo persecutiones ethnicorum, ac hæreticorum; caute
evitando, et repellendo illorum seductiones, et sic in
sana doctrina, et vera charitate *cursum consummando;*
dabo ei remunerationem sempiternam. *Qui perseveraverit*
usque in finem hic salvus erit (*a*).

5° Illi igitur ita *Vincenti*, *dabo edere de ligno vitæ*, seu
de fructu veræ arboris vitæ; non illius quæ plantata
erat *in medio paradisi* terrestris, ex quo manducando
vita solummodo temporalis fuisset prolongata per plurima sæcula, in plena robustaque corporis sanitate; sed
de multo nobilioris arboris fructu, cujus virtus infinite
utilior erit manducantibus, quia dabit seu producet
æternam animæ, et corporis sanitatem, omniumque
miseriarum sanationem perpetuam, ac vitam supra
omnem intellectum hominum beatam. Etenim saturabi-
tur de ligno illo supernaturali.

6° *Quod est in paradiso Dei mei.* Videlicet in *paradiso*
cœlesti ; illud autem verum *lignum vitæ*, est ipsemet
Christus Dominus consideratus ut crucifixus, uti olim
fuit in terris, pro salute totius mundi ; sed nunc, a die
Ascensionis suæ, gloriose triumphans, et transplantatus
in medio istius *paradisi* Superni, in quem mortiferus ser-
pens nunquam poterit penetrare.

7° *Edere* autem ex isto admirabili *ligno vitæ*, est participare in fructibus meritorum illius, seu cum ipso in
cœlis glorificari, sempiternisque gaudiis repleri, ac
satiari ; uti in ardore meditationis et contemplationis
sempiterni istius triumphi exultans exclamat Rex et
Propheta David : *satiabor cum apparuerit gloria tua* (*b*).

(*a*) Matth. c. x, v. 22. — (*b*) P. 16, 15.

8ᵘˢ Versus. Pergit idem *Angelus* dicens : Et Angelo Smyrnæ Ecclesiæ scribe : Hæc dicit primus et novissimus, qui fuit mortuus et vivit.

1° *Angelus* , seu Episcopus *Smyrnensis* fuit Sanctus Polycarpus, Discipulus ipsius Sancti Joannis, qui ad eum hic scribere jubetur; ille post multos, pro Ecclesia Christi , labores , coronam martyrii gloriosissime obtinuit, sub Marco Aurelio imperatore , anno , ut videtur , centesimo sexagesimo-nono. Itaque *scribe Angelo :*

2° *Smyrnæ Ecclesiæ; Smyrna* est etiam urbs Minoris Asiæ ; nomen autem ejus significat *Myrrham* , et illa significatio etiam non debet supponi mysterio vacua ; etenim illa *Smyrnæ Ecclesia,* præterquam quod, ob proprias calamitates , merito *myrrhæ* , id est , herbæ amarissimæ , comparatur , uti mox videbimus ; apte etiam in secunda Ætate, repræsentat Ecclesiam Catholicam , propter nimias amaritudines, quibus tunc Sponsa Christi fuit repleta , quæ oriebantur ex vehementissimis persecutionibus , et ex furiosissima hæresi Arianorum. Ut vim comparationis melius intelligamus, utile est scire : quod *myrrha* duplici modo sumatur : 1° pro arbuscula , ex qua per incisionem , et etiam per spontaneam desudationem, obtinetur aliquis liquor , cujus optima species vocatur *stacten.* 2° Sumitur pro ipso liquore , qui valde pretiosus est, et in componendis aromatibus adhibetur. In Arabia præsertim *myrrha* reperitur.

3° In secunda sua Epocha , quæ incipit ab initio Arianismi , usque ad invasionem Barbarorum in imperium Romanum duratura ; Ecclesia Catholica tanto aptius *myrrhæ* comparatur , quod, uti *myrrha* habet vim tribuendi corporibus incorruptibilitatem ; sic tribulationes et calamitates Ecclesiæ membra inundantes , et penetrantes, spiritualem illis incorruptibilitatem adferre

solent ; tunc enim quasi igne probantur et expurgantur
veri Christi Fideles , et *Ecclesia* merito sortitur nomen ,
ex rebus salutaribus , quibus repleta est. Etiam sicut
myrrha concussa et concisa , gratissimum emittit odorem ; sic *Ecclesia,* seu ejus membra, in Fide persevaeran-
tia , in persecutionibus contrita , ac lacerata, magis
magisque bonum odorem Christi spirant. Illi igitur
Angelo, seu Episcopo Scribe :

4° *Hæc dicit Primus et Novissimus.* Omnia , quæ isti
Episcopo , et ejus *Smyrnensi Ecclesiæ* dicuntur , seu
scribuntur, Romanis etiam Pontificibus , et *Ecclesiæ uni-*
versali in secunda Epocha , applicari possunt ; etenim
contra Sanctum Sylvestrum, ejusque successores in illa
Ætate, multum sævierunt Ariani, Donatistæ, Novatiani,
Sabelliani, et etiam Principes, eorum Hæreticorum pro-
tectores. *Hæc* itaque *dicit Primus et Novissimus;* quantum
ad significationem istorum terminorum : *Primus et Novis-*
simus, videantur quæ dicta sunt capite primo , ad finem
versus decimi septimi, et initio decimi octavi, ac in notis
respectivis. Uti et de sensu sequentium verborum : *qui*
fuit mortuus , et vivit. Videantur ergo pag. 47 , et
sequentes.

9ᵘˢ Versus. Scio tribulationem tuam , et paupertatem tuam , sed dives es; et blasphemaris
ab his, qui dicunt se Judæos esse, et non sunt;
sed sunt Synagoga Satanæ.

1° *Scio* , inquit , *tribulationem tuam ,* quam scilicet tu
pateris, cum *Ecclesia* tua , 1° ab infidelibus, omni quo
possunt modo , vos persequentibus, 2° a falsis Zelatoribus , qui rejecta sana doctrina, corruptam introducere,
multis fraudibus, et violentiis, conantur , 3° ex anxietate
pro periclitantium Fidelium sorte , videns debiles , et

infirmos nonnunquam hæsitantes, ac vacillantes in fide, et hinc inde aliquos aberrantes, ac sequenter impios novatores. *Scio* similiter :

2" *Et paupertatem tuam*, ad quam tu, et tui, redacti estis, per temporalium·bonorum spoliationem, quam tamen pro Fide Christi, passi estis cum gaudio, et sustinetis invincibili patientia ; illam optime etiam novi, et debito tempore remunerabo. Ad quantos ærumnarum excessus, tribulationes, et paupertatem redacti fuerint tum Romani Pontifices, tum alii Episcopi defensores veræ Fidei, ac Fideles illis adhærentes, illis temporibus, abunde constat ex historiis Ecclesiasticis, et etiam in decursu hujus opusculi hinc inde breviter annotabimus. His non obstantibus, pergit *Angelus* : Spiritualiter :

3° *Dives es*. Videlicet pretiosissimis thesauris meritorum, pro vita futura in qua temporalis *paupertas* hujus vitæ nihil ·nocebit, e contra multum proderit, propter conformitatem cum exemplis Christi, *qui non habuit ubi caput reclinaret* (a). Insuper pro veritate contemneris continuo.

4" *Et blasphemaris ab his qui dicunt se Judæos esse*, nempe qui asserunt se veros esse Dei cultores, amatores, et laudatores. Etenim terminus *Judæus*, significat : *qui laudat Deum ;* nemo autem sincere laudat Deum, nisi Deum amet, et in vera religione colat. Hoc de semetipsis asserebant multi male conversi ex Judaismo, qui contendebant Legem Mosaicam, simul cum Lege Christi, debere observari. nec quemquam aliter salutem æternam obtinere posse. Consequenter asserebant : aliter sentientes, et docentes, vel ex gravi ignorantia errare, vel ex voluntaria malitia populos decipere. Sic inter multos alios, Sanctum Polycarpum, et eum sequentes, contemnebant, et uti seductores et seductos *blasphemabant.*

(a) Luc. c. ix v. 58.

APOC.   5

Sed dicit *Angelus :* illi se tales quidem *esse dicunt*, at mentiuntur malitiose, ad seducendum.

5° *Et non sunt*, nullatenus sunt tales, quales se esse gloriantur; e contra ipsimet decepti sunt, gravi sua culpa, nolentes humiliter admittere, et firmiter fideliterque sequi, doctrinam a Christo Apostolis suis traditam, et ab ipsis fidelissime prædicatam. Etenim superbi illi zelatores potius proprias suas inventiones, pro Fide Christi prædicantes, etiam alios decipere, et quotquot possunt, seducere conantur. Itaque non sunt laudatores Dei.

6° *Sed sunt Synagoga Satanæ ;* id est : Societas cui Satanas præsidet ; ex Satanæ inspirationibus agunt et loquuntur, ejusque exempla sequuntur, ipsimet pertinaciter ad interitum properantes, et quoscumque possunt, alios secum trahentes in infernum. Tales etiam erant illi, qui continuo contradicebant doctrinæ Sancti Pauli Apostoli gentium, et in omnibus locis ubi prædicaverat, conabantur ipsum suspectum, et odiosum reddere, quasi non esset verus Christi Apostolus. Sed veritas, Deo adjuvante, triumphavit de mendacio.

10ᵐ VERSUS. **Nihil horum timeas, quæ passurus es. Ecce missurus est diabolus aliquos ex vobis in carcerem, ut tentemini et habebitis tribulationem diebus decem. Esto fidelis usque ad mortem, et dabo tibi coronam vitæ.**

1° *Nihil horum timeas, quæ passurus es.* Uti non timuisti calamitates, quæ jammodo transierunt, sic nec timere debes illas, quæ adhuc futuræ sunt; quia sicuti præteritæ fuerunt fœcundissimæ meritorum occasiones, sic erunt et futuræ, pro omnibus fideliter in Domino perseverantibus. Interim adhuc multa *passurus es*, tu scilicet et plurimi ex tuis. Etenim nec dormit unquam, nec fatigatus est infernalis inimicus vester, nec ministri ejus in terris.

2° *Ecce missurus est diabolus aliquos ex vobis in carcerem.* Ut ad nova prælia diligenter vos præparetis, *ecce* prædico vobis, quid proxime instet ; pro majori gloria Dei, et Ecclesiæ suæ universæ, concedetur *diabolo* ejusque ministris, potestas *mittendi in carcerem aliquos ex vobis,* satis multos, et quidem ex præcipuis cooperatoribus tuis, et fidelissimis discipulis. Hæc litteraliter in *Ecclesia Smyrnensi* adimpleta fuisse, testantur historici illorum temporum, præsertim Eusebius, et Nicephorus. Hoc itaque facient vobis furiosi adversarii.

3° *Ut tentemini,* id est : Ut vexationibus, minis, et tormentis tentati, ad colenda idola, vel saltem genuinam Christi Fidem relinquendam, probetis inflexibilem vestram, in vera Fide constantiam. Illis temporibus, ad evitandas persecutiones, sæpe sufficiebat unum alterumve eligere : nempe, vel idolis sacrificare, qucd Ethnici exigebant, ac ita totaliter Christum negare ; vel adhærere doctrinis hæreticorum, qui ordinarie non adeo displicebant Principibus Ethnicis, quique sæpe etiam erant infensissimi hostes, et persecutores, verorum Fidelium Christi. Sed omnia illa tentamina vertebantur ad majorem confusionem adversariorum *Ecclesiæ.*

4° *Et habebitis tribulationem diebus decem.* Hic occurrit difficultas non modica, ad cognoscendum quid, proprie loquendo, hic velit significare *Angelus,* et post ipsum Sanctus Joannes, per *decem dies.* Potest enim utique fieri quod maximus istius persecutionis furor *in Ecclesia Smyrnensi,* non diutius quam per *decem dies* duraverit ; sed inde orta tribulatio certe debuit fuisse longior, seu diuturnior, ˉcum multi viri conspicui, inter quos

etiam ipsemet Episcopus, in ea, post carceres, ad mortem ducti fuerint ; et etiamsi incarcerationes, condem-
nationes, et sententiarum exsecutiones, intra *decem dies*
adimpletæ fuissent, utique tribulatio inde orta pro
superviventibus Fidelibus , multo tempore debuit
durare; nisi forte intelligatur de solis illis martyribus ,
qui post *decem* passionum *dies ,* evolantes in cœlum ,
obtinebant *gaudium* illud *plenum ,* quod *nemo poterat
amplius tollere ab eis* (a). Sed non videtur hic haberi
sermo de solis, in ea persecutione, morituris ; sed de
tota desolata *Ecclesia Smyrnensi.* Sed quomodo intra
decem dies naturales claudemus, prædictam hic, ejus
tribulationem ?... Veteres interpretes , quos novimus ,
nihil satis clarum ad hoc responderunt. Illi quidem ,
qui, sicut nos, putaverunt *tribulationem* illam evidenter
diutius debuisse durare , dicunt : numerum *decem* hic
pro *magno numero dierum ,* sed indeterminato, debere
sumi , veluti sæpe in Scriptura Sacra, numeri *septem ,
duodecim,* etc , indeterminate sumuntur ; sed nullatenus
videmus qua ratione , in hoc loco , tale quid fieri deberet ; interim auctor aliquis anonymus modernus , vir
pius et doctus , uti omnino videtur , de quo jam locuti
sumus , et adhuc sæpe loqui intendimus ; hanc opinionem proponit : quod nempe in persecutione *Ecclesiæ
Smyrnensis* hic præfiguretur maxima persecutio *Ecclesiæ*
universalis , quæ dicitur per *decem dies,* id est : *decem
distincta tempora,* debere durare, quia *decies ,* renovabi-
tur, seu instaurabitur persecutio , et consequenter universæ *Ecclesiæ tribulatio. Dies* dicuntur , quia erant
tempora luminis spiritualis.

5º Præfatus Auctor non incipit numerare persecutiones a Nerone , qui solummodo usque ad annum sexage-
simum octavum regnaverat , et dum scribebat Sanctus

(a) Joan. c xvi, v 22 et præcedentibus.

Joannes, Neronis persecutio jam transierat. Ob similem rationem, inter *decem* non numerat persecutionem Domitiani, quæ tunc actualiter durabat. Sanctus enim Joannes instruebatur, et scribebat, de persecutionibus futuris. Ideo ponit iste *primam* persecutionem sub Trajano, qui regnavit usque ad annum Christi centesimum-decimum-septimum.

Secundam sub Adriano, qui regnavit usque ad annum centesimum-trigesimum-octavum.

Tertiam sub Antonino, qui regnavit usque ad annum centesimum-sexagesimum-primum.

Quartam sub Marco-Aurelio, qui regnavit usque ad annum centesimum-octogesimum.

Quintam sub Septimo-Severo, qui regnavit, post aliquos interjectos, usque ad annum ducentesimum-decimum-septimum.

Sextam sub Maximino, qui similiter post nonnullos interjectos, regnavit usque ad annum ducentesimum-trigesimum-octavum.

Septimam sub Decio, qui etiam non fuit immediatus successor præcedentis, et regnavit usque ad annum ducentesimum-quinquagesimum-primum.

Octavam sub Valeriano, qui nec ipse immediate successit, sed regnavit usque ad annum ducentesimum-sexagesimum.

Nonam sub Aurelio, qui etiam non immediate, sed regnavit usque ad annum ducentesimum-septuagesimum quintum.

Decimam tandem, sub Diocletiano, qui post intermedios, regnavit usque ad annum ducentesimum-octogesimum-quartum, non tamen solus, sed cum Galerio Maximiano ejus instigatore.

Hic non habetur questio de persecutione quam suscitavit Licinius, nec de terribilissima illa persecutione, cujus auctor fuit Julianus Apostata, quia utraque sub alio respectu consideratur, et alibi prædicitur.

6° Hoc loco non inutilem æstimamus sequentem digressionem

Si unquam hoc opusculum publicæ luci detur, forte nonnulli Lectores mirabuntur, et etiam improbabunt : nos hic capite secundo, versu decimo, sumentes *decem tribulationum dies,* pro *decem* præcipuis *universæ Ecclesiæ* persecutionibus, illas persecutiones non numerasse modo, apud interpretes, magis communi, et quidem a Sanctis Patribus adoptato; nempe ponendo *Primam* sub Nerone, in qua beatissimi Apostoli Petrus, et Paulus, ac innumeri alii, eorum Discipuli, utriusque sexus, passi sunt. *Secundam* sub Domitiano, quo jubente, ipsemet Sanctus Joannes calicem Domini bibit; ante et post quem, multi etiam alii in eadem persecutione martyrio coronati sunt. *Tertiam*, quam supra. nos *primam* diximus, sub Trajano, quo jubente, Sanctus Ignatius, celebris Sancti Joannis Discipulus, et Episcopus Antiochiæ, bestiis datus fuit devorandus; plurimique alii Christiani, variis modis necati sunt. *Quartam* sub Adriano, quo sæviente Sancta Symphorosa, cum septem filiis suis, magnaque aliorum Fidelium turba, sanguinem, ac vitam pro Jesu Christo fuderunt. *Quintam* sub Antonino, in qua, præter aliorum Fidelium magnam multitudinem, Sancta Felicitas, similiter cum septem filiis suis, martyrii palmam obtinuerunt. Item celebris Apologista Sanctus Justinus; et Sanctus Polycarpus, *Smyrnensis Ecclesiæ* Episcopus, de quo supra egimus, Sancti Joannis, non minus celebris Discipulus. *Sextam*, sub Marco–Aurelio, quo auctore, celeberrima Lugdunensium martyrum turba passa est; uti et alibi plurimi alii. *Septimam,* quam Septimus–Severus suscitavit, in qua, præter plurimos alios Christi Fideles, Sancta Perpetua, et alia Felicitas, gloriosissime usque ad mortem certarunt. *Octavam*, sub Decio, qui præcedentes persecutores Christianorum ardenter imitatus est. In innumerabili victimarum, quas ille immolavit, caterva, præsertim emicuerunt Sanctus Pionius sacerdos, et puerulus Sanctus Cyrillus. *Nonam*, sub Valeriano, in qua Sanctus Papa Sixtus Secundus, Sanctusque Laurentius, istius Papæ celeberrimus Diaconus, martyrio coronati sunt; uti et Sanctus Cyprianus Corinthius, cum plurimis sociis. Tandem *Decimam*, sub Diocletiano, qui instigante, et urgente perfido collega Galerio Maximiano, Ecclesiam Christi radicitus extirpare conatus est; sub quo, inter ingentem martyrum multitudinem, est immolata tota illustris Legio Thebæorum, cujus Dux et exhortator fuit Sanctus Mauritius.

Certe nullatenus est spernenda illa enumeratio, sed loco supra citato, rationem dedimus cur hic aliam adoptaverimus. Cæterum satis parvi interesse nobis videtur quænam præferatur; quia per præfatas *decem tribulationum dies*, omnino putamus significari omnia primitivæ *Ecclesiæ* persecutionum tempora; etsi nos inter *decem* persecutionum Auctores, non nominatim numeraverimus Neronem et Domitianum, quia cum Sancto Joanne de futuris loqui amabamus eo magis, quod hic de 2ª Ecclesiæ Ætate videtur agi. Sic ob alias rationes, alii alias omittere debuerunt, et cuncti unanimiter omittimus in *denario* illo numero, Julianum Apostatam, qui post aliquod intervallum, cultum Idolorum instaurare, et omnes præcedentes *Ecclesiæ* persecutores superare strenue conatus est, quique ideo satis evidenter pertinet ad majorem Bestiam, cujus horrendum corpus includit omnes Christianorum persecutores, usque ad interitum Romæ Ethnicæ, sicuti debitis locis, multis clarisque argumentis probare conabimur. Nunc itaque pergamus cum *Angelo*.

7° *Esto fidelis usque ad mortem*. Frustra enim aliquis strenue pugnaret in initio prælii, si postea animo cadens, campum relinqueret , ac victoriam cederet hostibus. Eodem fundamento dicit Sanctus Paulus Apostolus : *non coronabitur , nisi qui legitime certaverit* (a). Christiano autem *legitime certare ,* est *certare* usque ad finem hujus vitæ , quia tamdiu durat cujusque prælium , cum semper hostes supersint, vel renascantur in hoc mundo. Nunquam enim in hac vita caro adeo mortificata est , ut non possit amplius renovare rebellionem suam adversus spiritum : inde multi Sancti , etiam in lectulo mortis , ejus corruptionem timuerunt. Nunquam prava mundi exempla , ejusque fallaces voluptates, adeo a servis Dei remota , aut superata sunt , ut illorum visio , aut recordatio , non amplius sit timenda ; ad hujus assertionis confirmationem , exempla habemus in Sancto Hieronymo , multisque aliis ; nunquam moritur, aut dormit diabolus, nec fatigatur, nec animo cadit, sed e contra , versus finem vitæ hominis cujuscumque , auget labores, et furores suos , ad eum decipiendum ; ergo semper vigilandum , semperque pugnandum. Sed *esto fidelis* inquit *Angelus ,* et asserit victoriam , modo perseveretur *usque ad mortem ,* et sub ea conditione , nomine Dei , addit :

8° *Et dabo tibi coronam vitæ.* Id est : remuneratio tua , et omnium *usque in finem* perseverantium in præliando fideliter prælia Domini , erit vita æterna , seu sempiterna possessio omnium bonorum cœlestium ; de quibus plurima , in decursu hujus *Libri* explicanda occurrent , præsertim versus finem , dum de cœlesti Jerusalem , seu Sancta Civitate , ejusque diversis partibus , agetur.

(a) 2ᵃ ad Tim. c ii, v. 3.

11ᵃ Versus. Qui habet aurem audiat quid Spiritus dicat Ecclesiis : qui vicerit , non lædetur a morte secunda.

1° Iterum provocat *Angelus* attentionem audientium , aut legentium sequentia , iisdem verbis : *qui habet aurem ,* etc. Pro istorum verborum recta intelligentia , videantur quæ dicta sunt in eadem monitionis verba , versu septimo hujus capitis , page 60. Hic ergo transeamus ad reliqua.

2° *Qui vicerit,* non proximos suos occidendo, spoliando, fugando , etc. ; sed patienter sustinendo adversariorum incursus , est vexationes propter Deum ; et fideliter ambulando in vera via Domini , usque ad mortem primam , quæ est mors corporis solummodo , quam nec possibile est evitare, cum in consilio Altissimi *statutum sit hominibus semel mori* (*a*) nec si possibile foret , utile esset ; veri siquidem Dei amatores *cupiant dissolvi et esse cum Christo* (*b*). *Qui* itaque , modo supradicto *vicerit ,* in hoc mundo ,

3° *Non lædetur a morte secunda.* Utique in mundo futuro , quæ nimirum , est mors animæ , seu æterna damnatio , quam non perseverantes usque *in finem ,* simul cum hostibus eorum , inevitabiliter subibunt ; primo secundum Animam , immediate post obitum ; secundo in Anima simul et corpore , incipiendo ab extremo Judicio, pro tota æternitate futura. Dum e contra *victorum* corpora feliciter resuscitata , simul cum animabus eorum , etiam pro tota futura æternitate glorificabuntur.

4° In prælio spirituali propter Deum et beatam æternitatem , *fideliter* perseverare *usque ad mortem,* idem est ac *vincere ;* quia in ipsa morte , et sæpe per ipsam mor-

(*a*) Hæbr. c ix , v. 27. — (*b*) Phil. c. i v. 23.

tem ex amore Dei toleratam, in circumstantiis plus vel
minus calamitosis, naturæque terribilibus, quæ interim
per infidelitatem possent evitari, debet obtineri victoria. In præliis temporalibus omnino contrarium contingit, ubi dum victoria jamjam obtenta est, non raro
adhuc aliqui, imo sæpe multi, ex exercitu victrice, sive
vulneribus in pugna receptis, sive furentium in fuga
hostium armis misere succumbentes, privantur triumphi gaudio, et omnium laborum fructu.

12ᵘˢ Versus. Et Angelo Pergami Ecclesiæ scribe.
Hæe dicit qui habet romphæam utraque parte
acutam.

1° *Et Angelo Pergami Ecclesiæ scribe :* Quis fuerit ille
tunc temporis *Ecclesiæ Pergami Angelus* seu Episcopus,
non constat; sed illa civitas erat una ex clarissimis
Minoris Asiæ Urbibus, in tractu Troadis; divitiis et
populi multitudine valde abundans, indeque multis corruptionibus obnoxia.

2ᵘ Nomen istius civitatis *Pergamus,* vel *Pergamum.*
significat *elevationem,* quod inde provenire videtur:quod
in loco elevato, seu montuoso, non autem in valle sita
esset;sed forte magis ex dispositione divinæ Providentiæ,
quia ejus *Ecclesia* debebat præfigurare Ecclesiam universalem, in tertia sua ætate; in qua vera illa Christi
Sponsa, non obstantibus omnibus persecutionibus,
incipiebat notabiliter *elevari,* seu *exaltari,* supra furentes
inimicos suos, per triumphos veræ Fidei, de idololatria,
ac de omnibus istorum temporum hæresibus.

3° Ea enim in Epocha reperiebantur viri valde notabiles sub omni respectu, qui successive cathedram Sancti
Petri occupabant; floruerunt maximi Sancti Patres, et
scriptores ecclesiastici; celebrata sunt præcipua antiquorum temporum concilia, tum generalia, tum parti-

cularia; instituti sunt jam multi Ordines religiosi; ad Christum conversæ sunt plurimæ nationes; etc. etc. Computamus autem illam tertiam Ætatem, circiter ab anno trecentesimo-nonagesimo-quinto, usque ad annum sexcentesimum-nonum.

4° Itaque. *Hæc dicit : qui habet romphœam, utraque parte acutam.* Nempe qui *habet* et tenet illàm, non inutiliter, sed ut illa utatur, prout gloria Dei, et animarum salus requirunt. *Romphœa* autem illa, idem est ac *gladius,* similiter *utraque parte acutus;* de quo egimus capite primo, versu decimo sexto, pag. 43 ; quæ ibidem dicta sunt, poterunt pro hoc loco inspici, ne multiplicentur repetitiones. *Dicit* itaque sequentia :

13ᵘˢ VERSUS. Scio ubi habitas, ubi sedes est satanæ; et tenes nomen meum, et non negasti fidem meam. Et in diebus illis Antipas, testis meus fidelis, qui occisus est apud vos, ubi satanas habitat.

1° Hic versus habet nonnullas difficultates, quæ magnam requirunt attentionem. Ait enim : *Scio ubi habitas.* Quasi subintelligens : si per omnes curas et labores tuos, nec omnia mala eradicare, vel impedire, nec omnia bona efficere valeas, uti velles, inde te non immoderate affligas; etenim *seminator* debet *seminare in agro* in quem a Patrefamilias missus est ; sed sæpe sine ejus culpa, aliquod *semen cadit secus viam*, ubi vel *conculcatur ab hominibus,* vel *a volucribus aufertur; aliud supra petram, ubi* necessarium ad fructificandum *humorem non invenit; aliud inter spinas, ubi* vix *ortum suffocatur* (a). Similiter non raro, sine seminatoris culpa, *venit inimicus homo,* et bono semini *superseminat zizania,*

(a) Matth. c. x ii, totum.

quæ dum inter tritici plantas oriri conspiciuntur, non semper juvat *eradicari ante messem, ne pars tritici simul eradicetur* (*a*).Tandem non ab homine seminatore, sed a Deo, *qui dat incrementum* (*b*), pendet mensura fructuum. Sufficit operariis Vineæ Domini, quacumque etiam hora, et in quibuscumque circumstantiis vocati advenerint, uti in quavis bona vel mala parte Vineæ collocati fuerint, diligenter laborare usque ad vesperam, et *recipient denarium de quo conventum est* (*c*), etiamsi opus pro voto non successerit. Cum ergo omnia noverim, novi civitatem in qua *habitas*. et populum cui præes, et omnes adversarios tuos. *Habitas* nimirum in loco pessimo.

2° *Ubi sedes est Satanæ ;* ubi consequenter, inspirante Diabolo, multum vexaris, partim per infideles, partim per hæreticos, qui æque furiose dominari conantur. Nunc quam certissimum sit *Satanæ sedem* extitisse in civitate *Pergamo,* cum hic sensus litteralis sacri textus hoc absolute asserat, et etiam ex historia constet, in omnibus Ecclesiis Orientalibus Fidem Evangelicam valde magna obstacula invenisse; tamen non minus certum est, et evidens tempore Sancti Joannis, et jamdiu antea, uti et satis diu adhuc postea, præcipuam *Satanæ sedem,* exstitisse Romæ, nempe thronum imperii idolo-latrarum, uti ex pluribus locis ipsius Apocalypseos, et ex omnibus historicis illorum temporum, abunde patet; et insuper ibidem, seu in metropoli *Ecclesiæ* Romano-Catholicæ, in tertia ejusdem ætate, furor, et vexatio hæreticorum, præsertim locum habuerunt. Illo enim ævo, præter furibundos, ob condemnationem suam, Arianos, multi adhuc alii ac pessimi hæretici extite-runt, inter quos eminebant Eutychiani, Nestoriani, Pelagiani, Manichæi, etc., etc.

3° Tu autem, pergit *Angelus : Et tenes nomen meum,*

(*a*) Matth. versus finem. — (*b,* I Cor. c. iii, v 7. — (*c*) Matth. c. xx, v.13.

et non negasti fidem meam. *Scio,* itaque, et summa delec-
tatione video : te nihilominus firmiter stare in confessione *nominis mei,* et nec per fallaces adversariorum
doctrinas , nec per furiosissimas Principum minas, nec
per exquisitissima tormenta tyrannorum , a *fide mea*
avelli , aut seduci posse. Illis nempe sæculis sæviebant persecutiones Licinii , primum collegæ, postea
adversarii Constantini magni ; item Juliani Apostatæ ,
ac quorumdam aliorum , uti in historia ecclesiastica
facile videri potest. Interim supra allata verba *Angeli,*
iterum non de solo Episcopo, sed et de populo illi fideliter adhærente, debent intelligi. Maxime vero de Summis
Pontificibus, et de populis illis semper constanter unitis, in difficillimis istis temporibus.

4° *Et in diebus illis Antipas, testis meus fidelis.* Videlicet *in diebus* maximarum istarum calamitatum, exemplum firmitatis in confessione veræ Fidei , dedit aliquis
Christianus, nomine *Antipas;* dicitur ille fuisse unus ex
septuaginta–duobus Christi Discipulis, qui *Pergami* fuit
Episcopus , donec ibidem martyrio coronatus est, com-
bustus in tauro æneo , adeoque merito vocatur *testis
fidelis*. Si autem verum sit, ipsum fuisse de numero Discipulorum ab ipso Christo electorum , debuit pervenisse
ad magnam senectutem , quia passus est sub Domitiano
imperatore , qui versus finem primi sæculi regnavit. De
illo igitur *Antipa,* pergit *Angelus* dicens :

5" *Qui occisus est apud vos, ubi Satanas habitat.* Occisus
scilicet , modo supra dicto, propter confessionem et
defensionem Fidei Christi , uti de ipso testatur Martyro-
logium Romanum , die undecima Aprilis. Inde autem
clare patet quam vere etiam *Pergami* tunc sedem
haberet , et *habitationem suam Satanas.* Attamen nihil
impedit , etiam hoc intelligi de *Ecclesia Romana,* seu
Romæ existente, ubi tunc temporis plurimi *testes fideles*

ex omni ordine , martyrio coronati sunt , quibus nomen
Antipas merito dari posset, propter ejusdem significationem. *Antipas*, ex duobus vocabulis Græcis , *anti* et
pas, compositum , significat *contra omnes*. Quod sumptum in bono sensu , uti certissime hic sumi debet ,
significabit : *fortis contra omnes impios.* Talis autem evidenter erat *Antipas Martyr Pergami* ; sed tales erant et
omnes alii , utriusque sexus , Martyres.

Notandum hic semel pro semper, omnes alios Sanctos
esse *fideles testes* Christi : sed *martyres*, ob sanguinem
suum effusum pro Christo , sic vocari per excellentiam;
nihil tamen refert , quo modo propter Christum necati
fuerint.

**14ᵘˢ VERSUS. Sed habeo adversus te pauca; quia
habes illic tenentes doctrinam Balaam , qui
docebat Balac mittere scandalum coram filiis
Israel; edere, et fornicari.**

1ᵘ *Sed habeo adversus te pauca;* itaque , ne glorieris
tamen ex præcedentibus, quasi esses sub omni respectu
irreprehensibilis , et laude dignus ; habeo enim nonnulla quæ tibi objiciam , quæque a te velim emendari ,
et per pœnitentiam expiari ; scilicet : in quantum parti-
cipaveris in peccatis eorum de quibus agitur, per quamvis negligentiam. Novi enim :

2° *Quia habes illic tenentes doctrinam Balaam ;* Doctrinam videlicet, quæ istius impii prophetæ , perversæ
doctrinæ, merito assimilatur. Uti narrat Scriptura Sacra,
Balaam propheta Gentilis, et valde avarus, multis promissionibus a Rege Balac invitatus et adductus erat , ut
malediceret populum Israel, in deserto errantem : ut illo
medio averteret periculum invasionis Israelitarum , a
regno Balac ; sed quia , nolente Deo , Balaam hoc præstare non poterat, sed invitus, contrarium semper facie-

bat. ut tamen desideratum effectum obtineret, et muneribus regis Balac non privaretur qui valde iratus, eo
quod adductus ad maledicendum Israelitis, e contra eis
benedicebat, minabatur jam se nihil daturum avaro
prophetæ, ipse quærebat alia media ad placandum
regem, et docuit eum quomodo Israelitas induceret in
peccatum, ut illi ipsi iram et vindictam justi Dei sui, in
se provocarent, et tunc a Balac facile vinci possent (a) ;
propterea hic ab *Angelo* dicitur sancto illi Episcopo :

3° *Qui docebat Balac*, nempe mediis et intentione uti
jam diximus, in interitum populi Dei, et ad evertenda
consilia Omnipotentis, si fieri potuisset, mediantibus
mulieribus meretricibus.

4° *Mittere scandalum coram filiis Israel ;* inspirante
enim Balaam, mittebat Balac mulieres Moabitas et
Madianitas, impudice ornatas, in campum Israelitarum,
quæ illos seducere conarentur ut omnem impietatem
secum committerent, Deumque suum relinquentes, ab
eo etiam relinquerentur, et insuper punirentur. Multis
blanditiis istæ docebant eos :

5° *Edere*, seu voluptuose epulari, consequenter et
abundanter bibere, *et fornicari ;* in epulis scilicet ad
quas illos invitabant, et malitiose alliciebant, omnis
generis excessus committere, et inde seposita omni vere-
cundia, omnique pietatis sensu, transire ad *fornicationem*, aliasque quascumque impudicitias ; ac etiam ad
idololatriam, quæ est *fornicatio* spiritualis. Istis infernalibus fraudibus, multi ex Israel fuerunt seducti, et
propterea morte puniti ; sed talibus mediis non potuit
Balac seipsum, aut Regnum suum, ab interitu præservare ; e contra vindictam justi Dei tanto efficacius pro-
vocavit ; periit ergo cum populo suo, in bello sibi ab
Israelitis illato, et Balaam cum ipsis.

(a) Numer. c. xxii, et seq.

15ᵘˢ VERSUS. Ita habes et tu, tenentes doctri-nam Nicolaitarum.

1° *Ita habes et tu*, non quidem libenter, sed nimis toleranter inter Fideles tuos habitare permittis, cum continuo periculo seductionis bonarum animarum, pes-simos hæreticos, quos, si diligenter, ac prudenter ad hoc laborares, vel a loco tuo removere, vel convertere posses, et consequenter debes. Etenim si nulla affulsis-set spes successus, non fuisset Episcopus reprehensibi-lis, ex eo, quod toleraret, utique invite, quos non potuisset expellere, vel ad meliorem viam perducere ; non enim Deus exigit impossibilia. Erant scilicet :

2° *Tenentes doctrinam Nicolaitarum*. Notandum hic : quod non dicatur : *doctrinam Nicolai*, sed *doctrinam Nicolaitarum ;* forte ideo : quia *Nicolaus* scandalosam doctrinam professus non est quam illi attribuunt istius nominis hæretici. Interim illi se dicebant quidem Christianos, sed adhærebant erroribus, quos asserebant docuisse *Nicolaum*, quondam Diaconum. De illo *Nicolao*, et istius nominis secta, videantur dicta ad versum sextum hujus capitis, pag. 59.

16ᵘˢ VERSUS. Similiter pœnitentiam age : si quo minus, veniam tibi cito, et pugnabo cum illis, in gladio oris mei.

1° Itaque tu *similiter pœnitentiam age :* Id est : Sicuti Episcopo Ephesino præcepi ut *ageret pœnitentiam ;* ita et tibi præcipio ; tu ergo, æque prompte et fideliter ac ille fecit, salutare hoc remedium adhibere coneris. Tu nempe non solus, sed et cum populo tibi commisso. Etenim :

2° *Si quo minus, veniam tibi cito ;* si scilicet negligas, aut differas voluntariam *agere pœnitentiam*, pro nimia, et perniciosa tolerantia erga errantes illos, *veniam tibi cito ;* id est : brevissimo post tempore *veniam ad te , tibi* tamen , seu pro tua utilitate , non ad reprobandum , sed ad castigandum te , vel præmatura morte ex morbo, vel crudelitate persecutorum, ut sanguine tuo abluas maculas , quas *pœnitentia* abluere non curaveris ; et patientia in tormentis repares scandala , quæ tua negligentia dederis.

Cum Nicolaitæ, aliique hæretici ex illis orti, (et idem dicendum de quibusvis hæreticis,)per plurimas Ecclesiæ catholicæ provincias fuerint dispersi , nec semper satis strenue oppugnati , Deo visitante suos , tempore errorum , et persecutionum , non raro Pontifices Romani , Episcopi particulares , aliique viri conspicui , martyrio expiarunt , et coram Ecclesia repararunt , nimiam suam lenitatem, aut etiam quamcumque incuriam , vel tepiditatem. Omnia enim quæ hic dicuntur, facile iterum quibusdam istorum temporum summis Pontificibus , et universo populo catholico possunt applicari. Pergit *Angelus* dicens :

3° *Et pugnabo cum illis , in gladio oris mei.* Hæc phrasis duplici modo potest utiliter intelligi. Primo nempe: *pugnabo cum illis* Fidelibus , qui ad exemplum Episcopi sui , nimis indulserint errantibus et erroribus , nec de hoc egerint pœnitentiam ; ad illos nempe , mittam ferventiores prædicatores , qui acriter eos increpabunt , objurgabuntque , qui illos et te etiam cum illis , si supersis , confundent , ostendendo quanta interitus æterni pericula incurreritis , quantaque animarum damna jammodo ex illa præterita vestra negligentia secuta sint. Secundo : *pugnabo cum illis* Nicolaitis, aliisque , qui errores docuerunt , et etiamnum docent , aut erroribus adhærent , illos damnando , et *gladio oris mei* resecando ab Ecclesia mea, seu excommunicando, sem-

piternoque interitu puniendo, si ad viam veritatis redire
contemnant.

17ᵘˢ VERSUS. Qui habet aurem audiat, quid
spiritus dicat Ecclesiis : Vincenti dabo manna
absconditum, et dabo illi calculum candidum,
et in calculo nomen novum scriptum, quod
nemo scit, nisi qui accipit.

1° Itaque, *qui habet aurem audiat.* Pro his verbis iterum videantur dicta in hujus capitis versum septimum,
pag. 60, et in aliis locis, ubi hæc eadem, vel æquivalentia occurrunt. Similiter et pro sequentibus, *quid spiritus dicat Ecclesiis :* quæ alibi jam satis sunt explicata.
Transeamus ergo ad sequentes promissiones :

2° *Vincenti dabo manna absconditum,* illi, qui *vicerit,*
tum errores, tum facta hæreticorum, tum etiam propriam pusillanimitatem, cæterosque hostes et obstacula
salutis; adeoque fideliter usque ad finem perseveraverit,
in remunerationem *dabo manna absconditum,* id est :
abundantiam consolationum spiritualium in extremis,
quæ concedi solent fortiter pugnantibus contra vitia
quæcumque peccaminosa, et maxime contra hæreses,
ita quidem, ut prægustentur jamjam in mediis tribulationibus hujus vitæ. Dicitur *absconditum,* quia omnino
ignotum est innumerabili multitudini eorum, qui nunquam experti sunt *quam suavis sit Dominus amantibus se.*
Cæterum pro consolatione diligentium Dei in hac vita,
vere *manna absconditum* est, etiam Panis Eucharisticus,
qui per *manna* Israelitarum in deserto errantium olim
præfiguratus fuit ; illud Legis Gratiæ *manna,* sub illo
respectu *absconditum* est, quod ejus dulcedo, et salutares effectus, non cognoscantur, nisi ab digne manducantibus illum ; gratiam autem digni manducandi illum

panem , et totam ejus dulcedinem gustandi , concedit Deus servis suis, fideliter et perseveranter pugnantibus contra hostes spirituales quoscumque ; perpetuos autem ac summe beatos ejus effectus , obtinebant in vita futura , ubi *manna* toti huic mundo *absconditum* in æternum *dabitur* electis Dei.

3. In quantum consideratur ut cibus in futura vita perenniter gustandus , illud *manna absconditum ,* quod hoc loco *vincentibus* promittitur , idem est et erit , ac *fructus ligni vitæ,* de quo jam egimus, et adhuc agendum erit postea , nempe *ligni* plantati in *Paradiso* cœlesti. Etiam idem est , quamvis diverso modo consideratum , ac *aquæ vitæ,* fluentes ex *fonte ,* vel haustæ ex *fluvio* ejusdem *Paradisi,* de quibus in æternum saturandi sunt, et potandi , omnes cum Christo Beati , uti latius videbimus versus finem hujus operis.

4° *Et dabo illi calculum candidum ;* apud veteres post pugnam in bello , et obtentam victoriam , solebant *calculi candidi* distribui illis , qui optime pugnaverant , et hoc in signum victoriæ per ipsorum fortitudinem , ac magnanimitatem obtentæ , et juris eorum ad præmia promissa. Hic videre est etymologiam vocis *candidatus.* Etiam dabantur tales *calculi* illis , qui false fuerant , vel credebantur accusati , dum a judicibus in tribunalibus solemniter absolvebantur, in signum probatæ innocentiæ ; tandem et illis , qui rei fuerant , sed totam pœnam sibi assignatam subierant , in signum plene expiatæ culpæ; ad probandum , quod ex tunc deberent esse ab omni vexatione liberi. Ad tales *calculos* hic alludit Sanctus Joannes ; et *calculus candidus,* est pro beate Morientibus, sententia innocentiæ, et victoriæ obtentæ, plenæque justificationis, adeoque signum quo probabantur immunes ab omni pœna, et habentes jus ad æternam remunerationem.

5° *Calculus* significat etiam computationem , seu con-
numerationem , aut adnumerationem; inde venit Verbum *calculare,* quia olim calculis, seu parvis lapillis ,
utebantur in multis computationibus , et etiam in ele-
ctionibus Magistratuum aliorumque superiorum; *calculus*
autem *albus* significabat approbationem illius cui, vel in
cujus favorem dabatur. Aliquando etiam illis qui elige-
bantur, dabatur *calculus* non solum *albus,* seu *candidus,*
sed et cui inscripta aut insculpta erant eorum nomina ,
tituli, dignitates, etc. Ideo hic additur.

6° *Et in calculo nomen novum scriptum,* id est : *nomen,*
seu titulus gloriosus , quo in posterum vocari et honorari debebit ille, qui talem *calculum* acceperit a Deo eligente eum ad gradum aliquem coelestis dignitatis, indicans mensuram gloriæ qua inter Coelites fulgebit, et
potentiæ , quam apud Deum habiturus sit. Varia exempla *novi nominis* a Deo impositi, et hoc ipso novæ dignitatis collatæ, in hac temporali vita, habemus in utriusque Testamenti Scriptura Sacra, nempe in Abraham, et
in uxore ejus; in Jacob, postea *Israel;* in Simone, postea
Petro. Quorum quisque novit causas , et significationes.

7° Sed mirum sane videri debet id, quod hic additur,
de *novo* illo *nomine ,* nempe : *Quod nemo scit, nisi qui
accipit!*... Nemo ergo cognoscet vim , seu valorem , et
virtutem *novi* istius *nominis; nemo* intelliget , aut com-
prehendet , *nisi* ille *qui nomen* illud , seu titulum *acceperit,* et utique *Deus,* qui dederit illud. Sed, dicet quisquis
hoc meditatur : quomodo *novum* illud *nomen* poterit esse
honorificum , si non fiat publicum ? et quidem quid
juvaret manifestari illud, si a nemine ejus valor cognoscatur?... Resp. Illud gloriosum *nomen* ignorabitur
solummodo hic in terra , ubi superviventes omnino
ignorant , quis morientium acceperit *calculum candidum*

et nomen novum , aut si aliquando innotescat aliquem ,
aut aliquam , tam feliciter obiisse , ut nullum dubium
supersit de ejus beata sorte, uti fit per approbata miracula, et beatificationem , vel canonisationem ; nunquam
tamen in terris cognoscitur totus valor *novi nominis* in
cœlis obtenti, nec gradus gloriæ illi annexus. Cognoscitur tamen in cœlis, ab Angelis et a reliquis Sanctis

8° Interim certissime innumerabiles Beati in magna
gloria cum Deo regnant in cœlo , quorum existentia ,
aut saltem beatitudo omnino ignoratur a tota Ecclesia
militante; ut tamen etiam illi ignoti Sancti honorentur ,
et invocentur, instituit Ecclesia Catholica Festum *Omnium
Sanctorum* , cognitorum scilicet , et incognitorum ; et
composuit Litanias , similiter omnium Sanctorum. Multi
etiam Sancti solummodo post tempus plus vel minus
longum , interdum quoque multis sæculis post mortem
suam , ut tales cognoscuntur et coluntur in Ecclesia ; at
nemo unquam *scit* in terris, quinam sint minores vel
majores Sancti in cœlis. De sola enim Beata Virgine
Maria certum est , quod òmnes reliquos Sanctos , et
etiam Angelos longe superet in gloria , et potestate. In
extremo tamen Judicio , hæc omnia scientur.

9° Hic notetur quod si forte paucis sit necessarium ,
saltem satis multis ex simplicioribus Fidelibus poterit
esse utile , hac occasione reminisci 1° innumerabilem
multitudinem Sanctorum , seu Beatorum , jammodo in
cœlis regnantium , aut aliquando ad illam gloriam per-
venturorum , ante finem mundi, non solummodo com-
poni ex cognito numero, vel turba Patriarcharum, Prophetarum , Apostolorum , Martyrum , Confessorum ,
Virginum , Viduarum , et Innocentium , qui in Ecclesia
Catholica, per miracula , aut quovis alio modo manifestati sunt, et ideo vel nominatim, vel turmatim, ut tales
honorantur et invocantur ; sed præter illos utriusque

sexus Cœlicolas, turbam augent, et multiplicant, innumerabiles etiam Fideles ex omni statu et ætate, qui in
gratia Dei feliciter obierunt ; et vel immediate ad gloriam sempiternam transierunt, vel per aliquod tempus
in purgativis tormentis, et privationibus, reliquias
peccatorum suorum expiaverunt ; accedunt et omnes
baptizati, qui discesserunt antequam per ullum peccatum mortale, in servitutem diabolicam recidissent ; et
tandem illi, qui Baptismate etiam sanctificati, etiamsi
diu vixerint, quacumque ex causa, nunquam pervenerant ad sufficientem usum rationis, ut gravia peccata
potuerint committere. 2° Quod in terris, sine speciali et
manifesta revelatione, nullatenus possit cognosci, quinam in cœlis sint majores, vel minores Sancti ; etenim
ex eo, quod eorum Festa, seu memoria minus aut magis
solemniter in Ecclesia celebrentur, vel omnino non
celebrentur, nihil constat, cum Ecclesia nihil definierit
de inferiori, aut superiori gradu alicujus sanctitatis,
excepta, uti jam supra diximus, sola Beata Maria Virgine ; sed agnitos Sanctos, magis aut minus solemniter
celebrari jubet Ecclesia, illosque coli et invocari permittit, præcipit, aut suadet, sive ubique, sive in quibusdam locis, ex eo, quid in terris sint magis vel minus
celebres, virtutum exemplis, cruentis passionibus
propter Fidem toleratis, pluribus, aut splendidioribus
miraculis, in vita vel post mortem emicuerint ; vel in
locis unde nati sunt, vel ubi vitam terminarunt ; in
regionibus, civitatibus, aut parochiis, ubi electi sunt,
honoranturque ut patroni, in locis ubi præcipuæ eorum
reliquiæ conservantur, in Ordinibus quorum fuerunt
membra, etc., etc. Inde quidem iidem Sancti, non in
omni loco, nec omni tempore, aut ab omnibus nationibus catholicis, æque solemniter celebrantur, nec eodem
modo coluntur ; sed singuli singulæque, ubi, quando, et

quomodo Ecclesia Dei expedire judicaverit, pro majori gloria Dei, et Beatorum servorum ejus; ac pro utilitate et ædificatione Fidelium.

18ᵘˢ VERSUS. Et Angelo Thyatiræ Ecclesiæ scribe : Hæc dicit Filius Dei, qui habet oculos tanquam flammam, et pedes ejus similes auri-chalco.

1° *Et Angelo Thyatiræ Ecclesiæ scribe* : Nomen istius *Ecclesiæ* nempe *Thyatira*, significat *aromata*, alias etiam *sacrificium laboris et contritionis;* inde, quamvis sequentia *Angeli* dicta indubie conveniant Episcopo, ad quem immediate diriguntur, et istius nominis *Ecclesiæ* particulari; tum ille tum ipsa, et quæ illis dicuntur, satis apta videntur ad præfigurandam, et prænuntiandam Ecclesiam universalem, in quarta sua Ætate, quam supra sumpsimus ab anno sexcentesimo-nono, usque ad annum millesimum-quingentesimum-decimum-septimum. In illa enim longissima Ætate, in multis laboribus et contritionibus, in plurimis anxietatibus, et tempestatibus fuit Ecclesia Christi ; multas amaritudines gustavit, multaque sacrificia boni odoris Deo Patri, et Sponso suo charissimo Christo obtulit, ab una parte inter horrendas vexationes Mahumetanorum ; ab altera parte inter continuas molestias Græcorum, unde secutum est eorum Schisma; sed et diu postea adhuc inter violentas turbationes et commotiones novorum hæreticorum, sæculorum decimi-quinti, et decimi-sexti.

2° Insuper et illis sæculis plurima etiam passa est Ecclesia Catholica, ab Imperatoribus, Regibus, aliisque Principibus, sive quia ipsimet hæresim amplectebantur, sive quia hæreticis aut schismatibus in rebellione favebant; sive tandem quia Ecclesiæ Jura usurpare cona-

bantur, quod sæpissime locum habuit ; aut aliis quibusvis modis , contra piissimam Matrem suam rebellabant;
quod sæpissime , et magna cum pertinacia multi
fecerunt in ista Ætate ; uti in historicis facile
videre est.

3° Quantum ad *Thyatiram* proprie dictam : fuit civitas
ista in limitibus Minoris Asiæ , Lydiæ , et Mysiæ. Non
certo cognoscitur quis tum temporis , fuerit eorum
Episcopus. Hodiedum, et a pluribus sæculis , vocatur
Akissar ; vix in ea Christiani catholici reperiuntur ; pos-
sidetur a Mahumetanis. Sita est in valle pulchra , et
fœcunda; vigesima circiter leuca a *Pergamo*. Sed iterum
notandum est , quod omnia de quibus in sequentibus
mentio est , in particulari illa Ecclesia vere locum
habuerint; uti non solum per textum hujus *Libri ,* sed
etiam per historiam tum Ecclesiasticam, tum profanam
illorum temporum , demonstratur.

4° *Hæc* inquit , *dicit Filius Dei*. Sanctus Joannes , uti
in suo Evangelio, et in tribus suis Epistolis , sic in hoc
Libro Revelationum , frequentissime ostendit se maxime
laborasse , et præcipue scripsisse ad demonstrandam
divinitatem Christi Domini , unigeniti Filii Dei Patris;
isto enim tempore pullulabant hæreses , et sectæ ,
negantes Christi divinitatem , quia male intelligebant ,
et suis explicabant verba quædam scripturistica, quæ de
ejus humana natura solum debent intelligi ; uti sunt :
*Pater major me est. Transeat a me calix iste. Non quod ego
volo , sed quod tu. Ut quid dereliquisti ?* etc. , etc. Itaque
hæc dicit Filius Dei , qui scilicet hic loquitur *per Angelum
suum, servo suo Joanni,* iterum sequentia ; et

5° *Qui oculos habet tanquam flammam ignis ,* ille
nempe quem vidisti repræsentatum , ut tales *oculos
habentem*. Quid autem , et quinam , per illos , ac tales
oculos significentur , explicavimus capite primo , versu

decimo-quarto. Videatur ergo iterum ille locus, pro explicatione hic occurrentium pag. 40.

6° *Et pedes ejus similes aurichalco.* Similiter quid, et quinam per tales *pedes* intelligi debeant, clare ostendisse putamus, eodem capite, versu decimo-quinto; quæ ibidem dicta sunt, pro hoc loco videantur.

19ᵘˢ VERSUS. Novi opera tua, et fidem, et charitatem tuam, et ministerium, et patientiam tuam, et opera tua novissima plura prioribus :

1°*Novi opera tua;* scio nempe, te multum laborasse, ac etiamnum laborare;te nimirum multa,magnaque fecisse, pro tua propria proximique salute, sed etiam multa passum esse,et adhuc pati,pro gloria mea,et universæ Ecclesiæ splendore, ex innumeris credentium et non credentium vexationibus, in spiritualibus, et in temporalibus.

2° *Et fidem :* novi scilicet etiam vivacitatem, et sinceritatem fidei tuæ, ejusque perfectam puritatem, ex qua fide vivis, uti justum vivere oportet, et quæ est principium zeli tui, et constantiæ; ita ut Veteris Legis viros maximos Abel, Henoch, Noë, Abraham, Isaac, Jacob, Joseph, Moysen, etc., imitari coneris; qua efficaciter, sustentaris in omnibus difficultatibus, et calamitatibus; et quam ut sacratissimum depositum fideliter semper servas, *bonum certans certamen. Novi* similiter :

3° *Et charitatem tuam :* novi esse vere christianam, qua sine exceptione omnes homines propter Deum, sicut temetipsum, Deum autem propter se, *ex tota anima, ex toto corde, et tota mente, et ex totis viribus tuis,* super omnia *diligis;* qua omnes actiones, passiones, et ipsæ etiam cogitationes tuæ sanctificantur, et fœcundantur; cum noveris, et memineris reliqua omnia mortua fore et inutilia, *si charitatem non habueris* (a).

(a) I Cor. c xiii, v. 1 seq.

4° Æque notum est mihi *Ministerium,* in quo ministras non' ut *mercenarius ,* qui lucrum sibi , non Domino suo, quærit : qui non salutem ovium curans , sed vitam propriam , et solum temporalem , *fugit dum videt lupum venientem* ad gregem sibi creditum , *quia mercenarius est , et non pertinet ad eum ovibus* (a) : sed ut *fidelis Minister in domo Domini tui ,* debito modo repræsentans Bonum Supremumque Pastorem, *ponis animam tuam pro ovibus* tibi commissis, et perditas diligenter quærens, ac reducens, et ægrotas sanans, et omnes magna sollicitudine pascens. Scioque in illis omnibus recte administrandis longanimitatem :

5° *Et patientiam tuam ,* qua insistens exemplis Salvatoris tui , omnia incommoda muneris tui magnanimiter et libenter toleras, nec times *pondus diei et œstum ,* nec frigus, tenebras, aut quævis pericula noctis, nec incursus ferarum , aut latronum. Quia undequaque continuo vigilas , paratus semper quæcumque pati , et omnibus nocentibus fortiter resistere , pro salute ovium. *Et* quidem tandem *novi :*

6° Esse *opera tua novissima plura prioribus.* Ita ut ex diuturnitate et difficultate laborum , non ostendas te fatigatum. Sed e contra cum plurima bona feceris initio Episcopatus tui , plura melioraque adhuc postea adjeceris , et etiamnum ita agere, strenue pergas.

20ᵘˢ VERSUS. **Sed habeo adversus te pauca , quia permittis mulierem Jezabel, quæ se dicit propheten , docere , et seducere servos meos, fornicari, et manducare de idolothytis.**

1° Post illa omnia , ne credas te perfectum ; laudo quidem te, de multis bonis, propter quæ, si perseveres

(a) Joan. c. x, v. 13.

usque in finem , et aliunde obstacula non posueris ,
magnam , æternamque obtinebis remunerationem ,

Sed habeo adversus te pauca ; hic terminus *pauca* non
debet sumi quasi ageretur de rebus quibusdam , ex se
levibus , seu parvi momenti ; ex sequentibus enim
constat quæstionem haberi de rebus vere gravissimis ;
sed *pauca* dicitur : vel quia paucis verbis hanc repre-
hensionem et monitionem expositurus est *Angelus ,* vel
potius , et probabilius, quia Episcopus non est graviter
reus in malis de quibus agitur, cum v. g. laboraverit ad
illa impedienda , vel extirpanda , sed non quantum
potuisset et debuisset. Additur iterum hæc correptio ,
post laudes supradicto Episcopo cœlitus datas, ne periculose , de rebus bene gestis, glorietur. Reprehensibilia
autem tua sunt :

2° *Quia permittis mulierem Jezabel , quæ dicit se propheten ,* etc. Hic nec parva , nec facilis est quæstio inter
Doctores, tum antiquos, tum modernos , quid, vel quænam intelligi debeat per istam *mulierem Jezabel.* In
quantum hoc pertinet ad *Ecclesiam* particularem *thyatiræ ,* satis unanimiter conveniunt quod agatur de
Domina aliqua potenti , seu divite ; quæ , non quidem
proprio nomine vocabatur *Jezabel ,* sed merebatur sic
vocari , quia mores et exempla impiæ reginæ *Jezabel ,*
olim uxoris Achab regis Israel , imitabatur. Videtur
tamen fuisse professione Christiana ; quia si fuisset
ethnica, potuisset utique Episcopus dicere . *quid mihi de
iis qui foris sunt judicare* (a) ? Nonnulli quidem auctores
suspicantur illam fuisse uxorem istius Episcopi, quam
nempe reliquerat , dum Deo se consecraverat in statu
sacerdotali, et Episcopali ; quia in aliquibus traductioni-
bus legitur : *mulierem tuam ,* vel etiam in quibusdam :
sponsam tuam; innuunt isti, quod illa *mulier* videns

(a) I Cor. c v, v. 12.

Maritum suum, factum illustrem Episcopum, inde super-
bierit, volueritque etiam dogmatizare, et in gravissimos
errores inciderit, seducens præsertim mulieres Christianas; quodque Episcopus tanta mala ab ea nullatenus
expectans, non satis ipsi invigilaverit, nec funestis
initiis, seu principiis satis cito, aut satis fortiter obsti-
terit. Interim ex verbis *Angeli*, non videtur fuisse graviter negligens in re tanti momenti; alias non fuissent *pauca*.

3° In quantum hæc Ecclesiæ universali applicari possint, vel debeant, præfata *Jezabel*, non pro aliqua
muliere, sed pro aliqua societate hæreticorum, quarta
Ecclesiæ Ætate existentium, sumi potest; illa vero
Ætate Ecclesiam turbabant, inter alios, Monothelitæ,
Iconoclastæ, novi Manichæi, Photiani, Valdenses;
postea Wiclefitæ, et Hussitæ; qui priorum temporum
hæresibus fere extinctis, variis modis Incarnationem
Verbi, ejusque iterum divinitatem, ac æqualitatem Patri,
etiam divinitatem Spiritus Sancti, aliaque mysteria
oppugnantes, corruptam fidem, et falsum cultum prædicabant, et introducebant; doctrina, exemplis, et
violentiis suis, Fideles seducentes. Illi ergo tunc scan-
dalisabant Ecclesiam Christi, uti olim regina *Jezabel*
scandalisaverat populum Israel; persequebanturque
tunc hæretici ministros Ecclesiæ, et veros fideles,
veluti antiqua *Jezabel* persecuta fuerat prophetas Dei,
et veros Israelitas.

4° Dicitur autem : *docere, et seducere servos meos,* videlicet *docere* erroneas suas opiniones, seu impias ad-
inventiones, easque populo inculcare, quasi Verbum
Dei, et puriorem Christi doctrinam, spernendo illam,
quam tradunt legitimi prædicatores, ac ita decipere et
seducere simplices, ac fragiles *servos meos,* avertendo eos

a veris pastoribus , et a fide orthodoxa , eousque , ut discant :

5° *Fornicari, et manducare de idolothytis.* Primo *fornicari* spiritualiter , si forte non per evidentem idololatriam , Deum verum ex toto relinquendo , saltem per falsum cultum, male Deum honorando, et per corruptam fidem , illum indirecte negando , uti faciunt omnes hæretici. Secundo *fornicari* etiam corporaliter, rejiciendo matrimonium , velut malum a dæmonio introductum , et asserendo carnales voluptates extramatrimoniales, esse cuique licitas. Tandem *docendo manducare de idolothytis,* etiam cum Gentilibus , quasi ad idola concorditer cum illis colenda , neglecto scandalo Fidelium , omnino esse licitum ; per evidentem abusum, et depravatam explicationem purissimæ doctrinæ Beati Pauli , aliorumque Apostolorum.

6° Ut præcedens nota recte intelligatur , sciri debet , quod Sanctus Paulus Apostolus , optime cognoscens mentem reliquorum Apostolorum , eamque fidelissime semper , et in omnibus sequens , in variis Epistolarum suarum locis , satis clare innuerit non esse *de se* illicitum *manducare idolothyta ,* seu carnes idolis immolatas; modo sine ulla mala intentione fiat , a personis bene instructis , quæ sciunt *idolum nihil esse ;* consequenter carnes illi immolatas , inde non esse infectas ; modo quoque non sit timendum scandalum eorum, qui minus instructi , putant hoc graviter esse illicitum , et tamen exemplis aliorum adducuntur ad idem faciendum , renitente conscientia , aut si idem facere non audeant , contemnunt , et condemnant hoc facientes , ut impios. Modo tandem fiat sine scandalo Ethnicorum , qui hoc videntes putarent Christianos per hoc·, cultum idolorum approbare. Interim ad omnia incommoda evitanda ,

prohibita fuerunt idolothyta , in concilio Apostolorum.
Act. c. 15, *v.* 29.

**21ᵘˢ VERSUS. Et dedi illi tempus, ut pœniten-
tiam ageret , et non vult pœnitere a fornicatione sua.**

1° *Et dedi illi tempus*. Quamvis Deus sit supremus , et
omnipotens Dominus vitæ, et mortis ; et habeat jus
puniendi statim omnes impios transgressores , et contemptores legis suæ, illoque etiam jure interdum utatur
in exemplum aliorum, sicut fecit cum impio Antiocho ,
cum Herode Juniore, cum Absolone , cum Amnone , et
multis aliis, nec unquam promittat securitatem impœni-
tentibus ; satis tamen ordinarie concedit , etiam illis ,
qui hoc nec petunt , nec ullo modo merentur , tempus
aliquod pœnitendi , differendo justam vindictam suam ,
ut illam evadere curent ; sic egit cum Pharaone, et ejus
ministris, cum Ninivitis, cum Heli et filiis ejus , uti cum
innumeris aliis ; sic etiam hic agit Deus cum ipsa *Jezabel*, sive priori , sive posteriori modo intelligatur.

2° *Ut ageret pœnitentiam* inquit *Angelus ;* videlicet ut
per monita et instructiones legitimorum , et orthodoxo-
rum prædicatorum , per stimulos conscientiæ , et per
exempla Fidelium in sana fide perseverantium , animum
tandem mutans , per pœnitentiam sinceram expiaret
propria peccata voluntarii erroris , et deleret ac repa-
raret scandala proximo data. Sed frustra , quia obdurata manet ,

3° *Et non vult pœnitere a fornicatione sua*. Itaque pertinaciter in malo perseverans , quantumvis convicta de
erroribus, more diabolico , recusans se humiliare , con-
temnit misericordiam Dei , sibi oblatam , nec vult pœnitentiam agere de criminibus præteritis, nec ab illis abstinere in futuro , ac sic fit omnino inexcusabilis.

Sic multi hæretici, schismatici, aliique novatores antiqui, et moderni interdum convicti de erroribus contra Fidem aliisve criminibus, fatebuntur interdum, se non recte egisse, exoptabunt se nunquam inchoasse; sed quia inchoarunt, quantumcumque malum exitum inde prævideant, nolunt retractare; nolunt sese humiliare, et sibiipsismet vim inferentes, pergunt in malo, et plerique in eo pertinaciter perseverant, usque ad interitum irreparabilem, et sempiternum.

22us Versus. Ecce mittam eam in lectum; et qui mœchantur cum ea, in tribulatione maxima erunt, nisi pœnitentiam ab operibus suis egerint.

1°*Ecce mittam eam in lectum, mulierem* scilicet illam *Jezabel,* vel eas, qui isto nomine intelliguntur; gravi morbo eam affligam, quo misere pereat, sive in delirio, sive in desperatione, aut quovis alio funesto modo, impœnitens. Vel tradam eam reprobo sensui suo, ut *in lecto* deliciarum, ac turpitudinum suarum libere se volutet usque ad momentum, quo præcipitabitur in abyssum Infernalem.

Hoc æque bene de voluptuosis carnalibus, de hæreticis, ac de aliis obduratis peccatoribus intelligi potest; et omnibus talibus æque timendum est.

2° *Et qui moechantur cum ea, in tribulatione maxima erunt.* Omnes qui ejus doctrinam admiserint, aut ejus prava exempla imitati fuerint, sive in voluptatibus carnalibus, sive in erroribus contra Fidem, illi adhærendo, in ejus impietatibus uno aliove modo participando videntes justam Dei vindictam super eam venisse, manumque Dei omnipotentis super eam gravatam, ac inde præsentientes qualis sors illos ipsos maneat, magnopere anxiabuntur, et affligentur ; nec certe poterunt similem interitum evitare; sed cum fuerint socii ejus in peccatis, fient et in poena.

3° *Nisi poenitentiam ab operibus suis egerint.* Id est : *nisi* tandem alieno malo facti prudentiores , ex toto corde contriti, per *dignos poenitentiae fructus*, præterita peccata expiaverint, pravas vias ad semper, et totaliter reliquerint, et ita sincera mente revertantur ad Dominum , qui jurejurando declaravit : *se nolle mortem peccatorum*, seu *impiorum ,* sed exoptare : *ut convertantur et vivant* in æternum (*a*).

23ᵘˢ VERSUS. Et filios ejus interficiam in morte, et scient omnes Ecclesiæ, quia Ego sum scrutans renes , et corda ; et dabo unicuique vestrum secundum opera sua. Vobis autem dico : etc. (*videatur versus sequens.*)

1° *Et filios ejus interficiam in morte , filios ejus ,* si quos habeat adhuc innocentes , in poenam Matris , *morte* auferam ; ne postea per impiam Matrem seducti et corrupti, cum illa pereant; præstat enim ut præmature *rapiantur . ne malitia mutet intellectum ,* aut *ne fictio decipiat animas illorum* (*b*). Si qui jam aliquatenus, sed nondum totaliter infecti sint, *interficiam,* ut misera *morte* corporis castigatis, et expurgatis, auimæ salvæ fiant ; si tandem nonnulli eorum jam sint toti corrupti, et obdurati in malis, sicut Mater eorum, *morte* delebo eos, et cum ipsa in æternum peribunt.

Hæc, si agatur de *Muliere* aliqua impia , *Thyatiræ* habitante, quæ tales filios habet, tali modo intelligenda sunt. Si vero sermo sit de aliqua secta , seu societate hæretica , tunc *filii ejus*, sunt discipuli falsorum Docto-

(*a*) Ezech. c. xxxiii, v. 11, et invariis aliis locis. — (*b;* Sap. c. iv, v. 11.

rum , et quidem eo sensu clarior fiet textus sacer ; etenim peti posset.

2° Cur dicatur : *filios... interficiam in morte*, et non
potius : occidam; morte puniam; vel solummodo : interficiam , aut aliquid æquivalens?... Videtur enim quod
illi , qui sunt *in morte*, nec debeant , nec possint *interfici*, cum jam mortui sint. Sed discipuli hæreticorum ,
voluntarie in hæresi manentes, corpore viventes, sunt
in morte spirituali , per peccatum , et possunt *interfici*
corporaliter, in pœnam peccati sui. Et sensus supradictorum verborum erit : *filios ejus*, qui jam sunt *in morte*
spirituali *interficiam*, seu destruam morte corporali , et
ad mortem æternam transire faciam , ut pœnam pro
meritis in perpetuum recipiant.

3° *Et scient omnes Ecclesiæ* , nempe omnes *Ecclesiæ*
particulares , ex quibus simul sumptis , componitur
unica veraque *Ecclesia* universalis; *scient* inquam , seu
clarissime videbunt, et agnoscent omnes congregationes
Fidelium , unquam in orbe terrarum existentes , sed et
sciet, et fatebitur universum genus humanum in extremo
Judicii die :

4° *Quia ego sum scrutans renes et corda :* Videlicet; convincentur tandem , et confitebuntur, omnes nationes, et
singuli individui , sine ulla exceptione , nihil mihi esse
aut unquam fuisse, absconditum; cum etiam secretis-
sima cordium et animorum consilia perscruter , et perfectissime penetrem; ac juxta immutabiles leges justitiæ
æternæ judicem, judicio irrevocabili. Consequenter :

5° *Et dabo unicuique vestrum secundum opera sua.*
Itaque *Angelus* nomine Christi , per Sanctum Joannem
loquens , seu potius scribens , Episcopo *Thyatiræ* , et
omnibus illi commissis Fidelibus, sive Summo Pontifici
tunc regnanti , successoribus ejus, et universis Fidelibus in quarta Ecclesiæ Ætate existentibus , ne acerbis

APOC.   7

istis monitionibus nimium conturbet, forte etiam innocentes, vel vere pœnitentes, adjicit tandem : *dabo unicuique vestrum secundum opera sua.* Ideoque non est cur
timeant innocentes, vel nunc, aut postea tempestive, ac sincere pœnitentes ; etenim nemo punietur,
quin meruerit, nisi in quantum meruerit, et culpam
suam non expiaverit. *Si autem impius egerit pœnitentiam
ab omnibus peccatis suis , quæ operatus est ; et custodierit
omnia præcepta mea, et fecerit judicium, et justitiam, vita
vivet , et non morietur. Omnium iniquitatum ejus... non
recordabor* (a).

6° *Vobis autem dico* : Hæc phrasis non est, nisi transitio ad versum sequentem, cui convenienter jungeretur,
uti ex prioribus sequentis verbis patet ; et quidem propterea in quibusdam versionibus, nonnisi initio sequentis versus reperiuntur.

**24ᵘˢ VERSUS. Et cæteris qui Thyatiræ estis :
quicumque non habent doctrinam hanc, et qui
non cognoverunt altitudines Satanæ, quemadmodum dicunt, non mittam super vos, aliud pondus.**

1° Itaque, ex fine versus præcedentis : *Vobis autem
dico : Et cæteris, qui Thyatiræ estis; quicumque non habent
doctrinam hanc, vobis,* qui hæc legetis vel audietis, nec
vobis solummodo, sed et omnibus, qui in *Ecclesia
Thyatiræ,* vel in *Ecclesia universali,* quæ in quarta sua
Ætate per *Ecclesiam Thyatiræ* repræsentatur, existitis,
de qua Ætate præsertim agitur :

2 *Quicumque hanc doctrinam non habent,* id est : quicumque fideliter stantes, seu perseverantes in sana et
genuina fide, *hanc* falsam *doctrinam, non* recipiunt, sed
e contra cum horrore repellunt, quantumvis eloquen-

(a) Ezech. c. xvm , v. 21 et 22.

ter, vel adulanter eis, vel a quibusvis doctoribus illis proponatur, vel suggeratur, aut sub quibusvis prætextibus,

3° Consequenter : *et qui non cognoverunt altitudines
Satanæ.* Notandum hic est quod præfata *mulier Jezabel ,*
uti etiam hæretici istius temporis, de quo hic agitur ,
jactaverint suam doctrinam maximas includere *altitudines ,* seu profunditates ; sed monet Christus Dominus
per *Angelum :* illas esse *altitudines Satanæ,* seu mysteria
iniquitatis , sectatores suos per *viam latam* ad infernum
ducentia ; adeoque ab omnibus Fidelibus respuenda.

4° *Quemadmodum dicunt ;* id est : uti loqui, et asserere fraudulenter solent seductores, ad alliciendos simplices , et incautos ; cognosci debent ad salutem eorum
altitudines , et despiciunt simplicitatem veræ doctrinæ
Evangelicæ , uti insufficientem ; suam artem ut subli-
miorem , et utiliorem exaltare conantur. Ego autem Dei
nomine contrarium assero , et dico : *qui non cognoverunt
altitudines* illas , quia nempe noluerunt illas *cognoscere ,*
recusantes audire, vel legere illas fallacias , vel si forte,
ob solidas rationes, eas *cognoverint ,* sed non agnoverint
ut a Deo provenientes , sed rejecerint ut diabolicas , et
refutaverint, pro aliorum salutari instructione , ut meos
agnoscam ; ideo :

5° *Et non mittam super vos aliud pondus.* Vobis ita
agentibus , et immaculatis ab impiis istis novitatibus ,
dico, et promitto : non imponere alia, vel majora onera,
quam illa , quæ meo nomine et spiritu imposuerunt
Apostoli, sive dispersim prædicantes , sive in Concilio
simul definientes quid observari debeat. Et illorum
doctrinam fideliter sequentes , non participabitis in
punitione sectatorum falsitatis.

25ᵘˢ Versus. Tamen id quod habetis, tenete ,
donec veniam.

1° *Tamen* multis periculis circumdati, tum ex persecutionibus, tum ex multorum pravis exemplis, ex dæmonum, et adversantium hominum insidiis, ac etiam ex propria fragilitate, seu naturæ humanæ inconstantia, cum gratia mea fideliter cooperantes, et diligenter semper vigilantes, curate, ne forte paulatim etiam decidatis, et tandem cum cæteris pereatis ;

2° *Id quod habetis, tenete,* nempe depositum veræ Fidei, salutaria mandata, et præcepta Apostolorum, saluberrima illorum, aliorumque Sanctorum exempla, et merita jam obtenta ex fideli observantia præceptorum Dei, et Ecclesiæ ; Custodite ea omnia, maxima cum prudentia, et circumspectione, semper recordantes quod portetis pretiosos illos thesauros *in vasis fragilibus,* ut teneatis ea, fructum inde hauriatis, et continue augeatis illum.

3° *Donec veniam.* Non cadentes animo propter aliquantulam moram, quam facere voluero; sed strenue laborantes, ac longanimiter perseverantes; nec a dextris, nec a sinistris declinantes, sed in viis rectis ambulantes, et progredientes, *donec veniam,* sive ad finem vitæ singulorum, sive in fine hujus mundi, omnes abundantissime remuneraturus.

26ᵘˢ Versus. Et qui vicerit, et custodierit opera mea, usque in finem, dabo illi potestatem super gentes.

1° *Et qui vicerit :* pro sensu horum verborum, inspiciantur quæ dicta sunt ad versum septimum, nota quarta ; et ad versum undecimum, nota secunda, paginis 64 et 73.

2° *Et custodierit opera mea usque in finem;* pro his, videantur dicta iisdem locis, et quæ hic in versum præcedentem notata sunt. Ex his omnibus tamen non debet concludi quod Fideles usque ad finem mundi, ad recte agendum, deberent *tenere* seu observare decreta Concilii Apostolorum prout tunc emanarunt, nempe *abstinentiam ab immolatis,* (seu idolothytis) ab esu *sanguinis,* et a carnibus *suffocatorum* animalium ; illa enim nonnisi pro illorum temporum circumstantiis, ad evitanda scandala, et superstitiones, prohibebantur ; quantum vero pertinet ad *fornicationem* (a) quæ et ibidem proscribitur, ab illa utique semper abstinendum est, uti et ab omni impudicitia, quæ non solum lege Ecclesiastica, sed et Lege divina, æterna, et naturali prohibita sunt.

3° *Dabo illi potestatem super gentes.* Loquitur hic *Angelus* primarie et proprie, de illa *potestate,* quam obtinebunt Sancti cum Christo regnantes in Cœlo, super omnes potestates et gentes adversarias ; quæ *potestas* maxime fulgebit in extremo die, dum omnes gentes cum Christo judicabunt, omnesque impios, seu qui Christo Supremo Regi non paruerint, cum illo condemnabunt, ad supplicia sempiterna. Hoc idem prædicitur Libro Sapientiæ, capite tertio, versu octavo : *Judicabunt nationes, et dominabuntur populis.* Et a Christo promittitur in Evangelio : *Sedebitis et vos, super sedes duodecim judicantes duodecim tribus Israel* (b). Hic enim per *duodecim tribus Israel,* omnes nationes tunc judicandas, et per *duodecim Apostolos* quibus tunc Christus loquebatur, omnes judicaturos cum Christo significari, recte docent Sancti Patres.

4° Attamen hoc etiam potest et debet intelligi de *potestate* quam Christus Dominus erat daturus Ecclesiæ suæ, scilicet Ministris ejusdem, super terram, in quarta præsertim Ætate ; tunc enim Ecclesia Catholica, per diuturnam patientiam, et invincibilem perseverantiam in vera Fide, tandem triumphans de idololatris, et hæreticis, obtinuit maximam *potestatem* etiam temporalem,

(a) Act. c. xv, v. 28 et 29. — (b) Matth. c. xix, v. 18.

non solum in regionibus Sedi Apostolicæ annexis, per
liberam donationem Regum, et Principum; præsertim
sub pontificatu Gregorii tertii nimirum, qui electus fuit
anno septingentesimo-trigesimo-primo; accrescere incepit jamdiu inchoata *potestas temporalis* Romanorum Pontificum; et postea sub Pipino Francorum Rege, Pontifice
Stephano tertio, ac sub eorum successoribus, multum
adaucta fuit Ecclesiæ *potestas super Gentes.* Illa tamen
potestas de qua hic est quæstio, spiritualiter etiam potest
sumi, pro facultate, et gratia efficaci, convertendi
Gentes ad veram Fidem, non obstantibus multarum
violentis repugnantiis. Sed et in toto orbe Christiano,
Reges, et quicumque Principes, uti filii Catholicæ Ecclesiæ, Summum Pontificem, ut Christi locum in terris
tenentem, agnoscebant ut Patrem, cui obedientiam
filialem se debere fatebantur, non solum in mere spiritualibus, sed etiam in usu et administratione temporalium, ac in directione suorum populorum, in quantum
ad universæ Ecclesiæ pacem, et Fidelium ædificationem
pertinebat; indeque sæpe eorum lites ad Tribunal Summi
Pontificis ferebantur, ejus judicio sese submittebant
partes litigantes; et si qui recalcitrabant, sæpe per alios
ad obedientiam cogebantur.

   27ᵘˢ **VERSUS. Et reget eas in Virga ferrea, et
tanquam vas figuli confringentur.**

   1° Ille itaque *qui vicerit*, supremæ meæ in Cœlesti gloria *potestatis* particeps, mecum reget, et diriget *Gentes;*
sed et in terris, meo nomine et legibus, *reget Gentes*
inprimis Ecclesiæ subjectas, præsertim in spiritualibus;
sed etiam in temporalibus; directe, vel indirecte; per
semetipsum, aut per alios, a se delegatos.

   Directe enim Summus Pontifex regit omnes sibi, tum
civiliter, tum spiritualiter subjectos. Indirecte solebat

regere illos , in quos influxum habebat, per electionem, coronationem , consilia , mandata , reprehensiones , excommunicationes , interdicta , etc. , prout temporum mores permittebant, et publicum bonum exigebat ; itaque *et reget eas,* seu gubernabit *Gentes,* et hoc :.

2°*In virga ferrea;* Hæc et sequentia Verba hujus versus, sunt prudenter consideranda ; si enim hoc intelligatur de illo regimine , quod Sancti cum Christo exercebunt in extremo Judicio, contra reprobos, tunc *virga* seu sceptrum, propter inflexibilem durissimamque sententiam condemnationis significat æternam Dei vindictam, et*virga ferrea* in sensu eminenter proprio ; sed dum intelligitur de regimine Ecclesiastico , seu Sanctorum cum Christo regnantium in terris, *virga* illa *ferrea* significat inflexibilitatem Ecclesiæ , et fidelium membrorum ejus, in rebus ad Fidem vel ad bonos mores pertinentibus. Etiam firmitatem in defendendis juribus Ecclesiasticis ; quibus Summi Pontifices, et sub ipsis etiam Episcopi, aliique Prælati, *gentes* sibi spiritualiter, vel etiam civiliter subditas *regunt* seu dirigunt , cum qua tamen inflexibilitate , et firmitate, semper simul stare potest , et debet, illud effatum Christi , dicentis : *Jugum meum suave est, et onus meum leve (a).* Et hoc aliud : *Qui major est in vobis, fiat sicut minor ; et qui præcessor est, sicut ministrator (b).*

3° *Jugum* enim quod, nomine Christi, imponit Sponsa ejus Ecclesia , semper suavitate plenum est , quia non infert tyrannicam servitutem , sed suavissimam libertatem Spiritus Sancti, et omnes illud recte portantes, vinculo charitatis, gratissima vi, trahuntur post Dominum, et læto corde *currunt in odorem suavitatis ejus.* Onus leve est , quia *omnes laborantes et oneratos,* venientes ad se, *reficit Dominus;* et similiter per ipsum, in ipso, et propter ipsum, semper. facit Ecclesia.

4° *Et tanquam vas figuli confringentur.* Iterum si hoc applicetur istis, qui extremo die, a Sanctis cum Christo judicantibus condemnandi sunt, quantumvis superbi fuerint, inevitabiliter, ac profundissime humiliabuntur; et quantumvis fuerint potentes in hoc mundo, quasi in pulverem redigentur; sed si de rebellibus Ecclesiæ filiis intelligatur, etiam illi per reprehensiones, suspensiones, interdicta, excommunicationes, depositiones, degradationes, etc.; spiritualiter *confringuntur;* et quidem etiam coram hominibus externe humiliantur, et ad nihilum sæpe rediguntur; Deo illos visibiliter puniente, dum pertinaces in malo persistunt. Attamen potestas Ecclesiastica non solet *regere* ac præcipere, quasi dominando, sed potius quasi serviendo in omnibus, utilitati obedientium; inde dum necessitate coacta punit, non nisi materno affectu, emendationem suorum procurare intendit. Pergit *Angelus* in eodem adhuc sensu, nomine Christi :

28ᵐ VERSUS. Sicut et Ego accepi a Patre meo, et dabo illi (*vincenti*) stellam matutinam.

1° *Sicut et Ego,* scilicet qui sum Filius unigenitus Patris omnipotentis *constitutus Rex ab eo, super Sion, montem sanctum ejus;* accepi ab isto cœlesti *Patre meo,* potestatem videlicet regendi, judicandi, condemnandi, et puniendi, secundum veram justitiam, sicut et remunerandi; eam, ille *qui vicerit, potestatem* accipiet a me.

2° *Et dabo illi stellam matutinam.* Scilicet post finem laboris fideliter peracti, et post obtentam in prælio sacro victoriam, *dabo illi* in præmium cœlestem gloriam; visionem Dei beatificam; seu Regnum servis meis *paratum a constitutione mundi* (*a*). Quod merito vocatur *stella*

(*a*) Matth. c. xxv, v. 34.

matutina, quia splendore ineffabilis claritatis Dei totum fulget ; et quia in eo , omnes Beati *fulgebunt uti stellæ*, *in perpetuas æternitates* (*a*). Seu ipsum servum meum fidelem , mihi in perpetuum uniendo, *dabo* ipsi memetipsum, qui sum vera *stella matutina* (*b*). *Ego* enim *ero illi merces magna nimis* (*c*). Et jammodo in hac temporali vita, *qui vicerit, dabo illi* incrementum veræ sapientiæ luminis, ut splendeat in Ecclesia mea , per virtutis et fortitudinis claritatem , in illuminationem multorum aliorum.

29ᵐ VERSUS. Qui habet aurem audiat , quid Spiritus dicat Ecclesiis.

Sic terminatur hoc caput, per verba jam sæpe repetita , ad excitandam magis magisque attentionem , et augendum fervorem legentium et audientium has Revelationes usque ad finem *Libri*. Pro recta igitur horum verborum intelligentia, videantur dicta capite secundo, versibus septimo, undecimo, et decimo-septimo, paginis modo alibi indicatis.

(*a*) Dan. c. xii, v. 2. — (*b*) Apoc. c. xxii, v. 16. — Gen. c. xv, v. 1.

CAPUT TERTIUM.

Angelus Sardis mortuus coram Deo, quamvis credatur vivus. Angelus Philadelphiæ, propter fidelitatem et patientiam suam, amatus a Deo. Minæ reprobationis
contra Angelum Laodiciæ,propter ejusdem tepiditatem. Monetur ad emendationem.
Quinam sint illi Angeli. Quænam sint illæ Ecclesiæ.

1ᵘˢ Versus. Et Angelo Ecclesiæ Sardis, scribe :
Hæc dicit qui habet septem spiritus Dei, et
septem stellas; scio opera tua; quia nomen
habes quod vivas, et mortuus es.

1° **Idem Angelus loquens Sancto Joanni, hic pergit
dicens** : *Et Angelo Ecclesiæ Sardis, scribe* : Quis fuerit
illo tempore *Angelus,* seu Episcopus *Ecclesiæ Sardis,*
certo sciri non potest : nequidem habemus de hoc,
satis probabiles conjecturas, ut hic allegari mereantur.
Civitas autem *Sardis* fuit olim celebris, et opulentissima
urbs ; erat caput Lydiæ, ubi ditissimus quondam Rex
Crœsus habitavit ; sita est vigesima circiter leuca a
Smyrna, versus Orientem ; sed hodiedum de illa solummodo superest satis miser pagus, qui vocatur *Sart.*
Nomen *Sardis* significat *princeps,*seu *principium* lætitiæ;
alias etiam *canticum gaudii.* De his significationibus
agemus adhuc postea.

2° *Hæc dicit qui habet septem spiritus Dei* : Id est : qui
sub potestate sua *habet septem* illos spiritus Angelicos,
qui præsunt Rectoribus *Ecclesiarum,* omnibus quidem,
sed in primis illarum *septem Ecclesiarum* Episcopis, de
quibus hic directe agitur, qui illos *septem spiritus* repræsentant in terris; uti etiam repræsentant iidem, omnes
totius Ecclesiæ præsides, tam coetaneos suos, quam

suos et omnium successores; velut et eorum *Ecclesiæ*
repræsentant omnes omnino *Ecclesias*, adeoque *Ecclesiam universalem.*

3° *Et septem stellas.* Idem qui etiam *in manu sua* tenet
mysticas illas *septem stellas*, quæ etiam *septem* præfatos
Episcopos significant ; utique non debet videri mirum ,
easdem res , variis imaginibus sæpe in decursu hujus
Libri significari ; hoc enim familiare est in stylo Prophetico , quod præsertim ex Veteri Testamento patet , ut
veritates sæpe repetitæ variis terminis, et variis repræ-
sentatæ imaginibus , eo altius mentibus audientium ,
vel legentium inculcentur.De his ulterius videantur quæ
dicta sunt capite primo,versu decimo-sexto, nota secunda ; et capite secundo , verso primo, nota tertia.

4° *Scio opera tua* ; cum utique omnia sint mihi perfectissime cognita; *scio* etiam *opera tua,* et novi eorumdem
valorem, malum et bonum, secundum quem, vi justitiæ
meæ , judicare debebo , independenter ab æstimatione
hominum , qui externis apparentiis plerumque decipiun-
tur. Itaque *scio* :

5° *Quia nomen habes quod vivas* ; etenim mores tui non
videntur pravi ; e contra videris bona non pauca operari : et inprimis omnia ad quæ teneris, satis fideliter
adimplere ; ita ut coram hominibus justus , et vere in
gratia Dei vivens appareas , et æstimeris ; at nihilominus coram oculis Dei , secundum interna judicantis , et
omnia penetrantis, non solum ita non vivis, uti spiritus sublimis vocationis tuæ requirit ; sed :

6° *Et mortuus es !...* Interim semper in memoriam
revocandum : hæc omnia non de solo Episcopo, sed de
illo tanquam unito Ecclesiæ suæ , debere intelligi, ita
quidem , ut fieri posset quod Episcopus esset personaliter innocens , seu irreprehensibilis , dum propter vitia
populi ejus, gravia illi objiciuntur ; quamvis utique pro-

babile sit, etiam Episcopum non esse ab omni culpa
immunem.

Si hæc universali Ecclesiæ applicentur, tunc intelligi
debent non de uno, sed de omnibus Summis Pontificibus, qui tempore de quo agitur, successive primam
Sedem occupant, similiter uti Ecclesiæ, pro suo quisque
tempore, unitis.

2us VERSUS. **Esto vigilans, et confirma cætera,
quæ moritura erant. Non enim inveni opera tua
plena, coram Deo meo.**

1° *Esto vigilans, surge qui dormis, et exsurge a mortuis,
et illuminabit te Christus* (a). Expergiscere qui negligentia, et socordia, quasi alto sumno tenebaris; etenim
dormientibus cultoribus agri Domini, *venit inimicus
homo*, seu ipse diabolus, *et superseminavit zizania in
medio tritici* (b). Unde triticum infirmatur, vel perit.
Vigila ergo, non solummodo super temetipsum, ut propriæ saluti curam diligentiorem adhibeas, sed et super
gregem tibi commissum.

2° *Et confirma cætera, quæ moritura erant.* Si, per
præteritas negligentias tuas, jam non paucæ animæ
irreparabiliter perierint, nunc saltem festina reliquas
ab imminentibus periculis præservare. Exemplis propriæ emendationis, frequentibus et ferventibus exhortationibus, increpationibus, et instructionibus, sanare,
et *confirmare* coneris *cætera*, nondum mortua, sed quæ
indubie brevi *moritura erant* etiam, si remedia non
prompte adhiberentur.

3° Dum autem in præcedentibus monentur Episcopi,
et quicumque Superiores, curam animarum gerentes, ut
sint semper vigilantes, ne somno mortali jam alte
forte immersi, ex eo transeant in somnum mortis sempi-

(a) Ephes. V. 14. — (b) Matth c. XIII, v. 25.

ternæ , ex quo nemo evigilare potest ; intelliguntur etiam moneri omnes fideles , maxime qui in peccato mortali dormiunt , seu tranquille pergunt, ut surgant velociter (a). *Quod autem vobis dico , omnibus dico : vigilate.* Itaque conentur omnes tandem *bonum agere , dum adhuc tempus est , antequam nox* æterna illis superveniat (b).

4° In his autem agitur de illis , qui mortui nondum sunt morte peccati, sed magno jam versantur periculo moriendi spiritualiter; propterea dicit *Angelus : confirma cætera ,* id est : Suscitatis , in quantum possibile, illis, qui erant spiritualiter, at nondum corporaliter mortui , omnem possibilem diligentiam exhibeas illis , qui propria fragilitate, exemplis tuis, et multorum aliorum , morti spirituali quidem nondum sunt obnoxii , sed in proximo illius periculo existunt. *Sobrii estote et vigilate , quia adversarius vester diabolus tanquam leo rugiens circuit quærens quem devoret : cui resistite fortes in fide.* 1ᵃ Petri , cap. V, v. 8 et 9.

5° Noli igitur amplius procrastinare veram perpetuamque conversionem tuam, *non enim inveni opera tua plena coram Deo meo.* Id est : hucusque, *opera tua,* quamvis aliquousque boni speciem habentia , non sunt satis perfecta , non zelo fervido producta, et animata; non egisti secundum spiritum vocationis , et muneris tui : inde pericula tibi , et proximo , et jam multa mala exorta sunt , quorum coram Deo reus es , et ad quæ pro futuro avertenda , pro præterito autem expianda , ex nunc strenue laborare debes , si veniam , et salutem æternam obtinere desideres.

6° Quousque hæc et sequentia *Episcopo et Ecclesiæ Sardensi* conveniant , historice explicari non potest , saltem accurate , et cum morali certitudine; sed non

(a) Marc. c. xiii, v. 39. — (b) Galat. c. vi, v. 10, et Joan. c. ix, v. 4.

videtur difficile illa omnia Ecclesiæ Catholicæ in quinta ejus Ætate applicare. Etenim finiente quarta Ætate, de qua supra actum est, per plurimos labores, vexationes, et schismata, corpus Ecclesiasticum, quasi fatigatum, aliquousque obdormierat; inde simplices Fideles, plurimis in locis, in maximam inciderant ignorantiam; et multi quidem etiam ex Clero; inde relaxationes, neglectæ obligationes, Christianorum, omnis generis abusus, et scandala. Hæc omnia viam sternebant ad hæreses novas introducendas, et veteres resuscitandas; uti fecerunt Lutherus, Calvinus, eorumque discipuli, et æmuli. De his habebimus plurima dicenda capite nono, versibus primo, secundo, et tertio.

3ᵘˢ VERSUS. In mente ergo habe qualiter acceperis, et audieris; et serva, et pœnitentiam age. Si ergo non vigilaveris, veniam ad te, tanquam fur, et nescies qua hora veniam ad te.

1° Pergit igitur *Angelus*, dicens : *In mente habe qualiter acceperis*, scilicet : *custodi sermones meos*, et... *serva mandata mea, et vives* (a). Recordare et meditare qualiter, seu quomodo fueris instructus ; qualem vitam agere te docuerint illi, qui te Baptismate initiarunt, in Confirmatione Spiritum Sanctum in te descendere fecerunt, ad Ordines sacros te elevarunt, et huic Ecclesiæ tandem præposuerunt; et secundum instructiones, in illis occasionibus tibi datas, per gratias ex illis Sacramentis receptas, vivere coneris, ac in finem usque perseverare.

2° *Et* similiter quæ *audieris* mente attente revolve. *Tu autem assecutus es meam doctrinam, institutionem, propositum, fidem, longanimitatem, dilectionem, patientiam,*

(a) Prov. c. vii, v. 1 et 2.

persecutiones, passiones, etc., etc. (*a*). Considera quæ sit
doctrina, quam audivisti, quam sit salutaris , sed quàm
stricte etiam obliget , et moneat Episcopos , omnesque
animarum rectores, ac Verbi Dei prædicatores, ut continuo vigilent super Gregem Domini, et assiduis laboribus , die ac nocte conentur avertère lupos , reducere
oves errantes , sanare læsas et quomodocumque infir-
mas , fœcundare steriles , nutrire omnes , et nihil sub-
trahere omnium illis utilium. Considera quæ audisti ,
aut vidisti : exempla Apostolorum aliorumque , illorum
vestigiis fideliter insistentium; ac illorum esto imitator,
sicut illi fuerunt imitatores Christi. Verbo : illa meditare *et serva.* De delictis autem præteritis , doleas.

3° *Et pœnitentiam age.* Noveris videlicet , non sufficere , per sterilem meditationem , renovare omnium
illarum veritatum memoriam; sed ab una parte, ea quæ
inde doceris, servare, seu observare debes in posterum;
ab altera parte, præteritas negligentias , per *dignos
pœnitentiæ fructus* expiare , ac redimere , secundum
exhortationem Prophetæ dicentis : *Nunc ergo dicit Dominus : convertimini ad me , in toto corde vestro , in jejunio ,
et in fletu , et in planctu* (*b*).

4° *Si ergo non vigilaveris ,* si præsentes monitiones
per misericordiam Dei ad te directas, etiam neglexeris,
vel inutiles reddideris, cogitando rem non urgere, saltem tam cito ; æstimando tempus senectutis ad pœnitentiam aptius esse , et sperandum esse , ut præmatura
morte non rapiaris, cum saltem hucusque nulla signa
hoc prænuntiare videantur ; ecce

5° *Veniam ad te, tanquam fur ;* inopinato nimirum
veniam , quo tempore nullatenus hoc prævidere, aut
ullum periculum præsentire poteris ; dum minime ad
reddendam rationem de villicatione tua paratus eris ; et

(*a*) II Tim. c. iii, v. 10 et 14. — Joel. c. ii, v. 12.

veluti *fures* subito irruentes, auferunt thesauros, sic ego
auferam vitam tuam , et cum vita , omnem spem , ac
possibilitatem utiliter pœnitendi in senectute , ad quam
nunquam perventurus eris. Ad hæc serio attendas
velim, quia

6° *Et nescies qua hora veniam ad te.* Inde nec debes
cogitare in corde tuo : Ad minimum signum , vel appa-
rentiam periculi , non tardabo , sed diligentissime me
præparabo ad felicem egressum ex hoc mundo; etenim
forte nullis omnino præcedentibus signis adero ; non
pulsando ut aperiatur mihi, sed quasi subita vi perfrin-
gendo fores, ascendendo per fenestras, aut perfodiendo
domum , sine strepitu , et in tenebris, uti solent facere
fures callidiores, ut nullatenus præscire valeas *qua hora,*
quove momento *veniam ad te.*

4ᵐ VERSUS. Sed habes pauca nomina in Sardis,
qui non inquinaverunt vestimenta sua; et ambulabunt mecum in albis, quia digni sunt.

1° *Sed habes pauca nomina in Sardis.* Quare dicit hic
Angelus pauca nomina. et non *paucas personas?* salvo
meliore , ego puto hic non aliquas personas individuas
designare eum voluisse, sed aliquas societates, in popu-
losissima illa civitate, sub certis *nominibus* cognitas ; vel
saltem aliquas familias , ita ut singulum *nomen* certam
societatem plus vel minus numerosam , vel integram
saltem aliquam familiam designaret , quæ in sana fide ,
et puris moribus perseverabat. Itaque

2° Quasi vellet *Angelus* aliquousque consolari Episcopum , et illi innuere ne nimia afflictione , propter
monita præcedentia et minas , crederet omnia in Ecclesia sua jam esse corrupta , et hoc per suam negligentiam, dicit illi : adhuc *pauca nomina,* (sed quæ *non paucas
personas* significare videntur), existere *in Sardis,* quæ in

innocentia baptismali, vel saltem in vera justitia christiana, perseverarunt; vel si aliqui ex illis notabiliter peccaverint, ita expiarunt delicta sua, ut jam nullum remaneat vestigium; et sint iterum de numero illorum.

3° *Qui non inquinaverunt vestimenta sua.* Dicuntur autem *non inquinasse vestimenta sua* omnes qui gratiam sanctificantem in Baptismate receptam, conservarunt, vel illam, deletis totaliter peccatis, iterum perfecte recuperarunt. Tales enim sunt coram Deo, quasi vestes albas portantes. Alluditur autem hic ad vestem albam, qua induebantur olim omnes neo–baptizati, et quam per octiduum, post Baptismum portabant, in signum perfectæ innocentiæ. Hodiedum, ad eamdem intentionem, solummodo velum album illis imponi solet, quod post finitam cæremoniam, aufertur. In eadem allusione pergens dicit nomine Christi *Angelus*, de istis immaculatis Fidelibus *in Sardis :*

4° *Ambulabunt mecum in albis.* Nimirum sicut Ego in innocentia et sanctitate semper ambulavi, et ideo in sempiternis gaudiis glorificatus sum; ita Fideles illi imitatores mei in terris, gloriæ meæ futuræ participes, post hoc temporale exilium erunt *mecum* in perpetuum *ambulantes ;* etenim *ubi ego sum, ibi et servi mei erunt* (a), et *vestimentis albis* in æternum induentur, uti aulici Cœlestis Curiæ,

5" *Quia digni sunt.* Hic enim *legitime certantes,* merentur in futura vita coronari, utique modo perseverent usque in finem. Qui enim *compatiuntur,* etiam *conglorificabuntur : reposita est* illis *corona justitiæ, quam* debito tempore Ego ipse *justus Judex reddam illis,* quia tanti beneficii jammodo *digni sunt,* et continuo adhuc digniores se reddere pergunt. Itaque, tam fideliter, et constanter *me confitentes coram hominibus, confitebor,* conformiter

(a) Joan. c. xii. v 26.

ad sæpe repetitas promissiones meas, *et Ego coram Patre meo, et coram* omnibus *Angelis ejus.*

6° Hæc utique intelligi debent de quibusdam Fidelibus *in Ecclesia Sardensi,* qui non obstantibus persecutionibus tyrannorum, pravis exemplis multorum Christianorum, et Rectorum suorum incuria, tamen in puritate Fidei, et morum, constanter eousque perseveraverant. Sed si applicentur universæ Ecclesiæ, in quinta sua Ætate, notandum est illo tempore multos Ordines religiosos vel refloruisse, vel fuisse reformatos, vel tunc institutos : multas nationes, per Jesuitarum præsertim labores, ad Ecclesiam Christi fuisse adductas; plurima etiam per Concilium Tridentinum fuisse explicata, statuta, renovata, reformata; plurimos errores condemnatos, abusus proscriptos, etc., etc., quibus omnibus Ecclesia novas splendidasque victorias de potestatibus adversis retulit ; et ita quidem omnino videtur adimpleta fuisse prophetica significatio nominis *Sardis,* quod nomen, uti supra diximus, interpretatur : *princeps,* seu *principium lætitiæ,* aut *canticum gaudii.* Etenim post calamitates ex Cleri populique Christiani negligentiis secutas, novi illi triumphi, erant utique novæ lætitiæ dignissimæ causæ, seu initia, et inde tunc solemnissima *cantica gaudii,* per universum orbem Christianum decantata fuerunt. Ergo, etc., etc.

7° Nunc in sensu, quo de universali Ecclesia in allato versu quæstio haberetur, etiam forte ideo dicitur : *habes pauca nomina,* non paucas personas vel paucos homines, aut habitatores *in Sardis.* quia alludebatur ad Ordines religiosos, qui singuli per aliquod *nomen* dignoscuntur, sive *nomen* Fundatoris, uti Benedictini, Franciscani, etc., etc., sive *nomen* loci ubi primum fundati fuerunt, aut aliud aliquod, ex circumstantiis natum ; illo autem tunc *nomine,* non certa aliqua persona, sed distincta aliqua societas, aut multitudo significari solet. Ut hæc ex factis historicis clarius pateant :

8° In ultimo quadrante sæculi septimi, Sanctus Benedictus Biscop , multa monasteria fundavit in Anglia. Finiente sæculo octavo , Benedictus Anianus , plurima monasteria relaxata reformavit in variis regionibus. Versus medium sæculi undecimi , Sanctus Joannes Gualbertus fundabat suam Congregationem. Versus finem ejusdem sæculi , Sanctus Bruno instituit Carthusianos. Eodem exeunte , fundati fuerunt Cistertienses, et liberata a jugo Mahumetanorum Sancta civitas Jerusalem , ubi ad ejusdem , et peregrinorum defensionem, postea etiam quidam Ordines instituti sunt. Initio sæculi duodecimi , florescere incepit Sanctus Bernardus Claravallensis. Finiente primo istius sæculi quadrante , fundabantur Præmonstratenses. Primo quadrante sæculi decimi-tertii, floruit Sanctus Franciscus Assisianus , et Ordinem suum instituit. Paulo post, per Sanctum Dominicum institutus est Ordo Prædicatorum. Hæc quidem pertinent ad quartam Ecclesiæ Ætatem , sed in quinta Ætate , vel novo vigore refloruerunt , vel reformata fuerunt plurima ex illis monasteria , vel reformati integre Ordines.

9° Sequentia autem ex toto spectant ad Ætatem Ecclesiæ quintam , videlicet : in prima medietate sæculi decimi-sexti , incepit in Ecclesia fulgere Sanctus Ignatius, et Ordo Jesuitarum ab eo institutus. Tertio ejusdem sæculi quadrante Ecclesiam illustravit Sancta Theresia Reformatrix Carmelitarum utriusque sexus. Mandante Concilio Tridentino, quod terminatum fuerat anno millesimo-quingentesimo-sexagesimo-tertio , paulo post , instituta sunt fere innumerabilia Seminaria , ad solidiorem educationem, et instructionem Cleri ; deinde multæ, et valde Catholicæ Universitates , et alia multa , quæ

brevitatis causa prætermittimus. En itaque *pauca* quidem , sed illustria *nomina ,* quæ in quinta Ætate Fidem
incontaminatam servarunt , et Ecclesiam militantem
lætificaverunt. Pergit adhuc *Angelus* in eodem dicursu ,
dicens :

**5ᵘˢ Versus. Qui vicerit, sic vestietur vestimen-
tis albis,et non delebo nomen ejus de Libro vitæ,
et confitebor nomen ejus coram Patre meo , et
coram Angelis ejus.**

1° *Qui vicerit :* pro his verbis iterum videantur dicta
capite secundo , versibus septimo , undecimo , decimo-
septimo , etc. Hic ergo transeamus ad sequentia.

2° *Sic vestietur in vestimentis albis :* qui ergo secundum
exempla mea pugnaverit , et victoriam de hostibus
retulerit , *sic vestietur* uti Ego ipse vestitus sum, nempe
in vestimentis albis. Omnis scilicet, qui in mediis periculis , tentationibus , et præliis hujus vitæ, vestem innocentiæ , et gratiæ sanctificantis, aut immaculatam semper servaverit, aut vera pœnitentia laverit , ita ut sine
labe ad æternitatem transierit , in vita futura , veste
inamissibilis gloriæ *vestietur ;* id est gloriosi Regni mei
particeps reddetur.

3ᵘ *Et non delebo nomen ejus de Libro vitæ ;* ex his verbis
patet : *Librum* illum *vitæ,* non esse , proprie loquendo ,
Librum prædestinatorum , quamvis et ille etiam vere sit
Liber vitæ , et interdum ita nominetur. Quia omnes qui
in *Libro prædestinatorum* semel adscripti sunt , cum in
prævisione Dei eorum salus æterna certo sit futura,
nunquam delentur de illo *Libro ;* sed hic agitur de *Libro*
in quo adscripta sunt nomina omnium illorum , qui
actualiter vivunt in statu gratiæ; et *Liber vitæ* ille vocatur , quia non continet , nisi nomina hic et nunc viven-

tium coram Deo, et illa omnia, ne omissis quidem nominibus eorum, qui a Deo præsciuntur non perseveraturi ,
et finaliter damnandi. Habentur igitur duo *Libri vitæ ,*
de quibus adhuc agemus versus finem operis nostri, in
ultima præsertim explicatione extremi Judicii.

4° *Et confitebor nomen ejus coram Patre meo.* Talem
itaque, (uti jam supra dictum est, sed utiliter sæpe repetitur , ut quisque continuo hujus veritatis recordetur),
talem *coram Patre meo,* nominatim confitebor , et agnoscam, ut fidelem servum, et amicum meum intimum, imo
ut verum Fratrem , et cohæredem in sempiterno Regno
meo; nec solummodo sic eum honorabo coram Patre
meo Cœlesti , quamvis in hoc summa ejus beatitudo et
glorificatio subsistere debeat ; sed insuper. :

5° *Et coram Angelis ejus :* faciam nimirum ut agnoscatur , et honoretur ut talis , ab omnibus Principibus Aulæ
Cœlestis, ac generaliter ab omnibus Angelis, et quibuscumque Cœlicolis , ut omnes intelligant et in æternum
contemplentur, *quomodo honorari debeat omnis ille, quem
Rex supremus voluerit honorare.* Esther, vi, 9.

6ᵘˢ VERSUS. Qui habet aurem audiat, quid
Spiritus dicat Ecclesiis.

Pro hoc versu , iterum videantur , quæ dicta sunt
capite secundo , versu septimo.

7ᵘˢ VERSUS. Et Angelo Philadelphiæ Ecclesiæ
scribe : hæc dicit Sanctus, et verus, qui habet
clavem David, qui aperit, et nemo claudit, claudit , et nemo aperit.

4° *Et Angelo Philadelphiæ Ecclesiæ scribe :* Quis illo
tempore, quo Sanctus Joannes hæc scribere præcipitur,
fuerit *Angelus,* seu Episcopus istius particularis Ecclesiæ,
iterum valde incertum est , solummodo certum est :

illam Ecclesiam tunc exstitisse. Urbs istius nominis,
antiquitus erat magna et celebris, hodiedum fere ad
nihilum redacta jacet; sita est trigesima leuca a Smyrna,
versus Orientem, nempe in Mysia, parte Natoliæ, juxta
Lydiam, Nomen suum olim recepit ab Attalo Philadel-
pho, conditore suo, qui fuit Rex Pergami, et mortuus
est centesimo trigesimo octavo anno ante Christi Nativitatem.

2° Nomen *Philadelphia*, compositum ex duobus vocabulis Græcis, nempe *Philos*, dilectus, seu Charus, et
Adelphos, frater; significat *amorem fratris*; sive fraternitatem. Quomodo autem vi istius nominis possit, et
videatur præfigurare Ecclesiam universalem in sexta
ejusdem Ætate, postea videbimus, et conabimur tanto
accuratius explanare, quia agitur de Ætate in qua vivimus, et quæ ab initio suo usque ad hunc diem, tot tantisque dissensionibus, odiis, et indifferentiis inter populos, civitates, familias, et individuas personas, quibusvis
alias vinculis junctas, abundavit, ut vix possibile videatur ullo modo illi applicare *nomen* supradictum, nisi
sensu inverso, seu per antiphrasin. Pergamus ergo hic
cum *Angelo;*

3° *Hæc dicit Sanctus, et verus;* nempe ille, qui eminenter *Sanctus* est, et Auctor, seu fons sanctitatis
omnium Creaturarum, quæ vel unquam sanctificatæ
sunt, vel aliquando sanctificabuntur. Estque omni modo
summe *verus;* etenim ejus *sanctitas* verissima est, non
ficta, sicut sanctitas falsorum deorum; qui etiam veram,
non hypocriticam sanctitatem requirit, ac per gratiam
suam producit, in omnibus veris servis suis; qui est perfectissime, et essentialiter verax in doctrina sua, in promissionibus suis, et etiam in minis suis. Ille etiam idem :

4° *Qui habet clavem David, clavis David,* est illa suprema potestas olim Davidi, non in propria persona, sed in

venturo Messia Filio ejus, a Deo Patre promissa, ad aperiendum pro libitu, et claudendum templum Dei, id est Ecclesiam, Domum luminis Fidei; consequenter et ad aperiendum, et claudendum pro oportunitate, tum Cœlum, tum etiam infernum. Mystica illa clavi continuo utitur Christus Dominus, tum in misericordia sua, tum etiam in sua Justitia, propterea hic additur :

5° *Qui aperit et nemo claudit :* qui scilicet ad Ecclesiam, et ad veram fidem vocat, quos vult, et quando vult, ac tam efficaciter, ut nemo valeat eorum ingressum impedire. Ita olim Apostolis suis, eorumque adjutoribus et successoribus, ostia Regnorum et regionum orbis universi Dominus aperuit, ad convertendas omnes nationes infideles, non obstantibus violentissimis Imperatorum, Regum, aliorumque Principum, ac totius potestatis infernalis resistentiis, aliisque innumeris obstaculis; ita quidem, ut non raro ipsimet furiose renitentes, et omni vi alios avertere conantes, vincerentur gratia Dei, uti Saulus persequens Ecclesiam; uti Augustinus fugiens veritatem; et alii innumerabiles,

6° Nec unquam, Christo invito, quisquam januam, per eum apertam, claudere potest; nam etiam peccatoribus, jam in Ecclesia existentibus, sed criminibus plurimis, ac gravissimis, oneratis; consequenter quasi carceri corruptionis inclusis, et catenis fortissimis pravorum affectuum ligatis, januam reconciliationis, seu gratiæ *aperit*, tam potenter, ut nemo valeat eorum conversionem avertere; uti contigit plurimis, qui nomen Christianum prius scandalose inhonorantes, postea facti fuerunt celeberrimi Sancti; et aliis qui ex frigidis, aut valde tepidis Christianis, illustres Confessores, vel Martyres Christi evaserunt, frustra renitente mundo.

7° Qui similiter pro beneplacito suo, *claudit et nemo aperit*. Illis nimirum, quibus ob culpabilem ignorantiam,

aut quamcumque aliam corruptionem , fores Ecclesiæ
Catholicæ, veræ Fidei , ac portum salutis occludit , uti
contigit olim Cayphæ, aliisque Judæorum Sacerdotibus,
Principibus, Magistratibus, eorumque de populo sequa-
cibus; deinde similiter Gentilium Philosophis, Imperatoribus, Regibus, etc., et istis serviliter in malo adhærentibus *nemo* poterit' *aperire*, quia *reprobo suo sensu*, justo
Dei Judicio, *traditi sunt*.

8° Tremenda talium exempla citat historia , in omnibus quidem mundi partibus, sed præsertim in Africa ,
et in Asia , de populis plurimis , qui olim florentissimas
habebant Ecclesias, et Ordines Religiosos celeberrimos,
et jam a multis sæculis lumen Evangelicum fere, vel
vere omnino , perdiderunt. Et quid de Europa dicendum? plurimæ in hac mundi parte , *nomen* quidem
Christianum conservarunt nationes , sed ad quid hoc
utile? Etenim rem isto nomine significatam , nempe
veram Fidem perdiderunt , et hæresibus adhæserunt ,
præsertim a primo dimidio sæculi sexti. Attamen videtur maledictio illa , non debere durare usque ad mundi
finem, et posteri multorum turpiter aberrantium, videntur tandem ad viam veritatis reversuri, quia hodiedum,
et jam ab annis triginta, aut circiter, in omnibus mundi
partibus , per labores Missionariorum variorum. Ordinum , plurimæ procurantur conversiones , et continuo
augetur spes majoris adhuc successus.

8ᵘˢ Versus. Scio opera tua : Ecce dedi coram
te ostium apertum, quod nemo potest claudere;
quia modicam habes virtutem, et servasti verbum
meum, et non negasti nomen meum.

1° *Scio opera tua* : Cognosco omnia , quæ pro gloria
nominis mei fecisti , et passus es. Quam strenue pro

conversione infidelium, et pro Fidelium etiam progressu, laborasti; quas anxietates, vexationes, privationes, et omnis generis persecutiones, propterea pati debuisti; quantaque patientia illa omnia tolerasti, ideo volens plures adhuc novas meritorum occasiones tibi præparare, velut et omnibus præsentibus et futuris tuis collaboratoribus in messe et vinea Domini :

2° *Ecce dedi coram te ostium apertum;* ostendam tibi multas magnasque alias nationes, 'prædicatione Evangelica illuminandas; inspirabo tibi et nova media, ad hæreticos aliosque peccatores convertendos, errantes oves reducendas, adversarios confundendos, tepidos accendendos, splendidas multarum specierum virtutes practicandas, tribulationes pro vera Fide, et pura Ecclesiæ disciplina longanimiter perseveranterque perferendas, et consequenter novas coronas lucrandas.

3° *Quod* (ostium) *nemo potest claudere. Nemo* poterit impedire successum laborum vestrorum, quia Ego ipse, pro gloria Nominis mei, et salute multarum animarum; pro illustratione servorum meorum, et totius Ecclesiæ meæ splendore, omnipotenti manu mea, novum illud *ostium aperui,* Ego nimirum, qui solus habeo potestatem *aperiendi,* et *claudendi,* quæcumque obstacula, a quibuscumque adversariis opponantur. Hoc ab initio Ecclesiæ probavit Dominus; quia in omnibus adversitatum temporibus, quo acrius sæviebant persecutores contra progressum Fidei Catholicæ, eo celerius et splendidius Religio Christiana propagabatur; quo callidius laborabant Hæretici, ad illam corrumpendam, eo purius et lucidius exponebatur.

4° Ego ipse tibi vias planas præparabo, *quia modicam habes virtutem.* Eo quod virtus tua parum abundans, infirma, et undequaque debilis est, ante oculos meos, sicut et ipsemet necessario sentis, ne cadas animo; Ego enim *infirma eligens, ut confundam fortia,* abundantes tibi vires suppeditabo, quibus quivis inimicus frustra conabitur resistere, ut quæcumque obstacula vincere valeas, et *omnia possis in eo, qui te confortaturus est.* Places enim mihi, quia in auxilio meo totam fiduciam tuam posuisti, et in omni tribulatione *levasti oculos tuos ad montes,* cum humilibus supplicationibus, *expectans unde cœlestis protectio tibi adveniret.*

5° *Et servasti Verbum meum,* depositum scilicet veræ Fidei fideliter custodisti tibi ipsi, et omnibus tibi sincere, ac constanter adhærentibus, non obstantibus omnium falsorum Doctorum conaminibus, et inimicorum violentiis; semper enim firmiter stetisti, ac tibi subditos stare docuisti, in orthodoxa, ac vere pura doctrina Evangelica, respuens ac condemnans omnes fallaces novitates, ac totis viribus tuis semper et in omnibus defendens et sequens antiquam veritatem.

6° *Et non negasti Nomen meum.* Despecti somnibus temporum difficultatibus, et calamitatibus, propter veram Fidem et Religionem irruentibus, constanter confessus, et professus es *Nomen meum,* nec unquam erubuisti aut timuisti, te servum meum, coram omnibus inimicis, declarare. Quia ergo fideliter *confessus es me coram hominibus, confitebor et Ego te coram Patre meo, qui in cœlis est.*

9ᵘˢ VERSUS. Et dabo de Synagoga Satanæ, qui dicunt se Judæos esse, et non sunt, sed mentiuntur : Ecce faciam illos ut veniant, et adorent ante pedes tuos; et scient quia Ego dilexi te.

1° *Et dabo de Synagoga Satanæ,* id est : tibi exhibebo, ad te mittam aliquos, imo multos, de congregationibus a *Satana* deceptis , et inde sub tyrannico ejus jugo manentibus, qui nihilominus prætendunt se Deo ex toto corde adhærere, illiusque Legem sequendo , ipsi fideliter servire ; serviunt autem dæmoni , corruptas, vel omnino falsas doctrinas profitendo , et sanam Fidem spernendo.

2.∘ Ut omnia, in quantum possibile est, clara evadant, utile est scire : quid proprie significet terminus *Synagoga.* Significat autem : *Congregatio,* sive *domus Congregationis :* in utroque enim sensu frequentissime usurpatur. Inde tota Congregatio Fidelium Legis Mosaicæ , *Synagoga* vocatur , sive simpliciter , sive cum addito *Mosaica ;* Domus seu quævis ædificia destinata ad Congregandos tunc Fideles , vocabantur Synagogæ, uti etiamnum vocant illa Judæi , in sua Religione perseverantes. At vi termini, innuitur illas Congregationes non libere , sed coacte in unum venire. Cogebantur enim Israelitæ per legem timoris , et pœnas temporales , observare Religionem totamque Legem Mosaicam. Congregationes autem impiorum a Spiritu Sancto vocantur *Synagogæ Satanæ ,* non quidem quod illi non libere conveniant ad faciendum malum , sed quia fraudibus , mendaciis aliisque stimulis infernalibus , adiguntur ad tales Congregationes , non vero puro amore , seu charitate sociantur. Etenim ideo tota Congregatio Christianorum non vocatur *Synagoga,* sed *Ecclesia,* id est , convocatio , uti etiam ædificia eorum Congregationibus destinata, plerumque *Ecclesiæ* vocantur; quia Christiani, non servili timore, nec pœnis temporalibus coguntur in unum , sed Verbo Evangelico convocantur , et casto sanctoque amore alliciuntur. Si enim dicatur in Evangelio *compelle intrare,* intelligi debet : *compelle* per vim charitatis, ut ament *intrare.* Non vero *pulsa ,* ut coacte intrent. Itaque mittam ad te *de Synagoga Satanæ.*

3° *Qui dicunt se Judæos esse, et non sunt.* Jam supra, capite secundo, versu nono, ad eadem verba, ibidem similiter occurrentia, diximus quid significet nomen *Judæus;* quod hic non repeteremus, nisi hoc loco accederet alia, et notabilis ratio. *Judæus* itaque interpretatur *laudans Deum.* Vere autem, et digne *laudare Deum,* est in vera Fide Catholica omnia præcepta Dei fideliter observare, ipsiusque gloriam in omnibus quærere. Tales autem vere erant olim boni Israelitæ, qui secundum Spiritum, non secundum litteram solummodo, Legis Mosaicæ, vivebant *expectantes Redemptionem Israel,* usque ad adventum, et sufficientem manifestationem Salvatoris. Ab illa Epocha tales sunt soli Christiani, qui secundum Spiritum Fidei, et vocationis suæ, Deo serviunt.

4° Sed falso tales olim prætendebant esse, ab una parte, obdurati Judæi, qui Christum, ejusque Fidem repellebant, ac persequebantur, uti et adhuc eorum posteri, qui illis imitantur; ab altera parte, male conversi Judæi, qui Christianismum profitebantur quidem, sed docebant nihilominus Legem Mosaicam adhuc debere observari. Similiter falso tales, id est, veros laudatores Dei se esse gloriantur, omnes hæretici, qui Christum profitentur, sed ejus doctrinam corrumpunt, aut ab aliis corruptam pertinaciter sequuntur; aut saltem debitam Ecclesiæ Christi in capite suo visibili, Christi Vicario, obedientiam recusant; etenim si contingeret hos non esse hæreticos, ipso facto sunt æquivalentes; dicit enim Christus Dominus : *qui Ecclesiam non audierit, sit tibi velut ethnicus et publicanus* (a). Adeoque : *dicunt* quidem *se Judæos esse,*

5° *Sed non sunt,* inaniter enim se veri Dei servos esse prætendunt, qui *Jesum Christum Filium Dei,* vel non

(a) Matth. c. xviii, v. 17.

agnoscunt, vel non debito modo in eum credunt; aut saltem secundum mandatum ejus, Ecclesiæ ipsius sese submittere nolunt. Frustra se Christianos dictitant, qui Sponsæ dilectissimæ, ac unicæ, Filii dociles, nec sunt, nec fieri volunt; qui continue loquuntur et scribunt contra Ecclesiam Catholicam, eam accusant de errori- bus, de superstitionibus, et omnis generis abusibus, quæ omnia nonnisi in eorum libris, concionibus, con- versationibus, et depravatis mentibus existunt; qui tandem multum garriunt de propria sua orthodoxia,

6° *Sed mentiuntur.* Nec enim recto corde loquuntur, nec prædicant, nec scribunt, nec docent; sed a veritate turpiter, ac malitiose aberrant. Hic notandum : quod *mentiri* sit *loqui contra mentem.* Idem interim est, an quis ore loquendo, vel scribendo, vel quovis alio signo ali- quid asserat *contra mentem suam.* Itaque mentitur omnis, qui ut verum asserit id, quod novit esse falsum, aut de quo saltem dubitat. Et huic æquivalet omnis, qui ut verum asserit, id, quod de facto verum est, sed quod ipse putat esse falsum; vel ut certum, quod vere certum est, sed quod ipse putat esse incertum. Etiam ille qui ut certo verum asserit, vel recipit id, quod falsum est, sed quod, ex errore graviter culpabili, ipse verum putat, cum posset, et deberet scire, esse falsum. Multi secundum omnes illos modos *mentiuntur,* omnes vero secundum unum vel plures.

7° Multi enim ex illis, 1° vel docent ut vera, quæ optime sciunt esse falsa, vel rejiciunt ut falsa, ea quæ certo noverunt esse vera; quod in idem recidit. Et talia faciunt doctiores ex sectis acatholicis. 2° Multi falsa sua dogmata, ut vera defendunt, quamvis ipsimet dubitent; sed pergunt, ob motiva temporalia. 3° Multi hodiedum adhuc; quasdem veritates veræ Fidei, vel ut certas annuntiant, ut v. g. existentiam Dei unius, in tribus Personis; Incarnationem Verbi, remunerationem Justis, et pœnas impiis præparatas in æternum, etc., etc., quæ quidem certo vera sunt, sed quæ ipsimet vel nullatenus amplius credunt, vel de quibus saltem dubitant; et sunt illi depravatissimi, qui nullam omnino amplius fidem habent. Tandem 4° Innumerabiles sunt, qui ut certo vera propugnant, vel recipiunt ea, quæ falsa, ac damnabilia, aut damnata sunt, quamvis sectatores ea plus minusve sincere putent esse vera, sed ex errore graviter culpabili, quem possent, et deberent vincere, ita ut sint inexcusabiles, saltem pro parte essentiali. Et sunt ignorantiores, sed qui sua culpa carent necessaria instructione. De multis ex diversis istis speciebus *mentientium*, et ad *Synagogam Satanæ* pertinentium, dicitur :

8° *Ecce faciam illos, ut veniant* ad te ; id est : circumstantias temporum ita disponam, ut quasi necessitate compulsi, *veniant* ad te, si non veritatis amore, aut conversionis causa, tamen aliis de causis, accedentes ad sedem tuam, ad templa tua, ad solemnitates tuas, ad prædicationes tuas, etc., ut audiant, vel legant salutares instructiones tuas, videant bona opera tua, experiantur bonitatem, et patientiam, simul ac Christianam prudentiam, magnanimitatem sapientiamque, ea omnia mirentur, et illis applaudant ; adeo quidem, ut inviti rapiantur reverentia, tam clare videntes signa specialis, et omnipotentis protectionis meæ, in favorem tuî, tuorum, ac Religionis cujus es Minister ; indeque tandem fiet, ut

9° *Adorent ante pedes tuos*. Id est : ut quasi prostrati ante Sacram sedem tuam, dignitatem tuam agnoscant, te sincere honorent, et magno zelo, ac potentia protegant, non obstantibus omnibus præjudiciis, et repugnantiis antecedentibus. Etiam quia talia veritatis argumenta, et mirabilis protectionis meæ signa, in sectis suis non invenientes, convincentur, et multi fatebuntur, se non esse in vera Christi Ecclesia, consequenter nec in via salutis Cum magna confusione sentient, Congregationes suas non immerito fuisse damnatas, quia evidenter a Me nec approbantur, nec diliguntur, quia non sunt in veritate fundatæ.

10° Sed *et scient quia Ego te diligo.* Nimirum præter expectationem suam, et omnino contra desiderium suum, intelligent, *scient,* et tandem agnoscent, te Mihi esse vere dilectissimum, id est : te, et Ecclesiam tibi commissam mihi vere placere; id autem aliquando conducet, vel ad eorum conversionem, vel si pergant *semper Spiritui Sancto resistere,* ad majorem eorum confusionem, et damnationem. Etenim illi qui convicti fuerint de veritate unius veræ Christi Sponsæ, nempe Ecclesiæ Romano-Catholicæ, et illam tamen secuti non fuerint, multo magis erunt culpabiles, indeque severius punientur, quam illi, qui manserint in ignorantia, quantumvis inexcusabili, monente ipso Christo Domino : *servus qui cognovit voluntatem Domini sui et non fecit,... vapulabit multis; qui autem non cognovit, et fecit digna plagis, vapulabit paucis* (a).

10ᵐ VERSUS. Quoniam servasti verbum patientiæ meæ, et Ego servabo te, ab hora tentationis, quæ ventura est in orbem universum, tentare habitantes in terra.

1° *Quoniam servasti verbum patientiæ meæ,* id est : quia observasti, seu custodisti quæcumque, sive verbis, sive exemplis, præcepi de *patientia* in tribulationibus, pro gloria Dei, et animarum salute; pro veræ Fidei

(a, Luc. c. XII, v. 47 et 48.

propagatione, et errorum omnium extirpatione. Et ecce propterea aderit tibi auxilium efficax in omnibus difficultatibus , et periculis , quia :

2° *Et Ego servabo te , ab hora tentationis ,* id est : Ego constanter vigilabo super te , et custodiam te , ab omni periculo erroris , in Judiciis , et doctrina , de Fide et moribus ; semper præservabo te a defectione in omnibus futuris calamitatibus, et astutiis persecutorum veræ Religionis , quæ versus finem temporis , non solum in Ecclesia aliqua particulari , sed ubique , seu in omnibus partibus Ecclesiæ universalis , locum habebunt. Nempe in ultima , et periculosissima illa tentatione , sub tyrannico Regno magni Antichristi ,

3° *Quæ ventura est in orbem universum.* Adeoque quæ, sine exceptione, omnes Ecclesias turbabit, et omnes, in quocumque loco fuerint , Fideles attinget, et affliget, eritque tam violenta, et insidiosa, ut talem in tota duratione mundi, nunquam experti fuerint homines in terra existentes. Et tunc tandem clare patebit , quinam sint veri et constantes servi mei , et quinam non sint tales , quamvis in pace, et prosperitate, tales hominibus apparuerint ; etenim ad illam distinctionem manifestandam , veniet illa persecutio :

4° *Tentare habitantes in terra ,* tam eos scilicet, qui corpore solum adhuc in terra habitant , sed animo jam cum Christo manent in Cœlis, ubi continuo vigilant, ne terreno pondere gravati, decipiantur ac decidant; quam illos qui etiam animo et corde adhuc terræ adhærent, quamvis vocationem cœlestem verbis profiteantur; ut vel corrigantur cito , vel vanitatis suæ pœnas luant. Conscientia omnium Fidelium tunc plurimis maximisque tribulationibus probabitur , *sicut aurum per ignem probatur ,* ut ex constantia vel inconstantia singulorum , magis eluceat , et augeatur virtus perfectorum, expur-

gentur defectus imperfectorum , et manifestetur hypo-
crisis falsorum fratrum ; inde ædificabuntur, et stimu-
labuntur animi generosi inter infideles, et alios errantes,
ut sincere , et diligenter , ad viam veritatis revertantur ,
vel perducantur.

**11ᵘˢ VERSUS. Ecce venio cito, tene quod habes,
ut nemo accipiat coronam tuam.**

Pergit adhuc Angelus in loquendo ad eumdem, dicens :
1° *Ecce venio cito*, itaque ne cesses vigilare, nec putes
horam illam , seu tempus, maximæ istius , et universalis tentationis , procul abesse; quia citissime effluet
modicum temporis , quod adhuc superest ; et ex impro-
viso momentum secundi adventus mei aderit ; quem
secundum adventum universalis illa tentatio fere immediate præcedet; brevissimum enim erit intervallum ,
inter persecutionem Antichristi , et extremi Judicii
diem, uti postea probare , convenienti loco , conabimur.
Itaque prudenter , ac sapienter in omnibus agere
pergens ,
2° *Tene quod habes.* Pro sensu horum verborum ,
videantur dicta in versum vigesimum-quintum , capitis secundi ; nota prima , secunda, et tertia, pag. 100.
3° *Ut nemo accipiat coronam tuam.* Id est : Ut præmium
a Deo, in remunerationem fidelis administrationis tibi
propositum, ac jamjam in cœlis tibi præparatum , imo
pro obtentis modo meritis jam factum *tuum,* at nonnisi
finito perseveranter cursu , tibi in cœlis tradendum, per
supervenientem culpam , ex quacumque causa , non
perdas ; neque illud ab alio rapiatur. Uti enim Beati ex
hominibus obtinent coronas , et præmia olim Angelis
præparata , qui per superbiam , et rebellionem ea perdiderunt ; sic etiam coronas , et præmia illis , qui nunc

APOC.   9

sancte vivunt præparata, sed defectu perseverantiæ, finaliter perdenda, hæreditabunt alii fideliores, seu *usque in finem perseverantes*.

12ᵐ Versus. Qui vicerit faciam illum columnam in templo Dei mei, et foras non egredietur amplius; et scribam super eum nomen Dei mei, et nomen civitatis Dei mei, novæ Jerusalem, quæ descendit de Cœlo, a Deo meo, et nomen meum novum.

1° *Qui vicerit :* pro horum verborum sensu, videantur iterum dicta capite secundo, in versus septimum, undecimum, decimum-septimum, et vigesimum-sextum, et hoc capite tertio, in versum 5ᵐ.

2° *Faciam illum columnam in templo Dei mei*, nimirum propter firmitatem, et constantiam, quibus omnia quæ voluero, aut ab ipso, consideratis statu, talentis, et gratiis ipsi concessis, et circumstantiis in quibus fuerit positus, exegero, vel fecerit, vel passus fuerit, pro gloria mea, ac pro sua, proximique sanctificatione; *faciam* ut quasi *columna* Domus Dei, seu Ecclesiæ Catholicæ, in terris honoretur, et ut talis etiam in cœlis glorificetur. Uti contingit de omnibus illis Sanctis, quorum vel in universa Ecclesia, vel in quibusdam locis Festa celebrantur, sive a solo Clero in Officiis Divinis, sive etiam a populo fideli.

3° *Et foras non egredietur amplius;* id est illam felicissimam qualitatem, et honorificum illum collocationis locum, nunquam perdet, sicut columna materialis in templo collocatur, ut in perpetuum ibi maneat. Etiam illi honor erit perpetuus in terra, quia nunquam a memoria Fidelium excidet; et inde, gloria ejus erit sempiterna in cœlo, ubi stabit immobilis, more colum—

narum, et incorruptibilis, ac indestructibilis in æternum manebit; et in terris, usque ad finem mundi.

4° *Et scribam super eum nomen Dei mei,* veluti ab antiquissimis temporibus, et adhuc hodiedum, columnis erectis in honorem magnorum virorum, v. g. Imperatorum, Regum, aliorumve Magnatum, ad perpetuandam memoriam egregiorum factorum eorum, solet inscribi ipsorum nomen, additis titulis, et qualitatibus honorificis; sic Sanctis, qui in cœlo, uti *columnæ templi Dei* collocantur, cum utique omnes illæ spirituales *columnæ* in honorem Supremi Domini, ac Dei omnipotentis erectæ, illique dicatæ fuerint, *nomen* ejusdem Dei ipsis spiritualiter inscribetur, ad perpetuandam memoriam mirabilium, quæ in ipsis, et per ipsos in terris operatus est Deus. Etiam, quod in idem recidit, *nomen* Christi, Supremi Regis, illis splendissimis caracteribus insculptum videbitur, per quem, et quocum, in æterna gloria regnabunt.

5° *Et nomen civitatis Dei mei, novæ Jerusalem.* Illis igitur *columnis* mysticis, etiam inscribetur *nomen* istius Sanctæ Civitatis, in signum quod sint ejusdem cives, ac perpetui inhabitatores, cœlestis aulæ Principes, cum Christo hæredes Regni, sine fine duraturi. Sacra illa, ac summe honorifica *nomina* illis ita indelibeliter inscribentur, quia fideliter, ac debito cum honore portasse probabuntur *nomina* sibi inscripta per Baptismum, videlicet *nomen Christiani,* et *membri Ecclesiæ Christi.*

6° Ut recte intelligatur quæ, et qualis sit illa *civitas Dei,* illa *nova Jerusalem,* addit : *quæ descendit de cœlo,* et *a Deo meo.* Illa nimirum *civitas,* quæ vere est *nova Jerusalem,* de qua hic agitur, *descendit de cœlo,* seu de suprema sede Patris æterni. 1° Quia olim ipse misit in terram Unigenitum suum Filium, ut Ecclesiam, seu spiritualem civitatem, *novam* nempe *Jerusalem* in terris,

per vitam, Passionem, Mortem, et Resurrectionem fun—
daret , ac mediantibus operariis a se electis, per totam
durationem sæculorum ædificaret. 2° Quia tam ipsemet
Christus , secundum humanitatem suam , quam omnes
Beati, illius cohæredes, omnem gloriam et sanctitatem,
omnem potestatem et felicitatem , quibus completa illa
civitate, per totam æternitatem , in illo Regno superno
utentur, et fruentur , *de cœlo a Deo Patre* , obtinuerunt,
vel obtenturi sunt. Sed et præterea *inscribam illis,* inquit,

7° *Et nomen meum novum.* Quid nunc est illud *nomen ?*
et quomodo dicitur *novum?* Resp. Illud *nomen* est *Jesus
Christus* , id est : duplici vocabulo constans , Filii Dei
incarnati titulus gloriosissimus , cujus prima pars *Jesus*
significat *salvator;* secunda autem *Christus,* interpretatur
unctus. Salvator nempe universi mundi, et Unctus a Deo
Patre per plenitudinem Spiritus Sancti, in ipso habitan-
tis. Illud autem *nomen* dicitur , et in æternum dicetur
novum, quia Filius Dei illud in tempore obtinuit, scilicet
redempturus hominem, per Incarnationem suam, *exina-
nivit semetipsum, formam servi accipiens , in similitudinem
hominis factus , et habitu inventus ut homo ; humiliavit
semetipsum , factus obediens usque ad mortem , mortem
autem crucis, propter quod Deus exaltavit illum, et donavit
illi nomen , quod est super omne nomen* (a). Quod autem
nomen *Jesus* sit excellens *super omne nomen* ex eo patet,
quod additur in eadem Scriptura : *Ut in nomine Jesu
omne genu flectatur cœlestium , terrestrium , et infernorum ,
et omnis lingua confiteatur , quia Dominus Jesus Christus
in gloria est Dei Patris* (b).

8° Quamvis nunc iterum certum sit, omnia hic allega-
ta , seu enarrata , de rebus jam tunc præteritis , seu
prædicta pro tempore tunc adhuc futuro, applicari posse
et debere Episcopo et Ecclesiæ civitatis Philadelphiæ ,

(a) Philip. c. II, v. 7 et 8. — (b) Ibidem, v. 10 et 11.

et sub illo respectu fuisse accurate adimpleta ; tamen ex variis locis constat omnia illa, in particulari ista Ecclesia non potuisse obtinere plenam adimpletionem , sed ad universalem Ecclesiam debere extendi, ut recte intelligantur: et quidem plurima perfecte convenire Summis Pontificibus Romanis , et statui Ecclesiæ Catholicæ , in hac sexta ejus Ætate , secundum divisionem , quam supra adoptavimus ; modo illa Ætas sumatur, non physice a fine totali Romani Imperii, sub Francisco Secundo, sed ab initio famosæ Philosophiæ , versus finem sæculi decimi-octavi ; et magis adhuc famosæ Revolutionis Gallorum , quæ ex perversissima illa Philosophia nata est , et quæ simul interitum Christiani Imperii produxerunt.

9° Maximum enim tunc *ostium* manu Supremi Regis *apertum* fuit , dataque manifestissima occasio veris Dei servis, ad plurima facienda, et patienda, pro Gloria Dei, pro vera Fide, et pro salute animarum ; et si ab una parte fateri debeamus quod tunc *refrigescente charitate multorum* , debilitata Fide fere ubique , Pontifex cum grege suo *modicam haberent virtutem* , seu vim supernaturalem ad confundendos , ac castigandos adversarios , subjugandasque nationes, per frequentia , et evidentia Miracula ; tamen præeuntibus Pontificibus , præsertim Pio Sexto et Pio Septimo , *Verbum Dei* semper fideliter servatum, Doctrina Catholica in sua perfectissima puritate custodita , et innumerabiles Fideles Nomen Jesu Christi gloriose confessi sunt ; honoribus , fortunæ , familiæ , patriæ , et etiam vitæ magnanimiter renuntiantes , et quæcumque tormenta libenter propter Deum tolerantes.

10° Ut quibusdam exemplis id clarius pateat : Pius Sextus , post incredibiles vexationes , in crudelissima captivitate obiit , Valentiæ in Gallia , vigesima-nona

Augusti anno 1799. Pius Septimus, qui quasi miraculose successerat præcedenti, bis durissimam, ac diuturnam captivitatem, in variis locis, heroïca patientia sustinuit : attamen supervixit, et ad Sedem suam Apostolicam triumphans reversus est, vigesima-quarta Maii, anno 1814. Illis interim temporibus, quantumvis difficilibus, et seductionum periculis plenis, omnibus tamen qui veritatis viam sincere quærebant, semper fuit facile eam invenire, et errores novatorum cognoscere, ac evitare. At nec facile, nec semper possibile erat, salvis bonis principiis, evitare crudeles persecutiones, spoliationes, etc., etc. Et inde quidem apud multos, renovato fervore Fidei, et Charitatis, innumerabiles Fideles ex omni ordine, statu, et ætate, nempe Episcopi, sacerdotes, regulares, et sæculares, Religiosæ, laici utriusque sexus, nobiles, et alii, divites, et pauperes, maxime in Gallia, sed etiam in multis aliis regionibus, facti sunt Martyres.

11° Etiam sedatis tandem aliquousque tempestatibus, optime potuit quibusdam Summis Pontificibus applicari, quod in textu sacro sequitur, nempe : *Et dabo de Synagoga Satanæ*, etc. Id est : Mittam ad te nonnullos, qui prætendunt esse de congregationibus verorum Christi Fidelium, uti v. g. Russos, qui ex Schismaticis Græcis ortum ducunt, Prussos, qui sunt diversarum specierum Lutherani, Germanos, Batavos, Helvetios, aliosque, ex plurimis hæreticorum sectis, qui omnes asserunt se esse veros Christianos ; quamvis realiter sint de congregationibus adversariorum Ecclesiæ Christi, adeoque *Synagoga Satanæ. Et adorabunt ante pedes tuos.* Jam enim a temporibus Pii Sexti, aliqui Principes hæretici multum mirati sunt patientiam, firmitatem, et magnanimitatem istius venerabilis senis ; ejusque prudentiam in rebus, tam temporalibus, quam spiritualibus tractandis ;

ipsumque sine dubio liberassent, si diutius vixisset.

12° Sed unitis postea viribus suis, in debellandis tam suis, quam Ecclesiæ Catholicæ hostibus, contra omnem perversorum philosophorum expectationem, et dum etiam pii Fideles, quantumvis ad hoc ferventer Deum orantes, talem rerum exitum vix sperare audebant; iidem Principes acatholici, procurabant Ecclesiæ, ejusque Ministris Cardinalibus, libertatem necessariam, ad eligendum novum Pontificem, qui fuit supradictus Pius Septimus; nempe electus Venetiis, decima - quarta Martii, anno millesimo-octingentesimo. Viginti diversarum religionum populi numerantur, qui quasi miraculose convocati, tunc cooperati sunt, ad Ecclesiæ Catholicæ triumphum.

13° Ex tunc magis adhuc admirati sunt Reges, et Principes acatholici, invincibilem patientiam et magnanimitatem istius Pii Septimi, in repetitis et vehementissimis persecutionibus Napoleonis, qui solum illum virum inermem, et jam captivum, se non potuisse vincere fassus est; quique ejusdem admirabilem mansuetudinem, et longanimitatem, tandem summa cum veneratione, et rubore palam laudavit. Inter alia enim memorabilia, quæ captivus tandem ipse Napoleo dixit, in insula Sanctæ Helenæ, in laudem Pii Septimi, hæc verba reperiuntur : « C'était vraiment un agneau... un véritable homme de bien, que j'estime et que j'aime beaucoup, et qui de son côté me le rend un peu, j'en suis sûr. » (*Mémorial de Sainte Hélène.*)

14° Sed nunc restat adhuc examinandum, (quod quidem cum successu fieri non posse videtur) quomodo isti difficillimæ Ætati Ecclesiæ, possit convenienter applicari nomen *Ecclesiæ Philadelphiæ?* quomodo scilicet in ea reperiri possit *amor fratrum,* sive *fraternitas?* Ad hoc itaque stabiliendum, notetur primo : In concursu tot

populorum , nationum, et sectarum , ad unum effectum,
tam eminenter bonum, jam aliqualem , et quidem valde
notabilem *fraternitatem* effulgere , qualis forte nunquam
antea in hoc mundo visa fuit ; et sumi posset ut præludium futuræ conversionis ad eamdem Fidem. Plurima enim inveterata , ac pessima præjudicia contra
Fidem , et Ecclesiam Catholicam , inde occasionaliter
dissipata fuerunt. Inprimis calumniosa nimis exprobra-
tio idololatriæ, propter adorationem panis Eucharistici,
et propter cultum sacrarum imaginum , non amplius ,
nisi ab ignorantissimis , inter sectarios , audita fuit ;
odium contra Religionem Catholicam , non solum inter
Hæreticos, sed et inter ipsosmet Mahumetanos multum
ex illis temporibus diminutum fuit , et adhuc quotidie
minuitur.

15° Omnes itaque sectæ acatholicæ *scierunt,* quia evidentissime viderunt , Deum Ecclesiam Catholicam *diligere ,* et efficaciter protegere ; palpabili experientia
cognoverunt virtutem Fidei Catholicæ , indeque plurimi
convicti fuerunt de ejusdem veritate. Eadem Sexta
Ætas Ecclesiæ etiamnum durat , nec debet terminari
nisi post universalem conversionem omnium populorum , finita modo ultima Antichristi persecutione ; et
tunc omnibus populis tandem in una Fide collectis ,
eadem Charitate Christiana unitis , utique habebitur
vera , et universalis *fraternitas ,* ergo tunc apparebit in
toto suo splendore , magna *Ecclesia Philadelphiæ.*

13ᵘˢ Versus. Qui habet aurem audiat , quid
Spiritus dicat Ecclesiis.(*Vide c.*ii,*v.* 7*, ubi idem*).

14ᵘˢ Versus. Et Angelo Laodiciæ Ecclesiæ
scribe : Hæc dicit Amen, testis fidelis , et verus ,
qui est principium creaturæ Dei :

1° *Et Angelo Laodiciæ Ecclesiæ scribe :* Iterum ignoratur quis, tempore quo scripsit Sanctus Joannes, fuerit *Angelus*, seu Episcopus, Ecclesiæ civitatis, quæ vocabatur *Laodicia*. Illa autem civitas a Plinio, libro quinto, scribitur fuisse magna, et celeberrima. Sita erat in Phrygia, prope Collocen, super fluvium Lycum.

2° Nomen *Laodicia*, seu *Laodicea*, quod etiam interdum *Laodicæa* scribitur; significat : *populus justus;* est enim compositum ex duobus vocabulis Græcis, nempe : *Laos*, id est : populus; et *dikaios*, id est : Justus ; quasi diceretur *Laos dikaios*, ex quo factum est : *Laodicia*, *Laodicea*, vel *Laodicæa*, prout præplacuit auctoribus de eadem civitate scribentibus. Illi ergo *Angelo scribe :*

3° *Hæc dicit Amen*. Ille scilicet, qui ipsemet est *Amen*, etenim vox *amen*, hic et in aliis quibusdam locis, substantive sumitur, et hic significat *qui est ipsa veritas*, *stabilis, et immutabilis*; hanc enim significationem habet illa vox *amen*, sumpta ex lingua Hebraica, recepta in lingua Græca, et conservata in eadem significatione, in plerisque aliis linguis. Applicatur autem hic quasi nomen ipsi Christo, Veritati æternæ, ut intelligatur de ipsius dictis nullatenus esse dubitandum.

4° Cum utique ipse sit *testis fidelis* ; nec mirum, quia cum et Deus sit, omnia vidit, omnia perfectissime intellexit, de omnibus recte judicare, ac testari potest, et fideliter testatur, cum non magis fallere, quam falli possit. Hanc asseverationem suæ veracitatis præmittere videtur *Angelus*, ex persona Christi loquens, ut si quædam, quasi minus verosimilia illi Episcopo dicere videatur, omnia tamen ut certissima admittat. Ob eamdem rationem, et ad inspirandam debitam reverentiam, adhuc addit quod sequitur, nempe :

5° *Qui est principium creaturæ Dei*. Hic videtur alludi ad illa verba Christi Domini, quibus interrogantibus ipsum Judæis respondit ad questionem, *tu quis es ?*

Principium, qui et loquor vobis (*a*). Dicitur autem, et est, *principium creaturæ*, quia Christus Dei Filius est causa tum efficiens, tum exemplaris, omnium rerum creatarum, et præsertim reparatarum, nempe hominum redemptorum per mortem ejus, in primis quidem secundum animam, sed sub multis respectibus etiam secundum corpus, propterea etiam principatum tenet inter omnes creaturas Dei ; dicit enim Apostolus, Christum esse : *supra omnem principatum, et potestatem, ut virtutem, et Dominationem, et omne quod nominatur, non solum in hoc sæculo, sed etiam in futuro* (*b*).

15ᵐ VERSUS. Scio opera tua; quia neque frigidus es, neque calidus; utinam frigidus esses, aut calidus!...

1° *Scio opera tua ;* pro sensu horum verborum, videantur quæ dicta sunt hoc eodem capite, ad versus primum, et octavum, ubi eadem reperiuntur, et sufficienter explanata sunt : paginis 106 et 120.

2° *Quia neque frigidus es ;* non enim es omnino destitutus amore Dei, et charitate proximi ; nec totaliter perdidisti Zelum Domus Domini, et spiritum vocationis tuæ. Nondum factus es impius, aut magnorum, evidentiumque criminum reus ; sed etiam, et quod maximis te periculis exponit.,

3° *Neque calidus es ;* nimirum factus est animus tuus tepidus, negligens, quasi indifferens ad bonum et ad malum, sine fervore ad bonum faciendum, inculcandum, vel procurandum, similiter et sine diligentia ad malum evitandum, avertendum, vel impediendum : inde factus es quasi *sal insipidum, quod ad nihilum valet ultra, nisi ut mittatur foras et conculcetur ab hominibus* (*c*) ;

(*a*) Joan. c. x, v. 25. —(*b*) Ephes. c. 1, v. 21. 25.—(*c*) Matth c. v, v. 13.

adeoque constitutus in statu tanto periculosiori, quanto minus times. Sed

4° *Utinam frigidus esses*, ita ut ex toto reliquisses spiritum vocationis tuæ, et virtutum erga proximum, ad quas teneris, sive notabile aliquod peccatum commisisses; tunc forte confusione humiliatus, sentires lapsus tui gravitatem, videres et timeres periculum interitus sempiterni, tibi continuo imminens, et internis anxietatibus commotus, vel ex confusione externæ etiam mutationis, quam homines cito viderent, et aspernarentur, stimulatus ad curam emendationis, ad pristinum animæ tuæ statum revertere conareris, per veram pœnitentiam, et mores vocatione tua dignos. Ex his tamen verbis, nullatenus inferri debet quod Dominus exoptet, ut homo potius majora, seu graviora peccata committat, quam leviora; sed innuitur hominem tepidum, quamvis existentem in statu minus culpabili, tamen sæpe in majori periculo versari, quam magnus peccator; quia tepidus non gravium criminum conscius, putat se non indigere pœnitentia, et paulatim ruit in abyssum; cum e contra magnus peccator, modo fides ipsi non desit, timet imminentem vindictam Dei, quam se sentit meruisse, et sic facilius convertitur. Itaque eo sensu, *utinam esses frigidus, aut,* quod magis optandum,

5° *Calidus esses.* Id est : utinam, sicut vocatus es ad sublimem, perfectamque sanctitatem, ad gloriam Dei in temetipso, et in proximo, omni possibili modo promovendam, ad exempla Christi in omnibus fideliter imitanda, ita diligenter, et constanter egisses, et agere in finem usque pergeres; coronam gloriæ meruisses, et Ego *justus Judex,* debito tempore eam darem tibi, uti et omnibus quos tecum ad me perduxisses, secundum impositum tibi ministerium.

16ᵘˢ Versus. Sed quia tepidus es, et nec frigidus, nec calidus, incipiam te evomere ex ore meo.

1° *Sed quia tepidus es*, etc. utitur hic *Angelus*, seu Dominus per *Angelum* loquens, comparatione sumpta ex potu; etenim homines pro varietate aeris, et etiam ratione habita diversitatis potuum, solent libenter bibere *potum frigidum;* attamen adhuc libentius et frequentius bibunt *potum calidum,* sive qui ex natura sua certum habet calorem, sive qui igne calefactus est; quia nunc unum, nunc alterum, stomachus grate recipit; sed *potus tepidus* nauseam parit, et ad vomitum provocare solet bibentes, maxime dum est aqua, quæ quidem vel pura, vel cocta cum certis herbis, tepida sumi solet, ad vomitum provocandum, dum sanitas hoc requirit, sed alias nunquam. Sic in *frigidis* peccatoribus, Deus magnam suam misericordiam manifestare amat, uti factum est in Saulo, postea Sanctus Paulus; in Maria Magdalena, in latrone crucifixo cum Christo, in Sancto Augustino, et aliis innumerabilibus. In *calidis*, seu ferventibus servis suis, maxime Deus glorificatur, uti evidenter patet in Beata Maria Virgine, et post eam, in omnibus Sanctis, qui omnes illi certo præplacent.

2° Sed *tepidi* sub omni respectu Deo displicent, ideoque illos cum aversione, ac nausea, quasi respuit, nisi cito, ac diligenter tandem sese emendare conentur; propterea hic dicit Dominus illi Episcopo, qui si forte personaliter tepidus non est, tamen *tepidos* in sua Ecclesia existentes repræsentat, et pro illis acriter monetur; *quia nec frigidus, nec calidus es,* consequenter vere *tepidus* coram Deo tuo, si monitiones has frustra ad te missas, tua eadem agendi ratio testetur, non diu amplius, abuteris patientia mea, etenim mox:

3° *Incipium te evomere ex ore meo.* Id est : Siquidem te indifferentem erga me ostendas, *incipiam* te relinquere tibimetipsi, et [cum utique *sine me nihil possis facere* pro vita æterna, proprio pondere rues in abyssum interitus sempiterni. Sic *evomere incipit* Dominus etiam illos, qui vitam quidem aliquousque piam ducentes, ad perfectionem altiorem ascendere, deliberate nolunt; ita ut nullis exhortationibus, aut monitionibus moveantur ad majorem ardorem; sed ita nolentes progredi, sciant se inevitabiliter regredi et a via salutis totaliter esse aberraturos.

4° Ad pleniorem intelligentiam hujus versus, videtur utiliter adhuc inquiri posse quare *Angelus,* Christi personam gerens, [dicat in monitis minacibus Episcopo Laodicensi: *incipiam te evomere ex ore meo?* annon suffecisset dixisse *incipiam te evomere?* Etenim nemo quidquam *evomit,* nisi *ex ore.* Et si forte figura majorem videatur facere impressionem, si addatur *ex ore;* quare saltem adjicitur pronomen *meo?* Nemo utique ignorare potest quod quicumque *vomit, ex ore suo* proprio *vomit,* non *ex alieno ore.* Ad quid \ergo superflua illa verba? Interim nemo hic rideat, quasi futilis esset hæc consideratio, quia Verba Apocalyptica nemo unquam satis poterit scrutari; modo semper fiat cum summa veneratione, ad detegenda magis magisque Mysteria in illis inexhauribilibus thesauris latentia, pro salutari nostra, et proximi instructione. Ad hæc igitur notandum est : quod, sicuti in aliis hujus *Libri* locis, *os bestiæ, os draconis,* etc. significant impios doctores, et prædicatores doctrinarum infernalium; seu Ministros per quos loquitur satanas ad pervertendas, et damnandas animas; sic per *os Christi* intelligi possint et debeant pii, sanctique Doctores, et prædicatores veritatis, seu doctrinæ evangelicæ; id est ministri, per quos loquitur Dominus, ad

salvandas animas , uti adhuc in aliis locis videbimus.
Dicendo itaque , *ex ore meo,* testari videtur Dominus ,
ipsum Episcopum, quantumvis reprehensibilem ob *tepi-*
ditatem suam, non tamen declinasse a vera doctrina ,
aut Fide Catholica ; non prædicasse errores , nec hæresim prædicantibus adhæsisse ; quia tunc non *tepidus,*
nequidem simpliciter *frigidus,* sed quasi jam spiritualiter
congelatus fuisset ; et voluntarie *ab ore* Christi , in *os*
dæmonis transiisset. Manserat autem *in ore* Domini ,
alias non potuisset *evomi ;* ast inceperat haud satis
sancte vivere , nec satis ferventer annuntiare Verbum
Dei , ut in beatifico illo *ore* diutius , vel semper conservari mereretur , aut sacra prædicationis functione ulterius fungi dignus esset.

5° Insuper videtur Dominus , ita loquendo , tanto
pressius , et efficacius velle provocare , ac stimulare
istius viri contritionem, et pœnitentiam, ejusque zelum
accendere , monendo illum, quod non uti simplex Fidelis, spiritualiter lateret quasi in pectore , in stomacho ,
aut in aliis remotis vel inferioribus partibus mystici
corporis Christi, quod est Ecclesia, sed potius in una ex
nobilioribus partibus, nempe in *ore,* locum obtinuisset ;
seu ipsemet factus esset sacratissimi istius *oris* vera pars;
ac proinde , cum reliquis ejusdem dignitatis ministris ,
destinatus esset , ad omnia alia membra Ecclesiæ , tum
per cibum , tum per potum spiritualem nutrienda , et
recreanda. Consequenter, si per tepiditatem suam, ipse
rejici , aut a mystico isto corpore separari meruisset,
coram tremendi Judicis tribunali , rationem reddere
debuisset , non solum de proprio suo interitu, sed et de
damno inde proventuro universæ Ecclesiæ , imo forte
de æterno interitu plurimorum membrorum illius.

17ᵘˢ Versus. Quia dicis : Quod dives sum, et locupletatus, et nullius egeo; et nescis quia tu es miser, et miserabilis, et pauper, et cæcus, et nudus.

1° *Quia dicis :* Videlicet proprio amore obcæcatus, et deceptus, si ex servata adhuc externa modestia, non audeas aliis *dicere* quæ in laudem tui vane cogitas, nihilominus internis cogitationibus, et verbis adulatione temeraria plenis, tibimetipsi *dicis :* Ecce, quamvis hæc de meipso publicare non deceret, tamen ex bonis operibus meis indubie certum est, et hoc utique sentire, et fateri tenentur omnes qui me cognoscunt :

2° *Quod dives sum, et locupletatus,* valde nimirum abundans thesauris spiritualibus, omnisque generis meritis *locupletatus* coram Deo, adeoque evidenter in via recta, et omnino secura ad æternam beatitudinem; quia magna vitia non habere, gravia peccata non committere, utique hoc ipsum magna virtus est; et præterea hinc inde nonnulla bona opera facere ad sanctitatis apicem perducit; hæc in me patenter et a tempore quidem jam diuturno, reperiuntur; ergo :

3° *Nullius egeo.* Nihil mihi deest ad vitam vere piam, vereque irreprehensibilem, consequenter Deo gratissimam; inde non est cur ego agam pœnitentiam, aut ad superiores adhuc virtutes acquirendas laborem; modo pergam facere uti soleo, certe salvabor. Cæterum imitentur me, qui sub cura mea constituti sunt, et hoc ipsis etiam sufficiet ad salutem. Talia tranquille in mente tua pervolvere audes;

4° *Et nescis quia tu es miser,* quia vitia et peccata tua multo graviora sunt, quam putas; et virtutes quibus te ornatum credis, et gloriaris, de facto non existunt, sed in tua vana imaginatione: adeoque sunt meræ illusiones,

quæ potius ab aliis irridentur, quam ædificent quemquam; inde :

5° *Et miserabilis es*, quia temetipsum nec cognoscis,
nec cognoscere desideras, et sic in mediis maximisque
periculis, sine ulla anxietate versaris, et continuo
instans spirituale naufragium evitare nullatenus curas,
cum illud nequidem possibile existimes. Sed vere tu .

6° *Et pauper* es; quia, cum plurimos thesauros pro
vita futura te possidere jactas, nihil omnino habes,
quód te gratum Deo reddere valeat, aut cœlo aptum,
aut ulla remuneratione dignum; itaque velut *servus* qui
receptum a Domino suo talentum, non quidem perdiderat,
sed *sepositum in sudario,* sine ullo fructu referebat, ideo
ut *nequam* condemnabatur; sic eamdem sortem obtinebis, nisi cito emendaveris vitam. Recorderis ergo
scriptum esse : *Est via, quæ videtur homini recta : novissima autem ejus deducunt ad mortem* (a). Tu igitur :

7° *Et cæcus* es, secundum mentem, et intellectum;
quia cum te in omnibus illuminatum et clarissime
videntem existimas, tot et tantas, in quibus existis,
miserias non perspicis. Nec cogitas summam esse calamitatem etiam ovium, dum pastor eorum spiritualiter
cæcus reperitur; tunc enim respectu multorum, adimpletur Verbum Christi dicentis : *numquid potest cæcus
cæcum ducere ? nonne ambo in foveam cadunt* (b)? Tandem
adhuc etiam tu vere :

8° *Nudus* es. Carens scilicet spiritualibus vestimentis,
et necessariis ornamentis verarum virtutum, quibus
defectus tuos tegas coram oculis Dei, vel eos penitus
repares; quibus frigus spirituale depellas, et necessarium mentis calorem renoves, ac conserves. *Nudus*
enim merito dicitur, non solum qui nulla veste tectus

(a) Prov. c. xiv, v. 12. — (b) Luc. c. vi, v. 39.

est, sed et qui contra frigus non sufficienter, vel ob quasvis alias rationes non convenienter, vestitus est.

9° Cave igitur ne imiteris Pharisæum superbum, qui pium Publicanum contemnens, et coram Deo imaginarias virtutes enumerans, ne cogitabat quidem de ulla re a Domino roganda, de ulla gratia petenda, quia similiter æstimabat se esse meritis *divitem* et *locupletatum*, proinde se *nullius indigere*, sed qui a parte rei, non justus accesserat, et multo magis injustus discedebat. Ut ergo finalem interitum evadas :

18ᵘˢ Versus. **Suadeo tibi emere a me aurum ignitum, probatum, ut locuples fias, et vestimentis albis induaris, et non appareat confusio nuditatis tuæ, et collyrio inunge oculos tuos, ut videas.**

1° *Suadeo tibi;* ecce volens, et ardenter desiderans parcere tibi, et ab imminentibus periculis te servare labendi in abyssum unde nunquam amplius emergeres, affectu misericordiæ moneo te, et exhortor, ut curam propriæ tuæ proximique tibi commissi salutis sincere renovans, dum tempus adhuc tibi aptum conceditur, festines :

2° *Emere a me aurum ignitum, probatum* non pretio argenti : aut quovis alio, in oculis mundanorum pretioso, sed solo pretio *bonæ voluntatis,* cui cœlitus promissa est *pax; emere* scilicet *aurum* igne divino *probatum,* et quidem inde etiamnum ardens, seu *ignitum,* nempe vere ferventem charitatem, qua tollatur spiritualis *paupertas* tua, qua spiritualium divitiarum abundantiam acquiras. Inde tandem continget, quod unice desiderare deberes,

3° *Ut locuples fias* veris et stabilibus thesauris, qui non solum pro hac vita cito transitura, sed pro futura, in perpetuas æternitates, te *divitem* reddant, ac beatum, in possessione inamissibili hæreditatis Filiorum Dei ; inde tunc sequetur, ut cum omnibus illis quos ad æque beatum finem perduxeris , *nullius rei* ultra *egeas.*

4° *Et vestimentis albis induaris,* ex nunc scilicet perseveranter agendo secundum salutaria monita, et consilia cœlitus ad te missa , innocentia vitæ, puritate morum, et fulgore sanctitatis ornare satagas , ut coram Deo et Angelis ejus, immaculatus apparere valeas , et indumentum sempiternæ gloriæ obtinere merearis.

Noli itaque tardare vere converti ad Dominum , et procurare tibi vestem illam nuptialem , sine qua nemo ad nuptias Agni cœlestis ingredi poterit, ut illa debito modo orneris et contegaris ; et sic :

5° *Non appareat* (amplius) *confusio nuditatis tuæ;* sed e contra sic vestitus , Dei et omnium servorum ejus oculis gratus et venerabilis efficiaris, in cœlo et in terra. Notetur hic : quod non dicatur simpliciter *nuditas,* sed *confusio nuditatis,* quia dum protoparentes nostri manebant in innocentia , quamvis physice nudi , non sentiebant , nec videbant suam nuditatem , seu potius illam naturaliter videntes, nullatenus de illa erubescebant ; non enim *apparebat confusio nuditatis eorum ;* erant etenim moraliter, et quidem gloriose vestiti , ac ornati gratia sanctificante , justitia originali, et perfectissima innocentia ; inde eorum nuditas non erat indecens , nec ullam poterat parere *confusionem ;* ast commisso peccato, et inde nata concupiscentia , exurgente rebellione carnis adversus spiritum , facta est *confusio* maxima *nuditatis,* tum corporalis , tum etiam spiritualis.; indeque necessitas tegumentorum , materialium quidem , sed multo magis spiritualium , de qualibus hic agitur.

6° Itaque ut felicem illam mutationem , et saluberrimos istius effectus obtinere efficaciter valeas : *collyrio inunge oculos tuos ,* inquit Angelus. Id est : Veluti solent mortales, ad sanandos oculos corporis, collyrii unguentum illis adhibere, tu ad sanandos oculos tuos spirituales, adhibe unguentum, etiam spirituale, veræ humilitatis ; deponendo omnem amorem proprium, expellendo ex corde tuo , omnem superbiam, agnoscendo impotentiam tuam , dum a me non sustentaris , et fatendo nimiam tuam indignitatem ; scrutandoque totam conscientiam tuam ,

7° *Ut videas,* ut scilicet tandem perspicias in quantam miseriam perveneris, ac quantum urgeat festinare ad veram emendationeḿ , quanta consequenter indigeas pœnitentia , consideresque quanta Ego usus sim erga te, misericordia, et bonitate, te benigniter monendo, et pœnitentiæ adhuc tempus tibi concedendo. Etenim uti doctus es, et ipse soles alios docere, si non satis attente, aut diligenter, saltem veraciter.

19ᵘˢ Versus. Ego quos amo, arguo, et castigo. Æmulare ergo, et pœnitentiam age.

1° *Ego quos amo ,* amore vere speciali , quo ad æternam beatitudinem eos perducere , efficaciter volo , non obstantibus eorum , ad tempus aliquod , negligentiis , aberrationibus , et resistentiis , quibus merentur quidem sæpissime relinqui , tamen non eos in interitum currere permitto , sed :

2ᵘ *Arguo, et castigo ;* illos namque *arguo*monitionibus , et reprehensionibus internis , et externis , interne scilicet per conscientiæ anxietates , per inspirationes gratiæ meæ, et per Angelorum Custodum suggestiones ; externe vero per reprehensiones , objurgationes , et increpationes ministrorum meorum. Etiam sæpe per exempla aliorum, qui in iisdem circumstantiis constituti sunt, vel eodem modo egerunt, et severe puniuntur ; vel qui multo prudentius, et sapientius negotia sua gesserunt, et justis benedictionibus a me replentur. Si autem monitiones meæ, quantumvis fortes, non sufficiant ad emendationem , tunc præsertim *castigo* illos , sive morbis, sive humiliationibus, sive bonorum temporalium spoliationibus, persecutionibus, aliisque calamitatibus temporalibus, ut in æternum parcere tandem valeam.

3° *Æmulare ergo* , hæc omnia attente considerans , excita zelum tuum, ut avertas periculum vindictæ meæ, considera aliorum interitum , et cave ne idem tibi contingat. Exempla sint tibi imitanda David , Manasses, et alii sub Veteri Lege ; sub Nova, Petrus , Paulus aliique plurimi. Exempla vero cavenda, Heli et filii ejus , Saul , Achab, et innumeri alii, qui frustra moniti, frustra castigati, tandem delictorum , ac criminum suorum pœnas luere debuerunt. Contemplare diligenter beatam sortem prudentiorum virorum, qui te præcesserunt; et similem beatitudinem , per similia media tibi procurare strenue coneris. Itaque ne perdas amplius pretiosum tempus,

4° *Et age pœnitentiam*. Jam videlicet convictus de multis , periculosisque negligentiis , de variarum specierum delictis in vita tua præterita , salutaria quæras remedia , in sincera constantique pœnitentia per totam reliquam vitam duratura , ut dum forte inexpectato momento vocaberis ad reddendam rationem sacri ministerii tibi a Domino commissi, cum fiducia ad tribunal Supremi Judicis accedere valeas , et ut *servus bonus, et fidelis,* ab ipso remunerari.

20us VERSUS. Ecce sto ad ostium , et pulso. Si quis audierit vocem meam , et aperuerit mihi Januam , intrabo ad illum, et cœnabo cum illo , et ipse mecum.

1° *Ecce sto ad ostium* : recordare quod quantumvis per incuriam , et indolentiam tuam , ex corde et affectibus tuis videar exclusus, nondum te derelinquo, cum sis de numero illorum quos amo ; sed patientur expectans resipiscentiam tuam, continuo *sto ad ostium* animæ tuæ, ardenter desiderans intrare , tecum manere , et insepara-bili cordis amore tibi sociari in perpetuum. Multis amicitiæ testimoniis incessanter te sollicito, ut ingres-sum mihi concedas ; sed quia tardas mihi aperire ,

2° *Et pulso,* monitionibus , minis , et castigationibus , (*de quibus in versibus præcedentibus actum est.*) itaque iterum dico : ne differas amplius , nec putes tempus reddendi tremendam rationem procul adhuc abesse; etenim et sub illo respectu jamjam *sto ad ostium* , para-tus vocare te , ad tribunal Supremæ justitiæ ; et quia exopto ut rite paratus accedas , multis modis etiam ad hunc finem *pulso,* sive morbis , sive aliis infirmitatibus , in propria tua persona , vel in aliis; mortibus subitis charorum tuorum , aut saltem notorum , te monendo de iis , quæ et tibi contingere possent. Sic ago respectu tui quidem , sed et respectu multorum ex tuis similiter ; itaque :

3" *Si quis audierit vocem meam* , id est : *si quis* docili-ter audiens salutares monitiones meas , tum internas , tum externas, cum gratia mea fideliter cooperatus fuerit, sincere vitam emendaverit , feceritque *dignos pœnitentiæ fructus, avertam faciem meam a peccatis ejus ,* cor *contri-tum et humiliatum non despiciam ;* gavisus quia ipse salutariter contristatus est , si ,

4° *Et aperuerit mihi Januam* , cordis et animæ suæ, consolabor illum, aperiendo et illi Januam misericordiæ meæ , ac mutato animo , ex tunc sincere volentem me recipere ut Patrem non amplius relinquendum , Ego denuo recipiam ut filium , paterno affectu in perpetuum

diligendum , omniumque tandem bonorum meorum
hæredem instituendum.

5° Ideoque *intrabo ad illum* , nimirum per gratiam
sanctificantem, si eousque aberraverit, ut ea fuerit privatus; sin autem, per abundantissimum gratiæ augmen-
tum, ad inæstimabiles thesauros pro æternitate congregandos , si nempe tempus ejus ad hanc vitam relinquendam nondum venerit, *ad eum veniendo, et mansionem
apud eum faciendo* , continuis donis cœlestibus eum
replebo ; si autem finis exilii ejus instet , tunc *intrabo ad illum* , ut deducam illum ex hac valle lacrymarum , et inducam in æterna tabernacula ; ac tunc ,
perfecte tandem unitis cordibus ,

6° *Cœnabo cum illo et ipse mecum.* (Perstando hucusque
in assumpta metaphora hospitis *stantis ante ostium* clausum, quod ipsi nonnisi instanter, perseveranterque pul-
santi, aperitur), ostendit Dominus ineffabilem bonitatem
suam , qua indifferentiæ , et ingratitudinis aperientis
immemor , dum tandem benevolenter admittitur , ipse
qui ardenter quæri debuisset , amice et familiariter
cum illo vivere dignatur , qui tam ægre eum receperat ,
ejus obsequium acceptando , *cum illo,* etiam in hac vita,
spiritualiter *cœnando* , seu epulando , quia omnia ejus
bona opera , ut gratissima munera , recipit ; sed dum
dicit *cœnabo cum illo* , addens tunc : *et ipse mecum ;*
significat se animam ita conversam , jammodo in hac
vita, tam excellentibus gratiæ suæ donis repleturum ,
ut de illa intelligi valeat hoc Domini effatum : *dabo tibi
thesauros absconditos , et arcana secretorum , ut scias quia
ego Dominus* (a). Si autem intelligatur hoc de transitu
hominis cum Christo ad beatam æternitatem, tunc *cœna
illa* cœlestis est, in *nuptiis Agni,* sine fine duratura , de

(a) Isaiæ c. XLV, v. 3.

qua dicitur : *Beati qui ad cœnam nuptiarum Agni vocati sunt (a)*.

21ᵘˢ Versus. Qui vicerit dabo ei sedere mecum in throno meo; sicut et Ego vici , et sedi cum Patre meo , in throno ejus.

1° *Qui vicerit;* pro his verbis , videantur dicta capite secundo , versu septimo , et variis aliis locis ubi eadem occurrunt.

2° *Dabo illi sedere mecum in throno meo :* qui ergo sic strenue adversus diabolum dimicando , *frigus teporemque* excusserit , ac diligenter cum gratia Dei laboraverit, ut calore Spiritus Sancti inardescat, ac sic victoriam de omnibus inimicis finaliter perseverando obtinuerit, in præmium *dabo ei* participem fieri Regni mei , et cohæredem cœlestis æternæque beatitudinis meæ ; ita ut mecum regnans , in eodem *throno sedere mecum* dici valeat. Notetur hic : quod, quamvis utique gloria Christi Supremi *Regis* infinite superatura sit gloriam omnium servorum ejus in cœlis; cum etiam secundum humanam suam naturam , elevatus sit , et in æternum futurus , supra omnem creaturam a se distinctam , ita ut ab omni creatura humiliter adorari debeat; tamen electi ejus, id est , omnes Beati , *cum ipso , in eodem throno sedere* vere dici poterunt , quia illi perfectissime erunt uniti , in eodem cœlesti tabernaculo, cum eo habitantes, ejusdem gloriæ et beatitudinis facti participes , sed quisque pro mensura meritorum suorum.

3° *Sicut et ego vici ,* nempe in terris fortiter, constanterque pugnando contra omnes inimicos gloriæ Dei , et salutis animarum ; multum patiendo in Humanitate mea, et plenam victoriam obtinendo, merui a Deo Patre

(a) Apoc. c. xix , v. 9.

meo coronari , et in ejusdem gloria participare. Hic
notandum : quod Christus Dominus non debuerit pugnare
sicut nos , non enim habebat proprias imperfectiones ,
v. g. spirituale *frigus , teporem* , vel quævis vitia , aut
peccata superanda, vel expianda, cum nulla imperfectio,
aut culpa in eo locum habere posset ; sic nec ullius rei
pœnitere eum poterat ; sed quæcumque fecit et passus
est, et passus est et fecit pro nobis ; adeoque pro nobis
pugnavit , *et vici* inquit ,

4° *Et sedi cum Patre meo , in throno ejus.* Quia propter
ea Pater exaltavit me , et participem, me fecit Supremi
sui Regni ; *ad dexteram* suam in summa sempiternaque
gloria me collocans.

22^m Versus. Qui habet aurem audiat , quid Spiritus dicat Ecclesiis.

1° Pro toto hoc versu , videantur iterum eo , quæ ad
similia verba dicta sunt, capite secundo, et in hoc præsenti capite tertio.

2° Sed nunc tandem examinandum restat , quomodo
nomen *Laodiciæ* , quo ultima ex *septem Ecclesiis Minoris
Asiæ* vocatur , etiam Ecclesiæ universali possit convenienter applicari, propter suam scilicet significationem ,
quæ est *populus justus;* quasi diceremus : *Ecclesia populi
justi.* Et quomodo omnia quæ præcipiente Angelo , seu
potius Christo , scribit Sanctus Joannes, ad istius Ecclesiæ Episcopum , quæque iterum non de illo solo , sed et
simul de Grege cui præest , debent intelligi , possint
convenienter applicari *populo justo;* saltem si consideretur quod septimam Ecclesiæ Catholicæ Ætatem , in
beata æternitate collocaverimus , ubi solus , et totus
populus vere *justus* , sub solo Supremo *Episcopo Christo*
constitutus erit. Etenim quamvis multi, et boni Auctores

septem Ætates Ecclesiæ alio modo dividentes, ultimam
Ætatem ante Judicium extremum invenire conati sint,
nobis cum quibusdam aliis, visum est meliori, clariori-
que sensu, illam de beata æternitate posse explicari Ibi
enim, et non alibi, tunc et non antea, reperietur illa
vera et imperturbabilis *requies Domini,* in quam, finitis
omnibus suis et suorum laboribus, introiturum se cum
electis suis, prædixit ac promisit Dominus; et ibidem
erit magnum *Sabbatum,* nullum finem habiturum.

3° Si ergo persistamus in assumpta nostra divisione,
ad quid reprehensiones de *tepore* perniciosissimo?...
ad quid monitiones de agenda pœnitentia? etc. Nunquid hæc absurda, vel ridicula videbuntur?... Resp.
Certissime negative; si notentur, uti notari debent,
sequentia; nempe : quod omnia quæ locum habebunt in
brevi ac ultimo spatio temporis, quod præcedet extremum Judicium, velut etiam illud ipsum, debeant considerari uti prima pars istius *septimæ Ætatis,* sicut in
figuris veteris Legis ostensum est ; quia a Solis occasu,
crepusculum Parasceves et tota sequens nox. pertinebat
ad Sabbatum ; sic ultimi temporis debilitatio spiritualis
quasi prima Vespera, et tremendum universale Judicium, quasi tenebrosissima nox, præcedens æternum
illud *Sabbatum* possunt considerari.

4° Nunc autem si meminerimus verborum Christi,
prædicentis fore, ut in fine temporum *refrigescat charitas multorum, abundante iniquitate* plusquam unquam
antea, et tanta futura sit negligentia, et indifferentia
rerum spiritualium, inter ipsos etiam Christianos, ut
veniens Filius hominis, vix Fidem inventurus sit in terra ;
nonne opportune per Spiritum Propheticum increpantur
Ministri Domini istorum temporum ? nonne merito
arguuntur eorumdem temporum Fideles ? Utique per
anticipationem, recte monentur verbis duris, quibus

hic Episcopus, et Fideles *Ecclesiæ Laodicensis* monentur, et increpantur. Illi quidem absque dubio talibus exhortationibus indigebant ; talem *teporem* in rebus ad salutem pertinentibus ostendere cœperant ; talia pericula, nisi pœnitentiam agerent, timere debebant ; sed etiam quia per ipsammet incuriam, et perniciosam tranquillitatem suam, repræsentabant ultimorum temporum Fideles, qui, dum in mediis continuo scandalis versabuntur, paulatim *tepescent* in amore Dei, et dilectione proximi ; quia fere omnes : in opaca caligine impietatum obdormient, et propterea strepitu minarum, a parte Dei, excitari debebunt. Certe *etiam electi* tunc temporis victuri, moraliter omnes, illo auxilio a Deo indigebunt. Talibus autem mediis, ab ultimis illis periculis liberabuntur, in spiritu fervoris renovabuntur, et de omnibus salutis hostibus felicissimam tandem victoriam obtinebunt. Ergo non importune talia hic reperiuntur.

5° Post hæc igitur interveniente extremo Judicio, ut -victores gloriosissime triumphantes, cum innumerabilibus prædecessoribus suis, qui similem victoriam obtinuerint, in Aula Cœlesti coronabuntur, uti veri Reges, et in eodem throno, cum Christo Supremo Rege, ipsiusmet manibus, collocabuntur ; sicque finaliter in summa perfectione constituetur vera et æterna *Ecclesia populi justi.* quæ in gaudiis nunquam tollendis, aut turbandis, magnum celebrabit *Sabbatum.*

6° Nunc autem, antequam hoc caput, et primam hanc opusculi nostri partem terminemus, ne quis de intentione, et opinione nostra erronee judicare valeat, necesse æstimamus aliquam generalem considerationem dictorum hucusque superaddere ; ut omnes scripta nostra legentes, vel audientes, inde ædificari valeant, et certiores fieri, nos in omnibus sensum catholicum, et, in quantum possibile , sensum ab ipsomet Spiritu Sancto intentum , quæsivisse. Itaque de illa consideratione ·

1° Cum in explicationibus, et applicationibus omnium quæ mandante Christo Domino, seu Angelo, ejus nomine loquente, ad *Angelos* seu Episcopos, *septem Ecclesiarum,* per Sanctum Joannem scripta fuerunt , conati simus probare , directa fuisse etiam , et principaliter quidem , ad Summos Pontifices , qui per decursum sæculorum prævidebantur extituri , et ad universum Gregem illis commissum, aut committendum in *septem Ecclesiæ Ætatibus,* adeoque singula , sive monita , sive laudes , sive reprehensiones , sive minas , illis esse applicanda ; quia *Ecclesiam universalem* per *septem Ecclesias* particulares olim in Minori Asia existentes , præfiguratam putamus in *septem* suis *Ætatibus ,* quasi in *septem membris* . seu partibus unius corporis distinctam , non tamen divisam : Nunquid nos erronee, et temerarie, cum hæreticis supposuimus Christi Vicarium in terris, totamque Ecclesiam Catholicam cum ipso, et quidem per ipsum , interdum graviter errasse?... Nunquid asserere videmur illam cum ipso periculum finalis interitus nonnunquam incurrisse , vel adhuc incurrere posse?... Hæc putari forte possent ,

2° V. G. dum dicitur *Angelus Pergami,* (et, secundum nos Summi Pontifices per eum repræsentati ,) *habere nonnullos , tenentes doctrinam Balaam;* quos , ut videtur , sinunt impune damnabiles errores suos spargere, inter Fideles suæ curæ commissos!... Similiter dum *Angelus Thyatiræ,* adeoque et Summi Pontifices per ipsum præfigurati , *permittunt mulierem Jezabel docere , et seducere servos Dei ,* per corruptissimam suam doctrinam!... uti etiam dum *Angelo Ephesi* minaciter annuntiatur , nisi pristinum zelum resumere , et negligentias suas per pœnitentiam expiare conetur , *candelabrum ejus e loco*

suo movendum esse : ergo totum gregem auferendum !...
Et a fortiori, cum Pastorem, et gregem sæpe per modum
unius considerari debere contendamus ; dum iterum
Dominus minatur *tepido Angelo Laodiciæ ,* adeoque et
Summis Pontificibus per eum significatis , fore , ut *illum,*
seu *illos , evomat de ore suo,* nunquid Pastorem cum universo grege, adeoque totam Ecclesiam Catholicam, cum
Christi Vicario Summo Pontifice, tandem irrevocabiliter
a Deo rejici posse innuimus , contra evidentem Christi
promissionem, asserentis de Ecclesia sua, *supra Petram*
Apostolicam *ædificata : Portæ inferi non prævalebunt adversus eam.* Et alibi : *Ecce Ego vobiscum sum usque ad
consummationem sæculi?...* Procul semper sit a nobis
tam manifestus , et exsecrabilis error ; a talibus servet
nos Deus.

  3° Sed ecce quæ in omnibus istis dicere voluimus ,
quæque indubie omnis vere catholicus fatebitur ; imo
quæ ipsimet Summi Pontifices sentiunt , et deplorant ;
nempe 1" Quod cum sint , et per totam vitam suam
maneant *homines ,* possint peccare , à dæmone tentari ,
decipi , et seduci, adeoque *personaliter errare;* hæc enim
simul stare possunt, et de facto simul stant, cum illorum
in docendo Doctrinam Catholicam *infallibilitate ;* consequenter hæc sanæ Fidei nullatenus repugnant ; insuper,
et irrecusabilibus historiæ Ecclesiasticæ documentis
confirmantur. Deinde 2" quod exempla Pastoris , sive
bona sint , sive mala , plurimum influant in fidem , et
mores gregis ; quodque proinde severissimam rationem Supremo Pastori , ac Judici Christo , reddendam
habituri sint , omnes quidem Pastores , sed maxime
illi , qui primo loco in terris, præfuerint universo
gregi. Nec etiam hæc quisquam refutare tentabit.
3" Tandem , quod quamvis vigilent, ac laborent , imo
quantamcumque curam adhibeant ; quamquam diligen-

tissime , et incessanter conentur ædificare, instruere ,
ab omni malo suos, et omnes avertere , ac præservare ,
ad omne bonum , per omnia possibilia incitamenta stimulare ; verbo , per rectissimas vias , ad Deum omnes
perducere ; plurimorum tamen interitum habeant, et
semper in terris habituri sint , amare deplorandum. Hic
est sensus noster ; nec alius esse potest.

PARS SECUNDA.

CAPUT QUARTUM.

Apparet Dominus sedens super thronum. Circa illum viginti quatuor seniores. Septem lampades ante illum. Mare perlucidum ante thronum. Quatuor animalia in circuitu throni. Canticum quatuor animalium ; et canticum viginti quatuor seniorum. Quinam sint illa quatuor animalia ; et cur animalia vocentur. Quinam illi vigintiquatuor seniores.

1us VERSUS. Post hæc vidi : et ecce ostium apertum in cœlo. Et vox prima, quam audivi, tanquam tubæ loquentis mecum , dicens : ascende huc , et ostendam tibi , quæ oportet fieri post hæc.

1° Ecce nunc finita prima repræsentatione rerum pertinentium ad septem Ætates Ecclesiæ Catholicæ ; absoluta prima hujus Libri Revelationum serie, incipit secunda , in qua aliis imaginibus, sæpe eadem, quæ in præcedentibus, sed clarius, intermixtis etiam nonnullis aliis, quæ iisdem temporibus similiter locum habebunt , prædicuntur , ac denuo repræsentantur. Sanctus igitur Joannes, resumens narrationem suam, ordine quo novæ visiones ipsi ostenduntur, dicit :

2° *Post hæc vidi :* id est, finitis apparitionibus, et conversationibus cum *Angelo* jam descriptis , et *post* aliquod temporis intervallum ; sive eodem, sive sequente, aut alio quodam die ; hoc enim certo sciri non potest. Scilicet, habui novas iterum apparitiones , et revelationes , ordine ut sequitur.

3° *Et ecce, ostium apertum in cœlo :* Notetur hic , quod in visionibus hujus Libri , *cœlum* fere semper sumatur pro *Ecclesia Christi* in terris; quamvis quasi in ipso *cœlo* empyreo , omnia quæ in Ecclesia hic militante eventura sunt , magnificis imaginibus repræsententur. Repræsentationes autem illæ, in regione, seu *cœlo* aereo solum oculis Sancti Joannis exhibita fuisse putantur ; utique si non fuerint solummodo mentales. Panditur igitur *ostium cœli ,* hic visibiliter apparentis in sublimi tractu aeris , ut Joannes in interiori parte ejus aspicere valeat *Angelum* repræsentantem *Deum .* in throno suo sedentem, et senatum viginti quatuor seniorum, et reliqua simul apparentia. Porro visio illa , uti et reliquæ omnes, erat solummodo forma imaginum , ad summum apparenter materialium , at mere spiritualium; non enim habet cœlum *ostium* materiale , et si Sanctus Joannes ea oculis corporalibus tunc aspexit , inde contingit, quod Deus ejus visum ad hoc specialiter adjuvaret ; ita ut , si alius quisquam adfuisset , illo auxilio carens , nihil eorum vidisset, nec audivisset quæ dicebantur.

4° Itaque non agitur hic de *ostio* quod sensibiliter clauditur vel aperitur ; sed hujus apparentis *ostii apertione* significatur Deum velle admittere Joannem , ad cognitionem rerum magnarum , et eousque , tantum *in cœlis* cognitarum, quas nunc illi , ad instructionem universæ Ecclesiæ in terris , usque ad finem mundi militantis, revelare parabat. Pergit itaque dicens :

5° *Et vox prima , quam audivi tamquam tubæ loquentis mecum. Vox prima,* quæ scilicet antea, in *prima* visione mihi fuerat locuta , et etiam tunc strepitum tamquam clangorem *tubæ* produxerat , sed articulatum , ita ut verba formaret , et sensum texeret , ad res absconditas tunc etiam mihi explicandas. Pro quibus vide , capitis primi versum decimum. Erat autem hac vice illa *vox :*

6° *Dicens : ascende huc.* Id est : *ascende* mente et spiritu in altum , versus cœlum , vel potius , in idipsum.
Non tamen corpore ; nullatenus enim videtur quod in
omnibus illis, Sanctus Joannes loco se moverit, vel corporaliter elevatus fuerit ; sed solummodo mentaliter per
exstasim ; uti omnino patere videtur ex ipsius verbis,
capite primo , versu decimo : *fui in spiritu,* etc. quæ
mox adhuc repetentur , versu immediate sequente.
Ascende igitur *huc :*

7° *Et ostendam tibi , quæ oportet fieri post hæc;* nempe
per imagines propheticas exhibebo tibi quæcumque in
Ecclesia Christi militante , vel circa illam, debent contingere , ab hoc tempore , usque ad finem sæculorum.
Deinde et illa, quæ in Ecclesia triumphante locum habebunt per totam beatam æternitatem , pro electis Dei in
cœlesti Regno ; tandem et quæ futura sit sors damnatorum , in tormentis inferni , similiter perpetuis. Omnia
igitur , quæ Sancto Joanni hic revelantur, futura esse ,
ex ipso textu sacro constat, non vero præterita ; ita ut,
si interdum aliquid jamjam præteritum intermisceri
videatur , non fiat hoc , nisi in quantum pertinet certa
res , ut pars ad totum quoddam ; sic considerantur ea ,
quæ a resurrectione Christi , vel saltem ab ejusdem
Ascensione , usque ad tempus , quo Sanctus Joannes
hæc scripsit , contigerunt, vel in quantum quædam
fuerint olim figuræ rerum , quæ in futuris sæculis
debebant adimpleri ; qualia sunt omnia, quæ ex Veteri
Lege sumpta reperiuntur , in decursu harum Revelationum.

2ᵘˢ VERSUS. Et statim fui in spiritu ; et ecce
sedes posita erat in cœlo , et supra sedem
sedens.

1° *Et statim fui in spiritu.* Quantum ad hæc verba, videantur dicta nota sexta, in versu præcedenti ; et ea, quæ capite primo, versu decimo reperiuntur.

2° *Et ecce sedes posita erat in cœlo;* itaque *sedes,* seu thronus majestatis Dei apparebat Sancto Joanni, quasi in medio cœlo *positus ;* visio autem ista locum habebat, ut videtur, in *cœlo* aereo; sed *cœlum* empireum ibi repræsentabatur oculis aspicientis. Ideoque Sanctus Joannes, præterquam quod mentem sursum dirigere debebat, ad revelationes illas in spiritu præsertim contemplandas, etiam sine dubio, oculos corporales in altum levabat, ad aspiciendas visiones alto in aere exhibitas, sed ipsi tamen soli visibiles. Hæc saltem est sententia communior, et textui sacro conformior videtur.

3" *Et supra sedem sedens.* Adeoque thronus non vacuus, sed cum sessore in eo, *seu sedente, in sede* illa, Rege, apparebat. *Sedens* autem *in sede* ista, evidenter est Deus, potestque sumi pro Deo Patre, qui est *Antiquus dierum,* qui apparuerat olim Danieli Prophetæ, et Ezechieli postea, similiter Prophetæ (*a*). Potest tamen etiam sumi pro Filio Dei, sed præsertim secundum ejus naturam divinam, secundum quam similis est Patri, imo *unum* cum Deo Patre, et cum Spiritu Sancto; dicit enim Sanctus Joannes : *Tres sunt qui testimonium dant in cœlo, Pater, Verbum, et Spiritus Sanctus, et hi tres unum sunt* (*b*). Et ipsemet Christus dixit : *Ego et Pater unum sumus* (*c*).

3ᵐˢ VERSUS. Et qui sedebat similis erat aspectui lapidis jaspidis, et Sardinis; et iris erat in circuitu sedis, similis visioni Smaragdinæ.

(*a*) Dan. c. ix, Ezech. c. i et viii. — (*b*) Ephes. 1, c. v, v. 7 — (*c*) Joan. c. x, v. 30.

APOC.   11

1° *Et qui sedebat; sedere* significat perfectam requiem, absque metu turbationis , aut ejectionis e loco quietis. Significat insuper Dominationem, seu potestatem supremam illius, qui sessione in throno , seu *sede* majestatis fruitur Ille igitur , qui sic *supra sedem sedens ,* huic Sancto spectatori Joanni , in suprema majestate cœlesti apparebat.

2° *Similis erat aspectui lapidis jaspidis;* id est : exhibebat oculis probabiliter non vultu , sed vestibus suis colorem jaspidis ; color autem lapidis istius nominis non est semper, seu ubique idem ; in variis enim locis varii inveniuntur. Alii nempe sunt virides, alii violacei, alii rosei , alii albi , etc. Pulcherrimi omnium sunt virides , inter quos tamen pretiosissimi reputantur illi , qui sparsi sunt parvis maculis alterius cujusdam coloris ; forte quidem ideo hic additur in textu :

3° *Et Sardinis Sardo* lapis est coloris rubicundi , seu ignei. Colore autem *viridi,* de quo supra, Dei *pulchritudo* significari reputatur, et etiam *spes* quam omnes homines viatores in eo ponere debent : colore autem *igneo , viridi* intermixto, *justitia* Dei designatur. Sic duorum pretiosorum lapidum coloribus, varia Dei attributa, in Angelo eum repræsentante depinguntur.

4° *Et iris erat in circuitu sedis;* qua Dei misericordia designatur, uti mox clarius patebit ; quæ propterea *in circuitu sedis,* seu *throni* Dei apparet, quia undequaque, in omnibus operibus ejus effulget. Signum *iridis* Deus solemniter consecravit, dum post diluvium universale , *iridem* ut signum fœderis , inter se et genus humanum , cum Noemo initi , constituit ; vel saltem adoptavit , si forte modo antea exstiterit , uti aliqui auctores volunt ; quod tamen multo minus probabile est. Etenim , sit hoc occasionaliter dictum : satis probabiliter ante diluvium nullæ fuerunt nubes , et si hoc verum sit, *iris* existere

non poterat ; debet enim in nubibus formari, per opposi-
tos , in certo gradu elevationis , radios solares ; loquendo scilicet , de *iride naturali*. *Iris* autem de qua hic
quæstio est , dicitur :

5° *Similis visioni smaragdinæ*. Adeoque in *iride* illa ,
iterum dominabatur color *viridis* , est enim certa species
istius coloris, ordinarius etiam color lapidis smaragdi ;
sed evidenter variis aliis coloribus erat ornata illa *iris*,
alias enim non potuisset recte vocari *iris*. Attente enim
inspicientibus *iridem* naturalem , apparent septem colo-
res , qui utique etiam in hac mystica *iride* probabiliter
apparuerunt; quique habent omnes mysticam significationem ; sed longum esset, et difficile, singulorum particularem, seu propriam significationem explicare. Color
autem *viridis*, præter *spem*, et *pacem*, etiam *misericordiam*
significare solet. Color vero *flavus* , *lœtitiam* indicat.
Violaceus , *gratiam* , et humilitatem , seu *pœnitentiam*.
Albus, innocentiam, sanctitatem , etc., etc. *Niger*, tristi-
tiam docens, in *iride* non reperitur , etenim non est
color proprie dictus , sed absentia coloris.

4ᵘˢ Versus. **Et in circuitu sedis, sedilia viginti-
quatuor , et super thronos viginti-quatuor seniores sedentes, circumamicti vestimentis albis, et
in capitibus eorum , coronæ aureæ.**

1° Itaque præter supradictam *iridem*, insuper apparebant *et in circuitu sedis, sedilia viginti-quatuor ;* illa *sedilia*,
seu *throni* , uti immediate postea vocantur, apparebant
circumcirca *thronum* principalem, in cujus puncto medio,
Deus, seu ille Angelus, qui Deum repræsentabat, magna
cum majestate sedebat. Illi autem *viginti-quatuor throni*,
præcipuis Dei servis ex hominibus destinati , non apparent collocati a dexteris et a sinistris, uti in aulis Regum

terrenorum , sedilia præcipuorum Primatum collocari
solent ; sed isti positi sunt per modum circuli ; quod est
magna attentione dignum , utpote includens speciale
aliquod mysterium ; quod quidem hoc esse videtur :
nempe , quia si locus in dextera, est semper maxime
honorificus, e contra locus a sinistra parte , solet indicare aliquid perniciosi. Propterea in extremo Judicio ,
reprobi a sinistra collocandi dicuntur; electi autem a
dextera Judicis. Bonus latro a dextera Christi crucifixus
fuit, malus vero, a sinistra. Sed circulus nec dexteram,
nec sinistram habet ; nec locum primum, nec ultimum ;
cum omnia puncta circuli æqualiter distent ab ejusdem
centro. Videtur igitur hic Deus ostendere voluisse : tam
in Regno suo super terram , quod est Ecclesia, quæ
multis imaginibus hic depingitur , quam in Sempiterno
suo Regno Cœlesti , in omni statu a Deo constituto , in
omni dignitate , officio , aut vocatione æque prope ad
Deum posse accedi , æque magna merita , ac consequenter æquam gloriam posse obtineri , si quis æque
ferventer , ac fideliter Deo serviat. Quod sane in omni
statu et munere, sanctam æmulationem excitare deberet.

2ᵃ *Et super thronos viginti - quatuor seniores sedentes.*
Aliis aliter interpretantibus visionem illorum *seniorum ;*
utique non male sumuntur pro patriarchis , vel prophetis ex Veteri , et Apostolis ex Novo Testamento , qui
certo sunt omnes potentissimi Principes , seu Senatores
Curiæ cœlestis. Potius tamen , et proprius , omnes
videntur sumendi pro principibus duorum ordinum ,
nempe Ecclesiasticis et civilibus, ex Nova Lege. Etenim
repræsentatur hic historia , non veteris , sed novæ
Ecclesiæ ; et cum in hac Christus Dominus sit Supremus
Rex , *per quem Reges regnant ;* sed et ipse summus ,
æternusque Pontifex, *Sacerdos secundum ordinem Melchi-*
sedech, in potestate spirituali, in terris repræsentatur per

Summos Pontifices Romanos, incipiendo a Sancto Petro; in potestate autem temporali , seu civili , per Reges et Principes Christianos, incipiendo a Constantino Magno; sic ergo utramque potestatem , per utriusque ordinis Principes , in Ecclesia exercet.

3° Nec illud difficultatem parere debet quod hic præcise *viginti–quatuor seniores* appareant , et *viginti–quatuor sedilia,* seu *throni;* cum interim unus tantum habeatur *thronus* in ordine spirituali , nempe *Sedes Apostolica ,* et fere innumeri reperiantur Reges , Principes , et Throni , in ordine temporali , seu civili , per orbem Christianum dispersi ; quia determinatus numerus , ab utraque parte duodecim , adeoque simul *viginti-quatuor,* valde apte , in stylo Scripturistico , indeterminatum numerum magnæ multitudinis Summorum Pontificum ab una parte , et Regum ac Principum dominatorum ab altera parte , significare potest ; et ipsa *unitas Sedis Apostolicæ ,* et unius semper legitimi Summi Pontificis , qui *sedem* seu *thronum* primarium occupat , recte repræsentatur per thronum principalem in medio collocatum, et per illum qui *sedet in eo ,* quo etiam *unitas* regiæ potestatis , a qua omnes principes temporales , seu civiles, suam auctoritatem derivant, significatur. Sicuti enim *unus* solummodo habetur *Supremus Pontifex ,* ita *unus* habetur *Supremus Rex ,* nempe utrimque Christus Dominus , in cœlo et in terra. Omnes autem illi per *seniores* repræsentantur , ad significandam sapientiam , prudentiam, auctoritatem , etc. *throni* vero , in quibus *sedent ,* significant eorum stabilitatem , et potestatem a Deo illis concessam. Sunt autem , et omnes æqualiter :

4° *Circumamicti vestimentis albis ,* ad denotandam innocentiam, rectam intentionem , et sanctitatem, quæ illis insunt , aut saltem inesse debent , in omnibus actibus , ac dispositionibus suis ; si enim non raro contin—

gat, quosdam ex illis aliter agere, tunc non legitime, non vi vocationis suæ agunt; propterea et ipsi rigorosam suæ administrationis rationem reddere debebunt illi, cujus vices gerunt; recipientque vel laudes, et remunerationem, vel objurgationes, et pœnas, pro meritis suis.

5° *Et in capitibus eorum, coronæ aureæ* erant, quia nimirum, sunt *Reges* cum Christo regnantes in terra. Etiam per *aurum coronarum* illarum, significatur *charitas*, secundum quam, et ex qua regnare debent. Si autem intelligatur de Principibus jamjam in cœlis cum Christo regnantibus, tunc *aurum* illud denotat *charitatem*, qua in terris fulserunt, quaque omnes inimicos salutis suæ superarunt, et gloriam incorruptibilem, quam in cœlis obtinuerunt; eo enim sensu et modo, omnes Beati in cœlo erunt Reges. Ideoque prior sensus est præferendus; in quo *seniores* distincti a reliquis Dei servis reperiuntur.

5ᵐ VERSUS. **Et de throno procedebant fulgura, et voces et tonitrua; et septem lampades ardentes ante thronum, qui sunt septem spiritus Dei.**

1° *Et de throno procedebant fulgura,* videlicet *de throno* primario, qui in medio supradicti circuli stabat, *procedebant*, seu emittebantur *fulgura*, quæ significabant Dei potentiam, et majestatem; sed *fulgura* illa etiam repræsentare possunt veritates Fidei Christi quæ clarissimo, imo cœlesti lumine fulgentes a *throno* Apostolico procedunt, dum decisiones, aut definitiones dogmaticæ traduntur; etiam dum sententiæ Excommunicationis, sive anathemata pronuntiantur. contra errores, aut personas pertinaciter errantes, etc., etc.

2° *Et voces, et tonitrua*, nempe similiter *procedebant de throno*; additur post *fulgura, et voces*, ad significandum hic non agi de inani ac taciturna coruscatione fulguris , sed de lumine , quasi loquente seu edente strepitum articulatum , alteque sonantem , ita quidem , ut viderentur esse vera *tonitrua ,* quia decisiones ex Cathedra , sive sententiæ a *Sede Apostolica* procedentes , per totum orbem terrarum audiri debent. Deinde : per *fulgura, voces ,* et *tonitrua* illa , possunt etiam intelligi prædicationes Evangelicæ , quæ propterea quod auctoritate *Sedis Apostolicæ* fiant cum magno sæpe splendore, magnumque non raro strepitum producant , de sublimi illo *throno* procedere merito dicuntur.

3ª *Et septem lampades ardentes ante thronum ,* utique in honorem illius qui *sedet in throno,* et ad illuminandos omnes , qui vel sedentes vel stantes , *thronum* circumdant, parati semper ad mandata *sedentis in throno* adimplenda, statim ac aliquod voluntatis ejus signum manifestetur. Continuo autem *ardent lampades* illæ ante faciem ejus , ad significandam ferventissimam promptitudinem et zelum ignitum illorum , qui per istas repræsentantur. Sunt autem *lampades* illæ , iidem ,

4º *Qui sunt septem spiritus Dei,* id est : *septem Angeli , qui adstant ante thronum Dei ,* ex quibus se unum esse dixit *Angelus Raphael,* comes Junioris Tobiæ. Illi *Angeli* hic per *lampades* repræsentantur , seu potius *lampades* vocantur ; et merito , quia in semetipsis , cognitione Dei *lucent,* ejusque amore *ardent,* ac etiam eadem cognitione illuminant homines , eodemque amore illos accendunt. Significant etiam primarios *Sedis Apostolicæ* assistentes, et consiliarios , qui Summum Pontificem suo lumine, doctrina, ac prudentia adjuvant in instruenda , monenda , et administranda Ecclesia universa , incipiendo per Episcopos , pastores , aliosque utriusque ordinis fidelium populorum Rectores. Sunt autem illi primarii Assistentes *throni Apostolici,* illi, qui hodiedum,

a variis jam sæculis Cardinales Romanæ Ecclesiæ vocantur; et si multo plures quam *septem* sint, (solent enim
esse septuaginta duo ,) nihilominus per septenarium
numerum apte significantur.

6ᵘˢ VERSUS. Et in conspectu sedis, tanquam
Mare vitreum, simile crystallo , et in medio
sedis , et in circuitu sedis, quatuor animalia,
plena oculis ante et retro.

1° *Et in conspectu sedis :* quamvis hæc omnia non sint
materialia, sed mere spiritualia, et consequenter aperta
visio unius objecti nullatenus impediatur per interpositionem, vel antepositionem unius, aut plurium aliorum;
cum tamen hic exponantur quasi per species, seu imagines materiales repræsentata , debemus in illis ordinem
quasi materialem supponere , etiamsi sacer textus illum
non distincte describat. *Thronus* igitur primarius in
medio stans indubie apparuit notabiliter elevatus supra
thronos seniorum, stantes in circuitu ejus ; ita ut aspectus
throni medii non impediretur , et non obstantibus inter-
mediis *thronis* et *lampadibus ,* quasi ad pedem istius
collocatum videretur objectum , de quo nunc agendum
est. Nimirum apparuit *in conspectu sedis ,* seu *throni ,*

2° *Tamquam mare vitreum, simile crystallo;* quamquam
auctores , et interpretes valde æstimabiles dicant , et
quidem non male , quod illud *mare vitreum ,* sit , vel
significet cœlum empyreum , quod est habitatio, seu
Paradisus Dei , Angelorum , ac Beatorum ; tamen hic
multo melius illud *mare vitreum* sumitur pro congrega-
tione populorum Christianorum , seu multitudine præsertim simplicium Fidelium in Ecclesia Militante, quæ
pluries in hoc *Libro* comparatur *mari,* uti postea videbimus. Sic enim tota Christi Ecclesia in terris militans ,

ante Thronum Supremum Dei ; et tota multitudo Fidelium , simul quidem cum Episcopis aliisque animarum Rectoribus , ante *Sedem Apostolicam ,* Dei thronum in terris , quasi immensum tapetum expansa jacet. Ad significandam humilem subjectionem Cleri , et omnium Fidelium auctoritati *Sedis Apostolicæ ,* seu *Summi Pontificis ,* et ad indicandum quod tum Deus *in Throno suo cœlesti sedens ,* tum ejus Vicarius in terris *Sedem Apostolicam* occupans , continuo vigilet super Ecclesiam·, quam semper ante oculos suos expositam habet , sicut *mare vitreum ,* seu magnum lacum, qui hic ante thronum Dei extensus ostenditur.

3° Dicitur autem hoc *mare* apparuisse *Vitreum ,* Consequenter pellucidum , ut intelligatur : lumen veritatum *de Throno procedens,* posse ac debere omnes illius partes, usque ad infimum fundum penetrare ; et etiam nihil in tota extensione , et profunditate posse latere , quod non sit apertum ante oculos *sedentis in Throno* Supremo, nempe ipsius Dei ; sicut etiam in Ecclesia Catholica nihil doceri , aut practicari debet , ad Fidem , vel mores pertinens, quin a Summo Pontifice cognoscatur.

4° Insuper adhuc dicitur *Simile Crystallo ,* ob easdem rationes , et ut intelligatur Ecclesiam esse pellucidam , seu translucentem in summo gradu , quia Crystallum est multo magis pellucidum , quam simplex seu ordinarium Vitrum ; est enim ex puriori materia ; et accuratius solet esse politum, indeque notabiliter pretiosius.

5° *Et in medio sedis , et in circuitu sedis , quatuor animalia.* Hic occurrunt non parvæ difficultates , ab una parte ad intelligendum quænam, vel potius quinam sint illa *quatuor animalia ;* ab altera parte , quomodo collocari possint *in medio sedis,* et etiam *in Circuitu sedis.* Sentit Menochius , cum quibusdam aliis auctoribus , illa esse *quatuor* præcipuos , ex *Septem Spiritibus*

Dei, de quibus actum est in versu præcedenti ; sed ex variis locis textus sacri , nimis clare patet , quod *quatuor* hæc *animalia* debeant distingui ab illis *Septem Spiritibus, Angelis*, seu *lampadibus.* Hoc præsertim clarissime patet capite decimo quinto, versu septimo, ubi dicitur : *Et unum de quatuor animalibus , dedit septem Angelis , septem phialas aureas,* etc , etc. Si autem unum *de quatuor* istis *animalibus* distribuerit *phialas septem* illis *Angelis ,* ergo evidenter illud *unum ,* non erat ex eodem numero *septem* ; sed solum ex distincto numero *quatuor ;* ergo et etiam tria reliqua *animalia,* non sunt de illis *septem Angelis.* Deinde si essent *Angeli* , consequenter meri , seu puri *spiritus* , uti sunt *septem* supradicti *Angeli,* quare vocarentur *Animalia ? Animal* enim est creatura quæ anima et corpore constat ; sed tale quid non est merus *spiritus,* uti sunt *septem Angeli* de quibus supra. Et quidem quamvis *homines* ministri Dei, interdum *Angeli* vocentur ; nunquam tamen vocantur *Spiritus ;* sed meri *Spiritus, seu Spiritus Dei ,* solum *Angeli* proprie dicti , vocantur , qui corpore omnino carent. Dicit enim ipsemet Christus : *Quia spiritus carnem et ossa non habet* (*a*). Ergo meri *spiritus* nunquam *animalia* vocari debent. Hic interim est quæstio de *animalibus,* si non realiter in corpore et anima existentibus, saltem in visione ut talia repræsentatis.

6° Itaque omnino indubitate videntur illa *quatuor animalia,* esse, seu potius significare, *quatuor Homines,* sive *viros magnos ,* in cœlo, seu in Ecclesia, quæ per cœlum intelligitur. Sed dicet forte aliquis ; quare tunc *animalia,* et non potius , *viri magni , aut principes* vocantur ? Resp. Quia sunt quidam *viri magni* habentes singuli aliquam spiritualem , vel moralem qualitatem , quæ materialiter reperitur , seu potius adumbratur ,

(*a*) Luc. c. xxiv, v. 39 et 48.

in brutis animalibus , quibus illi hic significantur ; uti postea clarius videbimus.

7° Sed nunc quo ordine , aut situ posita erant illa *quatuor animalia* ? Dicuntur enim apparuisse *in medio sedis* , et eodem tempore , ut videtur , *in circuitu sedis !* At numquid *in medio sedis* sedebat solus ille *Angelus,* qui Deum repræsentabat ? Resp, 1° Non dicuntur præcise *in centro sedis* collocata fuisse ; adeoque si *sedes* fuerit valde magna , et *Angelus* Deum repræsentans , occupaverit centrum , *animalia* juxta illum sedentia , poterunt dici *in medio* , nec illud esset contra honorem primarii istius *Angeli ,* siquidem ipsemet Christus Dominus promittit servis suis fidelibus usque ad mortem, quod sessuri sint cum ipso *in throno suo ,* ergo etc. 2° Sed nunc examinandum : quomodo *in medio throni* seu *sedis* collocata, probabiliter bina et bina , ab utroque latere *sedentis* in eodem throno Angeli vices Dei gerentis , eadem *animalia* poterunt etiam esse *in circuitu sedis ?* Variis iterum auctoribus hoc diversis modis explicantibus non adeo feliciter , ut saltem nobis videtur ; licitum erit, etiam nostram opinionem de super manifestare. Itaque cum illa *animalia* apparuerint *alata* fere sicut erant animalia quæ similiter in visione vidit Ezechiel Propheta , quæque ipse describit capite primo , versu quarto , et sequentibus ; (animalium autem de quibus hic est quæstio , mox videbimus descriptionem versu octavo); eorum ergo *alæ ,* ob certam significationem , poterant ab omni parte extra *sedem,* seu *thronum* extendi , et sic *quatuor animalia* per partes suas , nempe *alas suas ,* extensas , fuissent continuo *in circuitu sedis.* Sed etiam fieri potest quod *animalia* illa quasi alternatim , nunc *in medio,* nunc *in circuitu sedis* apparuerint : etenim cum *animalia* ista repræsentent præcipuos universæ Ecclesiæ et Summi Pontificis auxiliatores., uti postea

probare conabimur ; *in medio sedis* dici possunt, dum
cum Summo Pontifice , de definiendis aliquibus punctis
ad Fidem , mores , vel etiam disciplinam spectantibus
deliberant ; *in circuitu sedis,* dum singuli illi auxiliatores in particulari, scriptis suis, vel aliis mediis, Fidem,
vel auctoritatem Sedis Apostolicæ defendunt. Eligere
licet sententiam, quæ præplacuerit.

8° Et erant mystica illa *animalia plena oculis ante et
retro;* auctores non pauci, nec sane infimi opinati sunt
illos *oculos* in tanta multitudine, non fuisse, nisi quasi
pictos coloribus, uti in caudis pavonum ; adeoque velut
quædam ornamenta ; sed tunc utique non recte vocarentur *oculi :* oculus enim est organum visus, et non
merum ornamentum. Ideo videtur quod debeant supponi *oculi videntes;* quasi diceret Sanctus Joannes : hæc
animalia, seu illi, qui per *animalia* ista repræsentantur,
sunt perspicacissimi intelligentia, et cognitione omnium
rerum ; omnia undequaque vident, præterita, præsentia, et futura, ita ut vere *oculis pleni* ab omni parte esse
videantur ; non solum quasi homines doctissimi, et prudentissimi, sed et spiritu prophetico, in summo gradu
repleti, ac perfectissime illuminati.

9° Sed quinam tandem proprie per *quatuor* illa *animalia* significantur? Resp. Nihil absolute certum est, quia
iterum quoad hoc, Ecclesia nihil definivit ; sed variis
modis utiliter hoc explicari potest. Opinio antiqua, et
hucusque satis communis est : Illa esse symbola quatuor Evangelistarum; et hæc opinio nullatenus est rejicienda, quippe cui multum, jam a plurimis sæculis favet
Ecclesia. Ideoque pinguntur Evangelistæ singuli secum
habentes unum ex istis *animalibus,* secundum formam
eorum, quam in versu sequenti, videbimus ; quarum
una unicuique Evangelistæ symbolice convenire putatur.
Itaque Sancto Matthæo appingitur figura *hominis,* quia

descripsit genealogiam Christi , secundum naturam humanam , et omnia ad ejus humanitatem spectantia , specialiter explicat. Sancto Marco datur figura *Leonis*, quia incipit Evangelium suum a Joanne Baptista , clamante in deserto, (more Leonis rugientis) contra peccatores impœnitentes , et prædicante Christi post se venientis fortitudinem , qui *Leo de tribu Juda* vocatur. Sanctus Lucas repræsentatur cum adjuncta figura *Bovis*, quia incipit per sacrificium Zachariæ , offerentis quidem *incensum ,* sed ad Legem Veterem pertinentis , cujus præcipuæ victimæ erant *Boves,* sive *vituli.* Sancto autem Joanni apponitur figura *Aquilæ,* quia ab initio ad maxima Dei mysteria, adeoque cæteris multo altius volat, et fere continuo de Christi. divinitate prædicanda et demonstranda occupatur.

10° Aliqui auctores putaverunt, per *quatuor animalia ,* hic potius significari, quatuor Majores Prophetas, nempe *Isaiam . Jeremiam , Ezechielem ,* et *Danielem ;* dantque figuram *hominis* Isaiæ , quia Christi Nativitatem ex Virgine , ejusque Passionem tam lucide prædixit : *Leonem* Jeremiæ, propter ejus invincibilem contra impios fortitudinem , clamorem contra transgressiones , et Lamentationem, ob Sanctam Civitatem destructam, et populum abductum. *Bovem* Ezechieli , quia et ipse sacerdos Veteris Legis est , et post plurimas calamitates, ac devastationes Regni Israelitici , prædixit reædificationem templi , altaris , etc. ; et instaurationem sacrificiorum Mosaicorum. Tandem *Aquilam* Danieli , quia quasi visu aquilino penetravit mysteria futura , usque ad finem mundi , post ipsum Antichristum , et ultra. Alii tamen dant *Leonem* Isaiæ, quia est de stirpe regia ; *Bovem* Jeremiæ , quia sacerdos est ; *Hominem* Ezechieli , quia sæpe *filius hominis* a Deo vocatur. Relicta iterum *Aquila* Danieli , ut supra.

11° Hæc conjecturaliter dicuntur, propter singulorum istorum Prophetarum qualitates, uti vidimus; sed obstat quod omnia quæ, in Apocalypsi Sancto Joanni ostenduntur, et exponuntur, futura sint tantum, et ad Ecclesiam Novæ Legis pertineant; Prophetæ autem ad præteritum pertinent et ad Synagogam. Si ergo hic *per animalia* intelligantur isti Prophetæ, id non posset fieri, nisi inquantum fuerint figuræ futurorum expressius designatorum Ecclesiæ Principum, et quia res futuras ad Ecclesiam pertinentes, prædixerunt, sicut ipsamet Synagoga Mosaica erat figura Ecclesiæ Christi, et aliquo sensu, ejus pars.

12° Si *animalia* illa sumantur pro Evangelistis, illi utique sunt magni Ecclesiæ Principes; et s fuerint quodam sensu præteriti, dum scribebat Sanctus Joannes, potiori adhuc sensu, semper erant, et manent, præsentes et futuri, per scripta sua Evangelica, quæ ad Novæ Legis Ecclesiam omnino pertinent, et quibus quasi semper viventes, continuo Ecclesiam docent, et nutriunt Verbis Christi, etc. Adeoque sunt etiamnum quasi quatuor vigilantissimi Assistentes Throni Apostolici, prudentissimi Consiliatores Summi Pontificis, et totius Ecclesiæ, ac singulorum membrorum ejus, defensores ac conservatores orthodoxæ Fidei, etc., etc. Ergo, etc.

13° Sed alii reperiuntur auctores, qui per *quatuor animalia*, *quatuor* maximos celeberrimosque Ecclesiæ Doctores intelligi volunt, nempe duos ex Græcis Patribus, Athanasium et Joannem Chrysostomum; duos similiter ex Latinis, Hieronymum, et Augustinum. Sed quam ob rationem illi solummodo hic repræsentarentur, et negligerentur tam multi alii Doctores celebres, utriusque partis Ecclesiæ, uti Ambrosius, Basilius, Gregorius Nazianzenus, Leo magnus, Isidorus, et alii multi Græci et Latini Patres; et illorum imitatores, uti Sanctus

Bernardus, Sanctus Thomas Aquinas, Sanctus Anselmus, necnon plurimi alii anteriores, et posteriores?... Nobis itaque, potius videntur intelligi debere omnes omnino Ecclesiæ Patres et Doctores, quam præcise et exclusive *quatuor* nominati, vel quivis alii.

14° Etenim celeberrimi inter sanctos Ecclesiæ Patres, qui post Apostolorum immediatos Discipulos, in Pontificali, vel Episcopali dignitate secuti sunt, illi qui maxime claruerunt laboribus, et scriptis suis, pro defensione Ecclesiæ, et explicatione veræ ejus Traditionis, et doctrinæ, de omnibus dogmatibus, moribus, et disciplinis, vocati fuerunt Ecclesiæ *Catholicæ* Doctores. Emicuerunt, maximamque in Ecclesia habent auctoritatem, *quatuor* ex Græcis; nempe, Sanctus Athanasius, Sanctus Basilius, Sanctus Gregorius Nazianzenus, et Sanctus Joannes Chrysostomus. Similiter *quatuor* ex Latinis, nempe Sanctus Ambrosius, Sanctus Hieronymus, Sanctus Augustinus, et Sanctus Gregorius Magnus. Multo post Sanctus Pius Quintus, dedit titulum Quinti Doctoris Ecclesiæ Latinæ, Sancto Thomæ Aquinati, quamvis ille non mumeretur inter Ecclesiæ Patres; Multo tamen ante illum, jam Sanctus Isidorus, Episcopus Hispalensis, egregias laborum et doctrinæ laudes obtinuerat, à Concilio Toletano, et à Sancto Leone quarto, cum titulo etiam Doctoris Ecclesiæ Catholicæ. Nostro tandem tempore, Sancto Bernardo Abbati Claræ Vallensi, qui dicitur *mellifluus,* similis honor et sane non immerito, a summo Pontifice Pio Octavo adscriptus fuit :

15° Sanctus autem ille Bernardus, quamvis multo posterior tempore, reliquis Sanctis Patribus, tamen inter illos etiam numerari solet, ultimo scilicet loco; propter immensos, splendidissimosque labores, et egre-

gia opera ejus, pro illustratione, ac defensione Ecclesiæ ejusque legitimæ auctoritatis.

Multi adhuc alii, aliquousque minoris notæ, sunt
Ecclesiæ Doctores, qui non numerantur inter Patres
Ecclesiæ; uti et multi habentur Ecclesiæ Patres, qui
non dicuntur Doctores; quamvis et illi *ad justitiam eru-
dierint multos,* et absque dubio, sint de numero illorum,
qui *fulgebunt sicut stellæ, in perpetuas æternitates. (Dan.,*
xii, 3).

16° Interim contra nostram sententiam objici posset :
Si tam multos viros magnos per supradictam visionem
præfiguratos supponamus, quare tunc *quatuor* solummodo apparuerunt *animalia,* et non potius magna multitudo? Resp. Quia ex *quatuor partibus,* sive à *quatuor
ventis* terræ, seu mundi, vocati, advenire debebant illi
Ecclesiæ et veræ Fidei defensores, et in centro unitatis, Capiti visibili Ecclesiæ Catholicæ uniri, ipsique
tam strictim adhærere, ut cum ipso *in eodem throno
sedere* viderentur, quum etiam essent *in circuitu sedis,*
per scripta sua, labores, et exempla, centrum unitatis
undequaque protegentes, et strenue defendentes.

17° Sed sive *quatuor* præcipui Patres, et Doctores
Ecclesiæ, sive omnes, quot quot fuerint, sub symbolico
numero *quatuor* hic significari supponantur, quid tunc
intelligi posset per illa *animalia* am diversarum natu-
rarum? Ad hoc respondendum esset : Non quodque *animal* alicui in particulari posse tribui, sed omnia omnibus, quodam sensu, posse applicari; ita ut v. g. per
Aquilam significaretur illorum sublimis intelligentia, ac
perspicacitas; per *Leonem,* illorum fortitudo, et magna-
nimitas; per *hominem* sub figura Angelica, illorum
sapientia, et rectissimum, ac perfectissimum rationis
judicium; per *Bovem,* seu *vitulum,* illorum infatigabilitas
in laboribus, eorumque mansuetudo; tandem et per

innumerabiles illorum *animalium oculos*. illorum Doctorum incomparabilis Vigilantia.

18° Forte etiam non male per *quatuor animalia* possent intelligi quatuor Ecclesiæ Catholicæ Patriarchæ ;
quibus etiam non esset impossibile peculiares notas
istorum *animalium* applicare. Fortasse adhuc facilius
omnia illa reperiri possent in omnibus , vel in *quatuor
præcipuis* Congregationibus , quæ in diversis Ecclesiæ
administrationibus Summum Pontificem continue adjuvant. V. G. Congregatio Rituum , Congregatio Pœni-
tentiariæ, Congregatio Datariæ, Congregatio Concilii
Tridentini , etc., etc. Ergo mystica ista *animalia* uti
multa , seu fere omnia in hoc *Libro* , multis modis possunt Catholice, et utiliter explicari ; et quidem sæpe ita,
ut variæ opiniones se invicem non excludant. Et valde
probabile est , quod ipsemet Spiritus Sanctus , sæpe
plusquam unam significationem intenderit.

7us VERSUS. Et animal primum simile Leoni ,
et secundum animal simile Vitulo, et tertium
animal habens faciem quasi hominis, et quartum
animal simile Aquilæ volanti.

1° Pervenimus itaque ad descriptionem præfatorum
animalium, et dicit Sanctus illorum spectator Joannes :
Et *animal primum simile Leoni*. Non clare constat ex
sacro textu , nec inter se conveniunt interpretes, utrum
tum hoc *primum,* tum sequentia tria *animalia,* haberent
integram figuram , vel solum Caput *animalis* istius ,
cujus nomine vocantur; dubium oriri præsertim videtur
ex eo , quod Ezechiel Propheta dicit de *animalibus* sibi
apparentibus , quæ erant earumdem specierum (a) ; ubi
maxime de *vultibus* et faciebus loquitur ; et quidem dat

(a) Cap. 1. v. 5 t seqq.

singulis *quatuor facies* ejusdem speciei, dicens : *facies hominis, et facies leonis*.... *quatuor ; facies bovis, et facies aquilæ*...... *quatuor*. Tamen de omnibus dicit : *Et hic aspectus eorum : similitudo hominis in eis*. Etiam dat omnibus *manus hominis*. Sed *planta pedis eorum* inquit, *quasi planta pedis vituli*. Adeoque illa Ezechielis *animalia* erant notabiliter dissimilia istis, quæ vidit Sanctus Joannes ; qui cum nihil dicat quo aliter judicandum innuat, omnino judicandum videtur unumquodque *animal* de quo loquitur, debere sumi, ut integrum, seu perfectam habens figuram in sua specie; id est ut totum *Leonem*, totum *Bovem* seu *vitulum ;* hos tamen contra naturam speciei suæ, cum *alis ;* deinde totum *hominem*, sed etiam *alatum*, uti Angeli pingi solent, et tandem integram *Aquilam*. Sed contra naturam omnium istorum *animalium*, hæc quatuor apparuerunt cum magna multitudine *oculorum*, uti jam dictum est, et mox adhuc dicetur. Erat igitur *primum animal*, inquit.

2° *Simile Leoni*, adeoque certissime non verus *Leo*, sed imago *Leonis* integri. Quid de cætero *Leonis* imago illa hic significet, satis jam ostensum est in præcedentibus. At cum nihil in hoc *Libro* mysteriis careat, post expositionem *quarti animalis* inquiremus, cur hic *Leo* ponatur primo loco, *vitulus* secundo, *homo* tertio, et *aquila* ultimo.

3° *Et secundum animal simile vitulo*, seu erat imago *vituli*, aut junioris *Bovis*. Quid hoc *animal* indicet, etiam jam satis patet ex dictis, ad versum præcedentem.

4° *Et tertium animal, habens faciem quasi hominis*, pariter ex antea dictis jam satis constat, quid hic velit figura *hominis ;* etiam quare illud æque ac reliqua tria, vocetur *animal*. Sed hoc loco examinandum venit 1° quare modo de aliis tribus *animalibus*, dicatur simpliciter : *simile Leoni, simile vitulo, simile aquilæ ;* et de hoc solum :

habens faciem quasi hominis?... an ergo hoc *animal* solummodo vultum, sive caput humanum præbuerit aspiciendum?... Resp. Negative, quia facies etiam bene, recteque sumitur, ac sæpissime apud auctores usurpatur, pro integra figura, adeoque ex illa voce non habetur sufficiens ratio, ad supponendum quod illud solum *animal,* non habeat nisi partem figuræ, ubi reliqua sunt integra; sed sub illo respectu, supponenda sunt æqualia. 2° Cur hic additur terminus *quasi*? Videtur enim indicari quod hoc *animal* non habuerit tam perfectam similitudinem cum *homine,* quam reliqua tria cum *leone, vitulo,* et *aquila.* Resp. Quia quamvis *verum hominem,* non tamen *merum hominem* repræsentabat, sed *hominem Angelicum,* seu cœlestem, nullatenus terrestrem.

5° Hic objici posset : datam hic rationem nullius esse valoris, cum et reliqua tria *animalia,* non repræsentent *mera bruta,* sed quoddam mysticum symbolum similiter ad cœlum spectans. Sed ad hoc resp : Causa disparitatis in expressione sacri textus esse potest, quod in speciebus *animalium brutorum,* omnia individua sint essentialiter terrestria, indeque nulla inter illa facienda sit distinctio; in specie vero humana, reperiantur individui valde differentes ab invicem; inveniuntur enim *homines,* adeo terræ, et rebus terrenis dediti, ut quasi bruta, de cœlo non cogitent, nec ullatenus ad illud aspirent. Reperiuntur et alii, qui toto cordis affectu, continuo in cœlum et ad cœlestia feruntur. Hi ergo sunt *quasi homines,* sed *homines angelici;* reliqui autem *meri homines.* Bruta autem, cujuscumque speciei sint, semper sunt *mera Bruta;* nihilominus possunt assumi illorum imagines, ut symbola mystica, uti hic factum est.

6° Nunc videndum, quod supra proposuimus, nempe

quare hic *leo* primo loco, *vitulus* secundo, *homo* tertio,
et *aquila* quarto, seu ultimo loco ponantur? nihil enim
hic factum sine causa debet supponi. In primis tamen
fatemur, nos nullam, in auctoribus, causam hujus ordinis
invenisse; ac proinde quæ de hac re dicitur, sumus
nullam habent auctoritatem, ultra personalem nostram
opinionem. Interim notandum putamus: quod cum omnia
quæ in Scriptura Sacra referuntur, dirigantur ad Christum, et ad salutem animarum; hoc enim intelligitur
per verba Apostoli, dicentis *omnia quæ scripta sunt,
ad nostram instructionem scripta sunt,* etc. (*a*) Itaque
præterquam quod Christus plerumque vocetur *Agnus*,
et quidem *Agnus occisus* (nempe in prævisione Dei) *a
constitutione mundi,* vocatur etiam *Leo*, nempe *Leo de
tribu Juda,* qui fortitudine sua et magnanimitate dignus
aptusque inventus est ad suscipiendum opus Redemptionis Generis humani; hac de causa, ut sentimus, hic
Leo primo loco ponitur

7° Sed Divinus ille *Leo* voluit et se, et opus suum,
prænuntiari, et præfigurari, per Legem Mosaïcam,
quæ lex præsertim significatur per sacrificia sua, quæ
plerumque in *vitulis,* seu bobus adimplebantur; ideo
Bos inter *animalia* Apocalyptica, tenet secundum locum.
Sed per Legem Mosaïcam, ejusque sacrificia, genus
humanum disponebatur, et præparabatur ad recipiendum Filium Dei, seu Christum, natura humana vestitum. Inde *animal* habens figuram *hominis*, tertium
occupat locum. Sed Christus Dominus venit in mundum
ut, præter satisfactionem pro peccatis, quam per Passionem suam operaturus erat, etiam homines doceret
ad altiora bona, seu cœlestia toto corde se elevare; inde
quartum, seu ultimum locum, tenet *aquila*, altius
quam omnes reliquæ Aves, volare solita, ad hominum

(*a*) Rom. xv, 4. (*b*) Apoc. xiii, 8.

ultimum finem significandum, sive ad ostendendum quo vocati sint. Si autem istæ non sint rationes ordinis observati in enumerandis *quatuor animalibus*, difficillimum certe erit, alias, aut meliores invenire. Sed superest adhuc proprius articulus *Aquilæ*.

8° Itaque · *quartum animal simile Aquilæ volanti*. Jam variis nunc modis, in præcedentibus, vidimus quid hic significare possit et videatur figura *Aquilæ*; sed cur dicitur *volanti*? Utique et hoc includit aliquod mysterium. Resp. Præter supra allatam rationem in fine numeri 7ᵐⁱ *Aquila volans* vel in altum sese elevat, et videtur tendere ad sublimia, ac cœlestia; vel versus terram descendit, et videtur sese humiliare, ad scopum sibi utilem obtinendum; et in utroque casu repræsentat, seu significat virtutem excellentissimam; sed dum *sedet*, aut *stat*, in aliquo loco terræ, solet occupari in lacerandis animalibus, aut devorandis cadaveribus; exhibens consequenter imagines quæ mysticæ huic repræsentationi nullatenus conveniunt; ideo non *sedenti*, aut *stanti*, sed *volanti Aquilæ* hoc *animal* simile dicitur.

8ᵘˢ VERSUS. Et quatuor animalia, singula eorum habebant alas senas, et in circuitu, et intus, plena sunt oculis; et requiem non habebant die ac nocte, dicentia : Sanctus, Sanctus, Sanctus, Dominus Deus omnipotens, qui erat, et qui est, et qui venturus est.

1° Et *quatuor animalia*, sub hoc respectu erant æqualia, quod *singula habebant alas senas*. In hoc ergo erant similia Seraphinis quos vidit Isaias Propheta; qui etiam habebant singuli *sex alas* : nempe *duas quibus relabant faciem suam, duas quibus tegebant pedes suos, et duas*

quibus volabant (*a*). Non constat utrum *animalia* Apocalyptica *alis* suis eodem modo uterentur; sed satis plausibiliter hoc supponi potest : nihil enim obstat; et
certe omnes illas *alas* non utilius adhibere poterant ,
quam ad *velandas facies suas*, ex reverentia erga *sedentem
in throno* ; ad *tegendos pedes suos* (*b*) , ad significandum
vias suas esse absconditas , occultasque oculis et mentibus mundanorum ; et *ad volandum* , ad omnes Dei voluntates promptissime adimplendas.

2° *Et in circuitu et intus plena sunt oculis.* Jam antea,
nempe versu sexto, vidimus *animalia* illa esse tota *plena
oculis ante et retro* ; nunc additur : quod undequaque ,
scilicet *in circuitu* totius corporis sui , et etiam *intus* ,
seu in partibus suis interioribus, non solum haberent
aliquos *oculos*, sed essent *oculis plena;* hinc intelligitur ;
quod sicut olim sub Veteri Lege erant Prophetæ , nunc ,
et a toto tempore Legis Novæ , a fortiori . Principes
Ecclesiæ, sint lumine cœlestis sapientiæ, ac prudentiæ
toti repleti , per Spiritum Sanctum qui in directione , et
administratione Ecclesiæ Christi , illis semper adest;
ita ut ab omni errore serventur , in rebus ad Fidem ,
vel ad mores pertinentibus, dum concorditer cum Summo
Pontifice , vel in Concilio legitime congregati , condemnant , declarant , præcipiunt , prohibent , statuunt , aut
quovis modo judicant.

3° Quantum ad multitudinem *oculorum* præfatorum
animalium , aliqui auctores supponunt per terminum
intus , hic solum indicari *animalia* illa etiam habere
oculos sub *alis* , et in parte *alarum* interiori ; sed quod
ibidem haberent *oculos* satis jam constabat ex eo , quod
haberent *oculos in circuitu* , id enim est circumcirca
totum corpus; et cum *alœ* sint partes corporis , conse-

(*a*) Isaiæ , c. vi , v. 2. — (*b*) Per pedes intelligi debet tota inferior medie-
tas corporis.

quenter et in omni parte *aliarum* ; adeoque per *intus ,* debent intelligi interiora corporum eorum, quæ simili-ter erant *oculis plena :* nec contra hoc objici debet Sanctum Joannem interiores partes corporum non po-tuisse videre ; ad illas enim perspiciendas sufficit , vel quod Deus visum ejus adjuverit, ad opaca penetranda , vel quod *animalia* apparuerint pellucida; ex his autem duobus unum hic debet necessarie supponi, cum Sanctus Joannes dicat se vidisse , quod etiam *intus* essent *plena oculis.*

4° *Et requiem non habebant die ac nocte.* Quamvis defectus , seu privatio *requiei* non necessarie denotet continuam operationem fatigantem , seu laboriosam, in hoc scilicet loco sacri textus, et maxime si intelligeretur *de Angelis,* aut *Sanctis in cœlo ;* cum ibidem sit perfecta, ac perpetua *requies,* ita ut verba : *non habebant requiem ,* etc., solummodo significare possent . *nunquam cessabant;* tamen quia hæc melius explicari videntur de Ecclesiæ Principibus in terra adhuc viventibus, clare per hoc ostenditur quomodo præsertim primarii Fidei defenso-res, continua cura , *die ac nocte ,* laborent in procuranda Dei gloria, et animarum salute, per laudes et supplica-tiones ad Deum directas ; per explanationem , ad defen-sionem veræ Christi Doctrinæ , per omnimoda conamina ad reducendos errantes , etc., etc. Sunt itaque incessan-ter *clamantia ,* et

5° *Dicentia : Sanctus , Sanctus. Sanctus , Dominus Deus omnipotens.* Similes fere clamores emittebant Seraphini, in supra allata visione Isaiæ Prophetæ. ¡Illis autem verbis , *animalia* illa, seu Ecclesiæ Principes, et Docto-res , quæ tum voce consona , tum scripta doctrina, tum fide operibus probata , incessanter unanimiterque pro-clamant , explicant, et publicant mysterium Sanctissime Trinitatis ; nempe profitendo tres Personas Divinas , vere distinctas, quarum unaquæque est ille *Sanctus,* quem laudant, et omnes *illi tres*, idem, ac unus *Dominus.* Supremus omnium Magister, Creator, et Gubernator omnium visibilium, et invisibilium; idem, et unicus *Deus*, ab omnibus creaturis colendus et adorandus, solus *Omnipotens*.

6" *Qui erat*, ab æterno, sine ullo initio, ante omnia reliqua existentia semper existens, de se, et necessarie, et ubique locorum; ex quo loca, seu spatia existunt, et ultra omnem locum, adhuc infinite, non extensus, sed ubique totus.

7° *Et qui est*, qui solus vere *est*, seu perfecte, et omnino independenter existit, ita quidem, ut omnia reliqua quomodocumque, quandocumque, vel ubicumque existentia, ab illo dependeant, et ab illo existentiam suam haurire debeant, seu obtinere, et nonnisi secundum ejus beneplacitum, eam valeant tenere.

8° *Et qui venturus est*. Id est : Qui futurus est in æternum, sine ullo possibili fine, termino, aut mutatione; insuper et qui per Filium suum unigenitum *Venturus est* in fine mundi, judicaturus vivos, et mortuos, ineluctabiliter, juste, et irrevocabiliter, singulis tribuens secundum merita propria.

9ᵘˢ Versus. Et cum darent illa animalia gloriam, et honorem, et benedictionem, sedenti super Thronum, viventi in sæcula sæculorum.

Hic suspenditur sensus, usque ad finem versus undecimi interim meditemur singula; nimirum :

1° *Et cum darent illa animalia gloriam*, etc., etc.; *sedenti* etc., etc.; propter illa, quæ dicuntur hoc versu, et duobus sequentibus, contra nostram opinionem, quod *sedens in throno*, de quo hic agitur, etiam vere exprimat, seu repræsentet *summum Pontificem in sede*

Apostolica sedentem; forte non pauci dicent : Sole clarius
patere quod ille *sedens in throno* non sit alius quam
Deus , sive Christus Dei Filius , seu Angelus , Dei sive
Christi glorificati , vices gerens ; consequenter , quod
thronus ille non repræsentet *sedem Apostolicam* , sed
Supremum *thronum* Dei Altissimi , in Cœlo empyreo ;
et *animalia* ista nihil aliud , quam veros et proprie dictos *Angelos ;* quia *sedens vivit in sæcula sæculorum ,* et
recipit summas laudes , et adorationem , ab *animalibus ;*
et etiam , uti mox videbimus , à *senioribus* , seu beatis
Cœlorum Aulicis ; quæ omnia nullatenus conveniunt
summo Pontifici.

Sed ad hæc respondetur : *Summus Pontifex* est
magnifica , et visibilis in terra Supremi *Regis* gloriæ
cœlestis *imago ,* et *Vicarius* , vere Dei et Christi locum
tenens in Ecclesia , quæ est Regnum Cœlorum , seu
Cœlum præparatorium. Et *Sedes Apostolica ,* id est ,
Thronus Summi Pontificis , in terris repræsentat cœlestem æternumque *Dei Thronum.*

2° In multis Ecclesiæ solemnitatibus , et cæremoniis ,
Summus Pontifex in throno suo sedens, vice Dei , et Christi,
recipit a Patriarchis, Cardinalibus, Episcopis, aliisque
Sacerdotibus , aut Clericis ; etiam a Regibus aliisque
Principibus, ac ab universo populo Christiano, *quasi personaliter ,* sed reipsa nonnisi ut Deum , seu Christum
repræsentans , *adorationes , summas laudes ,* et quoscumque honores. Et si unusquisque *Pontifex* non possit
dici *vivens in sæcula sæculorum ,* sic vivit in ipso , et
successive in singulis Christus , seu Deus , quem repræsentat.

3° Si autem illa visio exclusive intelligeretur de Deo
in Throno suo Supremo *sedente* in cœlesti gloria , de
Angelis , et cœlorum Aulicis , ipsum ibidem adoranti-
bus , et laudantibus ; tunc utique non fieret , quod ab

initio Revelationum apparens Angelus Sancto Joanni promisit , nempe illi *ostendere quæ debent fieri cito* (*a*). Et errassent Sancti Patres , qui asserunt in hoc *Libro* prædici ac repræsentari totam historiam Ecclesiæ Catholicæ , ab Ascensione Christi , usque ad finem hujus mundi ; quod tamen omnes auctores Catholici ut verum admittunt : ergo, etc.

10ᵘˢ Versus. Procidebant viginti - quatuor seniores ante Sedentem in Throno , et adorabant viventem in sæcula sæculorum, et mittebant coronas suas ante Thronum, dicentes : etc.

1° Primum , et alterum membrum intelligi debent ex jam immediate supra expositis in explicando versu præcedenti , et ex illis quæ diximus ad versum quartum hujus capitis, examinando quinam sint , vel quosnam repræsentent illi *viginti-quatuor seniores* super *thronos* inferiores *in circuitu Throni* sedentes. Itaque :

2° *Et mittebant coronas suas ante Thronum* , nimirum profundissimæ reverentiæ causa , et testandæ , seu agnoscendæ, suæ in omnibus dependentiæ a *Sedente in Throno* , suæque illi necessariæ subjectionis , et humilis submissionis , quia coronas suas ab illo tenent , et nonnisi pro illo portant , quamdiu ipsi placuerit. Erantque :

11ᵘˢ Versus. Dicentes : dignus es , Domine Deus noster, accipere gloriam et honorem, et virtutem, quia tu creasti omnia , et propter voluntatem tuam erant, et creata sunt.

1° Omnia utique, quæ hoc versu dicuntur a senioribus *ante thronum* prostratis, evidenter et immediate ad Deum ipsum diriguntur, ac de Deo ipso dicuntur ; ideo

(*a*) Apcc. c. I, v. 4, et c. IV, v. 4.

tamen nullatenus est relinquenda sententia, quod *sedens in throno*, de quo hic agitur, significet immediate *Summum Pontificem*, mediate tantum *Deum*, quia in Sacra Scriptura non est rarum, in locutionibus propheticis prosilire a re, vel persona minus principali, ad rem vel personam principaliorem vel ut ita dicam, principalissimam; sive a figura ad rem figuratam. Sic facit Deus loquens Prophetæ Nathan, ut nuntiet Davidi Regi, non ipsum, sed filium, et successorem ejus, debere ædificare templum Deo Israel. Etenim immediate, sed figurative tantum, significabatur Salomon; mediate et principaliter Christus Dominus. Sic ipsemet David, in psalmo octogesimo-octavo, de eodem Salomone, transit similiter ad Messiam futurum; in utroque tamen loco, verba prophetica videntur pergere in loquendo de eadem persona. Sic Isaias propheta, postquam, capite septimo, jam Filium Dei ex Virgine nasciturum prædixerat, et ab eo, non monito lectore, transierat ad proprium suum filium, capite octavo : a proprio filio, et his quæ mox fieri debebant, subito revertitur, iterum absque præmonitione, ad Filium Virginis, et ad ea, quæ vel per Christum, vel ejus tempore fieri debebant.

2° Eodem fere modo, ipsemet Christus Dominus, prædicens destructionem civitatis Jerusalem, et terribiles calamitates, quæ tunc temporis populum Israel erant afflicturæ; illico transit ad destructionem universi mundi, ad calamitates multo adhuc terribiliores, ac universales, quæ terminandæ sunt per extremum Judicium. Non mirum ergo, si hic Sanctus Joannes, loquens more prophetico, de Vicario visibili Christi, sedente in Sede Apostolica, subito etiam transierit ad ipsummet Christum glorificatum, seu Deum altissimum, *sedentem in Throno* Regni sui sempiterni. Erant igitur unanimiter :

3° *Dicentes : Dignus es, Domine Deus noster . accipere gloriam, et honorem, et virtutem :* utique summe dignus es, qui omnem possibilem *gloriam, honorem,* et *virtutem* ab æterno essentialiter et inamissibiliter a teipso, per teipsum, et in teipso possides, ut etiam ab omnibus creaturis tibi adscribatur, detur, et decantetur omnis *gloria,* omnis *honor* omnisque *virtus,* per totam futuram æternitatem; nec ullum *ens* aliud, quantumvis excellens, quantumvis magnificum ita glorificari, honorari. aut magnificari debet præter te ;

4° *Quia tu creasti omnia ;* his verbis iterum probatur Christi Divinitas, quia ostenditur omnium rerum esse Creator. cum Patre scilicet et Spiritu Sancto, et unus idemque *Deus Omnipotens* cum illis, uti docet nos intemerata Fides Catholica

5° *Et propter voluntatem tuam erant,* id est : omnia quæ existunt inceperunt existere, eo ipso, et ab instante, quo voluisti, ut existerent. Omnia quæ facta sunt, propter te, et ad gloriam tuam, facta fuerunt, quia tu es omnium creaturarum visibilium et invisibilium Primum Principium, et ultimus finis, *Alpha et Omega.*

6° *Et creata sunt.* Non facta, seu formata ex præexistentibus materiis, sed ex nihilo producta, per omnipotentem tuam voluntatem, sine ullo labore, sine ulla difficultate ex parte tua. Scriptum est enim in Verbo tuo : *Ipse dixit, et facta sunt ; ipse mandavit, et creata sunt* (a). Et alibi : *Aspicias cœlum et terram, et omnia quæ in eis sunt, et intelligas : quia ex nihilo facit illa Deus, et hominum Genus* (b).

(a) Ps. 32, v. 9. — (b) II. Mach. c. vii, v. 28.

PARS TERTIA.

CAPUT QUINTUM.

Liber apparens in cœlo , septem signaculis clausus. Nemo reperitur dignus illum aperire, nisi tandem Christus Dominus, apparens sub symbolo Agni immolati , sed tamen vivi. Ille accipit librum aperiendum. Sequitur canticum Sanctorum, Angelorum , omniumque creaturarum , in laudem illius.

1us Versus. Et vidi in dextera sedentis supra thronum librum scriptum intus et foris, signatum sigillis septem.

1° Tota visio capitis quarti, fuit præparatio remota , visio autem hujus capitis quinti, est præparatio proxima ad secundam expositionem omnium rerum notabilium , quæ durantibus septem Ætatibus Ecclesiæ Christi, militantis in terra per sex priores Ætates , et triumphantis in cœlo, tota Ætate ultima , ac perpetua, nempe in ea, circa eam, contra eam, et pro ea, contingere, seu locum habere debent , et etiam earum , quæ debent supervenire inimicis ejusdem. Hoc igitur caput est continuatio præcedentis. Pergit Sanctus Joannes enarrando dicens :

2° *Et vidi in dextera sedentis supra thronum, Librum* etc. Quare hic notatur *sedentem in throno ,* tenere *librum in dextera sua?*. . Solent enim lectores librum aliquem manu tenentes , illum potius manu sinistra tenere, ut dexteram habeant liberam ad vertenda folia ; dum vero liber est nimis ponderosi voluminis, ut manu teneatur, ponunt eum super pulpitum , vel super men—

sam aliquam ; sed adhuc ordinarie manu sinistra illum
aliquousque tenent , ut fixus maneat , etiam ut dextera
valeant facilius aperire ligamina, seu retinacula, si quæ
habeat , illisque resolutis , aperiant librum , in decursu
lectionis vertant folia, si sit in forma hodierna ; si autem
formæ antiquæ, seu volumen proprie dictum , ut eadem
dextera sua evolvant illud. Tale autem volumen evidenter erat *Liber* de quo hic agitur , uti mox clarius
patebit. Et quidem inde adhuc omnes libri vocantur
volumina, quia antiquitus, vel ex una satis longa, vel ex
pluribus consutis membranis, aut foliis confici solebant;
et in legendo devolvebantur, ut successive partes omnes
oculis exhiberentur ; ad claudendum vero librum, seu
volumen , convolvi debebat. In antiquitate pauci libri
alterius formæ reperiebantur.

3° Quod autem *sedens in throno* habuerit *in dextera
sua ,* aliud significare non potest, ut putamus, nisi quod
omnia quæ , vi decretorum Dei in illo Libro descriptorum , contingere debebant , *dextera* seu *misericordia* Dei
dirigenda essent, pro majori utilitate , salute , et gloria
electorum, ac totius Ecclesiæ Christi. Omnia enim, quæ
in *Libro* Apocalypseos scripta reperiuntur , directe , vel
indirecte pertinent ad Ecclesiam , pro salute membrorum ejus ; proinde instructiones , et reprehensiones ,
sive increpationes , ac minæ ; a fortiori præmiorum
promissiones , factæ sunt ad illuminandos , monendos ,
et stimulandos omnes Fideles ; pro justorum progressu,
tepidorum renovatione , et peccatorum conversione.
Persecutiones , et quæcumque calamitates Ecclesiæ ,
prænuntiantur , pro electorum exercitatione , et am-
pliori sanctificatione ; etiam pro imperfectorum expur-
gatione; et tandem clades , et punitiones inimicorum
Ecclesiæ , pro omnium impiorum æterna confusione , si
obdurati in malo perseveraverint.

4° Sed quis est , in hac visione , ille *sedens in throno,* et habens librum in dextera? Utique nunc prima fronte videtur ille nullatenus posse sumi pro visibili Capite Ecclesiæ in terra; præsertim quia absolute impossibile videtur illum agnoscere ut repræsentantem invisibile Caput Christum. Etenim versu sexto , apparet *Agnus ,* qui ob relatam victoriam , vocatur *Leo de tribu Juda ,* quique consequenter, sine ullo dubio, est Christus Dominus; nec potest ille esse idem ac *sedens in throno,* quia versu septimo , *Agnus* recipit *librum de manu sedentis in throno.* Sed tota difficultas evanescet, dum distinguemus inter Christum Deum, et Christum hominem ; nullatenus eum in duos dividendo, sed eum sub duplici respectu considerando.

5° Itaque *sedens in throno ,* est Angelus repræsentans Christum , sed hic solummodo secundum naturam ejus divinam, secundum quam *unum est cum Patre suo* cœlesti. *Agnus ,* de quo postea agendum est , repræsentat Christum secundum naturam suam humanam , in qua passus est, et victoriam obtinuit de potestate infernali. Nunc ergo , quamvis satis plausibiliter dicere potuissemus *sedentem* esse *Patrem ,* multo tamen rectius videtur dicendum hic Christum Deum, *sedentem,* tradere Christo homini , seu *Agno stanti , Librum ,* de quo est quæstio.

6° Nec contra dici debet : nos hic vel admittere duos Christos , vel dividere Christum , et cadere in errorem condemnatum ab ipso Auctore Apocalypseos, qui in Epistola sua prima , capite quarto , versu tertio , dicit : *omnis spiritus qui solvit Jesum , ex Deo non est , et hic est Antichristus.* Etenim , uti jam ante diximus , nullo modo *solvimus ,* seu dividimus *Jesum,* nempe Christum ; sed agimus uti Ecclesia Catholica nos docet facere in tremendo Sacrificio Missæ, ubi Christus est ipsemet Sacerdos principalis , seu offerens , et tamen ipse etiam est

Oblatio , seu Victima. Similiter sub alio respectu ipse
est Sacrificium Deo oblatum , et Sacramentum Fidelibus
distribuendum. Tandem et ipse est Deus, cui sacrifica-
tur, et Victima quæ immolatur. Salva igitur Fide Catholica ,. ibidem distinguimus inter Christum Sacerdotem
sacrificantem , et Christum Sacrificium oblatum , seu
Victimam immolatam ; inter Christum Deum, cui , sicut
Patri et Spiritui Sancto , offertur illud Sacrificium , et
illud ipsum quod Deo Uni ac Trino offertur , quod est
idem Christus ; ita ut multis modis spectari , seu considerari valeat, et quidem debeat , Christus Dominus. Sic
ergo etiam nihil impedit, quin *sedens in throno* etiam hoc
loco repræsentare, seu significare supponatur Summum
Pontificem, qui Christum Deum, et hominem repræsentat in Ecclesia ; et simul eum qui tenet *Librum,* seu depositum Revelationum , et eumdem *Librum* tradit *Agno.*
Dicit autem Sanctus Joannes :

7° *Vidi Librum scriptum* seu scriptura repletum , *intus
et foris.* Cujus ergo formæ potuit esse ille *Liber ?* si enim
scriptus intus et foris apparuerit , certissime pars aliqua
poterat legi ab omni aspiciente, clausis adhuc sigillis ;
sed hoc non potest admitti , quia conqueritur Sanctus
Joannes quod nemo posset , nequidem *respicere .* seu
aspicere *Librum,* multo minus aliquid ex eo legere, cum
nec in cœlo nec in terra . aliquis hoc honore *dignus reperiretur.* Ergo nec ipse Sanctus Joannes initio visionis
vidit Librum illum, nisi contectum aliquo involucro. Sed
quomodo poterat tunc dicere : quod esset *scriptus intus
et foris ?* Resp. Vel hoc scivit ex revelatione particulari ;
vel hic dicit hoc, per anticipationem , quamvis solummodo hoc viderit postea , dum *Liber* detectus tradebatur
Agno ; seu potius , dum ipse *Agnus* involucrum auferens,
Librum detexerat , ad aperienda sigilla ejusdem. Erat
enim mysticum illud volumen :

8" *Signatum septem sigillis*. Ergo *Liber* erat *signatus*, id est, clausus *septem sigillis*, seu signaculis, quæ vulgo seræ dicuntur. Sed inde notandum venit, quod si fuisset formæ hodiedum usitatæ, omnia sigilla debuissent aperiri antequam quidquam in eo legi, vel ullum secretum in eo contentum potuisset apparere. Addo *apparere*, quia non clare constat, utrum prædictiones in illo litteris et verbis, an non potius imaginibus fuerint expressæ. Sed hoc postea examinabimus. Nihil itaque potuisset ex eo cognosci, nisi resolutis omnibus sigillis, quia alias nulla pars Libri potuisset aperiri, uti patet ex nostris Missalibus, et aliis libris, qui seris æneis, vel argenteis clauduntur, quæ utique omnes debent solvi, antequam librum possimus inspicere, aut quidquam in eo legere. Ergo talis formæ non potuit esse *Liber* Apocalypticus, de quo hic est quæstio :

9° Constat enim ex textu sacro, quod post aperturam cujusque sigilli, apparuerit magna pars secretorum cœlestium, quæ illo *Libro* continebantur. Inde ergo ad evidentiam constat cœlestem illum *Librum* habuisse formam cylindraceam, seu fuisse longam membranam, quasi cylindro circumvolutam, et unumquodque sigillum solum tenuisse partem voluminis, quia apposita erant per intervalla, ita ut sigillum ultimo loco appositum, fieret primum, in ordine ad *aperiendum librum*, quia illo soluto, aperta erat pars prima ejusdem *Libri*, quæ ultimo loco fuerat clausa ; et sic successive omnia sigilla debebant solvi, antequam totus *Liber* esset apertus, seu tota membrana devoluta. De forma igitur *Libri* istius nullum rationale potest superesse dubium.

Sed tandem, qua de causa *Liber* ille, talem formam habebat?... An solummodo quia tunc temporis illa forma erat maxime usitata?... Resp. Negative. Quia etiam tunc reperiebantur nonnulli libri aliarum forma-

rum, uti patet ex illis, qui jam ante illud tempus existebant, et adhuc conservantur, qui sunt compositi ex
laminis æreis, argenteis, lapideis, vel ligneis. Talibus
enim tabulis, seu laminis, leges, et fœdera solebant
inscribi apud Romanos, et Spartiatas, ut patet ex historia Machabæorum. Et multo antea, etiam sic Lex Decalogi semel et iterum, ab ipso Deo, inscripta fuit tabulis
lapideis. Sæpe etiam tabulæ plumbeæ adhibebantur,
et sæpissime tabulæ ligneæ, cera obductæ. Reperiebantur etiam antiquitus nonnulli libri foliis papyreis
compositi, fere sicut nostri sunt libri; papyrus autem,
est herba, larga folia habens, quæ siccata diutissime
conservantur, et reperitur præsertim in Ægypto; juxta
Nilum, fluvium.

10° Sed in Apocalypsi Deus volens ostendere servo
suo Joanni, omnia momentosa, quæ per decursum
sæculorum contingere debebant in Ecclesia, videtur
convenienter supradictam formam prætulisse, quia
omnes Ecclesiæ Epochæ, seu Ætates, quasi immensum
volumen, ex septem membranis mysticis compositum,
successive debebant devolvi, et singulæ cum propriis suis
phænomenis in hoc mundo apparere, eodem ordine, quo
aspicienti Joanni in imaginibus propheticis exhibeban-
tur, et explicabantur per Angelum ad hoc missum a Deo.

2ᵐ VERSUS. Et vidi Angelum fortem, prædicantem voce magna : quis est dignus aperire
librum, et solvere signacula ejus?

1° *Et vidi Angelum fortem.* Nunc quis est ille *Angelus?*
Et quare specialiter dicitur *fortis?*... Non enim videtur
tam notabilis *fortitudo* requiri ut opus sit ista exclama-
tione. Nec sacer textus, nec interpretes quos consulere
potuimus, quidquam de his dicunt. Nobis ergo licebit con-
jecturare. Opinamur ergo illum *Angelum* esse Gabrielem

Archangelum, qui sub Veteri Lege apparuit Danieli
Prophetæ, illique revelavit multa futurorum temporum
mysteria; item qui apparuit Zachariæ Sacerdoti offerenti
incensum in templo, eique nuntiavit nativitatem Præ-
cursoris Domini; qui tandem apparuit Beatissimæ Virgini
Mariæ, et ei annuntiavit Nativitatem Salvatoris. Illius
enim Nomen, quod est hebraicum, significat : *fortitudo
Dei* ; Et etiam *Homo Dei,* seu *Homo cujus fortitudo Deus est.*
Quod propterea *Angelus fortis* dicatur ; quod etiam ille
Angelus hic adhibeatur, ad significandum *fortitudinem*
omnipotentis Dei requiri, ad exsequenda omnia quæ in
istis Visionibus revelabuntur, et in illo *Libro* continentur ; sive quod in illis *fortitudo Dei* specialiter manifestanda sit, ad confirmandos servos Dei, contra omnes
inimicos Ecclesiæ, in decursu sæculorum debellandos.

2° *Prædicantem voce magna ;* id est, altissima *voce*
exclamantem ; sed cur tam *alta voce ?* Numquid ut tota
multitudo Angelorum in cœlis, simul cum ipso Sancto
Joanne hoc audiret ? Sed absurdum esset supponere
quod illud medium fuerit necessarium. Angeli enim non
instruuntur per magnum clamoris strepitum; et Sanctus
Joannes prope aderat. An forte ut multi homines in
terra audirent? Sed solus Joannes electus a Deo fuit, et
adductus, ut reciperet has revelationes, et illas *in Libro*
conscriptas mitteret ad Ecclesias, de quibus in præcedentibus egimus. Restat itaque concludendum : ideo
Angelum tam *magna voce clamasse,* quia vult significare :
ea quæ dicit, debere tempore debito, per universum
mundum publicari, ab omnibus hominibus audiri, et
clare intelligi. Hæc est forte causa cur Sanctus Joannes
non dixerit de Angelo, *dicentem,* nec *clamantem,* sed
prædicantem, quia et hoc debebat *prædicari* per universum orbem terrarum. Sic autem clamando, petebat
Angelus.

3" *Quis est dignus aperire Librum , et solvere signacula ejus?* Sicuti jam notavimus, *Liber* ille non poterat inspici, vel *aperiri* , nisi *solverentur signacula* ; et quia *signacula* nonnisi successive ; post intervalla *solvebantur , Liber* etiam successive , per partes , aperiebatur. Sed hic peti posset : Quare tam extraordinaria dignitas requiratur, ut quis aperiat *Librum* illum? Resp. Nihil iterum desuper dicentibus interpretibus, opinamur sequenter rationes : nempe, *aperire Librum, et solvere signacula ejus ,* est , seu significat : exsecutioni mandare omnia quæ *in Libro* illo continentur. Hoc ex ipsomet textu sacro, mox patebit, etenim quoties *signaculum* seu *sigillum solvitur,* et inde pars quædam *Libri aperitur.* non dicitur quænam in parte devoluta scripta reperiantur , nec legitur aliquis articulus ; sed mysticis imaginibus repræsentantur quæcumque in aliquo Ævo contingere debent ; seu ostenditur Sancto Joanni, et per illum nobis describitur adimpletio rerum, in magno illo *Libro,* manu Dei exaratarum , pro certa Epocha Ecclesiæ Catholicæ.

4" Ad hæc autem facienda, utique requiritur suprema *potestas ,* et infinita *fortitudo;* illa vero a Deo non conceduntur, nisi ob infinita merita ; ast mensura meritorum alicujus , constituit mensuram *dignitatis* ejusdem. Interim infinita merita nemo habet ; ergo nec infinitam *dignitatem* quisquam unquam obtinuit, nisi solus Christus Filius Dei, indeque data est illi soli ista suprema *potestas* hic necessaria ; uti ipsemet in Evangelio declaravit, dicens : *Data est mihi omnis potestas in cœlo et in terra* (a). Et ab Apostolo docemur : *Christum a Deo Patre constitutum esse, ad dexteram suam in cœlestibus , supra omnem Principatum, et Potestatem, et Virtutem, et Dominationem, et omne nomen, quod nominatur , non solum in hoc sæculo ,*

_____

(a) Matth. c. xxviii , v. 18.

sed etiam in futuro; et omnia subjecta esse sub pedibus ejus etc., etc. (a).

3ᵘˢ Versus. Et nemo poterat , neque in cœlo , neque in terra, neque subtus terram , aperire librum , neque respicere illum.

1° *Et nemo* etc. , *neque in cœlo ,* utique excepto Deo Altissimo, et Omnipotente, cujus decreta *Liber* ille con‑tinebat , quique *Librum* ipsemet *signaculis* clauserat ; quia nullus ex Beatis in cœlo cum Deo regnantibus , quantumvis potens , ac dignus , ad requisitum gradum *potentiæ* aut *dignitatis* ascenderat , aut ascendere potue‑rat, ut hoc illi permitteretur , vel committeretur ; quam‑vis tunc temporis , præter beatos Angelos , jam modo essent in cœlis , omnes Sancti Veteris Legis , et Legis naturæ, qui cum Christo ascenderant; et etiam jam non pauci ex Nova Lege , inter quos ipsimet Apostoli , aliique Martyres , et Confessores , qui obierant, ante‑quam Sanctus Joannes scriberet Apocalypsim.

2° *Neque in terra ,* quantumcumque vel sancti, poten‑tesque amici Dei, vel aliter potentissimi , illustrissimi, ac dignissimi reperiri potuissent ; ex quovis ordine , aut qualitate , nullus mortalium , aut unquam inventus fuit , aut unquam inveniri posset, aptus ullo modo , aut dignus satis , ut illum , vel integrum *Librum* vel mini‑mam ejus partem aperiret; id est , ut propria potestate disponat de rerum futurarum eventibus. Hoc enim est essentialiter opus solius Dei Omnipotentis. Si autem sæpe magni amici Dei, vel futura prædixerint, vel super‑naturales rerum effectus procuraverint , hæc ipsi non fecerunt , sed vel precibus impetrarunt ut Deus face‑ret , vel etiam non rogatus , Deus per illos effi‑cere voluit,

(a) Ephes. c. i, v. 21, 22 et 23.

3° *Neque subtus terram*. Non clare constat quam potestatem creatam Sanctus Joannes hic præ oculis habuerit ; seu potius *Angelus* illi loquens innuere, aut intelligi voluerit, ut latentem *subtus terram*. Certo enim modo reperitur ibidem duplex potestas. Habentur nimirum animalia bruta fortissima *subtus terram*, in speluncis habitantia, vel sub aquis maris aut fluminum plerumque, aut semper manentia. Illa utique quantumvis magna, et fortia, nihil possunt, nisi uti instrumenta in manu Dei. Sed in abysso infernali, quæ profundissime sub terra, certo sensu existit, habetur *potestas tenebrarum :* hæc quantumcumque potens, et superba de sua dominatione, tamen etiam nihil efficere potest in his rebus, nisi Deo, ob rationes ipsi plerumque soli notas, imperante, vel permittente. Non mirum ergo si ibidem, nempe *subtus terram ,* nemo reperiatur *dignus aperire Librum*.

4° Hic itaque innuitur omnia quæ in *apertura Libri et sigillorum ,* repræsentabuntur, id est, omnia quæ in decursu sæculorum, in Ecclesia, vel circa Ecclesiam contingent, fieri, et effici per dispositionem, et potentiam illius, cui traditus est mysticus ille *Liber aperiendus , et devolvendus ;* et si vel Angeli, vel homines quicumque, vel qualescumque: vel dæmones, vel monstra bruta, et a fortiori elementa, aliquid efficere videantur in eventibus rerum ; illa omnia nihil posse efficere, nec in bono, nec in malo, nisi volente, jubente, aut permittente illo, cui a Deo Patre *data est omnis potestas in cœlo et in terra*. Quod attente notari debet,

5° Quia in ipso *Libro* Apocalypseos, et passim in aliis Sacræ Scripturæ libris, sæpissime videmus Angelos, tum bonos, tum malos, interdum et bruta animalia, etiam elementa, et astra, verbo dicam, omnes fere creaturas agentes, vel patientes in plurimis eventibus ;

at omnia diriguntur manu Omnipotentis Supremique Regis Christi , ad consiliorum æternorum accuratissimam adimpletionem, pro gloria Dei, splendore universæ Ecclesiæ Christi, et salute animarum.

6° Itaque *nemo* inveniebatur , qui posset *aperire Librum , neque respicere illum.* Uti jam supra vidimus , *aperire Librum* est efficere, seu exsecutioni mandare ea, quæ in iljo scripta unt, sed mirum valde posset videri, quod nec quisquam potuerit illum *respicere,* seu fixis oculis aspicere ; inde ergo patet quod idem *Liber* emiserit aliquem fulgorem , quam simplicium creaturarum oculi sustinere non poterant. Fulgor autem ille non poterat esse alius , quam magnitudo mysteriorum in *Libro* latentium. Ergo *illum respicere* est accurate clareque cognoscere decreta cœlestia , et prænoscere omnia quæ futura sunt , quod iterum soli Filio Dei , qui cum Patre et Spiritu Sancto , unus et idem est Deus , concessum esse potuit , et fuit. Ad hæc itaque dicit Sanctus Joannes :

4ᵘˢ Versus. Et ego flebam multum , quoniam nemo dignus inventus est , aperire Librum, nec videre eum.

1° *Et ego* inquit *flebam multum.* Utique Sanctus Joannes ab initio apparitionis istius *Libri ,* intellexit valde momentosa , seu scitu digna , in eo contineri , speravitque ea videre , vel audire , et pro sua Ecclesiarumque instructione intelligere ; sed anxiatur , et contristatur , dum nemo videtur posse inveniri , qui *Librum aperire ,* inspicere, et legere valeat ; timet enim forte ne *Liber* in perpetuum clausus maneat , et totus mundus privetur scientia rerum in eo conscriptarum. Propterea amare *flet ,* multumque affligitur :

2° *Quoniam nemo dignus inventus est ,* etc. Præter privationem utilis, aut necessariæ scientiæ, deplorat indignitatem omnium creaturarum, quam nonnisi in peccato, et ex peccato, funestam suam originem habuisse supponit; utique sciebat quidem Sanctus Joannes Angelos in cœlo existentes, non habere, nec unquam habuisse peccata; consequenter illos non contraxisse indignitatem ex propriis peccatis. Sciebat etiam Sanctos jam cum Deo in cœlis regnantes, jam penitus esse expurgatos ab omni culpa et pœna peccati. Sed potuit timere, imo forte certo scire, hominum peccata, præterita, et præsentia, esse causam, cur nec Angelorum puritas, et sanctitas, nec Beatorum jam glorificatorum in cœlis, nec justorum adhuc morantium in terris, merita sufficerent ad hunc *Librum* mortalibus aperiendum; sicut etiam nullus Angelus, nullusve alius Sanctus inventus fuerat dignus qui deleret peccata Adami, propter infinitam injuriam Deo illatam, quæ idcirco per infinita merita reparari debebant, ideoque necessarie per Personam Divinam.

3° Pios autem *fletus*, et *lacrymas* sciebat esse media, ad Dei offensi misericordiam invocandam, ut aliquis tandem assignaretur ad *aperiendum Librum*, si hoc Ecclesiæ necessarium, vel utile judicaretur, sicuti fletibus protoparentum nostrorum, et sequentium piarum animarum sub Lege naturæ, et Mosaica, provocata fuerat Dei misericordia, ut mitteret de cœlo Salvatorem, quamvis Deus jam immediate post commissum peccatum, promisisset eum aliquando mittere. Si ergo forte præsenserit Sanctus Joannes, *Librum* illum, uno aliove modo, aliquando aperiendum esse, [1] tamen fletus, et supplicationes ad hoc utiles judicavit, ut Deus vel citius aliquem ad hoc mitteret, vel clariorem intelligentiam *Libri* istius concederet Ecclesiæ universæ.

4° Ut jam supra notare incepimus, ex his omnibus

magis ac magis constat quam sublimis, et in summo gradu supernaturalis sit scientia rerum futurarum; quamque divina sit potestas disponendi, et dirigendi futura contingentia. Illæ enim tam exclusive Deo soli sunt propriæ, ut omnino nemini concedantur, nisi Christo Domino, Homini Deo, cui ob infinita merita ejus, uti jam plus semel attulimus, *data est omnis potestas in cœlo et in terra*. Hinc in primis tria notanda sunt; nempe primum : quod si interdum Prophetis Sanctis, vel aliis quibuscumque, concessa fuerint dona cognoscendi, vel prædicendi quædam futura, aut dirigendi aliquos rerum futurarum eventus, hæc illis non dantur, nisi in certa mensura, veluti Ministris Altissimi, in omnibus semper a Deo nutu dependentibus, et solummodo ad quosdam effectus, aut pro aliquo tempore.

5° Etenim in Scriptura Sacra vidimus, primo, in impio Propheta Balaam qui spe lucri adductus, voluisset per imprecationes suas, multa mala facere Israelitis, infausta de illis prædicere, et avertere periculum interitus a Balac, et a Regno illius. Sed e contra ipsemet invitus benedicebat populo Dei, faustissima et gloriosissima de illo prædicebat, et interitum Balac, et maledicti populi ejus, nec poterat ipsemet a se avertere, nec effugere periculum, cum illis etiam pereundi. Secundo : Exemplum habemus in sancto veroque Propheta, qui contra Jeroboam, contra idolum ejus, et contra ejusdem Ministros prophetabat, nec tamen potuit dignoscere fraudes pseudo-prophetæ, qui eum induxit ad secum prandendum, contra expressum mandatum Dei, nec valuit prævidere mortem, redeunti sibi inferendam a Leone, in pœnam delicti. Tertio tandem, simile quid vidimus in celeberrimo, sanctissimoque propheta Elia, qui post tam egregia signa extraordinariæ præscientiæ, et potentiæ ipsi a Deo concessæ, sentiebat se non posse impedire machinationes Reginæ Jezabel , ideoque timens iram , et vindictam illius, ad tempus aliquod aufugiebat.

6° Secundum est : quod tum impii , tum superstitiosi utriusque sexus , frustra supponant , et asserant , se posse , sive ex immundis spiritibus , sive aliis quibuscumque mediis, Deo et Ecclesiæ Catholicæ odiosis, vel futura aliqua certo cognoscere , vel bona sibi aut aliis obtinere , vel mala avertere. Etenim ad Deum solum pertinet , tum vera futurorum cognitio , tum eorum directio, ac dispositio; illamque cognitionem, vel potentiam , ad suos adversarios , Omnipotens nullatenus extendit. Certissime enim tales non *reperiuntur digni ,* et adhuc indigniores sunt immundi spiritus , a quibus petunt auxilium , participandi in apertura *Libri ,* vel *sigillorum ,* de quibus hic agitur.

7° Tertium tandem est : quod Deus vere et clare cum infallibili certitudine cognoscat omnia futura , æque ac præterita , et præsentia ; ita ut stupide errent pravi philosophi asserentes impossibile esse , futura contingentia certo cognoscere ; ex eo, quod tali modo futura , nullo modo existant, adeoque omnino nihil sint, et de nihilo nihil cognosci valeat. Sed nesciunt, seu non credunt omnia undequaque , aut quomodocumque futura , jamjam Deo esse præsentia, consequenter virtualiter existentia , quia aliquando existere debent ; et etiamsi hoc non intelligentes rejicerent , equidem si Deum existere credant , deberent fateri eum posse scire, quænam in futuro facere , vel permittere velit ; et præter , vel contra illa , nihil omnino posse contingere. Ergo , etc.

8° Si autem Deum , vel talem Deum existere negent , explicent nobis clare et cum certitudine , unde , et quomodo existere cœperunt quæcumque existunt , saltem visibilia, quia invisibilia, seu insensibilia plerique ex illis non admittunt. Hoc vero, sicuti hucusque fecerunt, semper inutiliter tentabunt. Ergo manet evidens, quod omnipotens, omnisciensque Deus, futura omnia, et quæcumque, aut quomodocumque abscondita, perfectissime cognoscat, ac penetret, eademque, cum cæteris omnibus, pro beneplacito suo gubernet ; illam autem illimitatam cognitionem, ac gubernationem omnium rerum, potuit Deus communicare Christo, etiam secundum ejus humanitatem ; ipsumque hoc de facto ita fecisse, præter multa, quæ illud probant in evangelio, demonstratur per totum hunc Revelationum *Librum* ; cujus plurimæ jammodo evidenter adimpletæ prophetiæ, invicte probant certitudinem futuræ adimpletionis, omnium reliquarum prædictionum, et præfigurationum.

5ᵘˢ VERSUS. **Et unus de senioribus dixit mihi : ne fleveris ; ecce vicit Leo de tribu Juda, Radix David, aperire Librum, et solvere septem signacula ejus.**

1° *Et unus de senioribus dixit mihi :* Sed quis est ille *unus* de cœtu supra descriptorum *seniorum ?* quis hic loquitur ad consolandum Sanctum Joannem ? Resp. Certo hoc iterum sciri non potest. Sed utique ille qui primus, et solus, verbum assumit, videtur esse præcipuus, seu præses, cœlestis illius Senatus. Cum autem hæc omnia in Ecclesia militante peragi significentur, uti continuo magis magisque patebit in sequentibus, notandum est : quod *Præses seniorum* seu Principum, in Ecclesia, sit iterum *Summus Pontifex* ; ille ergo nomine Christi, cujus est interpres, et Vicarius in terra, loquitur : instruendo, et consolando Fideles hic repræ-

sentatos per Sanctum Joannem; ejus itaque verbo, dubia
solvuntur , anxietates auferuntur , et docilia Fidelium
corda recreantur , ac firmantur in spe. De illo igitur, et
hoc intelligendum supponimus; et non infundate.

2° Nec enim obstat , quod eumdem *in throno* principali *sedentem* assignaverimus , et ideo non videatur
numerandus inter *viginti-quatuor sedentes in sedilibus,*
seu *thronis* inferioribus , quia sicut *Agnum* Divinum sub
variis respectibus considerandum , sub variis formis ,
in variis locis invenimus in hoc *Libro ;* sic nihil impedit
similia quædam supponere, et admittere de eo , qui
locum ejusdem *Agni* tenet in Ecclesia Catholica. Et de
facto, *Summus Pontifex* est eodem tempore visibile Caput
universæ Ecclesiæ , et sic *sedens in throno* Supremo , est
Patriarcha Occidentis , Primas Italiæ , et particularis
Episcopus Diœcesis Romanæ. Præterea est adhuc Monar-
cha Statuum temporalium Ecclesiæ. Ergo sub quadru-
plici quidem respectu , *sedet* in *sedilibus* seu *thronis* inferioribus. Dicit autem ille *unus de senioribus* Sancto
Joanni, et in illo singulis Christi vere Fidelibus ,

3° *Ne fleveris ,* quasi diceret : recte quidem judicasti
de *Libro* isto, saluberrimum est populo fideli ut aperiatur; res enim maximi momenti in eo continentur , sed
ne desperes, quasi ob nimiam omnium merarum creaturarum indignitatem , deberet in perpetuum manere
clausus , imó et involucro contectus ; ecce enim aliquis
tandem *dignus* aptusque *inventus est ,* qui hoc officium
tibi , et universæ Ecclesiæ præstet, non quidem inter
meras creaturas humanas , aut Angelicas , sed in ipso
sinu Dei Altissimi, ipse scilicet , qui ad expugnandum ,
spoliandumque inimicum Dei et hominum, cum esset ab
æterno Deus, etiam Homo fieri dignatus est ; qui in
populo Israel carnem assumpsit ; et quamvis *Agnus*

mansuetissimus, ob insignem fortitudinem suam, cogno-
men *Leonis* meruit,

4° *Ecce* igitur ille, qui in magno bello Domini *vicit*,
ideoque vocatur *Leo de tribu Juda* ; tribus Juda, propter
egregiam fortitudinem virorum bellatorum, qui ex ea
orti fuerant, uti ipsemet Judas filius Jacob, ejusdem
tribus patriarcha ; postea David, Joab aliique plurimi,
et quia omnium tribuum Israel Patriarcha, idem Jacob,
in spiritu prophetico, jam moribundus, filios suos bene-
dicens, ac singulis sortem futuram prædicens, dixerat
de Juda, et de tribu ex eo oritura ; *catulus Leonis Juda...*
requiescens accubuisti ut Leo, et quasi Leæna, quis suscitabit
cum (a) ? Quia etiam illa tribus a Deo assignata fuerat,
ut præcederet reliquas tribus ad bellum, post mortem
Josue ; fertur : illa tribus in vexillo suo habuisse imagi-
nem Leonis, ut symbolum fortitudinis: ob istas itaque
rationes, Salvator ex eadem tribu natus, qui potestates
infernales, quantumvis validas, debellaverat, et subju-
gaverat, merito vocatus fuit *Leo de tribu Juda*. Ille *Leo*
ob victoriam de diabolo, morte, et peccato, gloriose
obtentam, et *Agnus* quia ut victima immaculata Deo
immolari pro nobis voluit, vocatur etiam :

5° *Radix David*, et hoc quia propter nos, et propter
nostram salutem de cœlo descendens, et carnem assumens, ex Rege David descendit per Beatissimam Matrem
suam, Virginem Mariam.Ille itaque potentissimus *victor*
omnium inimicorum, *Leo de tribu Juda, et Radix David,*
in summo quidem gradu *dignus inventus est*, mysticum istum :

6° *Aperire Librum et solvere septem signacula ejus* ; illi
propterea *dedit Deus palam facere servis suis*, *quæ oportet*
fieri cito (b). Et non solum *palam facere*, seu revelare,
sed etiam exsequi pro beneplacito suo, omnia illa,

(a) Gen c. xlix, v. 9. — (b) Apoc c. i, v. 1.

conformiter ad Revelationes , et omnia obstacula , a quacumque potestate sibi objecta , auferre , destruere , et conculcare.

DISSERTATIUNCULA ,

De rebus variis , quæ ab auctoribus sacris, et interdum ab aliis , vocantur Libri.

1° Deus loquens hominibus , sive per semetipsum , aut per Angelos in visionibus , sive per prophetas suo spiritu animatos, sæpissime tum in Veteri, tum in Novo Testamento , ostendit se amare loqui modis hominum captui adaptatis, ut sine magnis difficultatibus, recte ab illis intelligatur. Attamen ut cum fructu salutari audiant, aut legant , et firmiter memoria retineant sanctissima ejus verba, monitiones, et instructiones Spiritus Sancti, ita temperare solet sacra et mystica obscuritate , et cœlesti claritate, ut, si quis eas recte capere desideret, quod utique omnes desiderare deberent , debeat illas humili ac devota attentione perseveranter meditari ; deinde ex intelligentia unius rei , ad genuinum sensum multarum aliarum pervenire , seu earum veram significationem detegere ; videlicet in illis rebus , quæ , quantumvis utiles esse possint , tamen ad Fidem obligantem non pertinent , et quarum ideo sensus non est definitus ab Ecclesia.

2° Sic cum nihil communius notum sit inter homines, quam *Libri,* quibus quotidie fere omnes utuntur ; nempe libris scriptis aut impressis , ad scientias inde hauriendas , sive augendas ; vel libris in albo , ad annotanda quæcumque vel ipsimet sibi conservare debent , aut cupiunt , vel aliis , sive præsentibus , sive absentibus , sive modo existentibus , sive postea aliquando futuris, innotescere desiderant ; dignatus est Dominus Omni–

scientiam suam, sub diversis respectibus designatam, et considerationi mortalium propositam, vocare *Librum vitæ,* quo significatur, (uti in hoc opusculo versus finem præsertim ostensum est) primo : catalogus, Deo soli cognitus, prædestinatorum ad gloriam sempiternam. Secundo : numerus, et nomina illorum, qui hic et nunc in statu gratiæ vivunt in Ecclesia militante. Tertio : etiam aliquando notio ingentis multitudinis omnium actualiter in terris viventium, et aliquo tempore adhuc futurorum. Ille ergo *Liber* est magna pars *Libri* præscientiæ Dei ; est nimirum Dei præscientia, quoad hominum vitam spiritualem, et corporalem, tum in tempore, tum in æternitate. Hinc evidenter patet licere, quod et non pauci boni auctores faciunt, totum universum, seu collectionem cunctarum creaturarum visibilium, et invisibilium, quarum saltem existentiam, vel etiam aliquas qualitates cognoscimus, vocare *Librum* Omnipotentiæ, et Sapientiæ Divinæ ; quia ex consideratione, et contemplatione creaturarum, videmus et quasi in immenso volumine legimus admirandam nimis omnipotentiam Creatoris, ejusque infinitam Sapientiam. Convenienter etiam possemus cognitionem historicam, quam habet solus Deus, omnium quæ unquam in Omnibus universi partibus contigerunt, aut aliquando contingere debent, vocare *Librum* Annalium gubernii, bonitatis, justitiæ, et misericordiæ Dei.

3° Nunc autem, quasi partem valde notabilem, seu unum ex voluminibus immensæ collectionis *Librorum* divinorum æstimare, et considerare debemus, descriptionem et expositionem rerum notabilium, quæ in Ecclesia Christi, vel ab initio hucusque contigerunt, vel in posterum unquam contingere debent, tum in hoc mundo, tum in futuro. Ille vero pretiosissimus *Liber,* quem eousque solus Deus legerat ; quique tam Angelis, quam

hominibus clausus manserat , in Visionibus Apocalypticis exhibetur, et quasi legendus traditur Sancto
Joanni , ac mediante ipso, universæ Ecclesiæ Catholicæ, *Agno divino* successive aperiente omnia istius voluminis *signacula,* ut idem Sanctus Joannes facile totum
perspicere, seu accurate legere valeat.

Interim omnia, non litteris apud nos usitatis, sed partim verbis Angelicis explicantur, partim magnis vivis-
que imaginibus ibidem repræsentata ostenduntur ;
jubeturque Sanctus Joannes , lingua humana , omnia
scribere Ecclesiis , paucissimis solummodo rebus exceptis , quod ille diligentissime , et accuratissime exse-
cutus est.

4° Itaque *Liber* qui traditur *Agno* aperiendus , est
textus originalis istius *Libri ,* quem sub titulo *Apocalypseos,* nobis reliquit sacer ille Scriptor. Si autem *Liber*
omnipotentiæ Dei , et *Liber vitæ,* maxima cum attentione, et devotione, sint ab omnibus , præsertim Christianis , meditandi , certissime non minus hoc meretur
Liber præscientiæ ejus , in primis hæc istius *Libri* pars ,
quæ universam Ecclesiæ Christi historiam continet ,
quæque tam solemniter , et tanta cum cura ad nos
transmissa est.

De variis partibus *Libri vitæ,* in aliis locis multa adhuc
dicenda occurrent.

6us VERSUS. Et vidi ; et ecce in medio throni ,
et quatuor animalium , et in medio seniorum ,
Agnum , stantem , tanquam occisum , habentem
cornua septem , et oculos septem , qui sunt
septem Spiritus Dei, missi in omnem terram.

1° *Et vidi;* quasi post aliquod intervallum cogitatio-
nis, et meditationis verborum, quæ illi ad consolationem

dicta fuerant per *unum de senioribus*, cessante fletu, et resumpto animo, Sanctus Joannes iterum aspicit continuationem Visionis; renovata itaque propria attentione, ad contemplandum, et scribendum; provocat etiam renovationem attentionis lectoris sui, ad recipiendam cœlestem, divinam, ac saluberrimam instructionem, dicens : *Et vidi;*

2° *Et ecce : in medio throni*, præcipui videlicet, qui in medio *sedilium,* seu thronorum inferiorum, collocatus erat; consequenter *et in medio quatuor animalium*, in eodem throno circumdantium eum qui *sedebat ; et in medio seniorum viginti-quatuor sedentium* in iisdem *sedilibus* positis in circuitu throni; *vidi* apparentem *Agnum stantem, tanquam occisum*, etc. Cum *thronus* ille principalis videatur apparuisse notabiliter magnus, seu spatiosus, uti jam supra vidimus, et postea magis adhuc videbimus; quamvis in puncto ejus *medio sedeat Angelus* Deum repræsentans, uti etiam explicavimus modo; nihil impedit quin *in medio* moraliter sumpto, *stet Agnus,* utique juxta *Angelum sedentem in throno.* Præterea etiam semper recordari debemus, sicut in alio loco diximus, quod spiritualia sibi invicem non adversentur, ac proinde eodem in loco, eodem tempore consistere, et in visionibus simul ostendi possint, utique per Dei omnipotentiam, qui quantumvis invisibilia, dum vult, et quibus vult, visibilia reddere potest, et ea, quæ formam corporalem nullam habent, uti corporalia exhibere spectatoribus; sicuti sæpissime fecisse legitur in Scriptura Sacra.

3° Sed quomodo *stantem,* et *tanquam occisum?* animalia enim occisa, non *stare*, sed jacere solent, nisi arte aliqua releventur, seu quibusdam fulcris sustententur, quod hic non est supponendum, sed notari debet quod *Agnus* hic *stans, tanquam occisus*, sit ille *Angelus* repræ-

sentans Christum , qui antea (*a*) dixit Sancto Joanni :
*noli timere ; ego sum Primus , et Novissimus ; et vivus , et
fui mortuus : et ecce sum vivens in sæcula sæculorum*. *Agnus*
iste portat stigmata vulnerum , quibus illi mors illata
fuit , quia Christus resuscitatus , conservavit in corpore
suo glorioso , vulnera manuum , pedum , et lateris , ob
rationes, quas alibi modo exposuimus ; sed quæ vulnera
tunc non impediebant ejus *vitam* , nec ullum amplius
producebant dolorem ; quia vicerat Christus mortem ;
et factus immortalis , erat etiam impassibilis. Sed nunc
additur : eumdem *Agnum* mysticum , esse :

4° *Habentem cornua septem*. In quibusdam regionibus
reperiuntur Oves, (consequenter et Agni) , qui habent
cornua , sed solummodo duo : hic autem *Agnus* symbolicus, apparet cum *septem cornibus* , ad demonstrandam
ejus invincibilem fortitudinem, quam manifestat, quando
per semetipsum , vel per ministros suos , pugnat , uti
pluribus *cornibus* armatus, contra suos, et Ecclesiæ suæ
inimicos , illosque omnes semper gloriosissime vincit ,
et in pulverem confusionis æternæ prosternit. Insuper
habebat :

5° *Et oculos septem*. Ad significandum : Ipsum omnia
clarissime videre , et quæcumque, ac quomodocumque
abscondita perspicere , ita ut nihil unquam ipsum
latere , seu illi ignotum esse valeat. Etiam ad denotandam perspicacitatem ministrorum ejus in Ecclesia ; quia
de *cornibus* , et de *oculis* ejus simul , dicit Sanctus Joannes istis significari *Angelos* , seu ministros *Agni*, addens
immediate postea :

6° *Qui sunt septem spiritus Dei, missi in omnem terram :*
consequenter ad omnes populos, et per omnia tempora ,
usque ad finem mundi. Itaque *cornua*, et *oculi Agni*, significant *septem Angelos* , sive potius multitudinem Angelo-

(*a*) C. 1, v. 17 et 18.

rum, qui mittuntur incessanter, in omnes orbis terrarum partes, et ipsi ministri invisibiles animant, seu stimulant ministros *Agni* visibiles, in utroque ordine, civili nempe, et Ecclesiastico, ipsisque visibilibus ministris adferunt necessariam fortitudinem, et perspicacitatem; seu potentiam, et prudentiam, ut munera sua, debito modo, semper adimplere valeant, pro gloria Dei, salute animarum, et confusione, ac punitione obduratorum inimicorum Dei, et Ecclesiæ.

7ᵘˢ VERSUS. Et venit : et accepit de dextera sedentis in throno, Librum.

1° Ecce hic evidenter vidit Sanctus Joannes *Agnum* simul et *sedentem in throno*, qui tradit *Agno Librum*. Sed quomodo nunc adhuc dici potest : *et venit?* Unde poterat vel debebat *Agnus venire*, ut *a sedente in throno* reciperet *Librum*, cum jam antea dictum sit, quod ipse *Agnus staret in medio throni?* Resp. *Venit* Christus *Homo-Deus* per Ascensionem suam, collocandus ad dexteram *Dei Patris*, ubi ab æterno erat *sedens* cum Patre et Spiritu Sancto, in eodem throno, secundum naturam suam divinam, et unde etiam descendens ad terram, nunquam discesserat; ac tunc, dum scilicet per Ascensionem suam *venit*, recepit Librum *de dextera sedentis in throno*. *Dextera* hic notatur, non quod moris sit aliquid recipere *de sinistra*, sed ad significandum quod agatur de recipiendo aliquo bono; mala enim a Deo recipere, uti sunt punitiones, confusiones, etc., quæ scilicet non ad salutares castigationes, sed ex vindicta Dei immittuntur obduratis peccatoribus, interdum jam in hac vita, sed maxime in futura, possent dici *sinistra* manu Dei dari; sed recipere illum *Librum* et *potestatem aperiendi illum*, id est, exsequendi decreta in eo scripta, gloriosissimum erat *Agno*, seu Christo, uti magis magisque patet

ex honore ipsi exhibito, de quo versu sequente prosequitur Sanctus Joannes :

8us Versus. Et cum aperuisset librum, quatuor
Animalia, et viginti-quatuor seniores, ceciderunt
coram Agno, habentes singuli citharas, et phialas aureas, plenas odoramentorum, quæ sunt
orationes Sanctorum.

Hic requiritur magna attentio, ad recte intelligendum. Itaque.

1° *Et cum aperuisset Librum :* bene notandum, quod
hoc non possit intelligi de *apertura* interiorum partium
Libri; quia uti jam satis clare vidimus, et continuo
magis videbimus in sequentibus, interiora *Libri* istius,
non nisi paulatim, per singulas septimas partes *aperiuntur,* adeoque hæc priora hujus versus verba, debent
significare : *dum Agnus Librum sibi traditum discoope-
ruerat;* nempe auferendo tegumentum, cui fuerat involutus, ita ut *Liber* exterius videri posset. Cæterum, in
textu Græco, hic solummodo legitur : *cum accepisset
Librum.* Οτε ελαβετο βιβλιον, quæ verba nullam adferunt
difficultatem.

2° *Quatuor animalia, et viginti-quatuor seniores ceciderunt coram Agno,* non ut conterriti timore servili ; sed
ut attoniti, timore reverentiali prostrati, unanimiter
agnoscentes supremam dignitatem *Agni,* ipsumque adorantes ; quod certissime omnes simultanee fecerunt
Principes Aulæ cœlestis, simul ac cognoverunt *omnem
potestatem esse datam Agno ;* sed successive solum hoc
fecerunt Magnates, seu Optimates omnium ordinum in
terris ; nempe virorum doctorum, Regum, Principum,
etc., innumerabilis multitudo, et maxime illi, qui uti
ministri spirituales *Agni, Sacerdotii ejus, secundum ordi-*

nem Melchisedech, facti sunt, in quovis gradu Sacrorum
Ordinum , aut dignitatum , participes ; qui omnes per
quatuor animalia, *et viginti-quatuor seniores*, repræsentantur. Successive , inquam , nempe dum per prædicationem Evangelii , et miracula ad confirmationem ejus
patrata , mysteria infinitæ dignitatis et potestatis *Agni*,
illis patefacta fuerunt. Quod autem nonnisi successive ,
tractu temporis, contingere debebat in terris, hic nihilominus simultanee repræsentatur. Quia coram Deo, præterita, præsentia et futura, sunt æque nota.

3° Sine distinctione tam de *animalibus*, quam de *senioribus* dicitur quod fuerint *habentes singuli citharas* ; illa
autem instrumenta musica significant concordes modu-
lationes , hymnodias , omnemque speciem laudum , ac
gratiarum actionum, quæ veluti ab Angelis et Sanctis in
cœlo , etiam ab universa multitudine verorum Christianorum in Ecclesia *Deo et Agno* incessanter offeruntur.
Si enim hoc in terris fiat modo minus perfecto , fit
tamen ex eadem intentione ; dirigente et excitante
eodem Spiritu, ob eadem motiva , et ad eumdem finem.
Erant etiam omnes habentes :

4° *Et phialas aureas plenas adoramentorum*. Illa vascula
ex *auro* confecta sunt, quia *aurum* significat charitatem;
et ea, quæ vasculis illis continentur , *odoramenta, Deo et
Agno*, ut sacrificium boni odoris offerri debent ; nihil
vero bonum odorem coram *Deo et Agno* spirare potest ,
nisi ex charitate procedat , et totum charitate, quasi
imprægnatum sit ; charitas enim est necessarium et
incommutabile condimentum omnium , quæ Deo, ad
salutem æternam obtinendam offeruntur , sine quo
cuncta sunt illi insipida et respuuntur. Quænam autem
sint *odoramenta* dictis *phialis* inclusa ! declaratur :

5° Nempe : *quæ sunt orationes Sanctorum*. Sunt autem
orationes Sanctorum, nec solummodo , nec forte præci-

pue illorum, qui jam in cœlo regnant cum Deo]; sed et
eorum, qui in Ecclesia militante, Deum fideliter ado-
rant, et ad eum, per *Agnum* seu Filium Dei clamant
pro se, et pro omnibus fratribus, hic peregrinantibus,
uti fit in sacrificio Missæ præsertim. Ut autem *orationes*
populi fidelis, grate apud Deum recipiantur, petit
Ecclesia cum Psalmista : *dirigatur oratio mea sicut incen-*
sum, in conspectu tuo (a) *;* et alibi, aliis verbis eadem,
aut æquivalentia. Inde quamvis fide certum sit Sanctos
in cœlo pro invocantibus se de terra, apud Deum intercedere, hoc non optime probatur ex hoc textu, uti
putant Menochius, et aliqui alii auctores; quia hic
potius ostenditur quid fieri debebat, et modo cœperat
fieri, in Ecclesia Militante, per *Sanctos* seu ad hoc
sanctificatos, sacris Ordinibus, aut aliter, et adhuc in
terra viventes.

9ᵘˢ Versus. Et cantabant canticum novum,
dicentes : Dignus es, Domine, accipere librum,
et aperire signacula ejus : quoniam occisus es,
et redemisti nos Deo in sanguine tuo, ex omni
tribu, et lingua, et populo, et natione.

1° *Et cantabant canticum novum,* scilicet *quatuor ani-*
malia, et viginti-quatuor seniores, sive adhuc prostrati,
sive post prostrationem, ante thronum erecti, *cantabant*
canticum admirabile, antea inauditum, ideoque *novum,*
in honorem *Agni,* nempe Christi Filii Dei, et Patris ejus
cœlestis. *Canticum* autem istud componitur ex omnibus
partibus, et cæremoniis pertinentibus ad cultum Novæ
Legis, relicto cultu Legis Veteris. At cultus Dei in Nova
Lege, totus erat *novus;* novum Sacrificium, nova Sacramenta, novum Sabbatum, nova Festa, novum Pascha,

(a) Ps. CLX, v. 2.

novæ preces, novi hymni, novæ cæremoniæ, etc. Et si ex
veteribus canticis non pauca conservabantur, v. g. psalmi
Davidici, et nonnulla alia, tamen novo spiritu, nova
intentione, seu significatione, decantabantur, per novos
ministros, in nova Ecclesia. Inde merito Sanctus
Thomas in hymno ad officium Sanctissimi Sacramenti
pertinente, exclamavit, et post illum universa Ecclesia
Latina :

> Sacris solemniis juncta sint gaudia ,
> Et ex præcordiis sonent præconia ;
> Recedant vetera , *nova* sint omnia ,
> Corda , voces et opera.

Et alibi alia æquivalentia.

2° Itaque unanimiter omnes *cantabant canticum novum,
dicentes :* Id est : cantibus suis, professione fidei suæ,
vita et moribus suis, ac constanti doctrina sua asserentes, publicantesque per universum mundum, pro
instructione et conversione omnium populorum, *Agno
divino* confitendum, et acclamandum esse : *Dignus es ,
Domine , accipere Librum ;* tu nempe solus, a Deo Patre
tuo, *inventus es dignus ,* cognoscere decreta æterni consilii ejus, omnia ejus secreta penetrare, et de his quæcumque, cuicumque, et quandocumque volueris revelare. Insuper

4° *Et aperire signacula ejusdem Libri;* adeoque non
solum revelare servis tuis, sed etiam propria tua auctoritate, supremaque potestate, tibi a Patre data, omnia
exsecutioni mandare, congruis modis, et temporibus,
prout in infinita sapientia tua judicaveris præstare, pro
gloria Dei, splendore Ecclesiæ, et salute animarum.
Ita jam supra vidimus, et ex sequentibus magis ac
magis patebit. Hic autem factus es *dignus.*

5° *Quoniam occisus es ,* id est : quia in assumpta ,
propter nos, et propter nostram salutem, natura humana,

passus et mortuus es, ad expiationem omnium peccatorum : sic autem reparando injuriam infinitæ bonitati
Dei illatam, vincendo omnes Dei et nostros inimicos, ac
abundantissime solvendo debita nostra, totiusque generis humani, tu Domine,

6° *Redemisti nos in sanguine tuo* , dum nempe per ino-
bedientiam , et superbiam nostram , instigante diabolo ,
a Deo summo bono declinaveramus , et incideramus in
abyssum extremarum miseriarum ; quæ , nisi indebita
tua misericordia intervenisset, nunquam debebant terminari ; tu obediendo pro nobis , et temetipsum humiliando usque ad ignominiosissimam mortem Crucis ,
detraxisti nos ex tenebrosissimo carcere , *dirupisti vincula nostra* , et reduxisti nos ad optimum Patrem , qui
propter te , misericordissime nos recepit , quia tu nos
adoptaveras ut fratres tuos , et cohæredes.

7" Hic notandum est : quod Divinus *Agnus,* seu Salvator noster , inquantum et ipse *Deus* est , redemit nos
sibimetipsi , ideoque speciali titulo ad Filium Dei perti-
nemus ; qui non solummodo Creator noster est cum
Patre et Spiritu Sancto , sed et Redemptor noster ipse
solus , quamvis voluntate Patris et cooperante Spiritu
Sancto ; propterea Filius vocatur specialiter , et multo
frequentius quam reliquæ Sanctissimæ Trinitatis Personæ , *Dominus noster.* Sed inquantum *homo* est , nos
redemptos , adoptavit *ut fratres suos* , constituitque nos
secum hæredes futuros regni cœlestis, participes sempiternæ gloriæ suæ , modo in amore ejus, usque in finem
fideliter perseveraverimus.

8" Itaque *redemisti nos... ex omni tribu , et lingua , et
populo , et natione.* Ergo ex omnibus , in orbe terrarum
existentibus populis, compositus est populus in Christum
credens super terram , et eum laudans adoransque in
Ecclesia militante ; ex omnibus etiam populis composita

est jam innumerabilis turba eum odorantium et laudantium modo in Ecclesia triumphante ; quia pro omnibus, omnium nationum hominibus mortuus est Christus
Dominus. Attamen quamvis Christus abundantissime
satisfecerit pro peccatis unquam in' orbe commissis ,
committendis, possibilibusve, nullatenus omnes individui homines participabunt de meritis Christi ; procul
quidem abest ; nam numerus damnatorum longissime
superabit numerum eorum , qui fructum redemptionis
feliciter in æternum percipient. Etenim certissimum
est , quod

9° Illi , qui moriente Salvatore , jammodo erant in
numero damnatorum in inferno , non potuerint inde
liberari ; *quia in inferno nulla est redemptio*. Deinde illi ,
qui vel ante sufficientem publicationem Evangelii, sine
applicatione remedii , pro diversis temporibus et populis instituti contra peccatum originale, mortui erant; vel
post illam sufficientem publicationem, sine Baptismate
mortui sunt , aut unquam morientur, quamvis alia peccata non habentes quam originale, si pœnas infernales
non sustineant , uti mitior , et hodiedum longe communior sententia docet ; saltem nunquam ad beatificam
visionem Dei pervenient, quod de fide est. Et tandem
illa millium plurimorum millia , qui vel Fidem nunquam
suscipiunt , vel in Fide suscepta non perseverant ; vel
quamvis perseverantes in Fide orthodoxa , tamen in
peccato mortali, ex hoc mundo discedunt , omnes indubie irrevocabiliter pereunt.

10° Attamen numerus modo salvatorum est, et adhuc
salvandorum , erit etiam innumerabilis , cum ex multis
aliis locis, et ex hoc iterum Sacræ Scripturæ testimonio
pateat quod ex omni omnino *populo et natione* Deus
vocaverit electos suos , ab æterno prædestinatos ad
gloriam, quos utique *de manu ejus nemo eripiet*. De illis

igitur, et pro illis omnibus, hic loquuntur *quatuor ani-malia, et viginti-quatuor seniores*, gratias solemnissimas agentes *Deo et Agno*, offerentesque continuo suas, ac universæ Ecclesiæ orationes, laudes et sacrificia. Pergunt itaque in lætabunda sua confessione, et professione, unitis vocibus exclamantes :

10us Versus. Et fecisti nos Deo nostro Regnum, et sacerdotes, et regnabimus super terram.

1° *Et fecisti nos Deo nostro Regnum* : sic ergo pro nobis patiendo, et moriendo, et hostes nostros vincendo, nobisque, per Sacramentum regenerationis, merita tua misericorditer applicando, *fecisti nos* membra Ecclesiæ, seu *Regni tui*, quod in fine temporum, tandem completum, totum offeres Deo Patri tuo ; proinde *fecisti nos*, seu ex omnibus nobis in unum collectis, *fecisti Deo nostro Regnum*. Hic interim notandum : quod hoc loco, sicuti capite primo, versu sexto, terminus *Regnum*, proprie significet *Reges ;* quod iterum ex sequentibus clarius constat. Igitur *fecisti nos* et *Reges* pro Deo Patre tecum regnaturos, insuper *fecisti nos* :

2° *Et sacerdotes,* tecum, et per te, Deo Patri sacrificaturos. Ergo sicut hic dicitur *sacerdotes,* non *sacerdotium,* quamvis in præcedenti membro dicatur *Regnum*, intelligi potest *Reges.* Sicut enim omnes Christi Fideles, etiam Laici, utriusque sexus, sunt quodam sensu *sacerdotes,* quia omnes simul, per manus presbyterorum, Deo Patri offerunt Sacrificium *Agni immaculati,* cum ipsomet Christo Summo Sacerdote, et præterea semetipsos in illo, ac per illum immolant, cum continuis sacrificiis laudum ; sic et omnes vocati sunt ad regnandum cum Christo Summo *Rege*, uti *Reges* sub ipso. Cum ergo tu, Domine, feceris nos tecum *Reges*,

3° *Et regnabimus super terram*. Hoc membrum habet varios bonos sensus : primo enim potest sumi pro Regno temporali Christianorum , seu Christianismi , et ita incipit in Constantino Magno; ab illo enim triumphante de omnibus adversariis suis, Anno Domini trecentesimo-duodecimo, pereunte Maxentio, Religio Christiana in throno hujus mundi supremo collocata est ; cœpit dominari , seu *regnare super terram ,* pereunte idololatria ; quamvis enim potestas tenebrarum nova continuo bella contra ipsam pararet, per repetita conamina ad resuscitandam idololatriam , et violentius adhuc per innumerabiles hæreses , omnia illa conducebant ad expurgandam Ecclesiam Christi , et novas continuo victorias illi procurandas , uti historia Ecclesiastica illius temporis testatur , et demonstrat. Sed secundo : illa verba : *regnabimus super terram ,* possunt spiritualiter intelligi ,

4° Nempe de *Regno* gratiæ Dei, in animabus Fidelium, et hoc sensu , veri Christiani *regnant* 1° super omnes passiones, et affectus suos in hac vita ; corda sua, et animos propter Deum abstrahendo a rebus terrestribus, et dirigendo ad cœlestia bona unice quærenda ; contemnendo cuncta peritura , amore æternorum. 2° *Regnant* super omnes adversarios suos, visibiles scilicet, uti sunt seductores in Fide , vel in moribus ; prava exempla , libri perversi , objecta obscœna , animata , vel inanimata ; ac invisibiles, uti sunt, præter proprias innatas , vel contractas fragilitates , et propensitates ad malum , dæmonis inspirationes , et innumeræ fallaciæ ; omnes illos inimicos superant , et subjugant, vel fugant , ita firmiter Deo adhærendo , ut quæcumque isti moliantur ad avertendos illos a fine ultimo , e contra serviant ad eos citius , certius , et perfectius in illum impellendos. Etenim ita seductores, tyranni, et tortores, in persecutionum temporibus, augent, et accelerant æternam felicitatem martyrum. Hæretici, aliique corruptores Fidei, ac morum, stimulant zelum, acuunt ingenium, et excitant vigilantiam verorum Pastorum animarum, et Ecclesiæ Doctorum, Evangelii prædicatorum, et omnium prudentium in Domino fidelium, augentque omnibus occasiones meritorum. 3° Alio adhuc sensu *Regnant* super inimicos, quia sæpe isti, eorum patientia mansuetudine, charitate, aliarumque virtutum exemplis victi, conversique, ex lupis in agnos mirabiliter mutantur.

5° Tandem sensu speciali, et principali, illa verba possunt intelligi de Regno Beatorum in cœlis. Etenim statim post hanc vitam, Sancti ibidem uti *Reges* coronati, incipiunt sua intercessione, et protectione, Fideles ut fratres suos de terra clamantes, in omnibus ad salutem necessariis, vel utilibus, adjuvare, inimicos ab illis avertere, seu compedibus invisibilibus adversarios servorum Dei vincire, ne faciant illis, quæ saluti nociva essent. Illo igitur modo gloriosissime adhuc post mortem *regnant super terram*, testante nempe Scriptura, *gloria hæc est omnibus Sanctis Dei* (a). Tandem et vere *regnabunt* in æternum cum Christo *in terra viventium*.

11ᵘˢ Versus. Et vidi, et audivi vocem Angelorum multorum in circuitu throni, et animalium, et seniorum ; et erat numerus eorum millia millium.

1° *Et vidi :* præfatis scilicet visis, et auditis ; immediate, vel paulo postea succedebant sequentia, non minus solemnia, ac mirabilia, quæ, renovata iterum attentione, aspexit Sanctus Joannes, et audienda atten-

(Ps. cxlix, v. 9.

tissimis auribus percepit , ad quæ consequenter etiam denuo attentionem lectoris , vel auditoris provocat , dicens adhuc semel : *Et vidi ;* sed antequam dicat quid, vel quænam nunc videt , transit ad illa quæ aures ejus verberant maximo strepitu , dicens :

2° *Et audivi vocem Angelorum multorum,* nempe innumerabilis multitudinis, eorum, qui unitis vocibus, quasi ex uno corde , unoque ore laudantes *Deum et Agnum ,* perfectissimam concordiam omnium populorum , per decursum cunctorum sæculorum , in Ecclesia Catholica Deum laudantium, illique servientium , significabant. Et hæc contingebant , uti tam oculi , quam aures , illi testabantur, non separatim , per diversas cœli regiones , sed in compacta turma ,

3° *In circuitu throni,* nempe Dei Altissimi , ad significandam continuam , firmamque adhæsionem, fidelitatem , et obedientiam omnium verorum Christianorum , Sedi Apostolicæ , ac sedenti in ea ; quia *sedes* illa *thronum Dei* super terram est , et *sedens in ea* Deum ipsum invisibilem visibiliter repræsentat Sed sensus verborum *in circuitu* ulterius hic adhuc extenditur usque extra circulum *sedilium,* seu *thronorum* inferiorum , ad *seniores* pertinentium ; etenim

4° Dicitur : *et animalium, et seniorum,* quasi diceretur : et *in circuitu animalium ,* quæ ipsamet sunt *in circuitu throni,* saltem sub certo respectu , uti supra vidimus ; et *in circuitu seniorum,* qui ipsimet collocati sunt *in circuitu animalium;* per hæc autem non significatur, quod tacentibus tandem *animalibus* et *senioribus,* quos audierat Sanctus Joannes *cantantes canticum novum,* inceperit supradicta ingens multitudo suos hymnos decantare ; in cantando enim omnes perseverant , sed significatur quod cum principibus utriusque ordinis in Ecclesia , unanimiter etiam omnes simplices Fideles , eamdem

Fidem profitentes, eadem constantia, eademque submissione, docti et indocti, superiores, et inferiores,
Domini, et subditi, debeant *Deo et Agno* servire, ac laudum sacrificia offerre.

5° *Et erat numerus eorum, millia millium;* non dicitur
quot essent *millia millium,* sed indeterminate, quasi
diceretur multa *millia millium;* ad significandum : quod;
quamvis in se, numerus eorum infinitus non sit, tamen
innumerabilis, seu hominibus ad semper sit ignotus in
terra, quia quantacumque cura adhibeatur ad inquirendum ubique numerum credentium in singulis mundi
partibus, longissime semper abest, quin ad notitiam
aliquousque accuratam perveniatur. Interim ex hoc loco
iterum patet : quod hæc omnia debeant præsertim, (si
non unice), intelligi de iis, quæ contingunt in Ecclesia
militante, non ita de Ecclesia triumphante ; cum enim
omnis numerus sit essentialiter finitus, quia vel uno
addito augetur, vel uno ablato diminuitur, in cœlo
non poterit esse *multitudo innumerabilis,* et nihil obsta-
bit, quin Beati accurate numerent suorum multitudinem, quantumvis ingentem; nempe continuo

12ᵘˢ VERSUS. Dicentium voce magna : Dignus
est Agnus, qui occisus est, accipere virtutem, et
divinitatem, et sapientiam, et fortitudinem, et
honorem, et gloriam, et benedictionem.

1° *Dicentium voce magna,* Laudes enim *Agni divini,*
debent audiri per totum universum; cœlum et terram
debent strepitu replere per prædicationem Evangelii,
per professionem veræ Fidei, et per gratiarum actiones
omnium credentium, quæ incessanter usque ad finem
mundi debent continuari, in toto terrarum orbe. Cœlum
vero debet in æternum resonare canticis laudum, per

omnes Angelos, et Beatos de terra eo deductos aut unquam deducendos.

2° *Dignus est Agnus, qui occisus est ;* idem nempe *Agnus* divinus , qui supra vocatus fuit *Leo* fortissimus *de tribu Juda ,* qui ob gloriosissimam suam victoriam , quia nimirum *mortem nostram moriendo destruxit , et vitam resurgendo reparavit ,* inventus est *dignus accipere Librum, solvere septem signacula ejus ;* eo ipso demonstratur etiam *dignus* ipse solus, cum Patre et Spiritu Sancto, in æternum glorificari , et laudari ab omni creatura visibili et invisibili ,

2° Seu 1° *accipere virtutem,* id est : ab omnibus Angelis et hominibus agnosci, et laudari, ut possidens supremam *virtutem ,* seu fortitudinem , uti cui merito a Deo Patre *data est omnis potestas , in cœlo et in terra ,* etiam secundum assumptam naturam suam humanam ; similiterque *dignus* possidere , in perfectissima unitate cum duobus reliquis Sanctissimæ Trinitatis Personis , veram eamdemque,

4° *Et divinitatem;* uti cujus Humanitas in eadem persona , Divinitati inseparabiliter unita est ; *qui licet Deus sit et homo , non duo tamen, sed unus est Christus ,* unigenitus Dei filius ab æterno, Homo a tempore Incarnationis suæ. Hic tamen notandum est , quod pro termino *Divinitatem ,* multa exemplaria Græca habeant *divitias ,* seu *divitatem ,* uti antiqui scribere solebant ; sed idem significare potest, cum sumatur pro omnibus supernaturalibus *divitiis ,* seu thesauris gloriæ Dei , quibus fons omnium thesaurorum , id est ipsamet natura Divina , seu *Divinitas* intelligitur.

5° *Et sapientiam* infinitam , qua omnia perfectissime cognoscit, ac penetrat, intelligitque, sub omni respectu, sive præterita sint , sive præsentia , sive futura , quomodocumque etiam abscondita ; et hoc sine ullo labore imo et sine examine ad hoc instituto, quia omnia ei patent, et simplici intuitu cuncta perspicit, clarissimeque videt :

6° *Et fortitudinem*, ita ut non solum ille sit omnium fortissimus in cœlo, et in terra, et potentissimus Rex, cum sit ipse Deus cum Patre, et Spiritu Sancto, sed et ut omnis fortitudo, ac potestas, quæ ulli creaturæ inest, vel unquam conceditur, ab illo obtineri, ab ejus potestate, ac fortitudine derivari, et totaliter, semper et in omnibus dependere debeat ; *verbo enim Domini firmati sunt cœli, et spiritu oris ejus omnis virtus eorum*, inquit Scriptura (a).

7° *Et honorem*, ita ut summa reverentia, et submissio, omnis possibilis honoris exhibitio, ex sincerissimo, ardentissimoque amoris affectu, ab omnibus creaturis, illi soli, ut eidem cum Patre et Spiritu Sancto, Deo vero et vivo, debeatur.

8° *Et gloriam*; quia ille, ut *Rex æternæ gloriæ*, merito possidet omnem veram, supremam, et indefectibilem gloriam ; factus est enim ipse fons et origo omnis beatificæ gloriæ, cum ipse sit glorificatus a Patre, et per ipsum glorificetur Pater ab omnibus creaturis ; propter quod Ecclesia quotidie dicit Deo Patri, de Christo Filio ejus ; *per quem hæc omnia, Domine, semper bona creas, sanctificas, vivificas, benedicis, et præstas nobis, per ipsum, et cum ipso, et in ipso, est tibi Deo Patri omnipotenti, in unitate Spiritus Sancti, omnis honor et gloria,* etc., etc. (b).

9° Tandem *et benedictionem*. Quia scilicet summe bonus est, habet in se, et sine ullo sui damno, misericorditer profundit ex se, omnem *Benedictionem*, quæ ullis unquam creaturis conceditur, sive in hac vita mortali super terram, sive in vita futura, sempiterna in cœlis. In confirmationem præcedentium acclamationum,

(a) Ps. xxxii, v. 6. — (b, In canone Missæ.

adduntur adhuc sequentes , de quibus dicit Sanctus Joannes :

13ᵘˢ Versus. Et omnem creaturam , quæ in cœlo est, et super terram , et sub terra , et quæ sunt in mari, et quæ in eo : omnes audivi dicentes : sedenti in throno, et Agno, benedictio, et honor, et gloria , et potestas in sæcula sæculorum.

1° *Et omnem creaturam , quæ in cœlo est :* notandum : *cœlum,* de quo hic agitur, iterum esse Ecclesiam Catholicam , nempe *Regnum cœlorum* super terram , quod variis figuris ex rebus materialibus sumptis, in his Revelationibus depingitur. Certe enim in cœlo empyreo, nec sunt, nec unquam fuerunt, aut erunt, aliæ creaturæ, quam Angeli et Beati , de quibus jam in duobus versibus præcedentibus actum est ; sed veluti de significationibus et repræsentantibus ministros , ac Fideles omnes in Ecclesia militante concorditer et continuo Deum , et Agnum multis modis laudantes , atque sic cœlum empyreum , seu Curiam cœlestem imitantes in terris. Cum autem nunc dicat Sanctus Joannes :

2° *Et omnem creaturam ,* hic quæstio est de creaturis non rationabilibus, et de illis, quæ ratione quidem non carent , sed vel fide vel saltem charitate privatæ sunt , nempe homines a Deo aberrantes, et immundi spiritus ; tamen velint , nolint , semper aliquo modo laudant *Deum et Agnum ,* jam non ut membra Ecclesiæ , sed ut creaturæ existentes in eodem orbe, qui militanti Ecclesiæ pro mansione temporali assignatus est. Adeoque 1° de illis, quæ certo sensu *in cœlo sunt ,* nempe, quæ manent in firmamento , tum superlunari , tum sublunari, seu aereo, quod utrumque etiam recte *cœlum* vocatur; in priori enim sunt, stellæ supra lunam elevatæ, et ipsamet Luna. In posteriori autem aquæ, nubes, nives, grandines, vapores, et omnes aves, quæ creaturæ etiam omnes, tum in psalmis Davidicis, tum in hymno Trium Puerorum, aliisque nonnullis locis Scripturæ Sacræ, ad laudandum Deum invitantur; quod et suis modulis incessanter faciunt.

3° Additur *et super terram,* uti sunt quadrupedia, serpentia, vermes, plantæ, lapides, etc. innumerabilium generum, et specierum. Deinde mare, flumina, lacus, fontes, torrentes, etc. quæ partim super terram, partim in terra, et sub terra sunt, et mirabilibus suis qualitatibus, motibus, et effectibus, Deum factorem suum glorificant.

4° *Et sub terra,* plurima genera animalium, metalla, mineralia, quorum multa cognita, plura forte adhuc incognita hominibus in visceribus impenetrabilibus, et imperviis abyssis terræ latent.

5° *Et quæ sunt, in mari;* hoc non de navigantibus *in mari* intelligendum est, qui utique ad genus humanum pertinent, et de quibus, sub illo respectu, jam supra actum est; sed de piscibus in maris undis, vel etiam in aliis aquis natantibus; de ipsismet aquis, et de rebus aliis, quæ in aquis moventur, aut illis vehuntur.

6° *Et quæ in eo :* id est : quæ in fundo *maris,* aut quarumcumque magnarum aquarum profunditatibus abscondita sunt, omnia, quasi animata, et perfecta ratione utentia, unitis vocibus clamantia, et *Deum ac Agnum* laudantia, *se audivisse* testatur Sanctus Joannes.

7° Attamen præterquam quod omnes illæ creaturæ, quæ vita et sensu, vel saltem ratione carent, vere suis modis Deum glorificent, per illos mystice intelligi possunt, imo probabilissime debent, ab una parte homines perversi; ab altera parte angeli apostatæ; *Homines*

nempe, qui voluntarie vel involuntarie vita spirituali
carent , ac lumine supernaturali , cum extra veram
Ecclesiam vagantes, spiritu Christi non animentur ; vel
carent motu, quasi lapides , et metalla , uti sunt obdurati peccatores; vel certo sensu carent ratione, aut ejus
usu, uti sunt illi, qui quasi bruta animalia, terræ affixi
vivunt solummodo materialiter *super terram* , aut *sub
terra* , nihil ultra desiderantes , aut cogitantes ; et quidem indigni qui terram incolant. Vel vivunt quasi *in
maris superficie* , aut *in fundo* ejusdem latere videntur ,
cum continuo inordinatis passionibus jactentur , aut
voluntate obstinate perversa , in abyssis impietatum
permaneant. Vel *in cœlo* superno quidem fulgere velut
sidera , aut volare sicut Aves , quærunt ; superbi nimirum , *potentes in sœculo* , hypocritæ, sanctitatem simu-
lantes, omnesque quomodocumque temporalem gloriam
solummodo amantes , sed qui interim , quantumvis
inviti , uno aliove modo , *Deo et Agno* subjiciuntur ,
et ipsum glorificare coguntur , sine meritis tamen ,
quia inviti.

8° Similiter fere faciunt, et in perpetuum facient ,
dœmones , ac *damnati* , agnóscentes dominationem, et
justitiam *Dei et Agni* : inde dicit Apostolus : *Deus exaltavit illum* (nempe Christum) *et donavit illi nomen , quod
est super omne nomen , ut in nomine JESU , omne genu
flectatur cœlestium , terrestrium et infernorum , et omnis
lingua confiteatur, quia Dominus Jesus Christus in gloria
est Dei Patris* (a).

9" Dicentes : etc. , etc. Pro his videantur ea , quæ de
iisdem verbis *Angelorum , animalium* , et *seniorum* , dicta
sunt supra , versu undecimo , pag. 220.

Philip. c. ii, v. 9, 10 et 11.

14 Versus. Et quatuor animalia dicebant :
Amen. Et viginti-quatuor seniores ceciderunt in
facies suas, et adoraverunt viventem in sæcula
sæculorum.

1° *Et quatuor animalia dicebant : Amen*. Adeoque, et
omnes Ecclesiæ Doctores, tum Evangelistæ, tum posteriores, qui titulo Doctoris Ecclesiæ decorati sunt,
omnesque Fidei Catholicæ defensores cujuscumque
tituli, aut dignitatis, videntes et audientes illam unani-
mem ab omnibus creaturis glorificationem *Dei et Agni*,
eam ut justam rectamque approbantes, etiam applaude-
bant, dicentes : *Amen*. Id est : ita fiat, hoc vere dignum
et justum est.

2° *Et viginti-quatuor seniores ceciderunt in facies suas*.
Id est : Omnes in Ecclesia Christi Superiores utriusque
ordinis, nempe in ordine Ecclesiastico, Summi Pontifices, successive Sedem occupantes, Cardinales, Episcopi, aliique Prælati; in ordine civili, Imperatores, Reges,
Principes, Duces, aliique Dominatores, ac Rectores
populorum, qui Christum Supremum æternumque Sacerdotem ac Regem agnoverunt ; videntes, et audientes hæc, humiliter prostrati ante Majestatem supremam,
suam approbationem, et adhæsionem testabantur.

3° *Et adoraverunt viventem in sæcula sæculorum*. Ita
igitur humiliter prostrati, toto cordis affectu, tota animæ effusione, *adoraverunt*, et cum reliquis creaturis
laudaverunt *Deum* Altissimum, ac omnia Judicia ejus,
in *Agno* Summo triumphatore manifestata, et in perpetuam æternitatem magnificentissime gloriosissimeque
ordinata pro hoc mundo, et pro futuro.

CONSIDERATIONES

Quædam ulteriores in quatuor ultimos versus hujus capitis.

1° Postquam in versibus undecimo, duodecimo, et decimo-tertio, vidimus quod, et quibus modis omnes omnino creaturæ in toto universo existentes laudent *Deum et Agnum*, sive libere, sive coacte; sive voluntarie, sive necessarie, sive cum cognitione causæ, sive absque ulla cognitione; sequitur aliquid, in medio versu decimo-quarto, seu ultimo hujus capitis, quod nullus, quem noverimus, auctor animadvertisse videtur; et ex quo desumi potest argumentum, uti nos equidem arbitramur, adeo validum quo stabiliatur opinio seu sententia nostra; nempe quod *quatuor animalia,* præter quatuor Evangelistas, significent, seu repræsentent Ecclesiæ Doctores, tum illos qui sunt de numero Sanctorum Patrum, tum posteriores, Ecclesiæ Catholicæ Patriarchas. Cardinales, aliosque Consiliatores, et collaboratores Summi Pontificis, ergo vel nunc, vel olim in terris, ut membra Ecclesiæ militantis existentes.

2° Ecce enim dum creaturæ reliquæ, singulæ suo modo, exclamaverant quæcumque *Deo et Agno* honorifica et debita esse cogitaverant, vel vere, aut æquivalenter senserant; *quatuor animalia* unanimiter acclamabant *AMEN :* quasi dixissent : veré ita est; utinam ita continuo fiat. Hæc vera, digna, et justa sunt; etc. Et post solemnem illam *animalium* declarationem, *vigintiquatuor seniores, ceciderunt in facies suas, et adoraverunt viventem in sæcula sæculorum.* Hæc reverentiæ signa hic non prima vice exhibent, quia jam antea simili modo *Deum et Agnum adoraverant,* uti vidimus capite quarto, versu decimo, et hoc quinto capite, versu octavo. Sed hac vice, quasi novo cum fervore, seu novis aliquibus titulis, aut motivis *adorare* videntur. Ecce nunc quo tendamus.

3° Hinc ergo animadvertamus : Quod sæpissime in Ecclesia Catholica contigerit, (quod et adhuc contingere posset), populum, seu plebem , sincere firmiterque fidelem , primum in una aliqua regione, deinde in multis tractibus, tandem in toto , aut fere toto orbe Catholico , assumere , et ferventer practicare , *novam , aut quasi novam* aliquam devotionem ; sive instigante aliquo fervente prædicatore , vel quacumque pia anima ; sive occasione alicujus veri vel putati miraculi ; vel tandem ob magnam aliquam calamitatem publicam , temporalem , aut spiritualem ; uti olim factum est de Sacratissimo Rosario, de Scapulari , Beatæ Mariæ Virginis , de solemniori Adoratione ac processione Sanctissimi Sacramenti , de Immaculata Conceptione Beatissimæ Virginis, de adoratione Sacratissimi Cordis Jesu, postea et de Sanctissimo Corde Matris ejus ; etc., etc.

4° Ecclesia Christi, per visibile Caput suum Summum Pontificem , aliquo tempore durante , talia videns , vel audiens, cum satis evidenter nihil habeant contra Fidem orthodoxam, vel bonos mores, non prohibet, nec improbat illa , nec etiam positive approbat ; sed tolerat. Ast perseverantibus, et accrescentibus illis quasi clamoribus piarum creaturarum in laudem *Dei et Agni ,* tandem rem de qua , vel eas de quibus quæstio est , mature examinat , adhibitis consiliis Cardinalium aliorumque virorum doctissimorum. Dum autem omnia recte considerata , et ponderata sunt , si vel ab omnibus ad hoc vocatis, vel a longe majori numero eorum , approbative respondeatur, quasi ab *animalibus cœlestibus,* dicentibus *Amen,* accedente judicio definitivo Summi Pontificis , de stabilienda proposita devotione, aut instituendo quodam Festo desiderato, tunc tandem Episcopi , aliique Superiores Ecclesiastici ab una parte ; Reges aliique Principes Catholici ab altera , devotionem illam , vel Festum celebrandum, cum veneratione admittunt, ac permittunt; solentque, tum suis exemplis, tum sua protectione, ea suis aliisque populis commendare; quasi seniores prostrantes se denuo ante thronum *Dei et Agni*, ac novo fervore, novisque titulis, ac motivis, *adorare viventem in sæcula sæculorum*; eo quod ex his omnibus magis magisque effulgeat victoria *Leonis de tribu Juda*

5° Illis vel æquivalentibus modis, maximus numerus specialium devotionum, id est, ea quæ non sunt Fidei essentialia, introducta, et fere omnia Festa Mysteriorum, Sanctorum, etiam Beatæ Mariæ Virginis, et Angelorum, instituta fuerunt. Talibus quidem etiam modis et mediis, primum inceperunt, deinde legitime instituti, et tandem longe lateque propagati fuerunt, fere omnes Ordines religiosi, piæ Societates, seu confraternitates, per universum mundum existentes.

Simile quidem exemplum hodiedum sub oculis habemus vere notabile, in recenti Societate ad Propagandam Fidem, particulari quorumdam clericorum, et laicorum devotione in Gallia inchoata, et hodie jam, applaudentibus Ecclesiæ Auctoritatibus, per universum orbem Catholicum, cum ingentibus fructibus spiritualibus extensa.

6° Etenim cum parvuli, et simplices, seu animæ parum quidem doctæ, sed sincere piæ, et gratiæ Dei dociles, non minus sint pretiosissima membra Ecclesiæ, quam viri doctissimi, in magnis dignitatibus constituti, imo interdum multo propius accedant ad Deum, qui *humilia respicit, et alta de longe cognoscit*; monente etiam Christo Domino, *sinite parvulos ad me venire; talium est enim Regnum cœlorum*; non raro fit, ut Spiritus Sanctus ab infima plebe Catholica, vel a simplicissima aliqua anima, incipiat manifestare ea, quæ in posterum, vel in tota Ecclesia Catholica, vel in aliqua ejus parte, practicari desiderat. Talia non pauca exempla tum sub Lege Veteri reperiuntur , quæ in ipsa Scriptura Sacra leguntur , tum maxime sub Lege Gratiæ , quæ historia Ecclesiastica fideliter ad nos transmisit.

7° Hoc optime novit Suprema in terris Ecclesiæ Auctoritas , et ideo , quamvis non præcipitanter , nec levibus rationibus mota procedat , admittendo , vel approbando omnia, quæ zelus aliquis, forte indiscretus, vel fervor fanaticus, sub specie pietatis, potuisset inspirare ; etiam non indignanter , aut imprudenter rejicit quæcumque ab infimis gradibus procedunt; sed res tacite coram Deo considerat , deinde , petito lumine ex alto , diligenter prudenterque examinat quis sit spiritus, qui loquitur ; et omnibus rite perpensis , approbat quæcumque, quavis via , vere a Deo provenire detexerit; agnoscens , et docens quia *spiritus ubi vult spirat ;* et sæpe quidem contingit *Magistros in Israel ,* seu quoscumque viros Doctos, *audire* quidem *vocem ejus,* sed satis diu *nescire unde veniat. aut quo vadat.*

8° Dum autem talia eveniunt , et postea , per saluberrimos fructus suos , utilitatem , et soliditatem suam demonstrant, sæpe contingit etiam adversarios, impios, et omnino incredulos, qui per creaturas sensu et vita carentes repræsentantur in hoc Revelationum *Libro .* istis tandem applaudere ; sic multis modis *Deum et Agnum* laudare , benedicere, et glorificare coguntur , mera saltem ratione naturali, et sensu communi, invincibiliter imperantibus. Facillimum esset , multis exemplis hoc probare , si per se non esset unicuique notissimum.

Sequuntur nunc aliquæ adhuc quæstiones in varias hujus capitis materias, utiliter instituendæ.

1° Quia , quo attentius consideramus Revelationes hujus *Libri ,* et quo sæpius singulos ejus textus meditamur, eo plures instructiones in illis continuo reperimus; videmus jam nos nonnulla in hoc capite prætermisisse, quæ merentur etiam hic exponi, antequam ad sequentia transeamus. Itaque primo loco, utiliter inquiri adhuc potest : Ad quod præcise tempus debeant referri ea, quæ in hoc quinto capite *se vidisse*, vel *audisse*, narrat Sanctus Joannes? seu quandonam inceperit in cœlo apparere, sive existere mysticus ille *Liber, septem sigillis clausus* seu *signatus*? Secundo : quandonam, et quomodo *Agnus Librum sibi traditum* inceperit aperire? Tertio : in quibus qualitatibus, seu dignitatibus constitutus *Librum* istum aperuerit jammodo pro majori parte, et ad finem usque perrecturus sit eumdem aperire? Antequam ad singula respondere conemur, notandum :

2° Quod capite primo, versu decimo, Sanctus Joannes dicat : *fui in spiritu, in die Dominica*, etc., etc. Id est : in quadam *die Dominica*. Sed inde nullatenus possunt solvi quæstiones propositæ : 1° non constat quota die mensis, nec quo mense anni, et certo nequidem scitur quo præcise anno.

Ab una enim parte, non omnino certe cognoscitur quo anno Sanctus Joannes missus fuerit in exilium; ab altera parte, minus adhuc cognoscitur quamdiu jam esset in insula Patmos, dum vidit, et scripsit Apocalypsim. 2° Parum videtur probabile, quod Sanctus Joannes una eademque illa *die dominica* habuerit omnes Revelationes, in hoc *Libro* conscriptas. 3° Tandem, cum asserentibus Sanctis Patribus, et annuente Ecclesia universa, in omnibus et singulis verbis hujus *Libri* lateant mysteria, etiamsi non debeat dubitari, utrum hic agatur de *die* aliqua *Dominica* proprie dicta, seu de prima alicujus hebdomadæ, quæ tunc modo, uti hodiedum, *Dominica* vocabatur; fieri tamen potest quod illa verba habeant et alium sensum, nempe : quod *dies*

Dominica ibi non sumatur exclusive pro *die* naturali, inter mane et vesperam, vel saltem viginti-quatuor horarum spatio inclusa; sed pro tempore quod, ob victoriam Christi Domini, in honorem ejus, *tempus,* seu *dies Domini,* hic vocatur.

3° Hoc enim supposito, initium istius *Diei Dominicæ* sumendum esset a momento Resurrectionis Christi Domini, sed finem ista *Dies* nunquam esset habitura; e contra, per totam durationem Ecclesiæ sæculorum, fulgore cresceret, et per finalem occasum, seu extinctionem luminis naturalis, in fine hujus mundi, perduceretur ad summam plenitudinem splendoris sui, in æternum duraturi. Hoc non imprudenter admitteretur : cum sit notissimum, in Scriptura Sacra frequentissime vocem *dies* sumi pro indeterminatæ durationis tempore. Interim satis parum facit ad rem nostram, illa non posse certo sciri; sed ut ad propositum scopum tandem perveniamus, quantum ad tempus apparitionis *Libri septem sigillis clausi,* et *Agno divino* ad *aperiendum* traditi, ecce quid nos sentiamus.

4° Quamvis certissime omnia, quæ unquam in toto universo contingere debebant, ab æterno fuerint perfectissime cognita omniscienti Deo, cum tamen practice prius sit rem aliquam existere, quam eam cum omnibus suis accidentibus et circumstantiis perspici, sive in esse suo cognosci, et considerari; a momento Resurrectionis Domini nostri Jesu Christi, cum jam formato meritorum Salvatoris thesauro, devictisque morte, diabolo, et inferno, Ecclesia Christi etiam formata et constituta esset, ex tunc determinate existere, et quasi *apparere* incepit *Liber,* de quo hic est quæstio, seu *præcognitio* omnium, quæ in eadem Ecclesia, per decursum sæculorum contingere debebant; Deo tamen soli erant cognita omnia, quæ in illo prævisionis *Libro* quasi indelebiliter scripta reperiebantur ; omnibus ergo creatis intelligentiis, *Liber* erat *clausus.*

5° Tempore autem exilii Sancti Joannis , adeoque lucente jammodo ab annis aliquot, magna *Die Dominica,* in visionibus Apocalypticis idem Sanctus Joannes præfatum *Librum clausum ,* et involucro coopertum vidit. Jam vero , præ desiderio lacrymans , ut aliquis inveniretur , qui eumdem *Librum aperire* posset, pro salutari instructione totius Ecclesiæ, (quia per revelationem jam cognoscebat , *aperturam* istius mystici voluminis esse valde momentosam) ; *vidit* ipse tandem *Agnum divinum,* eumdem qui et *Leo de tribu Juda* dicebatur , post victoriam suam *advenientem ,* et *audivit* illum inventum esse *dignum aperire Librum et solvere signacula ejus.* Diximus suo loco , adventum dicti *Agni* ad hoc faciendum , contigisse in Ascensione Christi Domini ; hoc ita etiamnum putamus, quia utique tunc *Agnus* ille, eo ipso quod glorificaretur in cœlis , ut *Judex vivorum* omnium , *et mortuorum, recepit Librum* istum *de manu dextera sedentis in Throno* Supremo , uti etiam ibidem asseruimus , et ipsa recta ratio clare ostendit.

6° Nunc ergo, quandonam, et quomodo incepit *Agnus aperire Librum?* Resp. Primo *Librum* discooperuit per descensum Spiritus Sancti, *in die Pentecostes,* aperiendo, seu illuminando intellectum Apostolorum, ac discipulorum suorum ; ut cognoscerent , ad quænam cœlitus vocati essent , et inflammando voluntates eorum , ad facienda , et patienda quæcumque Divinus Magister eorum , ab illis exigere , vel illis imponere , pro gloria sua, et salute animarum dignaretur ; et ex tunc, id est , a *die Pentecostes ,* immediate post adventum *Spiritus Sancti ,* per primam prædicationem Apostoli Petri , *aperuit Agnus primum sigillum* Magni istius *Libri ,* quemadmodum in sequenti capite videbimus.

7° Ut tandem videamus in quibus qualitatibus , sive dignitatibus constitutus, seu qua auctoritate *Agnus aperuerit* illum *Librum ;* considerare debemus quod *Agnus divinus* a Deo Patre factus sit Summus æternusque *Pontifex,* simul et Supremus et sempiternus *Rex.* Illis etiam duabus dignitatibus, seu duplici illa auctoritate indigebat ut *aperiret Librum.* id est, ut dirigeret et perficeret, sive ad finem debitum perduceret omnia, quæ in Ecclesia futura erant, nempe spiritualia , et temporalia. Ergo auctoritate *Pontificali ,* et *Regia ,* magnum hoc opus suscepit *Agnus.*

8° Itaque a *Die Pentecostes* incepit in duplici sua qualitate fungi duplici ista functione ; et impleri cœpit utraque de illo prophetia, nempe una, qua Pater cœlestis illi dixerat : *Tu es sacerdos in æternum secundum ordinem Melchisedech* (*a*). Etenim vi istius dignitatis sibi collatæ , jam in ultima Cœna , Christus instituerat incruentum Sacrificium Novæ Legis, illudque primus immediate ipsemet obtulerat; sed solummodo post adventum Spiritus Sancti , illoque inspirante , Apostoli hoc idem celebrare cœperunt , ex potestate sibi a Christo data, et expresso ejus mandato , ut *hoc facerent in ejus commemorationem ;* quod ex tunc facere perrexerent. Altera prophetia , qua per os David , ipsemet Christus dixerat : *Ego autem constitutus sum Rex ab eo* (Deo Patre) *super Sion montem sanctum ejus* (*b*)*;* eodem enim illo tempore incepit *Agnus divinus* exercere *regiam* suam potestatem , manifeste dirigendo , et contra omnium magnatum conamina protegendo neo – natam suam Ecclesiam, et Regnum suum spirituale primum, cui temporale , tractu temporis jungi debebat ; item et propagando, extendendoque per universum terrarum orbem. Ergo et tunc sub utroque illo respectu Christus Domi-

(*a*) Ps. 109, v. 4. — (*b*) Ibidem, 2, v. 6.

nus in cœlis glorificatus, incepit sese ostendere omnium servorum suorum *Advocatum* apud Deum Patrem.

9° Interim hæc sunt ex illis punctis quæ sicut præmonuimus . Sanctus Joannes, utique non potuit uti futura prædicere, sed debuit ut modo præterita enarrare, quia necessaria erant pro integritate operis ejus ; quæ etiam ideo in visionibus, sub mirabilibus symbolis, ei fuerunt ostensa Talia adhuc varia occurrent in sequentibus.

10° Hic pro coronide, una adhuc potest addi quæstio, non quidem necessaria , sed pro exercitatione nostra , ad intelligentiam etiam aliorum quorumdam locorum Scripturæ Sacræ , non inutilis. Nempe , cum Sanctus Joannes tam frequenter hic loquatur de Christo Domino, sub nomine *Agni ,* petitur utrum vere Christum , vel Angelum eum repræsentantem, viderit sub forma naturalis *Agni?* An forte potius viderit eum sub forma humana quidem , sed metaphorice eum vocet *Agnum ,* quia quasi Agnus immolatus fuerat, pro peccatis mundi? Videlicet sicut Sanctus Joannes Baptista Christum, quem utique nonnisi in humano suo corpore viderat , tamen populo Judæorum ostendebat , dicens : *Ecce Agnus Dei ,* etc. Resp. Si Sanctus Joannes non solummodo oculis mentis , sed et oculis corporis viderit omnia reliqua in hoc Libro descripta , etiam Christum vel eum repræsentantem Angelum vidit sub corporali specie naturalis *Agni,* cum differentiis tamen , quæ in textu sacro enarrantur , de *septem oculis,* et *septem cornibus ;* at inde non sequitur quod *Agnus* ille fuerit palpabilis ; sufficiebat enim ad scopum intentum , quod esset visibilis. Similiter sentiendum erit de quatuor *Equis,* etc. quæ occurrent in sequentibus.

11° Nec dici debet quod videatur indecens , imo absurdum , bruta animalia , saltem in figura , ponere in cœlo , et in ipso throno Dei aut ad minimum in digniori-

bus locis Ecclesiæ , et in Sede Apostolica. Quod utique
Bruta sint creaturæ viliores quam ut figuræ earum in
rebus tam sublimibus , imo in mysteriis cœlestibus
adhibeantur. Ad hæc enim , et ad similia , quæ adhuc
objici possent , responderemus 1° nos non mirari si in
mysteriis repræsentandis Brutorum figuræ interdum
assumantur , cum equidem nemo negare valeat eorum
nomina sæpissime in talibus usurpari. 2° Quod si Bruta
animalia sint dignitate infinite inferiora hominibus ,
tamen sint valde admiranda opera Dei , creata non
solummodo in materialem usum, et utilitatem hominum,
sed etiam ut creaturæ rationales in illis Dei omnipotentis infinitas perfectiones contemplentur , et ex eorum
qualitatibus, salutares sibi instructiones hauriant. Tandem 3° et peremptorie , quod equidem nullus Fidelis
negare possit Spiritum Sanctum assumpsisse figuram
Columbæ , ut visibiliter descenderet super Christum a
Joanne Baptizatum , et sub illo symbolo Salvatoris virtutes exprimeret. Ergo , etc., etc.

CAPUT SEXTUM.

Aperiuntur sex priora signacula Mystici Libri. Aperto primo, apparet Equus albus, cum Equite suo. Aperto secundo, Equus rufus, similiter cum Equite suo. Aperto tertio, Equus niger, cum sedente in eo. Aperto quarto, Equus pallidus, habens etiam suum sessorem. Aperto quinto, audiuntur clamores Martyrum. Aperto sexto, venit tremenda ira Agni, et inde universorum turbatio. Septimum ultimumque, usque ad caput octavum relinquitur.

1ᵘˢ VERSUS. Et vidi quod aperuisset Agnus unum de septem sigillis, et audivi unum de quatuor animalibus, dicens, tanquam voce tonitrui : veni et vide.

1° *Et vidi;* post præcedentes visiones, sive facto aliquo interstitio, sive continuatis immediate apparitionibus in cœlo, scilicet aereo, quo Ecclesia Christi militans in terris significabatur, et in quo per *thronum Dei et Agni,* repræsentabatur *Sedes Apostolica,* uti jam antea probare conati sumus, Sanctus Joannes *vidit :*

2° *Quod aperuisset Agnus unum de septem sigillis.* Ecce jam capite præcedenti, versu octavo, vidimus *Agnum aperuisse Librum* sibi traditum, qui erat *septem signaculis* seu *sigillis clausus,* et hic solum aperitur primum *sigillum ;* ergo constat tunc *Agnum* non proprie loquendo *aperuisse Librum,* sed eum *discooperuisse,* auferendo velamen, seu involucrum, quo tegebatur, ita ut *Liber* videri quidem exterius, sed nondum inspici posset, uti tunc diximus ; quia per adventum Spiritus Sancti, Apostolis jam paratis ad suam missionem inchoandam, et constituta tunc modo Ecclesia, jam evidens erat, multos magnosque eventus debere in nova hac Ecclesia contingere; ergo *Liber* erat detectus, sed manebat

adhuc clausus , quia sequelæ novæ Religionis nondum
in particulari cognoscebantur. Aperto autem primo
sigillo , immediate apparuit pars rerum in *Libro* contentarum. Ergo *Liber* ille erat aliquod volumen proprie
dictum , seu longa membrana convoluta super semet
ipsam , vel super cylindrum ; et per partes evolvebatur ,
dum successive *sigilla* aperiebantur ; uti antea jam
ostendimus.

3° *Et audivi unum de quatuor animalibus :* unum, id
est, *primum,* (quod uti vidimus, *simile* est *Leoni,*) annuntiat aperturam hujus primi *sigilli,* post quam repræsentatur fortitudo Christi , nempe triumphantis de morte ;
propter quod Apostolus , quasi morti insultans , dicit :
ubi est. mors, victoria tua? ubi est, mors, stimulus tuus (a)?
item de diabolo , de quo ipse dixerat . *nunc princeps
hujus mundi ejicietur foras* (b). Et tandem de corruptissimo
mundo ; de quo similiter ipse , consolans Apostolos
dicit : *confidite , ego vici mundum* (c). *Audivi* itaque
animal :

4" *Dicens tanquam voce tonitrui ,* id est , altissime clamans, quia significabat vocem prædicationis Evangelii,
quæ per totum orbem terrarum audiri , et intelligi
debebat, uti scriptum est de Apostolis, eorumque cooperatoribus , et successoribus : *in omnem terram exivit
sonus eorum., et in fines orbis terræ verba eorum* (d). Dicebat autem *animal :*

5° *Veni et vide.* Invitabat igitur Sanctum Joannem , et
in eo omnes , sive tunc , sive in futuris temporibus
viventes homines, ut ad Fidem veram cognoscendam ,
et amplectendam , *venirent* ad *lucem , quæ illuminat
omnem hominem venientem in hunc mundum;* ut scilicet
credentes accederent ad illum, qui manum misericordiæ

(a) I Cor. c. xv, v 53. — (b) Joan. c. xii, v. 34. — (c) Ibidem, c. xvi, v.
3 . — (d, Ps. xviii. v. 5.

ad illos extendebat. Et *viderent*, ut nempe cooperando cum gratia Salvatoris, oculos mentis aperirent, et comtemplarentur opera Dei, ejusque bonitate nimia commoti dociles se præberent, ad Verbum vitæ utiliter recipiendum.

2ᵘˢ Versus. Et vidi, et ecce Equus albus : et qui sedebat super illum, habebat Arcum : et data est ei corona, et exivit vincens ut vinceret.

1° *Et vidi :* renovata iterum attentione, diligenter aspexi versus *animal* ad me clamans, similiter et versus *thronum, Agnum*, et *Librum*, ut *viderem* mysteria mox exhibenda, eaque per instructionem Angeli, intelligere mererer.

2° *Et ecce Equus albus :* mirum sane, ad aperturam sigillorum *Libri* istius mysteriosi, *Equos, Equites,* illis *insidentes,* aliaque magna et stupenda apparere, quæ videntur de *Libro* exire, et utique in nullo *libro,* quantumvis magno, contineri possent, cum agatur de *Equis,* aliisque plurimis creaturis viventibus ; sed debemus intelligere quod ea, quæ singula vice, post aperturam alicujus *sigilli* apparent, in singulis locis, seu partibus *Libri* successive patentibus conscripta fuerint, et quod eorum adimpletio, ad aperturam uniuscujusque *sigilli,* oculis Sancti Joannis corporaliter fuerit exhibita, quasi fuisset ipse realiter præsens in locis et temporibus quibus singula realiter contingebant.

3° Itaque *septem* apparitiones, quas vidit Sanctus Joannes, ad *septem sigillorum aperturam*, repræsentabant illa, quæ in *septem Epochis*, seu Ætatibus Ecclesiæ Christi locum habere, seu contingere debebant, seu a Deo prævidebantur. *Equus* autem *albus* significat Apostolos, qui ob magnanimitatem, ac fortitudinem, animosque ad omnes labores paratos et aptos, bene *equis* compa-

rantur , quique castitate morum , sanctitate vitæ , et
puritate doctrinæ , vere toti spiritualiter *albi* fuisse
designantur.

4° *Et qui sedebat super illum*, nempe *Equum ; Eques*
ille erat evidenter Christus Dominus , qui spiritualiter
portabatur per Apostolos suos , in omnes regiones in
quibus Evangelium , seu verbum salutis annuntiabant ,
ita ut Christophori , id est , Christum portantes merito
dici possent; et sicut equus per frænum, ita illi in sacris
cursibus suis , per Spiritum Sanctum dirigebantur , a
sessore suo Christo. Etiam velut optimi Equi, fidelissime
semper, et in omnibus sanctissimi sessoris , et fræni sui
directionem sequebantur. Sed et Eques ille :

5° *Habebat arcum :* Christus uti bellator fortissimus ,
repræsentabatur armatus *arcu* , et utique telis , in usum
arcus, quia ab una parte , telis igneis amoris sui , vul-
nerat animas salvandas ; ab altera autem sagittis , et
durissimis, et acutissimis, quibus nihil resistere potest,
debellat omnes inimicos suos. Ideo de ipso dicit Scriptura : *arcum suum tetendit , et paravit illum ; in eo paravit
vasa mortis : sagittas suas ardentibus effecit* (a)

6° *Et data est ei corona.* Certissime modo *data est ei
corona* , quia jam præsertim a die Ascensionis suæ ,
Christus solemnissime constitutus est a Deo Patre Supremus *Rex* cœli et terræ, *Dominus omnium dominantium* ,
quamvis ad omnia , et omnes sibi subjugandos , diu
adhuc per ministros , imo per omnes utriusque sexus
servos suos, et ipsemet in ipsis, per gratiam suam, bel-
lare deberet super terram, ac pugnare quidem usque ad
finem mundi , contra remanentes et continuo renascen-
tes hostes visibiles et invisibiles. Ideoque gloriosus ac
potentissimus *Eques :*

7° *Exivit vincens ut vinceret.* Etenim jammodo *vincens*

(a) Ps. vii, v. 13 et 14.

erat, quia *vicerat* per humillimam Incarnationem suam, per paupertatem, per labores, per suam doctrinam exemplaque virtutum omnium, at maxime per Passionem, et mortem suam, solemnissime triumphaverat resurgendo, et in cœlum ascendendo, ubi thronum supremum *ad dexteram Dei Patris sedens* jam inamissibiliter possidebat ; sed *exibat* per servos suos in terris manentes, ad prædicandam veram Fidem, per universum orbem, omnibus nationibus, et inculcandam veram virtutem omnibus animabus, et ita continuo novas *victorias* obtinere, seu adhuc *vincere* debebat, alios convertendo, non obstantibus maximis multisque difficultatibus et resistentiis, alios confundendo, et humiliando superata illorum quasi invincibili potestate et fortitudine contra Deum, verissimum demonstrans quod dicit Scriptura : *non est sapientia, non est prudentia, non est consilium contra Deum* (*a*)

8° Hæc autem omnia, repræsentant præsertim illa, quæ tempore Apostolorum, incipiendo ab Ascensione Christi, et sub prioribus Apostolorum successoribus, nempe a primitiva Ecclesia peracta fuerunt, usque ad Arianismum, ad annum circiter trecentesimum-vigesimum. Ministri ergo Christi, per quos illo tempore *exibat*, et veluti *Equo albo* portabatur, non erant soli Apostoli, et immediati Discipuli Christi, sed omnes veræ Fidei prædicatores istius Ætatis.

Interim aliqui interpretes per *Equum album* intelligunt Christi humanitatem, glorificatam mirabili ejus Resurrectione et Ascensione, et per *sedentem in Equo*, ejusdem divinitatem. Non est quidem spernenda *sententia illa;* sed præcedens nobis multo plausibilior videtur.

(*a*) Prov. c. xxi, v. 30.

3ᵘˢ Versus. Et cum aperuisset sigillum secundum, audivi secundum animal , dicens : veni et vide.

1˙ *Et cum aperuisset* (nempe Agnus) *sigillum secundum*, et evolvisset secundum *Libri* partem, ita ut hæc videri et perlegi posset; id est , dum Christus Dominus divina sua providentia, ac justis suis judiciis , res in terris ita disposuerat , ut cursum habere possent , et certo sensu deberent , Ego Joannes in spiritu constitutus ad initium istius secundæ Epochæ ,

2° *Audivi secundum animal* , utique eodem modo uti antea audieram *animal primum*, quasi tonitrui, alta seu *magna voce* clamans, ob easdem rationes, ac ad eumdem finem , eadem *dicens* : nempe iterum *veni et vide*. Eadem uti supra , est invitatio , eodem ergo modo debet fieri accessio, ad videndum, eodemque modo inspici quidquid ostenditur , ad videndum utiliter, seu ad fructum visionis obtinendum , salutariterque retinendum. *Secundum* ergo *animal*. significat Doctores Ecclesiæ in secunda ejus Ætate : doctores autem Fidei qui tunc existebant , et populum sive scriptis , sive prædicationibus , sive exemplis suis, viam veritatis docebant, erant innumeri ex omni statu, et quidem utriusque sexus. *Animal* autem illud *secundum* . erat simile *vitulo* , inter alias rationes, quia in secunda illa Epocha , plurimi Ecclesiæ Fideles, velut vituli inmolabantur pro defensione veræ Fidei , contra omnes errores ; et ita illud *animal* repræsentat Martyrum fortitudinem ac patientiam , quibus et semet ipsos sanctificabant et omnes populos instruebant , et adversarios confundebant.

3° Hæc secunda Ætas duravit ab initio Arianismi usque ad invasionem Barbarorum in Imperium Romanum , anno trecentesimo-nonagesimo-quinto ; ab illo enim tempore, sub Imperatore Honorio Magni Theodosii

filio , varii populi barbari inceperunt rebellare contra
Romanos , plures Provincias Imperii devastare, et occu-
pare. Illa Epocha , non longa quidem , viris magnis fuit
fecunda ; illo enim tempore. præter Summos Pontifices,
qui Ecclesiam variis modis illustrarunt, et ædificarunt,
floruerunt , inter alios plurimos , Sanctus Athanasius ,
Sanctus Basilius , Sancti Ephrem , Cyrillus Hierosoly-
mitanus, Ambrosius, Augustinus, Antonius Abbas, etc.,
etc. quorum exempla , opera scripta , et institutiones ,
etiamnum Ecclesiam Christi fœcundant et ornant.

**4ᵐˢ VERSUS. Et exivit alius Equus rufus : et qui
sedebat super illum, datum est ei , ut sumeret
pacem de terra, et ut invicem se interficiant; et
datus est ei gladius magnus.**

1° *Et exivit alius Equus rufus ;* cum nullus terminus
hic debeat supponi mysterio vacuus , ecce notandum ,
quod inter hunc et præcedentem *Equum* habeatur differentia aliqua , quæ videtur momentosa , et tamen ab
auctoribus plerisque fuit neglecta. Nempe de præcedenti *Equo* non dicitur , quod *exierit ,* sed quod *exierit*
ille qui sedebat. *Sedebat super illum ,* nempe *vincens ad
vincendum.* Quasi vellet innuere Spiritus Sanctus quod
non tam Apostoli et reliqui prædicatores Evangelii
exierint , scilicet qui per *Equum album* significabantur ,
quam per illos *exierit* Christus Dominus, repræsentatus
per *Equitem* illi insidentem ; quia nimirum ipsemet
Christus per illos prædicabat Evangelium salutis , per
illos Baptizabat, per illos confundebat adversarios , per
illos ipse miracula patrabat ; et in illis iterum ipse patie-
batur, et moriebatur, pro salute animarum. De secundo
autem *Equo* dicitur : quod ipse *exierit* quia ille *Equus
rufus* significans spiritum erroris , potius ipsemet porta-

bat hæresim ad populos , quam portaretur a sedentibus
in eum , nempe hæreticis , quia illi non laborant ad
gloriam Dei, et ad meritum, sed seducti seducunt quotquot possunt , uti rabida animalia , gratis ad interitum
suos impellunt.

2° Est itaque secundus ille *alius Equus,* utique sub
omni respectu , non solum differens a præcedente , sed
et illi oppositus , et colore *rufus.* Isto autem colore, et
fortitudine equina , malo spiritu mota , et perverso
equite impetuose directa significantur hæreses illorum
temporum, hæreticorum crudelitas , et etiam persecutiones , ac crudelitates ethnicorum , quæ per hæreses
provocabantur et stimulabantur , iisdem temporibus.
Potestas autem diabolica , quæ *equo rufo* et ascensori
ejus inerat , maxime tunc manifestabatur , et exerceba-
tur per Donatistas , Arianos , aliosque ex istis ortos
hæreticos, et paulo postea per Julianum Apostatam , de
quo alibi plurima videbimus.

3° *Et qui sedebat super illum* (qui videtur esse Arius ,)
Equus ergo non *exibat* vacuus, sed sicut præcedens
Equus albus, sic iste *rufus ,* habebat suum equitem ,
sed valde dissimilem priori ; sicut enim prior *equus*
cum sessore suo exierat suscitatus a misericordissimo
Deo, ad salutem Gentium procurandam , sic, et propterea , *equus* posterior cum *sessore* suo , suscitatus a potestate infernali *exit* ad interitum populorum spiritualem
maxime, sed etiam temporalem vi et fraude parandum.
Etenim potestas tenebrarum jam victa morte et Resurrectione Christi Domini, et videns progressum Doctrinæ
salutis, interitum idololatriæ , et dominationis impiorum ; in furorem acta omnem malitiam suam insu-
mebat quærendis novis mediis , ad animas perdendas ,
nec levem habuit successum. Etenim :

4° *Et datum est ei* (equiti) *ut sumeret pacem de terra.*

Post sævissimas, ac diuturnas persecutiones, et nonnullas etiam perturbationes spirituales, Ecclesia aliqua
tranquillitate frui inceperat spirituali et temporali; sed
in secunda Ætate, ob multorum Christianorum relaxa-
tionem, uti videtur, a Deo permissum est potestati
adversariæ, quæ hic repræsentatur per *Equum rufum
et sedentem super illum*, pro exercitatione bonorum,
purificatione imperfectorum, et conversione malorum
quidem sed non obduratorum, tandem et pro punitione
impiorum induratorum in malo, ut *sumeret* seu auferret *pacem*, in primis temporalem, illam scilicet, quam
mundus amat, quia ejus voluptatibus, divitiis, et gloriæ
favet, sed quæ servis Dei solet esse perniciosa. Deinde
ut auferret etiam *pacem* spiritualem; sed tantum *de
terra*, id est de cordibus illorum hominum, qui quantumvis profiteantur se velle Deo servire, ad *terram* pertinere pergunt, quia terrenis rebus adhærent, vellentque
simul *Deo servire, et mammonæ,* qui videlicet, *ad tempus
credunt et tempore tentationis recedunt* (*a*).

5° *Et ut invicem se interficiant*, et ad faciendum scilicet, ut impii amatores mundi vere sese invicem corporaliter *interficiant,* aut saltem mortem inferre, aut quovis modo lædere contendant; utque falso, vel minus pii,
mutuis consiliis, exemplis, et aberrationibus corrum-
pantur, et spiritualiter necentur; tandem ut et vere pii
ac sancti, ab impiis vexentur, ac trucidentur; ut martyres Christi multiplicentur, ad ulteriorem fœcundatio-
nem, et glorificationem Ecclesiæ Catholicæ. Propterea
additur:

6° *Et datus est ei gladius magnus.* Concessæ sunt ei,
(nempe *sedenti super Equum rufum,*) magna potestas,
aptitudo, et opportunitas, ad illa mala, tam spiritualia,
quam temporalia, perpetranda, ob justam Dei vin-

(*a*) Luc c. viii, v. 13.

dictam, et electorum ejus progressum. Tunc enim temporis multi hypocritæ, qui perversis mediis ad dignitates ecclesiasticas evecti fuerant, et illis indigne abutebantur, dignas criminibus suis pœnas luerunt ; veri servi Dei uberem meritorum messem collegerunt ; et fragiles, qui temporali *pace* et prosperitate seducti forte periissent, fuerunt igne tribulationum salutariter purificati.

5ᵘˢ VERSUS. **Et cum aperuisset sigillum tertium, audivi tertium animal, dicens : Veni, et vide. Et ecce equus niger : et qui sedebat super illum, habebat stateram in manu sua.**

1° *Et cum aperuisset sigillum tertium,* ac consequenter jam *tertia* pars *Libri* pateret oculis inspicientium, ut legerent prophetias spectantes ad tertiam Ecclesiæ Ætatem quæ duravit ab initio invasionis Barbarorum in Imperium Romanum, moraliter scilicet ab anno trecentesimo-nonagesimo-quinto, usque ad initium Mahumetismi, qui fuit anno sexcentesimo-nono horrendarum calamitatum origo.

2° *Audivi tertium animal,* illud nempe, quod *habebat faciem hominis,* et quidem propterea, uti videtur, quod Doctores, ac Defensores veritatis, significati per illud *animal,* in mediis difficultatibus, et periculis tertiæ Ætatis, Fidem Humanitatis Christi, simul et Divinitatis, integram servaverunt, illamque de hæreticis, philosophis, tyrannis, ac quibusvis adversariis, gloriose triumphare fecerunt, animante, ac dirigente eos gratia Spiritus Sancti, eosque illuminante in Conciliis, in conscribendis libris, et in prædicanda pura Evangelii doctrina. Illa enim Epocha plurima celebrata fuerunt Concilia, plurimi Sancti Patres tunc pretiosissima sua opera scripserunt ; plurimi magnique viri variarum dignitatum . in vinea Domini strenue laboraverunt. *Audivit* autem Sanctus Joannes *tertium* illud *animal* similiter :

3° *Dicens : veni et vide.* Itaque jam tertia vice nomine Dei, per tria successive *animalia* iisdem verbis monetur Sanctus Joannes , ut *veniat , et videat;* non utique quod singulis vicibus vel e loco visionis discesserit, vel finita unaquaque visione oculos clauserit, aut averterit, sed ut aucto fervore, magis magisque appropinquet ad Deum utilissima revelantem , majorique attentione , magis magisque clare percipiat sensum mysteriorum , quæ illi ostenduntur. At cum Sanctus Joannes repræsentet ibi omnes Christi Fideles, illa sæpe repetita monitio ad nos, et ad omnes Christianos dirigitur ; et ostendit quanta cum cura debeamus meditari veritates , monitiones , et instructiones , hoc *Libro* contentas.

4° *Et ecce Equus niger ;* (subintelligitur *apparebat, seu exibat).* Color istius *Equi,* ab una parte significat tenebras falsarum doctrinarum, quæ illa Ætate in mundo Catholico spargebantur; ab alia parte luctum mortis, in primis spiritualis, quæ incautis, et instabilibus inferebatur, per seductiones , et per minas , ac vexationes ; deinde etiam corporalis , ob horrendas crudelitates , quæ tunc committebantur contra bonos firmosque Christianos, per paganos, et per hæreticos. Sicut enim colore *albo,* læta , bona , sancta significantur, sic colore nigro significari solent tristia , luctuosa , mala multarum specierum , etiam interdum crudelia.

5° *Ei qui sedebat super illum* (qui videtur esse Alaricus, Gothorum Rex) etc. ; habebat enim etiam ille *Equus* sessorem sibi congruum , uti habuerant duo *Equi* præcedentes , quisque suum ; idem etiam erit de *Equo pallido,* in sequentibus; quia in his visionibus mysteriorum plenis, non fit sicut in usibus humanis; etenim inter homines contingit, et utique sine ullo incommodo inde sequente, ut bonus, pius, imo et sanctus Eques, exeat sedens super equum nigrum, pallidum, rufum, aut cujusvis alterius coloris, quo sinistra quidem figurari possent, sed qui hic et nunc, est omnino indifferens, quandoquidem colore Equi sui nihil omnino significare intendit Eques. Similiter contingere potest ut Eques malus, imo pessimus, et ad mala quævis perpetranda, exeat sedens super Equum album, nihil etiam illo colore indicare volens; sed in rebus mysticis, omnia simul apparentia, solent esse significativa, et ad eamdem rem pertinentia; uti in hoc *Libro* plurima reperiuntur. Ille autem :

6° *Habebat stateram in manu sua.* Aliqui interpretes, inter quos Menochius, volunt per *stateram,* hic debere intelligi Scripturam Sacram *in manu* hæreticorum; consequenter per sessorem, seu Equitem, illam *stateram* tenentem, ipsos hæreticos, qui prætendunt omnia, quæ ad Fidem, totamque Religionem pertinent, per solam Scripturam Sacram debere librari, et applicari, quam interim versatilem velut stateram reddere conantur, ut pro beneplacito eorum, in omnem partem æque facile flectatur. Illa explicatio utique pia, et instructiva est, ac propterea non contemnenda; sed hoc loco non videtur talis esse sensus principaliter intentus a Spiritu Sancto. Aliqui etiam putant : per *stateram* illam, significari simulatam, seu falsam hæreticorum justitiam; sed nec ille videtur esse verus sensus hujus symboli. Quæramus ergo aliquid convenientius.

7° Ex illis enim, quæ in versu sequenti dicuntur, videtur *statera* potius præludere ad caritatem annonæ, de qua ibidem est quæstio; et etiamsi illa non solum de cibo corporali, sed etiam, et forte principaliter, de cibo spirituali debeant intelligi, tunc nequidem videtur *Sacra Sriptura* posse, vel debere sumi pro illa *statera*, quia illorum temporum hæretici non illo modo, uti moderni, sola Scriptura Sacra, eaque pro libitu suo detorta, et in multis locis corrupta sese armabant ; non enim traditiones Apostolicas et Ecclesiasticas adhuc recentes, tam facile abjicere poterant, sed tunc potius, aut sine Sacris Scripturis, novas suas doctrinas introducebant, aut veras Scripturas, voluntarie vel involuntarie, male intelligentes, cum obstinatione, spreta auctoritate Ecclesiæ, male explicabant; vel veris Traditionibus falsas miscebant, vel tandem libris apocryphis, plus minusve perversis, tanquam veris Scripturis pertinaciter adhærebant.

6ᵘˢ Versus. Et audivi tanquam vocem in medio quatuor animalium dicentium : Bilibris tritici denario, et tres bilibres hordei denario, et vinum et oleum ne læseris.

1° *Et audivi tanquam vocem in medio quatuor animalium :* quare Sanctus Joannes dicit : se *audivisse, tanquam vocem,* et non simpliciter *vocem?* Resp. Aliqui textus Græci non habent *tanquam,* aliqui tamen habent eodem modo ac nostra Latina Vulgata ; ideo ille terminus nec debet omitti, aut negligi, quasi sensu carens. Itaque putamus hic significari eum jam non unam *vocem* alicujus, sed plurium simul clamantium strepitum audivisse, sed tam simultanee eodem tono et sono, ut esset *tanquam* unica *vox,* ex uno eodemque ore producta, uti aliquando fit, dum duas aut plures personas accurate simul cantantes audimus; subinde putamus unam solam cantare; adeoque tunc audimus tanquam *vocem,* sed sunt *voces.* Hoc ergo in visione videtur factum fuisse ad

majorem confirmationem rerum dicendarum , ut homines tanto ferventius sese præmunirent contra calamitates hic prædictas , utque pœnitentiam agerent . et ora-
rent Deum , ad illas avertendas.

2° Sed quinam hic simul clamare , aut saltem loqui
audiuntur? Dicit enim Sanctus Joannes : *in medio animalium*, at non clare constat quod ex ore *animalium* illa
vox aut *quasi vox* procedat. Interim *in medio animalium*
erant *Sedens in throno , et Agnus* , per quos intelligi
debent vel *Pater* et *Filius*, vel saltem Christi *divinitas*
per *Sedentem* , et ejusdem *humanitas* per *Agnum* ; quæ
omnia per solum Pontificem in *Sede Apostolica* collocatum, et sub diverso respectu consideratum, apte repræsentantur, uti antea ostendimus, in notis capitis quarti,
versu secundo. Itaque videtur ex illis, seu ex illo, provenire præfata *vox* , aut *quasi vox*. Nihilominus plerique
auctores putant illam venire ab ipsis *animalibus*, quia
subjungitur :

3° *Dicentium ;* attamen in multis editionibus Biblio-
rum Sacrorum , post terminum *animalium* , reperitur
comma , et post comma illud , habetur : *dicentium ;* si
autem debeat adesse comma , sensus posset esse talis :
*in medio , vel de medio animalium , audivi vocem quorum-
dam dicentium :* etc. Hunc sensum supponit Menochius ,
cum quibusdam aliis auctoribus , et nobis nullatenus
displicet. denotaret enim tunc decretum, vel minas pla-
garum , ex ipsiusmet Dei ore provenire , sive *unita voce*
Patris et Filii, sive ex duplici, sed perfecte semper con-
cordi voluntate Christi Domini , divina scilicet et humana. Quod omnino plausibile nobis quidem videtur, et
certo tuto potest admitti. Interim :

4° Plures tamen interpretes volunt quod sint ipsamet
quatuor animalia , quæ *vocem* hanc simul emittunt ; et
quod supradictum comma , debeat rejici , quia de facto

in pluribus textibus, tum Græcis, tum Latinis, non reperitur. Sed parvi interest : si enim *animalia* illa loquantur, ex voluntate Dei loquuntur, et in idem recidit, sive Deus immediate per se, aut per Vicarium suum in terris Summum Pontificem, sive per ministros suos Prophetas, Doctores, aut prædicatores loquatur, et homines in terris moneat, de timendis, et agendis. *Vox* autem illa dicebat :

5° *Bilibris denario, et tres bilibres hordei denario.* Id est : tanto pretio vendentur, seu ementur ; quibus verbis innuitur horrendam famem esse venturam, quæ de facto locum habuit, et orta est ex devastationibus, et spoliationibus a paganis et hæreticis, in tertia hac Ætate Ecclesiæ, ac ineffabiles produxit miserias. *Bilibris* est duarum librarum mensura rerum aridarum, quæ quantitatem *tritici* continet sufficientem ad unius hominis victum diurnum. Triplex talis quantitas *hordei* eodem pretio vendenda ponitur, quia ista vilioris grani species, pro tertia parte pretii, quo venditur triticum, solet emi. Denotantur per modum exempli duæ granorum species, vel ad significandum quod divites et pauperes famem essent passuri ; vel quod homines et bestiæ illa plaga vexandæ forent, nisi forte pœnitentia et humilibus supplicationibus populorum averteretur. Hoc tamen factum non est, cum fames reipsa fuerit grassata.

6° Non certo cognoscitur quanti valuerit tunc *denarius;* nonnulli auctores Galli, et Itali putant *denarium* semifranco, aut paulo pluris valuisse ; alii eum notabiliter pluris faciunt ; sed quidquid sit, hic agitur de extraordinaria caritate ciborum ; et si forte pretium hoc loco denotatum, nostro tempore satis moderatum videretur, nihilominus valde magnum erat, respective ad illius temporis usum monetæ ; forte ob raritatem pecuniæ. Videmus interim in Evangelio, eodem fere tempore

conscripto, quod *Denarius* fuerit satis notabilis valoris :
constitutus enim erat , uti stipendium diurnum strenue
laborantibus a summo mane , usque ad occasum Solis ,
per mutuam liberamque conventionem inter *Patrem
familias , et operarios in vinea ejus* (Matth. c. xx , v. 12).
Etiam dives Samaritanus, dabat solummodo duos *dena-
rios* pro cura graviter vulnerati (*a*) attamen sub promissione reddendi , si forte plures expensæ fuissent
necessariæ.

6° *Et vinum et oleum ne læseris*. Inde patet quod
caritas granorum oritura esset ex segetum destructione,
sive per aeris intemperiem, sive per inimicorum devastationes , uti fieri solet , dum agri ab exercitibus concul-
cantur , fructus immaturi metuntur ad alendos irruen-
tium hostium equos et boves , vel incenduntur ; inde
ergo istarum rerum penuria , et non ex sterilitate , quia
a parte Dei præcipitur *vinum et oleum non lædere* , seu
istis fructibus parcere. Nec objici potest quod incursio-
nibus inimicorum soleant et illa destrui, potest enim
Deus ita eorum animos , vel Ducum eorum voluntates
dirigere, ut unusquisque eorum motu proprio, vel omnes
Superiorum suorum mandato a quibusdam rebus de-
struendis abstineant , et tale quid hic prænuntiatur.

7° Hæc certissime materialiter adimpleta fuerunt , et
inde maxima calamitas famis exorta , uti ex illorum
temporum historicis abunde constat : sensus tamen spiritualis illarum prophetiarum, est multo majoris momenti,
pro instructione universæ Ecclesiæ. Itaque ista caritas ,
et raritas annonæ materialis, et inde orta fames corporalis prænuntiant futuram raritatem, ac penuriam ciborum spiritualium , qui sunt usus Sacramentorum , et
prædicatio Verbi Dei, quæ persecutionum tempore difficilia , periculosa , et proinde rara , ac multis locis nulla

(*a*) Luc. c. x, v. 35.

fiunt ; ita ut ista spiritualis penuria, magnam, ac perniciosissimam famem animabus hominum producat , et pestes similiter spirituales.

8° *Vinum* autem, et *oleum*, non solum ad cibum et potum , sed etiam ad medicinam pertinent , præsertim ad sananda vulnera, a latronibus aliisve inimicis inflicta; uti patet exemplo pii Samaritani in Evangelio ; etiam asserente Scriptura Sacra, *vinum lætificat* , *ac fortificat cor* , *et stomachum hominis* ; *oleum exhilarat faciem* ejus ; antiquis item temporibus utilissimum erat pugnaturis ; propterea significat gratiam Dei , sine cujus unctione utique nemo hostes spirituales expugnare potest. Itaque nolebat clementissimus Deus permittere, ut perirent illa tam pretiosa, ac necessaria media ad vitam corporalem fovendam , reparandam , ac tuendam , multoque minus adhuc ut spiritualis fortitudo , gaudium, et medicina, quæ per *vinum et oleum* significantur , a Fidelibus auferrentur, ne inimicorum spiritualium aggressionibus succumberent.

7ᵘˢ VERSUS. Et cum aperuisset sigillum quartum , audivi vocem quarti animalis dicentis : veni , et vide.

1° *Et cum aperuisset sigillum quartum* : Itaque jam lectis , repræsentatis et explicatis illis , quæ tribus prioribus partibus *Libri*, prophetice continebantur , *aperitur quartum sigillum* , et oculis intuentium exponitur quarta *Libri* pars ; tunc quasi legitur prophetia rerum , quæ futuræ sunt in quarta Ecclesiæ Ætate, et statim iterum , sicut factum fuit in *apertura* trium præcedentium *sigillorum* , audivit Sanctus Joannes *vocem* se, et omnes Fideles in eo monentem , ut attente contemplentur mox exhibenda ; dicit enim :

2° *Audivi vocem quarti animalis*, annuntiantis scilicet per suam apparitionem, et per ea, quæ immediate illud sequuntur, et ad quæ videnda invitat, totam seriem historicam quartæ Epochæ, quæ duravit ab initio Mahumetismi, usque ad Lutheranismi initium quod fuit anno Domini millesimo-quingentesimo-decimo-septimo in Germania, unde velut incendium infernale, sese extendit in magnam partem orbis Catholici.

3° Hoc *quartum animal* erat *simile aquilæ*, quia tunc temporis divinitas Christi, quæ fuit impugnata, imo rejecta, per Mahumetanos, et per multos jam veteres, et quosdam novos hæreticos; (quamvis enim per Concilia Generalia, et particularia, condemnati, in universa Ecclesia excommunicati, a Doctoribus plurimis refutati, non ideo penitus extirpati erant errores Donatistarum, Arianorum, Pelagianorum, Eutychianorum, Nestorianorum, semi-pelagianorum, aliorumque fere innumerabilium); Divinitas inquam Christi, seu orthodoxa Fides et Religio, de omnibus adversariis triumphavit, per aquilinam perspicacitatem, et intrepidam magnanimitatem Doctorum aliorumque veræ Fidei Defensorum, qui ad quartam illam Ecclesiæ Epocham pertinebant. Interim in regno Mahumetano merito agnoscitur præludium, et præparatio imperii Antichristi proprie dicti, nempe qui in fine temporum venturus est, et omnes præcursores suos impietate longissime superans, erit ille *homo peccati*, de quo loquitur Apostolus Paulus. *Animal* autem *quartum*, etiam clamabat :

4° *Veni et vide*. Quorum verborum sensus videatur in explicationibus versuum primi et sequentium, hujus capitis; ubi præcedentia *animalia* eadem dicunt. Hic autem finiente apparitione *quatuor* illorum *animalium*, non inutiliter etiam repeterentur ea, quæ diximus in explicatione capitis quarti, versus sexti, nota præsertim quinta, ut omnia ad hæc *animalia* pertinentia, firmius memoriæ imprimerentur. Pergit itaque Sanctus Joannes :

8us V<small>ERSUS</small>. **Et ecce equus pallidus : et qui sedebat super eum, nomen illi Mors, et infernus sequebatur eum ; et data est illi potestas super quatuor partes terræ, interficere gladio, fame, et morte, et bestiis terræ.**

1° Hic versus specialem requirit attentionem, ut cum aliqua claritate, et probabilitate de vero sensu detegendo, explicetur. *Itaque, et ecce equus pallidus ;* iterum ille *equus* videtur recte convenire *sessori* suo, et sessor *equo.* Color enim *pallidus,* est color graviter metuentium, esurientium in extrema necessitate, morientium peste, gladio, aut ex aliis causis agonizantium ; item recenter defunctorum cadaverum ; hoc utique nemo ignorat, quia quotidiana experientia id omnes docet ; sed quærenda, et consideranda est spiritualis significatio. Interim *equus* ille tum materiales, tum spirituales calamitates præfigurabat. Sed videamus de miro equite ejus.

2° *Et qui sedebat super eum* (a), *nomen illi mors. Mors* utique non est creatura animata, quæ more equitis, equo insidere possit, cum nihil sit *mors,* nisi extinctio, seu cessatio vitæ ; sed metaphorice repræsentatur *mors* per sceletum quasi animatum, et falce armatum, qua hominum vitas, veluti fœnum, metere fingitur ; et illo sensu hic *mors* sumi debet, quæ *pallido* illo *equo* significatur portanda per omnes mundi partes, ad omnes nationes, maxime propter Fidem Christi, impie a multis rejectam, culpabiliter ab aliquibus neglectam, aut fideliter contra ethnicos et hæreticos defensam. Vix

(a) Qui videtur esse Mahumetus.

quisquam ignorat, quantæ et quam multæ crudelitates,
in bellis inhumeris, durante longissima illa Epocha,
patratæ fuerint per inhumanitatem Barbarorum, Ethnicorum, Mahumetanorum, et hæreticorum. Etenim a
tempore Sancti Augustini in Africa, postea multis in
tractibus Magnæ Asiæ, dum etiam capta fuit a Persis
Jerusalem, et inde ablata sacratissima Crux Christi,
multi Christiani propter Fidem perierunt. Iterum tempore
Iconoclastarum, sævissima persecutio fuit, præsertim
in Oriente. Versus medium sæculi noni, rursus magnæ
calamitates Romæ, et alibi; Ecclesiæ spoliantur, et
destruuntur; sacerdotes et ferventiores Fideles incar-
cerantur, aut occiduntur. Multæ crudelitates per Sara-
cenos; plures adhuc in multis regionibus per Turcas,
qui conantur totam Christianam gentem invadere, et
exinanire.

3° Sed ut illa spiritualiter intelligamus, quam sæpe,
quamque furiose sæviit iisdem temporibus, *mors* animarum : dum Mahumetismus et hæreses, violentiis, dolis,
falsis prodigiis, minis, exiliis, spoliationibus, etc., propagabantur! dum schismata, in primis maximum illud
Græcorum, mendacibus argumentis, calumniis, perju-
riis, etc., consummabantur! dum scientiarum cultura
de industria impediebatur, populique per ignorantiam
obcæcati, in errorum abyssum ducebantur! Etenim
ignorantia semper fuit maximum efficacissimumque
medium, quo idololatræ, Mahumetani, omniumque
sectarum hæretici, absurdas, perversas, falsas, et sub
omni respectu corruptas doctrinas, populis obtrudere
potuerunt.

4° *Et infernus sequebatur eum. Infernus* hic similiter
metaphorice sumitur, quasi pro monstro animato, quod
supradictum *equum pallidum,* et equitem ejus, nempe
mortem, in eorum cursibus sequi potest, et de facto

sequitur. Cæterum *infernus* materialiter intellectus, non raro in Scriptura Sacra, significat sepulcrum, uti dum dicit Jacob, *descendam ad filium meum lugens in infernum* (a). Et Job : *infernus domus mea est* (b). Et utique post *mortem sequitur* sepulcrum, uno nempe aut alio modo (quivis locus in quo tandem cadaver reconditur), sed sine exceptione pro omnibus vita functis, in terra vel in aquis.

5° *Infernus* etiam aliquando sumitur, sed omnino tamen improprie, pro magna pressuræ vehementia, et multitudine dolorum, præsertim illorum, qui confusionem, ac desperationem furibundam pariunt, uti dum David dicit : *Dolores inferni circumdederunt me* (c). Sed illo sensu potius præcedit *mortem*, quam illam sequatur, et solummodo per metaphoram, ob nimiam suam vehementiam, temporales dolores *infernus* dicuntur. Sed et interdum etiam, et quidem optime secundum veritatem, sumitur in sensu proprio et naturali ; et si tunc dicatur *sequi mortem*, intelligitur solummodo *de morte* impiorum, quam inevitabiliter sequitur *infernus ; mortem* autem piorum, in finem usque perseverantium, non potest dici *sequi infernus*, nisi sumatur pro sepulcro, aut lato sensu, pro loco purgationis, quo mittuntur animæ, piæ quidem, et Deo charæ, sed non omni macula peccati immunes, ut debitis castigationibus plene expientur, de quo loco dicit Christus Dominus : *Amen dico tibi, non exies inde, donec reddas novissimum quadrantem* (d).

6° Tandem alio adhuc sensu sat sæpe sumitur *infernus,* nempe pro potestate infernali, seu diabolica; uti dum Christus loquens de Ecclesia, dicit : *portæ inferi non prævalebunt adversus eam* (e). Et Sanctus Paulus : *in*

(a) Gen. c. xxxvii, v. 35. — (b) Job c. xvii, v. 13. — (c) Ps. xvii, v. 6. — (d) Matth. c. v, v. 26. — (e) Ibidem, c. xvi, v. 18.

nomine Jesu omne genu flectatur cœlestium , terrestrium, et infernorum. Et illo quidem sensu , non solum *sequitur ,* sed etiam præcedit , et comitatur , et producit *mortem* plurimorum, per bella, pestes, rixas, etc., etc., etc.

7° *Et data est illi potestas super quatuor partes terræ.* Hoc loco, et sæpe alibi in Scriptura Sacra, *quatuor partes terræ* debent sumi a *quatuor ventis ;* seu *ab Oriente , ab Aquilone, ab Austro, ab Occasu ;* tunc enim , et antea semper sic intelligebantur; aliter vero , usque ad illud tempus , et diu adhuc postea , tres solum partes terræ cognoscebantur , cum quarta et omnium maxima pars , nempe America , maneret ignota. Tandem hodiedum nequidem amplius valeret divisio mundi in *quatuor partes ,* a tempore quo Oceania detecta est , quæ plurimis insulis constat, quarum aliquæ sunt valde magnæ ; sed divisio per *quatuor ventos* semper manet accurata , nec unquam mutabitur.

8° Itaque illi *equo pallido* et *sessori ejus , data fuit potestas* magna valde. Nimirum vix finierant barbaræ nationes devastationem , ac spoliationem Imperii Romani , et ipsius etiam Romæ , quum potestate infernali suscitari cœpit Mahumetismus , portans iterum desolationem et *mortem* per omnes fere populos , spiritualiter quidem , et corporaliter ; sed pluribus mediis illo tempore auferebatur vita spiritualis ab hominibus , quam corporalis ; quia præter hæreses , schismata, aliasque seductiones , continuæ etiam temporales vexationes absque *morte* magnopere ad hoc juvabant , ut homines parum firmi in fide , relinquerent viam rectam , per machinationes Mahometi, necnon sectatorum et successorum illius. *Potestas* igitur illi monstro *data est ,* ut posset , non quidem quantum volebat , sed multum et terribiliter tandem et

9° *Interficere gladio , fame , et morte ,* id est, morbis

contagiosis , seu peste. Iterum ergo sæviente Bello , denuo destruebantur fructus terræ ; eripiebantur omnis generis cibi , tam hominibus quam pecoribus ; inde renovabatur fames mortifera, ex fame multi morbi contagiosi ; ex fœtore cadaverum multitudinis morientium, pestis fere universalis. Quantum ad spiritualia, ex impugnationibus contra veram fidem, privatione Sacramentorum, et prædicationis *verbi Dei*, magis ac magis quotidie accrescebat ignorantia necessariorum ad salutem , et inde nata perversitas in omni ordine et ætate. Additur

10° *Et bestiis terræ*, id est, et *data est etiam illi potestas* vexandi homines per multiplicationem ferarum , seu *bestiarum , terras* percurrentium , agros et domos invadentium, vias infestantium, etc., etc., uti faciunt, dum nimis multiplicantur, leones, ursi, tigres, hyænæ, lupi, vulpes , etc., etc. ; necnon multarum specierum serpentes. Quia dum regiones multæ desertæ jacent , defectu incolarum et agricultorum , cito multiplicari solent animalia ferocia, et venenosa , quæ reliquos habitatores multum conturbant , plurimis adhuc mortem, aut gravia vulnera inferendo , eosque a negotiis necessariis impediendo ; ita ut et inde multum augeantur calamitates.

11° Attamen et hic *bestiæ terræ* possunt , et probabilissime debent , etiam spiritualiter considerari , et sumi pro hominibus , qui ex temporum turbatione , relictis moribus honestis et rationabilibus , maxime abjectis virtutibus Christianis , quasi ad vitam brutorum , imo ferarum transierunt; v. g. per impudicitiam, avaritiam, rapacitatem , crudelitatem , infidelitatem , etc. , etc. , et sic facti sunt invicem in scandalum , et interitum spiritualem sempiternum.

12° Nunc facile est videre et percipere , quam bene illa omnia quæ apparuerunt ad *aperturam quatuor* priorum *sigillorum ,* conveniant quatuor prioribus ex *septem*

Ecclesiis, secundum significationem earumdem nominum; primo nempe *Ecclesiæ Ephesinæ*, cujus nomen
significat *desiderium*, ea quæ sub apparitione *Equi albi*
contigerunt, quæque perfecte concordant cum iis, quæ
capite secundo, de illa particulari *Ecclesia* vidimus.
Secundo *Ecclesiæ Smyrnensi*, cujus nomen significat
Myrrham, illa quæ narrata sunt occasione *Equi rufi*,
recte conveniunt cum iis, quæ eodem illo capite dicta
sunt de ista *Ecclesia* in particulari. Tertio *Ecclesiæ Per-
gamensi*, ea quæ annotavimus sub apparitione *Equi nigri*
facile applicantur, si ejus nomen, quod interpretatur
elevatio, consideremus, et reliqua, de ea *Ecclesia* dicta
ibidem, omnia optime consentiunt. Tandem quarto et
Ecclesiæ Thyatirensi cujus nomen indicat *aromata*, et
sacrificium laboris; omnia enim, quæ locum habuerunt
sub apparitione *equi pallidi*, aperte prænuntiata reperiuntur in illis, quæ de eadem *Ecclesia* annotata fuerunt.

13° Omnia quæ sub *apertura* trium reliquorum *sigillorum* contemplanda ostendentur, æque facile applicari
poterunt reliquis tribus *Ecclesiis*, uti suis locis ad evidentiam probare conabimur. Sed antequam ad versum sequentem transeamus, hic non importune notari posse nobis
videtur : quod sicut *quatuor* tantum *animalia quasi
cœlestia* apparuerunt Sancto Joanni, ad aperturam *sigil-
larum Libri*; sic etiam in hac visione apparuerint, quatuor tantum *animalia* mere *terrestria*, nempe *quatuor
equi*, qui ideo sunt omnino *terrestres*, quia non sunt
rationales velut *homo*; non volant in altum sicut *Aquila*,
non fuerunt in victimas Deo immolati sicut *Bos*, nec
regia nobilitate donati reputantur ut *Leo*. *Equi* illi sunt
omnes ejusdem generis et speciei, differuntque solum
colore et usu; unus solum, nempe *albus*, adhibetur in
bonum finem, forte ad indicandum quod omnia terrestria, de se, sint æqualia coram Deo, sed quæ ex

acquisitione, et fine ad quem adhibentur, *alba* seu incontaminata reperiuntur, etiam sint media utilia ad salutem operandam. Alias funesta.

9ᵘ⁾ Versus. Et cum aperuisset sigillum quintum, vidi subtus altare animas interfectorum propter verbum Dei, et propter testimonium quod habebant.

1° *Et cum (Agnus) aperuisset sigillum quintum;* itaque per aperturam *sigilli quinti,* nunc oculis Sancti Joannis expanditur quinta pars mystici illius *Libri,* et ita præparantur apparitiones propheticæ omnium rerum notabilium, quæ in quinta Ecclesiæ Epocha evenire debent; illa autem Epocha, sive Ætas Ecclesiæ Catholicæ, hic sumitur ab initio Lutheranismi, usque ad completam extinctionem Imperii Romani, quod disponente et dirigente Ecclesia, semper in Occidente continuatum fuerat in defensionem Reipublicæ Christiano-Catholicæ, et a multo tempore transmissum fuerat ad illustrissimam Domum Austriacam; sed periit sub Francisco Secundo, qui abdicavit, cogente Napoleone, anno millesimo-octingentesimo-sexto; absque eo, quod ipse Napoleo, aut illud usurpaverit, aut legitime assumpserit. Et abdicationem Francisci, simul cum extinctione istius Imperii, saltem tacite approbavit Ecclesia, quia instaurata pace, in Imperio Austriaco succedenti Ferdinando Francisci filio, non fuit collatus titulus *Imperatoris Romani,* nec alius illum obtinuit, propterea ab illo tempore omittuntur preces : *pro Christianissimo Imperatore nostro N.* in Parasceve, et in benedictione Cerei Paschalis. Sed antequam longius procedamus, conveniens hic videtur locus,

2° Præveniendi aliquam objectionem, quæ fieri posset contra nostram sententiam, qua opinamur quod per *quatuor* celeberrima *animalia* Apocalyptica, præter qua-

tuor Evangelistas, etiam significentur saltem præcipui
Ecclesiæ Doctores, et Sancti Patres; dici enim posset :
si hoc ita esset, haberentur *septem animalia,* cum et
habeantur *septem sigilla aperienda,* quæ *septem Ecclesiæ
Ætates* denotant; vel saltem tria ex cognitis *animalibus,*
deberent successive iterum apparere; et ecce hic vidimus *apertum quintum sigillum,* et jam nullum *animal*
apparet vel *auditur clamans;* idem erit in apertura duorum reliquorum *sigillorum.* Videtur ergo proposita sententia omnino infundata.

3° Sed respondetur : e contrario, vel inde tanto pro-
babilior, imo moraliter certa nobis fieri videtur; quia
usque ad *quarti sigilli aperturam* tantum pergunt apparere, et clamare *animalia* illa mystica; animadverti
enim debet : omnes Ecclesiæ Doctores, et Sanctos
Patres, ad *quatuor* priores *Ecclesiæ Ætates* pertinere;
cum Sanctus Bernardus, in medio sæculi duodecimi, sit
ultimus Sanctorum Patrum, hodiedum agnitus etiam ut
Ecclesiæ Doctor; et Sanctus Thomas Aquinas, versus
finem sæculi decimi—tertii sit ultimus ex Sanctis Ecclesiæ
Doctoribus. Multi enim viri magni doctrina et sanctitate, postea adhuc exstiterunt, uti Sanctus Ignatius,
Sanctus Franciscus—Xaverius, Sanctus Franciscus Sale-
sius, Sanctus Alphonsus de Ligorio, et alii plurimi, qui
præter egregios labores pro contemporaneis suis, multa
et optima circa Fidem et mores in scriptis suis reliquerunt posteris, sed tamen ut Ecclesiæ *Patres,* vel
Doctores non agnoscuntur; ergo etc.

4° Nec contra hoc cum fundamento dici posset : quod
præsertim quantum ad illos, qui notabilia opera scripta
pro utilitate Ecclesiæ reliquerunt, si contingat aliquando
ea opera, nova ac majori attentione, ab Ecclesia exami-
nari, eorumque valorem ac inde exortos fructus denuo
considerari, forte tunc posset illis auctoribus tribui

titulus *Patrum*, aut *Doctorum* Ecclesiæ, ut jam recenter titulus *Doctoris* superadditus fuit Sancto *Bernardo*, ex mandato Pii Octavi. Hoc enim nullatenus est probabile, quia secundum hodiernam, et jam inveteratam disciplinam Ecclesiæ, quæ probabilissime semper manebit, occasione Beatificationis, aut Canonizationis istorum auctorum, illorum opera summa cura fuerunt examinata, et nihil simile statutum fuit. Pergit itaque Sanctus Joannes, dicens :

5° *Vidi subtus altare animas interfectorum propter Verbum Dei* : In multis locis hujus *Libri*, Sanctus Joannes alludit ad ea, quæ fuerant in templo Dei Hierosolymis; sic dum alibi loquitur de *altari aureo*, significat *altare incensi*, quod erat ex auro. Sed hic dicit *subtus altare*, et non indicat *sub*, vel subtus quod *altare*; nec addit *aureum*; ergo videtur loqui de altero *altari*, nempe holocaustorum, quod erat æneum exterius, interius vero ex variis lapidibus compositum; et tanto magis, quia habetur quæstio de interfectis pro Fide; ergo de illis, qui quomodocumque, vel ubicumque passi essent, et quasi victimæ super *altare holocaustorum* immolati fuerant. Sub illo autem *altari* erat concavitas in quam decidebant, per craticulam, cineres et favillæ remanentes ex combustione carnium, et ossium, victimarum; in illis ergo cineribus favillisque, supponere videtur quasi ad interim latere *animas* illorum *interfectorum;* sed aliquo sensu, ad imitationem istius *altaris* ænei, confecta sunt *altaria* seu potius unicum *altare*. Novæ Legis Ecclesiæ : dico *unicum,* quia etsi multa sint, omnia ut idem et *unicum* considerari debent, nempe, ut *altare Crucis;* et super illud *altare* quotidie immolatur *Agnus* Divinus; *subtus* vero quiescunt reliquiæ Martyrum, inter quas, vel in quibus videtur Sanctus Joannes contemplatione animadvertisse eorumdem animas.

6° Itaque locus *Agni* immaculati , est *super altare* in Nova Lege , locus vero *animarum* istius *Agni sanguine* redemptorum , et pro ejusdem Fide immolatorum convenienter ostenditur *subtus altare ,* ad significandam earum in omnibus , non solum inferioritatem , sed et dependentiam ab *Agno,* qui est earum Rex ; item quod per sacrificium *Agni super altare crucis* Deo oblatum , et quotidie *super altare,* in nostris Ecclesiis , renovatum , a servitute diabolica redemptæ , et gloriæ *Agni* participes factæ fuerint. Ideoque antiquitus sepulcra Martyrum uti *altaria* consecrabantur , ut in illis celebraretur tremendum Sacrificium ; et nullum adhuc *altare* consecratur, quin aliquæ in eo condantur Martyrum Reliquiæ , sive fixum sit , sive mobile.

7° Etenim quamvis illæ Reliquiæ inanimatæ esse sciantur ; cum tamen germen vitæ , et quidem æternæ , in illis maneat , ob promissam illis gloriosam resurrectionem, dicente Christo, *qui manducat meam carnem et bibit meum sanguinem , habet vitam æternam , et ego resuscitabo eum in novissimo die* (a) , reputantur animæ beatæ , cum sacratis corporibus suis communicare, et quidem specialiter attendere ad preces , quæ juxta suas reliquias funduntur ; ideoque arida illa ossa , vel cineres , quasi quodammodo viventes , a Fidelibus honorantur. Hic loquimur tantum de *animabus interfectorum propter Verbum Dei ,* quamvis multi magnique Sancti reperiantur, qui non fuerunt *interfecti* propter Fidem ; sed hoc fieri omnino videtur : quia *Martyres* sunt Sancti per excellentiam, et quia omnes Sancti , qui reipsa sanguinem suum propter Fidem non fuderunt , tamen animum ad hoc paratum habuerunt , imo voto *Martyres* Christi exstiterunt.

8° *Et propter testimonium quod habebant. Habebant*

(c) Joan. c. vi, v. 55.

nempe ab intra et ab extra *testimonium ;* ab intra scilicet
*testabatur Spiritus Sanctus , spiritui eorum , quod essent
filii Dei ;* testabatur et idem conscientia eorum ; et ideo
intrepide confitebantur, et prædicabant Deum verum ,
et Filium ejus unigenitum Jesum Christum. Inde ab
extra testificabantur Fideles , et infideles, illos esse fer-
ventes amatores , et adoratores unius istius Dei , ejusdemque æterni Filii , de quo *testimonio* merito etiam
gloriabantur ; sed Fideles testabantur sua veneratione ,
infideles autem odio suo in illos ; et quo magis illi de
hoc *testimonio* gloriabantur , quoque magis a Fidelibus
æstimabantur , eo magis ab infidelibus odio habebantur , et furiosius ad mortem ducebantur. Hoc præsertim
Episcopis aliisque prædicatoribus Evangelii contingebat.
Illæ autem *animæ subtus altare :*

**10ᵘˢ Versus. Et clamabant voce magna , di-
centes : Usquequo , Domine , (sanctus et verus)
non judicas et non vindicas sanguinem nostrum,
de iis qui habitant in terra?**

1° Prima fronte , hic versus stupenda videtur dicere.
Sed attente ejus sensum perpendamus. Itaque *clamabant
voce magna,* utique non cum *magno strepitu,* quasi timuis-
sent non audiri ab illo , qui etiam tacitas cogitationes
cordis optime audit, et intelligit; sed cum *magna ratione,*
seu *cum magna justitia clamabant. Vox* autem eorum
audiebatur de *sub altari,* et dirigebatur ad *Agnum super
altare* manentem, et jam cum summa potestate, in cœlo
et in terra dominantem ; sed quid , et ad quem finem
clamabant illæ jam beatæ *animæ ?*

An illæ erant adhuc capaces iræ , vindictæ , et odii ,
contra adversarios suos, qui obcæcata sævitia sua , illas
non infelices , sed e contra , in æternum felicissimas

reddiderant ? qui inscienter illis procurarant coronas ,
quas ipsæmet tam ardenter desiderabant ? an forte
ignorant, se ex adversariorum malitia, jam nihil amplius
habere timendum , et ex illorum punitione quantumvis
justa , se nullum posse sperare commodum ?... etenim
clamant.

2° *Dicentes : usquequo Domine (sanctus et verus) non
judicas , et non vindicas sanguinem nostrum ?* et ut intelligatur , de quibus *vindictam* sumi velint , ipsæmet clare
votum suum explicant , addentes : *de iis, qui habitant* in
terra !... quo facilius impetrent quæ appetunt , vocant
Agnum , Dominum , quasi ut recordetur se esse omnipotentem , cui nemo resistere valet ; qui potest amicis suis
concedere quæcumque ab eo petunt ; quemque decet
illos benigne audire. Dicunt eum *Sanctum ,* uti cujus
gloria hoc requirere videtur. Interpellant eum ut *verum ,*
qui promissiones suas fidelissime adimplere solet , et
necessarie debet , quique innumeris in locis Sacræ
Scripturæ , justis exauditionem promisit. Sed quid
volunt dicentes : *usquequo non judicas ?...*

3° Numquid Deus distulit judicare causam illorum ?
utique statim post triumphalem exitum ex hoc lacrymarum valle , *sequentibus illas operibus suis , judicavit
illas dignas se , abstersit omnes lacrymas earum , et dedit
illis coronam justitiæ, Justus Judex.* Quid ultra sibi ratio-
naliter velle possent ? Ast nullatenus de mercede que-
runtur, contentæ videntur recepto jam pretioso *denario,
de quo convenerant cum Patre familias , dum intrabant in
vineam , pro eo laboraturæ ; de portatis pondere et æstu
diei, jam quiescentes a laboribus suis,* minime murmurant.
Sed aliam quamdam satisfactionem videntur ardenti
adhuc animo concupiscere. Dicunt nimirum :

4° *Et non vindicas sanguinem nostrum de illis qui habitant in terra ?...* Quomodo vero possibile esset , fideles

servos misericordissimi Dei, sponsas charissimas Christi, imitatores, et imitatrices *Agni pro peccatis mundi immolati*, qui jamjam moriens , adhuc orabat Patrem pro crucifigentibus , et calumniantibus se , ita pro *vindicta* solito modo intellecta *clamare ?* et quidem ad illum ipsum, qui verbis et exemplis tam instanter docuit , tamque enixe praecepit *inimicos diligere!*... hoc merito incredibile videbitur, donec recte intelligatur quo sensu , et qualem *vindictam sanguinis sui sumi* postulent. Etenim illae *animae* nunc perfectissime unitae Deo optimo maximo, *cujus misericordia est super omnia opera ejus*, qui *non vult mortem peccatoris, sed ut convertatur et vivat* in aeternum ; istae , inquam , certe nihil velle possunt , quod infinitae bonitati Dei contrarium est. Procul absit ab iis omnibus talis intentio.

5° Sed *vindicta ,* quam desiderant , et pro qua incessanter *clamant ,* in quantum afflictiva est, petitur contra inimicos perpetuo odio dignos , nempe angelos apostatas, qui miseros mortales seduxerunt, et stimularunt ad tanta mala contra Ecclesiam Christi perpetranda , exoptant ut in eorum aeternam confusionem , omnis *sanguis* justorum fiat foecundissimum semen Christianorum. *Vindicta* autem quam sumi desiderant de adversariis suis mortalibus , haec est : ut salutariter humilientur superbi illorum animi, ut lapidea eorum corda igne gratiae divinae emolliantur, obcaecati eorum oculi , fulgore luminis veritatis aperiantur , et ita infideles , aut quomodocumque errantes animae convertantur , ut ipsi etiam illorum persecutores , tortores, et occisores, efficaci gratia victi, Deo lucrifiant. Et in hoc quidem saepissime stupendi ac gloriosissimi effectus supplicationum sanctorum visi fuerunt temporibus persecutionum , non solum in primitiva Ecclesia, sed etiam in saeculis posterioribus , uti historia Ecclesiastica invicte probat. Brevitatis causa omittimus exempla, cum facile passim queant inveniri.

11ᵘˢ Versus. Et datæ sunt illis singulæ stolæ albæ, et dictum est illis ut requiescerent adhuc tempus modicum, donec compleantur conservi eorum, et fratres eorum, qui interficiendi sunt sicut et illi.

1° *Et datæ sunt illis singulæ stolæ albæ.* Quid est hoc? numquid *animæ* beatæ, saltem illæ, quæ purgatorio non indigent, immediate post mortem recipiunt quæcumque meruerunt, ac ita sine ulla mutatione manere debent donec in fine mundi ipsarum corpora rediviva illis denuo unita, etiam stola gloriæ induantur? utique, et hoc quidem de fide est; *animæ* enim de quibus hic agitur, erant evidenter de numero eorum, de quibus dicitur : *hi sunt qui venerunt de tribulatione magna, et laverunt stolas suas, et dealbaverunt eas in sanguine Agni* (a). Sed vel hinc iterum patet hic agi de rebus quæ non in cœlo proprie dicto, sed in Ecclesia Catholica super terram contingere debent. Quinta autem Ætate, de qua hic, dum furibundi Lutherani, Calvinistæ aliique hæretici multis in locis sanctuaria, monumenta et altaria destruebant, ad quærendas reliquias notorum Sanctorum, et aliorum Catholicorum ossa et cineres, quorum etiam memoria in benedictione erat, et qui forte apud Deum etiam coronati erant, ad omnia irridenda, profananda, et comburenda; tunc contra omnes qui vel re, vel voto fuerant *Martyres*, bellum instaurarunt, illorum *sanguinem* iterato fuderunt, quantum in ipsis erat; tunc ergo illa *animarum vox de sub altari audita est ad vin-*

(a) C. vii, v. 14.

dictam modo supra exposito obtinendam. Ita et in aliis similibus circumstantiis sæpissime.

2° Tunc autem ob novam persecutionem, et quasi novum *martyrium* ipsis illatum, quantum impietas illos in fama, in cultu, in monumentis, et in reliquiis, attingere poterat, tum antiquis, tum modernis Sanctis, et ob nova hinc inde patrata miracula, quibus Deus de illorum sanctitate novum testimonium perhibebat, Ecclesia Catholica novo zelo, novis solemnitatibus, novisque honorum titulis eos decorabat. In hoc ergo videtur consistere nova *stola alba*, quæ *singulis* illis *animabus subtus altare clamantibus, data fuit*, multo post primam illarum in cœlis glorificationem.

3° *Et dictum est illis ut requiescerent adhuc tempus modicum*, id est : clamoribus, seu potius desideriis eorum, responsum est, sive per ipsummet *Agnum*, sive per Angelum quemdam ex mandato, ac nomine *Dei et Agni* loquentem, *ut requiescerent*, ut scilicet certi essent nec injurias ipsis illatas, nec supplicationes ab ipsis ad *Deum et Agnum* emissas oblivioni dari apud Altissimum, justum Judicem, misericordissimum, et omnipotentem Deum; sed effectus desideratos adhuc paulisper debere differri, pro majori Dei gloria, et pro majori adhuc ipsorum honore, nempe per *tempus adhuc modicum*, comparative ad utilitatem inde secuturam. Videlicet :

4° *Donec compleantur conservi eorum*. Etenim ex illis hæreticorum persecutionibus, plurimi iterum martyres, pristinis martyribus similes, oriri debebant, et novæ victimæ immolari, quales sunt celeberrimi Martyres Gorcomienses, et innumeri alii ; ex illis nimirum, qui olim præcedentium martyrum, et etiam *Agni* vestigiis insistentes, in Fide firmiter usque ad mortem perseverarent, non obstantibus adversariorum insidiis, fraudibus, et crudelitatibus. *Donec* ergo illi, tum numero, tum meritis *compleantur*, qui a Deo præcognoscuntur futuri primum eadem fide, postea in consimili martyrio, consequenter et tandem in eadem gloria,

5° *Conservi eorum*, imo *et fratres eorum* ; filii ejusdem Patris cœlestis in Christo, et per Christum, qui innumeros illos adhuc secuturos, sicuti præcedentes, ut *fratres cohæredes suos* adoptare intendebat. Illi scilicet, *qui* in omnibus etiamnum durantibus, vel unquam postea futuris persecutionibus, in quibuscumque mundi partibus, et ex quibuscumque nationibus,

6° *Interficiendi sunt sicut et illi*, nempe nunc *clamantes* fuerunt. Utique Deo et Ecclesiæ Catholicæ gloriosissimum, exemplo omnibus Fidelibus proponendo utilissimum, sed in persecutorum barbarie, seu tyrannide contemplanda horrendum est legere, quidquid de talibus scriptum reperitur, in genuinis documentis historiæ Angliæ, Scotiæ, et Hyberniæ, sub Henrico octavo, Elizabetha, et Cromwello; non minus quam quod diu postea sub magna Gallorum Revolutione contigit. Quæ vero tandem sub magno Antichristo evenient omnia præcedentia longissime superabunt.

7° Interim quum *modicum tempus*, post quod *Martyrum sanguis*, et omnes injuriæ, quas fideles Dei servi passi sunt, et maxime ipsemet Deus, *vindicari* debent, intelligatur, uti rectissime potest, duraturum usque ad hujus mundi finem ; *donec* scilicet numerus electorum fuerit *completus* ; tunc *vindicta* quam justissime omnes Beatæ *animæ* simul cum Sanctis Angelis, congruenter ipsiusmet *Dei et Agni voluntati* desiderant, erit certe summe afflictiva in omnibus reprobis, et Angelis apostatis, omnium impietatum instigatoribus. Hoc Fides docet.

8ⁿ Tandem notandum superest : quod non obstantibus calamitatibus quintæ Ætatis. Ecclesia Catholica,

pro illo tempore , bene repræsentata fuerit per particularem Ecclesiam *Sardorum,* cujus nomen *Sardus,* significat : *Princeps lætitiæ,* et etiam : *canticum gaudii;* quia
paulo post initium istius Epochæ , per celeberrimum
Concilium Tridentinum , Ecclesia Catholica triumphavit
de omnibus hæreticis , et hæresibus tunc existentibus ;
aliquanto post per Summos Pontifices debellavit , et
profligavit Jansenistarum sectam hypocritam, præsertim
per celeberrimam Bullam *Unigenitus;* tandem invicte
refutavit , et proscripsit pseudophilosophiam , et inde
ortum spiritum falsæ libertatis , et perversas variorum
nominum societates secretas, quæ imperium magni Antichristi præparare conabantur; et quamvis omnes illas
victorias non sine magnis amaritudinibus obtinuerit ,
nec omnes adversariorum sectas penitus extirpare potuerit , quia tamen in omnibus istis præliis gloriose effulsit
triumphus veritatis Fideique Romano-Catholicæ , inde
maxima spiritualis *lætitia* nata est ; ob quam solemnissima *cantica* laudis Deo decantavit universa Ecclesia.

12ᵘˢ VERSUS. **Et vidi cum aperuisset sigillum
sextum : et ecce terræ motus magnus factus est ;
et Sol factus est niger, tanquam saccus cilicinus : et Luna tota facta est sicut sanguis : etc.**

1° *Et vidi cum aperuisset sigillum sextum :* illud igitur
sigillum aperiendo *Agnus* tandem expandit, seu visibilem
reddit penultimam partem *Libri,* quæ continet res, quæ
in magna *Parasceve,* seu vigilia perpetui *Sabbati* beatæ
æternitatis, debent contingere, nempe in ultima Epocha
Ecclesiæ militantis , postquam succedet universæ Ecclesiæ triumphus plenus , et sempiternus. Illa autem Ætas
sexta , in qua nos vivimus , initium stricte dictum
sumpsit , uti jam diximus , ab integra extinctione Imperii Romani ; sed recte illi adjungitur, quasi ut apertura,

magna Gallorum Revolutio, adeoque duodecim moraliter
ultimi anni Sæculi decimi-octavi ; quia illa Revolutio (a)
adduxit , post inenarrabiliter funestos alios effectus ,
virum tristi funestoque modo celebrem in universo Orbe,
Napoleonem, qui elevatus sicut cedrus altissima in Monte
Libano , mox dicto Romano Imperio finem violenter
imposuit. Pergit itaque Sanctus Joannes in narratione
sua, dicens :

2° *Et ecce terræ motus magnus factus est.* Sicuti jam
alibi notavimus , quamvis illa omnia probabiliter adimpletionem materialem , et penitus litteralem habere
debuerint , et jam magna ex parte obtinuerint ; certum
tamen est illa omnia ut mysteria esse consideranda , et
ideo præsertim spiritualiter esse intelligenda. Hoc
admisso, nonne vere *magnus* et universalis *terræ motus*
erat præfata Gallorum Revolutio? Hoc certissime nemo
negabit , qui illam vidit , aut saltem in veridicis descriptionibus legit , vel ex testibus fidelibus audivit.
Non solum enim Europa , sed omnes orbis terrarum
partes , inde graviter turbatæ fuerunt , uti plurimi
auctores ad evidentiam probant.

3° Attamen animadverti debet : hic vocem, seu nomen
terra, non tantum pro terrarum orbe , sed potius sumi
debere pro hominibus terræ incolis , non tamen omnibus , sed maxime pro mere *terrenis ,* nempe de cœlo non
cogitantibus, sed solummodo *terram ,* seu *terrena,* quærentibus. Et utique notissimum est , quam vehementer
impia et innumerabilis istiusmodi hominum turba tunc
temporis *commota* fuerit; id est, quam horrenda, quamque
frequentia , tunc quotidie omnium generum crimina

(a) In his et aliis quibusdam occasionibus adoptavi terminum *Revolutio*
sciens quidem non esse Latinum , sed quia melius exprimit intentum sensum ,
quam vox *turbatio ,* et equidem ab omni lectore intelligitur.

commissa fuerint. Ille autem *terræ motus* erat certe *magnus* valde.

4° *Et Sol factus est niger tanquam saccus cilicinus;* si *Sol factus sit niger,* ergo jam non amplius lucet ; consequenter quasi destructus est , seu æquivalenter cessavit esse *Sol,* cum pro *luce* non habeat amplius nisi *tenebras.* Et ex eo quod cessaverit ejus *lux,* intelligitur quod ejus *ignis* sit extinctus ; et ex tunc non potest amplius totam naturam calefacere : inde ergo necessarie sequuntur in universo mundo, et densissimæ tenebræ, et mortiferum frigus. Hæc autem videntur illo tempore fuisse adimpleta , ita tamen ut perfectior adimpletio finalis adhuc futura sit sub Antichristo. Quid enim hic proprie per *Solem* intelligi debet ? Certe si sensus mysterii quæratur sicut par est , non agitur hic de *Sole* materiali , qui æqualiter hominum et brutorum oculis conspicuus est ; sed potius, seu unice, de *Sole justitiæ,* nempe de Christo Domino , adeoque de ipsomet Deo , et vera Fide. Verum quidem est illum *Solem in se,* non posse obscurari, minus adhuc extingui , cum nulla potestas ipsi nocere valeat ; sed potest obscurari relative, et quasi ad nihilum redigi per impietatem Principum , et populorum , nempe respective ad istos populos, qui propria , vel Principum dominantium culpa, privantur *lumine Fidei,* et *calore charitatis.*

5° Hoc autem evidenter factum fuit sub regno *Terroris* apud Gallos , et in omnibus regionibus , quas impia illorum potestas ad tempus occupavit. Etenim Deus, et Christus , totaque vera Religio legaliter ab ipsis proscribebantur ; adeo quidem ut deliberatum fuerit a potestate tunc legislativa , de eliminando termino *Deus ,* ex dictionariis, et ex tota Lingua Gallica ; et illa eliminatio attentata fuisset ex eorum Lingua quæ tunc fiebat quasi universalis, per extensionem imperii eorum, et influxum eorum in populos etiam illis minime subjectos, nisi propter falsos deos, conservatio istius termini judicata fuisset necessaria; scilicet propter antiquas divinitates Gentilium, seu ethnicorum, et propter abominandas inventiones modernas.

6° De cætero, *verus Deus* publice et legaliter irridebatur, blasphemabatur, et negabatur. Lex Imperii facta athea, seu nullum Deum agnoscens, nullum Cultum divinum sua auctoritate protegebat, sed e contra veram Religionem destruebat. Sic ergo respective ad populos Gallis submissos, verus ille *Sol* obscuratus erat, seu *factus niger sicut saccus cilicinus : saccus* autem *cilicinus ,* est vestis planctum et altissimum dolorem indicans; tunc vero amarissime luxit Ecclesia Catholica, et divinus Sponsus ejus Christus, quasi in ea lugens et desolatus apparuit; adeoque Astrum diei spiritualis, lumen suum saluberrimum majori mundi parti, illis temporibus subtraxerat; et cum cultus veri Dei, prædicatio Evangelii, et usus Sacramentorum proscripta essent violenterque impedita, ingentis multitudinis hominum, quamvis aliunde ad Ecclesiam pertinentium, corda non amplius divini amoris igne calefiebant, sed frigore mortifero congelabantur.

7° *Et Luna facta est sicut sanguis.* Ast quid hoc loco intelligitur per *Lunam?* Resp. Uti in quibusdam aliis adhuc Sacræ Scripturæ locis, hic per *Lunam* significatur Ecclesia, quæ mutuato lumine a Christo *Sole justitiæ* illustratur, dum fulget, sicut *Solis* naturalis splendore, illuminatur naturalis *Luna* in firmamento; consequenter uti deficiente *Solis* claritate, *Luna* apparet tenebrosa, et quasi subnigro sanguine tincta ; sic dum lumen spirituale *Solis justitiæ* impeditur in Ecclesia, seu spirituali *Luna,* necessarie illa obscura, luctuosa, et quasi cruore conspersa redditur, ex parte nempe vel ex toto, prout calamitates sunt magis aut minus universales. Tempore autem supradictæ Revolutionis , et inde orti Imperii Gallorum, quantum planxerit Ecclesia, quam sanguinea facta fuerit illa mystica *Luna,* cuique adhuc notissimum est , nec unquam oblivioni dari poterit.

8° Uti enim jam notavimus , et alibi adhuc repetere debebimus , illis temporibus , successive Summi ac merito celeberrimi Pontifices Pius Sextus, et Pius Septimus, in durissima captivitate detenti fuerunt, ab administratione Ecclesiæ violenter impediti ; Cardinales , Episcopi , aliique omnium dignitatum ministri Ecclesiæ incarcerati , ad mortem quæsiti , in exilium missi , vel aufugere , aut se abscondere coacti fuerunt. Idem erat de Religiosis utriusque sexus, et ex quocumque Ordine. Etiam tunc studia Sacrarum Litterarum, Sacræ Ordinationes, et Religiosæ Professiones prohibebantur.

13ᵘˢ Versus. Et stellæ de cœlo ceciderunt super terram , sicut ficus emittit grossos suos , cum a vento magno movetur.

DISSERTATIUNCULA.

Præparatoria ad rectam explicationem hujus versus.

1° Attente considerantibus , seu meditantibus hunc versum decimum - tertium, capitis sexti Apocalypseos, dicentem : *Et stellæ de cœlo ceciderunt ,* (id est , in fine mundi cadent) *super terram ,* etc., et etiam illa , quæ habentur in Evangelio Sancti Matthæi (a). *Et stellæ cadent de cœlo ,* etc., et Sancti Marci (b) , *et stellæ erunt decidentes,* etc. , evidenter patebit quod in Sacra Scriptura , non pauca reperiantur, quæ vix , vel nullatenus habere possunt sensum mere litteralem ; ita ut talium veritas et significatio , in uno , vel interdum in pluribus

(a) C xxiv, v. 29. — (b) Ibidem, c. xiii, v. 25.

spiritualibus, seu mysticis sensibus quærenda sit ; cum alias absurda asserere viderentur.

2° Itaque nos sincere veritatem in omnibus quærentes, sane longissime et absumus, et semper abfuturos nos esse, in Domino speramus, ab impia voluntate, et stulta præsumptione contradicendi ullo modo textum sacrum, illiusve ab Ecclesia receptas traductiones. E contra, omnia et singula, quæ in cœlestibus his thesauris reperiuntur, sincero vere corde, totoque animo, uti infallibilia oracula, prout sunt, seu velut Supremi unicique Dei eloquia, humillime, ac docilissime recipere, ac sine ulla hæsitatione admittere profitemur, nimirum omnia, quorum sensus ab Ecclesia Romano-Catholica explicatus, seu determinatus est, secundum *illum sensum* intelligentes, et explicantes; et in illis, de quibus Ecclesia nihil, nisi canonicitatem definivit, sensum quemdam, certe bonum, secundum ejusdem Ecclesiæ mentem quærentes, sive ex Sanctis Patribus, sive ex aliis Doctoribus Catholicis, sive tandem ex proprio studio, et diligenti meditatione, dum pro aliquorum locorum intelligentia, meliores fontes non invenimus.

3° Interim pro directione nostra in obscurioribus, quæ vel nullatenus, vel non satis ad captum nostrum explanata reperimus, sæpe recordamur eamdem Scripturam Sacram, ore Beati Pauli Apostoli (a), dicere : *Littera... occidit, spiritus autem vivificat.* Hæc enim non de sola Lege Mosaica, sed etiam de multis quæ in Scriptura Legis Gratiæ enuntiantur, nobis omnino videntur intelligenda ; et etiam ita sentiunt vulgo omnes interpretes Catholici, uti sæpe in operibus suis annotarunt.

4° Ut igitur ad rem propositam perveniamus, quomodo tum ipsemet Christus Dominus in supradictis locis

(a) II Cor. c. III, v. 6.

evangelicis, tum Sanctus Joannes in allato versu Apoca-
lyptico , prædicere potuit versus finem hujus mundi ,
stellas de Cœlo esse lapsuras super terram ? Utique nullo
modo dubitare licet de veritate assertionum Spiritus
Sancti , in prioribus ore ipsius Christi , in posteriori ,
dilecti illius Discipuli ore loquentis ; sed quærendus
est verus sensus istarum assertionum. Considerandum
est interim , quod etiamsi *stellæ* materiales nudis oculis
nostris , et multæ quidem visui bonis instrumentis
armato , appareant solummodo sicut lapilli pretiosi in
cæruleo fornice firmamenti siderum collocati, unicuique
tamen hodiedum notum sit , et astronomice demonstra-
tum : cognitas *stellas* cujusvis speciei , exceptis *Luna ,*
et quibusdam planetarum satellitibus , magnitudine sua
terrarum orbem longissime superare! Si ergo *caderent ,*
saltem aliquæ *super terram* nostram , ubinam , quæso,
jacerent?... Si super unum culicem cadere deberent
plures boves , quomodo hoc fieri posset?... Deinde an
linea recta *cadentes,* uti necessarie faciunt corpora valde
ponderosa , orbem nostrum attingerent? hoc nullatenus
supponi potest , cum *terra* sit quasi punctum vix per-
ceptibile in spatio immenso , quod *cadentes* deberent
percurrere, et omnino non in centro Universi collocata ;
ergo *stellæ cadentes* terram non invenirent.

5° Et etiamsi quis probare , vel demonstrare posset ,
(quod nunquam fiet) *terram* sitam esse in centro spatii,
non ideo *terra* fieret centrum *stellarum ,* procul sane
abest , quia v. g. omnes planetæ habent centrum suum
in *Sole ;* omnes planetarum satellites habent centrum
suum singuli in planeta cui circumvolvuntur; et corpora
ponderosa , dum cadunt , suum necessario centrum
petunt ; ergo naturaliter *stellæ cadentes ,* non *caderent*
versus terram. Sed si alio *caderent ,* quomodo fieret
verum, quod *lapsuræ sint super terram?* tandem quan-

donam caderent ? plurimæ enim tam longe *a terra*
distant, ut etiamsi multo celerius descenderent, quam
globulus tormento bellico emissus progrediatur, multorum tamen millium annorum tempore indigerent, ut ad
terram nostram pervenirent; etiam aliæ aliis tardius
adessent, secundum differentiam distantiæ peculiaris;
quid ergo tunc de fine mundi?

6° Nec juvat dicere : quod omnia illa per miraculum
omnipotentiæ Dei futura sint possibilia ; nempe ut astra
de cœlo *cadentia* non ferantur singula ad centrum suum,
sed *ad terram ;* ut alia aliis celerius *cadant ,* et omnia
eodem die ad punctum sibi a Deo assignatum perveniant,
paucis horis immensam suam a *terra* distantiam, alia
linea recta, alia obliqua, alia etiam ascendendo potius
quam descendendo, percurrant : manet enim semper
illa difficultas : quod superficies *terræ* non sit tam
magna quæ recipiat notabilem *stellarum* numerum, cum
ordinarie *stella una* abundanter sufficeret ad totam illam
orbis faciem tegendam, in quam *caderet;* quid ergo tunc
fieret de magno illo numero *cadentium de cœlo, sicut ficus
emittit grossòs suos, cum a vento magno movetur ?...*

7° Nec dicatur unam *stellam* alteri prius lapsæ, posse
superimponi, et sic deinceps; sicuti in fabulis poeta-
rum, Gigantes dicuntur montes montibus imposuisse.
Debet enim considerari Scripturistica comparatio, quæ
nimis claudicaret, si hæc suppositio admitteretur ; *dum
enim ficus magno aliquo vento movetur , grossi decidentes*
non alii aliis imponuntur, sed circum arborem spargun-
tur ; ergo non valet suppositio proposita. Etiam hoc
notari debet : quod *si terra* sub integris, vel forte confractis stellis, quasi sepulta jaceret, deberet utique
everri, et ab immensis illis ruinis purgari, antequam
possent aperiri sepulcra, ad resurrectionem omnium
mortuorum, et inveniri locus ubi populi congregari

debent, et extremum judicium exsecutioni mandari; qui locus creditur esse vallis Josaphat, juxta Jerusalem. De illa iuterim immensa operatione , qua nempe *terra iterum denudaretur* , nulla reperitur mentio. Itaque quidquid sit, si velimus absurda evitare , (quod semper et in omnibus facere tenemur,) ille *materialis lapsus stellarum* , ne quibusvis quidem suppositis miraculis , admitti potest , sed sanior sensus quærendus est.

8° Ita senserunt jampridem multi boni auctores; attamen ut aliquem illarum prophetiarum sensum litteralem invenirent , supposuerunt hæc quidem non de *stellis* proprie dictis , seu de *astris cœli* debere intelligi , quasi de altissimo firmamento *decidentibus in terram* , sed de aerolithis , seu lapidibus, ex coagulatis in alto aere materiis formatis , qui plus minusve magni, et igne superiori, seu atmospherico inflammati, *decident in terram* quasi *stellæ*. Ad hoc Resp. Talia utique sunt valde possibilia, et in variis mundi tractibus, nostris et aliis temporibus , pluries contigerunt ; sed de istis non putamus loqui Sanctum Joannem , quia ab una parte in illis aerolithis , nullum est mysterium , ab altera autem illi lapides nec *stellæ* sunt , nec ita vocari solent , nec pertinent ad ultima duntaxat tempora.

9° Alii de aliis quidem , sed æquivalentibus phœnomenis , hæc explicare conantur, sed æque parum , vel minus adhuc plausibiliter ; non enim satis recordari videntur celebris effati Sancti Hieronymi , quod omnes post ipsum Sancti Patres approbarunt , et nullus auctor Catholicus rejecit ; videlicet quod in Apocalypsi , *quot verba, tot sint mysteria;* in istis autem mere naturalibus, et satis ordinariis phœnomenis , nulla sunt mysteria. Deinde quod omnia quæ in his prophetiis , nempe *de decidentibus stellis* , dicuntur , debeant specialiter pertinere ad tempus proximum fini mundi ; adeoque non possint explicari per phœnomena quæ moraliter omnibus temporibus, nunc in uno, nunc in alio tractu contingunt. Tandem, et maxime, quod omnia quæ in hoc Libro prædicuntur, utilia esse debeant ad instructionem totius Ecclesiæ; sed numquid Ecclesiæ Catholicæ multum prodesset ad instructionem membrorum suorum, si in Apocalypsi prædictum inveniret, quod in fine mundi apparitura sint phœnomena aerea, quæ aliis etiam temporibus sæpe visa fuerunt!... Et quid juvaret, si forte tunc majora, et frequentiora, sed tamen ejusdem naturæ fore crederentur ?...

10° Itaque nihil omnino superesse videtur, nisi ut illa intelligamus de futuro lapsu spiritualium astrorum, seu *stellarum,* nempe clarissimorum virorum, qui sanctitate, doctrina, prudentia, dignitate, seu eminentia, et etiam zelo Domini, veluti splendidissimæ *stellæ* in Ecclesia Christi, quasi in firmamento cœli, fulgentes, tempore furiosissimæ simul et callidissimæ persecutionis Antichristi, miserrime *decident ,* et ex quasi Apostolis, fient persecutores ipsi, et seductores, modo longe perniciosiore, quam unquam fuerit antea visum. In illo ergo sensu, supradictum versum intelligendum esse putamus; et ita explicabimus. Resumamus ergo textum sacrum.

1° *Et stellæ de cœlo ceciderunt super terram :* id est viri magni, conspicui, et celebres, qui scientia, dignitate, pietate, et etiam auctoritate, illis temporibus fulgebunt in Ecclesia universa, sicut splendidissimæ *stellæ* in firmamento cœli; quique videbantur, propter maxima sua merita, futuri aliquando summo splendore fulgentes etiam in Ecclesia triumphante; qui et sicut firmissimæ columnæ, immobiles stare videbuntur in veræ Fidei purissima doctrina; nihilominus, vel ambitione, vel avaritia, vel superbia, vel timore, tandem seducti, seu decepti, fient apostatæ, vel ab Ordinibus sacris, vel a

Religione, vel etiam a Fide, maximo innumerabilium infirmorum scandalo. Et miserrime

2° *Ceciderunt super terram.* More prophetico enuntiatur ut præteritum, quod adhuc futurum est, propter infallibilem certitudinem prophetiæ. Cæterum, quamvis illa de quibus hic agitur, etiam respective ad nos, adhuc futura sint, vidimus tamen nostris temporibus, talium terribilia præludia, nempe in sæpe jam citata Gallorum Revolutione, dum ante tempus Napoleonis, impia juramenta exigebantur ab omnibus qui erant in sacro ministerio, sub pœna expulsionis; dum, ob fidelitatem suam, expulsis vel incarceratis, aut etiam occisis veris pastoribus, dignitates ecclesiasticæ, majores et minores, illegitime et invalide offerebantur, et conferebantur intrusis, qui de statu vere cœlesti, de regione veritatis, et virtutis, ubi splendere solebant, infeliciter decidebant, transeuntes ad statum vere terrestrem; et quasi ad regionem tenebrosam, erroribus, fraudibus, et confusionibus scandalorum caligantem; ita quidem, illi qui in statu et ministerio ecclesiastico, quomodocumque permanere volebant; multi alii, scandalosius adhuc, ad statum et vocationes laicales transfugerant, et fere omnibus laicis pejores fiebant in omne genere corruptionis et impietatis. Si interim talia fuerint præludia, quid erit finalis adimpletio!... Pergit itaque sacer textus dicendo quod ceciderint, seu lapsuri sint :

3° *Sicut ficus emittit grossos suos.* Cum ficus arbor sit fertilissima, satis sæpe contingit ut verno tempore innumerabilibus grossis, seu ficibus immaturis, sit onerata, ita ut ex nimio pondere fructuum, cum ad aliquam magnitudinem pervenerunt, interdum rami confringantur; sed non omnes illi fructus ad maturitatem perducuntur; plurimi enim non satis firmiter arbori, sive ramis ejus adhærentes, vel interius, aut exterius vitiosi, paulo multove ante maturitatem *decidunt*, sub pedibus calcantur, et a porcis aliisve animalibus devorandi, aut in sterquilinium projiciuntur ; quod ultimum plerumque fit, et sæpe multo plus, quam ament arboris possessores.

4° *Cum a vento magno movetur*. Spirantibus nempe ventis validis, qui arbores fructibus oneratas violenter pulsant, variisque motibus agitant omnes ramos, sæpe multi, qui magnam moverant expectationem, dejiciuntur et pereunt. Sic dum Ecclesia Christi, uti arbor mystica, abundat ministris, aliorumque ordinum conspicuis membris, superveniente vento violentæ persecutionis, contingit sæpe plurimos viros doctos, illustres, et qui erant, vel saltem videbantur pii, ac zelo incensi, fortes et prudentes, firmissime bonæ arbori adhærentes, misere tandem *decidere*, et perire coram Domino. Hæc quidem frequenter in decursu sæculorum visa fuerunt ; forte nunquam amplius quam præfato nostro tempore, sed maxime, et plusquam unquam antea, evenient in ultima maximaque persecutione.

14ᵘˢ Versus. Et cœlum recessit, sicut liber involutus : et omnis mons, et insulæ de locis suis motæ sunt.

1° Iterum futura, uti jam præterita, enuntiantur, sensu in præcedentibus exposito. *Cœlum*, seu firmamentum, quod sæpe *cœlum* vocatur, utique non transiit de loco in locum ; sed dum nubibus, vel densis nebulis obducitur, æquivalenter *recessit* ab oculis intuentium ; sic tempore magnæ persecutionis, uti sæpe antea, sed recenter in fine sæculi decimi-octavi, et primo quadrante sæculi decimi-noni, Ecclesia Dei *recessit*, et in ultima calamitate adhuc specialius *recedet*, quasi firmamentum nigro, densoque velo contectum, nec amplius apparens fere, dum scilicet cultus vere Catholicus

Supremæ Majestatis, sub pœnis gravissimis prohibitus, non amplius , nisi clanculo , exercetur; dum ministri Domini , nonnisi sæcularibus vestibus induti , publice apparent , ne agnoscantur , aut omnino absconditi in latebris suis manere coguntur ; dum templa veri Dei clauduntur, aut destruuntur , dum cruces et aliæ imagines ad Religionem Catholicam pertinentes , tolluntur , absconduntur, aut confringuntur , et irridentur.

2° Denique *cœlum* in Scriptura Sacra , maxime in Evangelio, sumitur pro vera Christi Doctrina ; hæc enim credentes , et secundum Fidem viventes , ad *cœlum* proprie dictum perducit , illosque jamjam in hac vita mortali, quasi in cœlo anticipato constituit ; ita namque sumitur in his evangelicis parabolis et locutionibus : *simile est Regnum cœlorum grano sinapis.* etc. ; *thesauro abscondito in agro ,* etc. ; *sagenæ missæ in mare ,* etc. , *fermento ,* etc. , etc. , illa autem Doctrina talibus temporibus , cum reliquis partibus cultus religiosi tota fere *recedit* ab oculis populi Christiani , simul et ab auribus multitudinis , errantium , *velut oves sine pastore.* Et quidem de *cœlo* sic intellecto , hic præsertim agi videtur , quia additur :

3° *Sicut liber involutus.* Uti jam antea vidimus , *libri* qui more veterum, in una longissima membrana , vel in pluribus, simul junctis per extremitates , foliis consistebant , et cylindro circumvolvebantur , *recedebant ,* dum penitus involuti , nihil amplius legendum exhibebant. Sic veræ Fidei doctrina est quasi *liber involutus ,* dum prædicatio verbi Dei impedita est , ita ut propter pericula , nonnisi paucis admodum auditoribus clanculo tradi possit. Idem dicendum de administratione et receptione Sacramentorum.

4° *Et omnis mons ,* etc. subintelligitur *motus est de loco suo.* Sed de quibus , et qualibus *montibus* hic quæstio est ? Utique iterum non de *montibus materialibus;* fere enim absurdum esset hunc sensum hic supponere , nec videretur hoc ad scopum Dei , pro quo scribit Sanctus Joannes , multum facere , si *montes omnes* loco mutarentur. Sed agitur de *montibus spiritualibus;* tales autem habentur duplicis præsertim speciei ; alii enim , et qui hic in malam partem sumendi sunt , videlicet superbi , impii magnates , potentes , dominatores terræ , qui exaltati in hoc mundo, obliviscuntur se omnem suam magnificentiam , et potestatem , a Deo recepisse ; illi absque dubio *omnes,* in fine temporum terribili commotione e locis suis dejicientur ; et de illa *montium omnium* tremenda translatione , sat etiam terrifica exempla seu præludia magis nota vidimus quam ut nominatim allegari debeant. Alii sumendi in bonam partem , sunt qui legitime a Deo in Ecclesiasticis , vel etiam in civilibus dignitatibus elevati sunt , vel erunt , et qui injustis vexationibus , et violentiis impiorum dominatorum , e locis suis et dignitatibus expellentur in ultima illa calamitate; sicut etiam jam in præteritis fuerunt, Summi Pontifices , Cardinales , Episcopi , aliique innumerabiles Prælati Ecclesiastici; etiam Reges, aliique plurimi Principes boni et legitimi , ac innumeri inferiores magnates civiles.

5° *Et insulæ de locis suis motæ sunt.* Sicuti de *montibus* dicitur : *omnis mons ,* id est , *omnes montes ,* pro *insulis* similiter intelligi debet : *omnes;* sed hic de *insulis* judicandum est , uti supra de *montibus ;* revera tamen identidem contingit , per magnas tempestates in mari , aut per violentos terræ motus, nonnullas parvas *insulas* de loco in locum transmitti, aut etiam penitus absumi. Sed nullatenus supponendum est unquam *omnes esse movendas de loco suo;* etenim et hic nequaquam videtur quæstio haberi de materialibus *insulis ,* sed de *insulis* similiter spiritualibus. At inquirendum restat · quænam sint illæ *insulæ* spirituales. Videtur ipsa divina Providentia ostendisse nobis in ultimo præterita calamitate universali, quid hoc loco, per *insulas* intelligere debeamus.

6° Etenim in natura *insulæ* vocantur, tractus terræ, qui aquis maris vel fluviorum ab omni parte circumdati, a terra Continentis sunt separati. Spirituales autem *insulæ* sunt 1° Ordines Religiosi; 2° singula illorum Ordinum monasteria; 3° si qui sint, quemadmodum olim multi, Eremitæ separatim Deo soli viventes. Etenim illi omnes existunt quidem in hoc mundo, et in Ecclesia, sicut naturales *insulæ* in orbe terrarum, et in mari, vel in fluminibus; sed a reliqua hominum turba, etiam a Christianis, vere sunt separati, nempe quoad vocationem, et modum vivendi. Istæ *insulæ* spirituales indubie moraliter *omnes,* in ultima persecutione *de locis suis movebuntur* per violentias et crudelitates adversariorum; et quidem eas sic *de locis suis movere,* etiam in magna Gallorum persecutione nimio cum successu fuit attentatum, uti omnibus notum est.

15ᵘˢ Versus. Et Reges terræ, et principes, et tribuni, et divites, et fortes, et omnis servus, et liber, absconderunt se in speluncis, et in petris montium.

1° *Et Reges terræ.* Uti jam plus semel notavimus, si nostri temporis universales perturbationes non fuerint ultima harum prophetiarum adimpletio, hujus saltem fuerunt terribilia præludia. Notissimæ adhuc sunt istius temporis expulsationes, spoliationes, fugæ, anxietates, etc , multorum *Regum ,* qui sese abscondebant in locis secretis, vel si præventi, certe exoptabant *abscondi in montibus et speluncis.* Attamen per *Reges terræ,* hic non solum intelligendi sunt proprie dicti *Reges*, ac alii populorum Rectores, seu Dominatores: sed etiam, et forte quidem principaliter illi omnes , qui corde adhærent *terræ* , seu rebus temporalibus , et in istis solis suam gloriam , beatitudinem , et hæreditatem quærunt , de *Regno Dei et justitia ejus* , nunquam sincere cogitantes ; illi namque , dum terrena in periculo versari , vel de facto auferri vident , in summa anxietate constituti , qualecumque effugium , aut refugium , ut se, et res suas a temporali interitu eripiant , reperire conantur, at maxime hoc continget dum universalis mors et extremum judicium imminere videbuntur ; quamvis utique tunc omnia conamina futura sint inutilia.

2° *Et principes , et tribuni , et divites.* Variæ species enumerantur dignitatum , et qualitatum ; sed de omnibus , habita proportionis ratione , eodem modo debet judicari , et eadem dari conclusio finalis ; in istis enim non habebitur acceptio personarum, sed vera æqualitas sortium , ubi reperietur æqualitas meritorum , seu demeritorum, quia tempus justitiæ tunc erit.

3° *Et fortes,* qui scilicet non virtute Dei , sed fortitudine hujus mundi *fortes* sunt, vel tales reputantur, in istis turbationibus expavescent , et præter expectationem , ipsimet superbi animi sui impotentiam sentient , et inviti fatebuntur quod solus *Dominus fortitudo plebis suæ, et protector salvationum Christi sui est* (a) , quodque *non in fortitudine equi voluntatem habebit : nec in tibiis viri beneplacitum erit ei* (b).

4° *Et omnis servus ,* tunc videns , se a Domino suo temporali non amplius posse protegi, nec se posse ipsum Dominum protegere, ac ne tuto quidem illi posse adhærere; timens undequaque, et hæsitans quid sit faciendum,

_____

(a) Ps. xxvii, v. 11. — (b, Ibidem, cxlvi, v. 11.

aut quo in tantis calamitatibus se vertendum, ut aliquod solatium, vel auxilium acquirat.

5° *Et liber*, sentiens tandem solam *libertatem qua Christus servos suos donavit*, tunc posse hominem ex omnibus periculis eripere ; sed libertatem hujus mundi, vanam esse et inutilem, nec posse æternam miserrimamque servitutem avertere : omnes nescientes quo fugerent, tandem.

6° *Absconderunt se in speluncis*. Pro his verbis, videantur dicta nota prima, ubi agitur *de Regibus terræ*. Sed beati sunt, qui in talibus anxietatibus tempestive, tam pura intentione, et cum tanto successu, curant *sese abscondere*, sicuti olim innumeri Christiani, sub paganorum persecutionibus fecerunt, qui rerum temporalium vanitatem, et inconstantiam experti non coacte, sed libenter, et ex toto corde mundana reliquerunt, et solitudines deserti repleverunt.

7° *Et in petris montium* etiam multi se abscondere conati sunt, scilicet in scissuris, et cavitatibus petrarum, quibus multi *montes* instructi reperiuntur, et quæ procul ab inimicorum incursibus, a periculis inundationum, et a violentiis ventorum, tutæ creduntur; at in ultimis mundi hujus calamitatibus, illa omnia frustra tentabuntur; quia oculos omnia videntis, et quæcumque abditissima scrutantis, ac penetrantis Dei, nemo poterit effugere. nec justum ejus judicium evitare, dum tandem judex apparuerit.

8° Attamen in spiritualibus, pro illis qui fugam suam non distulerint usque ad expletum misericordiæ tempus, sive pro peccatoribus tandem aliquando vere resipiscentibus, sive pro justis, rigorem Supremæ inscrutabilisque Justitiæ pertimescentibus, duæ præsertim petræ, scissæ reperientur, et etiamnum sese offerunt, in quibus securi latere poterunt quicumque ad eas fugerint, nempe

Sacratissima *Corda Jesu et Mariæ*, unum scilicet lancea militis, alterum gladio doloris perforatum. Profecto omnibus qui, dum adhuc tempus est, *in illis petris sese absconderint,* nihil omnino erit timendum. Numquid non in hunc finem his nostris temporibus duplicem illam Devotionem instituit Ecclesia, et omnibus Fidelibus commendavit?...

16ᵘˢ VERSUS. Et dicunt montibus et petris : cadite super nos, et abscondite nos a facie sedentis super thronum, et ab ira Agni.

1° *Et dicunt,* seu tunc *dicent,* sive expressis verbis, angorem cordium suorum manifestantes, sive præ stupore linguam habentes impeditam, gestibus, lacrymis, planctibus, et trepidationibus ardentia, sed inutilia desideria sua exprimentes, et quasi exclamantes, nempe serius pœnitentes, et furiose desperantes peccatores, apparente Judice.

2° *Montibus et petris,* entibus utique insensibilibus, quasi essent animata, et compassionis capacia aptaque ad auxilium aliquod ferendum; de illis prædixit Isaias propheta : *introibunt in speluncas petrarum, et in voragines terræ, a facie formidinis Domini, et a gloria majestatis ejus, cum surrexerit percutere terram* (a). Exoptabunt nimirum a montibus, et petris contegi, vel etiam suffocari, si fieri posset, ante Judicium extremum; *dicunt* enim illis :

3° *Cadite super nos :* vellent ergo immensa sub mole *montium* sepeliri, et confractis *petris* conteri, quasi possent corpore et anima irrevocabiliter perire ac in nihilum redigi; invito Deo ipso, sententiam justæ condemnationis suæ effugere. Si tamen et hæc forte spiritualiter intelligenda sint, per *montes* possunt significari magni

(a) Isaiæ, c. II, v. 19.

Sancti , qui sublimi sanctitate elevati sunt ; per *petras ,* fideles servi Dei , qui in Fide semper immobiliter firmi fuerint , quorum protectionem tunc frustra invocabunt reprobi , sicut *fatuæ virgines ,* quæ nequicquam *sapientibus dixerunt : date nobis de oleo vestro , quia lampades nostræ exstinguuntur.* Ita enim et incassum , optabunt etiam tunc reprobi, ut sub umbra meritorum Sanctorum, et Sanctarum protegantur, et quiescant.

4° *A facie sedentis super thronum ,* nempe a conspectu justissimi , ac infallibilis incorruptique Judicis, quem recordabuntur , se in vita sua contempsisse , irrisisse , imo et cujus , non solum potentiam , sed et existentiam pertinaciter negarunt , et a cujus timore alios etiam quotquot potuerunt , averterunt :

5° *Et ab ira Agni :* nempe *Agni* illius divini , qui jam non amplius apparebit , uti olim , *mansuetus , non aperiens os suum coram tondente se ,* paratus immolari pro peccatis universi mundi , *scelera nostra tollens , et iniquitates nostras portans ;* sed e contra, tanquam Leo *de tribu Juda ,* terribiliter rugiens justissima *ira ,* qui veniens in summa majestate , et potentia , conculcabit omnes inimicos suos , in sempiternum eorum interitum.

17ᵘˢ VERSUS. Quoniam venit dies magnus iræ ipsorum : et quis poterit stare ?

1° *Quoniam venit dies magnus :* dicitur *dies magnus ,* non a diuturnitate temporis ejus, quia nequidem probabile est quod ille *dies* sit habiturus tot horas quot quilibet alius dies; cum enim innuat Sanctus Paulus resurrectionem mortuorum, ubi omnia erunt reparanda, renovanda, colligenda , et ab omnibus partibus mundi in unum locum congreganda , etc. , etc. , tamen *in ictu oculi* esse perficiendam ; sic quamvis in extremo Judicio tam multa sint examinanda , consideranda , distinguenda , et æstimanda , non est Deo impossibile etiam hæc , si voluerit , in momento temporis executioni dare. Dicitur *dies* ille *magnus,* ob magnitudinem rerum , quæ in eo evenient ; etiam forte a magnitudine luminis quod in eo fulgebit ; quia tunc omnia , quæ eousque obscura , abscondita , contecta , vel quovis modo secreta erant , tunc manifesta fient , et clarissime exponentur.

2° Dicitur et *dies iræ ipsorum;* quia antea quæstio fuit de *sedente super thronum et Agno,* adeoque hic iterum per *sedentem super thronum* debet intelligi Deus Pater , et per *Agnum* Christus Dei Filius ; vel melius , sicut etiam diximus , per *sedentem super thronum* Christi Divinitas , et per *Agnum* ejusdem Christi Humanitas ; tunc enim secundum utramque naturam Filius Dei ostendet se *iratum* contra reprobos , et exercebit tremendum nimis judicium. Merito itaque finaliter additur :

3° *Et quis poterit stare?* Quis nempe tam irreprehensibilis , tam innocens , tamque justus reperietur , qui *possit* tranquillus *stare ,* ante tremendum nimis illud Supremi Judicis Tribunal ? Certe nemo sana mente hoc de seipso cogitare præsumet , nisi speciali revelatione divina hoc præcognoverit ; tales autem revelationes Deus mortalibus concedere non solet. Inde etiam magni Sancti, non absolute scientes *utrum odio, vel amore digni essent* coram Deo merito de seipsis diffidentes , et suam fragilitatem sentientes , sincere asseruerunt se esse magnos peccatores , et justi judicis Judicia valde timuerunt.

CAPUT SEPTIMUM.

Quatuor Angeli retinent quatuor ventos. Duodecim millia ex unaquaque tribu Israel, signantur signo Dei vivi. Multitudo innumerabilis ex omnibus nationibus ante thronum Dei. Canticum Angelorum, quinam sint, qui constituunt præfatam multitudinem. Quænam futura sit æterna merces eorum omnium.

1us VERSUS. Post hæc vidi quatuor Angelos stantes super quatuor angulos terræ , tenentes quatuor ventos terræ, ne flarent super terram , neque super mare , neque in ullam arborem.

1° *Post hæc vidi*, etc. Inter præcedentes visiones , et eas quæ sequuntur , videtur fuisse aliqua interruptio , quæ innuitur per verba : *post hæc*, et illa interruptio facit transitionem a rebus quæ in initio sextæ Ætatis Ecclesiæ contigerunt , ad eas quæ contingere debent in ejusdem fine : nempe ab impietatibus et persecutionibus magnæ Gallorum Revolutionis, imperiique Napoleonis , ad impietates et persecutiones incomparabiliter pejores, quæ Ecclesiam Christi, totumque terrarum orbem inundabunt , circa adventum Antichristi, et sub ejus tyrannico imperio ; quibus terminabitur mundi hujus cursus, simul et Ecclesiæ militantis; post quæ, mediante Judicio extremo, fiet transitus ad Ecclesiam Triumphantem. Quæ omnia hoc capite prædicuntur, et præparantur, sed solum initio capitis sequentis , aperto tunc ultimo sigillo, complebuntur, uti suis locis probare conabimur. Itaque : *vidi*

2° *Quatuor Angelos stantes super quatuor angulos terræ*. Propter ea quæ de istis *Angelis* dicuntur in sequentibus,

multi auctores putaverunt illos fuisse , seu debere esse,
angelos malos, maxime quia *datum est illis nocere terræ et
mari,* ut in versu sequenti videbimus. A pluribus tamen
aliis , *angeli boni* æstimantur illi , et merito , ut nobis
videtur. Etenim nullatenus videntur *velle* mala facere ,
sed e contrario illa impedire, donec in extremo tempore,
a parte Dei monentur, seu jubentur, impetum malorum
permittere , vel etiam mala physica , ob justam Dei vindictam, contra impios , et ad majorem sanctificationem ,
seu expurgationem electorum. Ergo inde non constat
illos fuisse Angelos malos; etenim *Angelus* qui nomine
Dei, Davidi Regi exhibebat tres plagas , ex quibus , in
expiationem peccati sui , unam eligere debebat, nempe
pestem, famem, et bellum, quique Davide eligente *pestem ,*
tam multa millia Israelitarum occidit , non propterea
creditur fuisse Angelus malus, sed e contra certo bonus.
Idem sentiendum de *Angelo destruente exercitum Senna-
cherib , tempore Regis Ezechiæ.*

3º Sed hic examinandum primo : quare hic habeantur
præcise *quatuor Angeli?* secundo : quare *Angeli stantes?*
tertio : cur *super quatuor angulos terræ?* Tandem quarto :
ubinam sint illi *anguli terræ ,* cum sit evidens terram
esse moraliter rotundam , nullumque habere *angulum ?*
Et Resp. ad primum : Auctores vulgo æstimant illos
Angelos esse præsides *ventorum;* et forsan bene , quia
vere non spernenda est opinio , quæ tenet *Angelos*
quosdam præesse motibus *ventorum* in terra, et in mari ;
sed hic iterum non agitur de materialibus, sed de spiritualibus *ventis.* Adeoque illi *Angeli* melius sumuntur ,
pro omnibus illis *Angelis ,* et pro Ecclesiæ Rectoribus ,
qui defendent populos Christianos præcipue contra
ventos spiritualium tribulationum , contra seductiones
pravorum exemplorum , et perversarum doctrinarum ,
præsertim Antichristi , et etiam contra periculosos

terrores persecutionum , quibus possent spiritualiter tandem succumbere , nisi potenti auxilio ex alto continue sustententur; uti reipsa succumbent omnes, qui non fideliter illo auxilio utentur. Dicuntur autem esse *quatuor,* ad significandam totam illorum multitudinem , qui in partes *quatuor ventorum* orbis dispersi , universæ Ecclesiæ invigilant.

4° Ad secundum : Dicuntur *stantes.* propter illorum firmitatem, auctoritatem, et diligentiam; quia sicut vigiles super muros Civitatis Sanctæ , semper *stant* parati ad depellendos irruentes hostes, tanquam viri armati continuo pugnantes contra adversarios Fidei visibiles et invisibiles; nempe oratione , Verbi Dei prædicatione, Sacramentorum administratione, pœnitentia , omniumque virtutum exemplis.

Ad tertium : Dicuntur *stare super quatuor angulos terræ ,* quia de omnibus populis universi mundi , cura illis incumbit; etenim in omnibus fere nationibus aliqui saltem reperiuntur Christiani , quos a contagio servare, aut sanare satagant. Insuper, omni quidem tempore debent , sed maxime versus finem , debebunt, laborare ad convertendos omnes omnium nationum errantes. Inde ad quartum : nullatenus agitur hic de materialibus *angulis terræ,* nequidem de regionibus quibusdam , uno aliove sensu extremis , sed de universalitate inhabitantium hujus mundi , ubicumque in terra vel in mari reperiantur. Erant autem præfati *quatuor Angeli*

4° *Tenentes quatuor ventos terræ;* quid hic per *ventos* debeat intelligi , et quare tam *Angeli* et *terræ anguli,* quam *venti . quatuor* dicantur esse , jam satis patet ex ante dictis. Etenim eo fere sensu, quo suis locis de *quatuor animalibus* diximus , in his omnibus, numerus *quatuor* indicat indeterminati numeri multitudinem eorum , de quibus hoc loco quæstio est. *Tenebant* vero *Angeli* illi *quatuor ventos terræ ,*

5" *Ne flarent super terram :* ne scilicet furiosam suam tyrannidem exercerent contra homines terrenos , fragigiles , et de Cœlo raro , aut nunquam serio cogitantes , quorum scilicet conversionem sciebant non debere negligi , multo minus quovis modo impediri , quantum-vis vindicta divina potius , quam gratia conversionis digni reperiantur. Cum equidem *sit voluntas Dei , omnes homines salvos fieri ,* qui *non vult mortem peccatoris , sed ut convertatur , et vivat.*

6° *Neque* (flarent) *super mare ;* id est , ne vexarent Ecclesiam Dei , in membris suis ; primo laicis , aliisque minus instructis , qui magnam multitudinem Fidelium constituunt super terram , quasi fluctus maris , invicem continuo succedentes, perpetuis multifariisque motibus pulsati , etiam tunc , quando violentia ventorum non agitantur, sed fiunt furiosi , dum illa causa etiam intervenit. Tandem additur :

7° *Neque in ullam arborem.* Quum generaliter loquendo, hic per *mare* significetur multitudo Fidelium vulgaris , seu illorum , qui non sunt animarum rectores , vel doctores ; per *arbores,* hoc loco significantur personæ eminentes in Ecclesia, sive auctoritate, sive dignitate, sive doctrina , inprimis autem illæ, quæ curam anima-rum gerunt. Retinentur itaque *venti* spirituales , per præfatos *Angelos,* ne furorem suum exerceant contra hujusmodi personas, non tamen ad semper , uti postea videbimus, sed ad certum tempus.

2ᵘˢ VERSUS. Et vidi alterum Angelum ascendentem ab ortu solis, habentem signum Dei vivi : et clamavit voce magna quatuor Angelis quibus datum est nocere terræ , et mari ,

1° *Et vidi alterum Angelum* : hic Sanctus Joannes dicens *se vidisse alterum Angelum*, omnino videtur loqui de *Angelo* quodam ejusdem speciei , ac *Angeli* præcedentes ; hic autem *alter Angelus*, est evidenter *Angelus* bonus; inde ergo probabilius est, imo moraliter certum, etiam præcedéntes esse *Angelos* bonos. *Angelus* vero, de quo nunc agitur , videtur significare Summum Pontificem Romanum , qui existet in initio , vel jam ante initium ultimæ persecutionis; qui verbo suo , scriptis et quibuscumque monitionibus , diriget actus reliquorum ministrorum Ecclesiæ, qui hic significantur per *Angelos ad quos clamat*, uti etiam jam patet ex præcedentibus. Sed vidit *alterum* illum *Angelum*, non de cœlo descendentem , sed

2° *Ascendentem ab ortu Solis!*... At quomodo potuit ille *Angelus* videri *ascendens*, cum *Angeli* apparentes hominibus , debeant potius *descendere*, venientes nimirum de cœlo ad terram?... Etiam quare præcise *ab ortu Solis?*... Resp. Vel inde iterum clarius patet , quod agatur de re in Ecclesia militante peragenda ; quodque *Angelus* ille sit vere Romanus Pontifex, Vicarius Christi, qui electus a clero , et ex clero , elevatur ad sublimissimam illam Dignitatem , et *ascendit* Cathedram Sancti Petri , seu *Sedem Apostolicam ;* diciturque *ab ortu Solis ascendere*, quia nomine Christi , veri Luminis hujus mundi , eligitur , et elevatur. Etiam quia assumitur ex parte cleri maxime illuminata lumine cœlesti , seu *Sole justitiæ Christo*. Viditque illum Sanctus Joannes :

3° *Habentem signum Dei vivi :* id est, portantem signaculum , seu sigillum , uti ex textu Græco patet; per hoc significari omnino videtur signum Sanctæ *Crucis*, vexillum Regis æternæ gloriæ, cujus utique depositarius est Summus Pontifex. Hoc *signum* præ se ferebat ille

Angelus, mox videbimus ad quem usum. Consideremus ergo clamores illius.

4° Itaque : *et clamavit voce magna. Magna ,* seu altissima *voce clamasse* dicitur : ut intelligatur ea quæ ipse dicit, per universum mundum debere audiri, et omnes, ad quos verbum ejus dirigitur, prompte debere obedire; ut significetur suprema in terris auctoritas loquentis , urgens necessitas prohibitionis , quam proclamat, et ardens illius affectus, paternaque cura, pro universorum hominum salute. *Clamor* autem ejus , seu allocutio *voce magna* prolata emittitur his...

5° *Quatuor Angelis , quibus datum est nocere terræ et mari :* sed unde constat illis *datum esse nocere terræ et mari?* textus enim sacer non videtur antea hoc dicere ; vel an forte hic intelliguntur alii *quatuorAngeli,* differentes ab illis, de quibus versu primo quæstio est? Resp. Sunt iidem *Angeli ,* et sacer textus non quidem expressis terminis dicit illis datam esse istam potestatem *nocendi ;* sed asserit æquivalenter , dicens illos *tenere quatuor ventos terræ , ne flarent* etc. Vidimus supra quinam , et quales sint illi *venti ,* et quænam faciant eorum *flatus :* dum ergo *Angeli* illi liberos dimittunt istos *ventos,* utique tunc *nocent terræ, mari,* etc., quæ inde graviter turbantur. *Alter* itaque *Angelus ,* illis ad tempus prohibet hac uti potestate.

3ᵘˢ VERSUS. Dicens : Nolite nocere terræ, et mari, neque arboribus, quoad usque signemus servos Dei nostri in frontibus eorum.

1° *Dicens :* magno scilicet zelo commendans , et in quantum opus est , auctoritate Dei , qui illum ad hoc misit, præcipiens, uti Caput visibile Ecclesiæ militantis super terram, ad præfatos *Angelos ,* et ad omnes qui per illos *quatuor Angelos* significantur et repræsentantur ,

·quique per universum terrarum orbem , inter omnes populos dispersi sunt.

2° *Nolite nocere terræ et mari, neque arboribus.* Quinam hic intelligantur per *terram,* quinam per *mare,* et quinam per *arbores,* supra vidimus , in explicatione versus primi. Sed quid hic vult *Angelus* dicendo in sensu copulativo : *nolite nocere terræ et mari?* an forte permitteret illis disjunctive , *nocere terræ,* vel *mari?* Resp. Indubie negative ; sed ita copulative loquitur , quia non possent *nocere* uni, quin *noceant* alteri ; si enim *noceant terræ,* spiritualiter intellectæ , ut supra , *nocent* et *mari* spirituali , et vice-versa ; sicut utrumque consideranti prorsus patebit.

3° Auctores illi , qui putant hic agi de materialibus *ventis,* per *Angelos* ad tempus retinendis , æstimant hic prohiberi materiales tempestates , turbines , et terræ motus , quibus fructus terræ et arborum destruuntur , naufragia in mari et fluminibus , inundationes , et aliæ multæ calamitates producuntur , hominibus , et bestiis perniciosæ. Non est dubitandum , ut arbitror , quin et tales calamitates versus finem mundi magnæ et plurimæ superventuræ sint, sed cum hic de rebus sublimioribus, et mysticis agi omnino videatur, putamus harum prophetiarum sensum mysticum supra allatum, esse longe præferendum , ita quidem ut sensus ille materialis vix admittendus sit.

4° Hic peti posset : si *venti ,* de quibus hic quæstio est , sint spirituales, nempe tribulationes , anxietates, persecutiones, etc. , propter Fidem ; et boni *Angeli* illis præsint , quare vellent tam perniciosos *ventos* unquam relaxare , et cur non multo potius amarent, illorum calamitosos effectus semper et ad semper avertere? Resp. Ob easdem rationes ob quas ipsemet Deus summe bonus interdum permittit , imo et immittit adversa hujusmodi , et quas jammodo plus semel enumeravimus in præcedentibus, et sæpe adhuc videbimus in sequentibus hujus opusculi locis. Sed et tandem adhuc peti posset :

5° Quomodo per *quatuor* sæpe jam dictos *Angelos*, possent significari Pastores, rectores animarum, et nonnulli alii Ministri Ecclesiæ , siquidem nullatenus per ipsos stet quominus retineantur illi spirituales *venti*,non in eorum potestate est permittere, aut avertere calamitates a populis, sive spirituales, sive temporales? et quo tunc sensu, aut qua ratione possent *nocere*,vel *non nocere* populis , vel mundo? Resp. Nonne preces , supplicationes, interventiones, labores , pœnitentiæ, eleemosynæ, etc. , etc , justorum , sanctorumque Ecclesiæ defensorum , sæpe retinuerunt , et quasi vinxerunt *ventos* illos spirituales ? nonne graviter *nocent* , dum abstinent ab intercessionibus illis , et quasi habenas relaxant justæ Dei vindictæ?... Quid de populo Israel in multis circumstantiis factum fuisset , nisi Moyses , et subinde etiam Aaron , intercessissent? Et quam multa habemus alia hujusmodi exempla sub utraque Lege l ergo , etc. Itaque dicitur illis : *nolite nocere.*

6° *Quoad usque signemus servos Dei nostri in frontibus eorum.* Id est : donec præmissis in omni loco diligentissimis prædicationibus , ferventissimisque precibus , pro omnium errantium conversione , illos omnes quorum Dominus corda aperuerit ad Fidem suscipiendam si hucusque fuerint infideles , aut si Fidem habuerint quidem , sed in viis impiorum ambulaverint , ad revertendum ad Dominum , per veram pœnitentiam ; donec inquam , illos quos ex omni natione Deus elegerit sibi, in *servos signemus* , seu *signaverimus* signo Sanctæ *Crucis* , seu signaculo salutis , nempe neo-conversos in Sacramento Baptismatis,et antea baptizatos peccatores, in Absolutione Sacramentali ; et quidem *in frontibus eorum,* ad significandum conversos illos tales esse futuros, ut publice, firmiter, et perseveranter, Fidem veram profiteri audeant, non obstantibus omnibus persecutionibus, aut quibuscumque, ea de causa, periculis.

7° Hic autem notandum ˜venit primo . quod ille *alter Angelus* dixerit in plurali : *quoad usque signemus* ,etc. Adeoque videntur *quatuor* illi *Angeli* quibus loquitur , debere illum adjuvare in *signandis* electis *Dei servis ;* alias cum ipse solus apparuerit *habens signum Dei vivi,* debuisset dicere in singulari : *quoad usque signem,* nisi manifestasset se ad hoc postea venturum cum quibusdam aliis ; sed de hoc nulla est quæstio. Inde ergo tanto certius fit quod *quatuor* illi *Angeli* non fuerint *Angeli mali,* quamvis haberent potestatem *nocendi.* Sed et secundo notandum est : quod non *Angeli* proprie dicti , sed Ecclesiæ Ministri habeant potestatem *signandi servos Dei,* signo Sanctæ Crucis in Baptismate , et in Sacramento Pœnitentiæ ; ergo tum *quatuor* præfati *Angeli,* tum *alter Angelus,* non sunt proprie dicti *Angeli,* sed Ministri Ecclesiæ , nempe Summus Pontifex, qui est depositarius *signi Dei vivi,* et inferiores ministri, quos omnes ille in adjutores assumit. Si quis tamen præferat sententiam juxta quam omnes illi fuerint veri *Angeli* Sancto Joanni apparentes , admittendum esset per illos significari Ministros Ecclesiæ , qui facturi sunt ea, de quibus hic loquitur ille *alter Angelus.*

4ᵃˢ VERSUS. Et audivi numerum signatorum , centum quadraginta quatuor millia signati , ex omni tribu filiorum Israel.

1° Quamvis hic nulla videatur fuisse interruptio in visione, supponit tamen Sanctus Joannes in hoc versu , jam facta esse ea , quæ in versu præcedenti fuerunt proposita. Nempe dilata fuisse mala , quæ videbantur jamjam instantia , adhibitas fuisse quascumque vias et rationes ad convertendos ad Deum omnes errantes , et insuper *servos Dei nostri esse signatos.* Inde dicit : *et audivi numerum signatorum ,* nempe *in frontibus eorum,* sensu quo supra exposuimus, adeoque numerum illorum , qui ad hoc destinati erant , et jam facti sunt *servi Dei nostri,* esse simul

2° *Centum-quadraginta-quatuor millia signati.* Omnes moraliter auctores in hoc conveniunt, quod hic numerus non debeat sumi ad litteram , seu pro numero absolute accurato, sed pro valde quidem magna, at indeterminata multitudine; cum sit mos Sacrorum Scriptorum, numerum aliquem determinatum , majorem vel minorem , ponere pro aliqua multitudine , prout mysterium quod intendunt, exigere videtur. Sic sæpe adhibetur numerus *duodecim,* vel alius ex eo multiplicato ; sæpissime numerus *septem,* interdum numerus *quatuor* etc., uti in decursu videbimus. At hic nunc sequuntur variæ difficultates , quia dicitur :

3° *Ex omni tribu filiorum Israel.* Prima ergo fronte , omnino non videntur illi *signati* esse conversi *ex omnibus populis ,* quod tamen præsupposuimus ; non solum quia pauciores esse viderentur , sed maxime quia hic positive dicuntur esse ex populo *Israel.* Deinde : dicuntur esse *ex omni tribu Israel ,* et in enumeratione tamen una *tribus,* omittitur ! tandem una numeratur quæ videtur non debere adesse ! Quos omnes nodos solvere conabimur ; sed requiritur magna attentio , ad omnia illa recte intelligenda.

4° Itaque ex ipso sacro textu patere videtur in enumeratione *tribuum Israel ,* nullam esse omittendam, cum dicatur : *ex omni tribu Israel ;* nihilominus omissa est *tribu Dan;* et qua de causa? Hoc cum absoluta certitudine sciri non potest. Aliqui auctores opinati sunt Sanctum Joannem prævidisse , quod tempore quo hæc prophetia adimplenda est, *tribus Dan ,* futura sit penitus extincta , et ideo non connumerari dixerunt. At hæc nullatenus admittenda est sententia, utpote quæ careat fundamento solido ; deinde : nec unquam poterit probari , quia a multis jam sæculis, populus quidem Israeliticus ab omnibus aliis nationibus distinctus manet , sed nulla ipsius *tribus* a reliquis ; fatentibus enim doctissimis Judæis , omnes eorum *tribus* sunt commixtæ. Ergo , etc.

5° Olim satis communiter credebatur *tribum Dan* hic omitti ut indignam , seu reprobatam , eo quod ex ea esset nasciturus Antichristus, cujus perversæ doctrinæ tota illa *tribus* pertinaciter et perseveranter adhæreret. Sed et illam opinionem nemo admittere potest, primo : ob rationem supra allatam , quod *tribus Israel* non amplius sint distinctæ , ac proinde etiamsi Antichristus ex Judæis nasci deberet , sciri nunquam posset ex qua sit *tribu.* Secundo : nequaquam certum est quod Antichristus nasciturus sit ex Judæis ; etenim satis probabile est quod , uti ex primo populo a Deo specialiter electo , nempe ex populo Israelitico, ortus est verus Christus ; sic , machinante diabolo , ex secundo populo , multo specialius a Deo electo , nempe ex populo Christiano , oriturus sit falsus Christus, scilicet Magnus et ultimus Antichristus (*a*) ; multos enim jam ex sinu Ecclesiæ habuit præcursores, uti cuique notissimum est, quorum forte unus fuit Napoleo 1[us].

6° Nec contra hanc opinionem objici potest prophetia Patriarchæ Jacob, qui dicit de *tribu Dan : Dan judicabit populum suum , sicut et alia tribus in Israel. Fiat Dan*

(*a*) Hodiedum quidem valde plausibiliter aliqui opinantur illum ex Græcis schismaticis , et ex Russia nasciturum esse post satis paucos annos.
Ita Gaume , ét alii.

*coluber in via, cerastes in semita, mordens ungulas equi,
ut cadat ascensor ejus retro. Salutare tuum expectabo
Domine* (a). Ex quibus verbis multi olim putabant esse
intelligendum quod ex *tribu Dan* expectandus esset
Homo peccati de quo loquitur Sanctus Paulus (b). Sed
hodiedum satis communiter conveniunt interpretes hæc
non de futuro Antichristo, sed de Samsone, qui erat ex
illa *tribu* debere intelligi, et in eo fuisse adimpleta, dum
judicavit populum Israel, multis fraudibus, et insidiis
nocuit Philistinis, et a solo Deo salutem expectans, inimicos Israel destruendo mortuus est. Quærenda est
itaque alia causa omissionis *tribus Dan* in hac enumeratione Apocalyptica ; sed potius probare conemur quod in
origine non fuerit omissa ; quia ex quacumque causa
potuisset deliberate omitti, semper equidem incompre-
hensum maneret quomodo Sanctus Joannes dicere potuerit *signatos esse ex omni tribu Israel ;* si nempe ipsemet *unam*
omisisset. Supponimus itaque sacrum textum fuisse
turbatum : hanc autem suppositionem nos non excogita-
vimus, nec ex nostro solum fonte ausi fuerimus propo-
nere, sed eam hausimus ex Bibliis *De Vence* (c).

7° Nempe auctor Dissertationis de septem Mundi
Ætatibus, cum quibusdam aliis opinatur : Olim per
exscriptores textus Græci, nomina abbreviata non fuisse
bene exarata, ita ut ubi Græce reperiebatur ΔAN, id
est, *Dan*, aliquis, forte indebita quadam lineola deceptus, litteram Δ mutaverit in M, et scripserit MAN. Inde
per *Man*, sumptum pro nomine abbreviato *Manasses*,
(relicta *Tribu Dan*, quæ adesse debebat,) irrepsisse
videtur *Tribus Manasses,* quæ adesse non debebat ; quia
cum adsit nomen *Joseph*, patris *Manasses* et *Ephraim*,
et propterea nomen *Ephraim* omittatur, eadem ratione

(a) Gen. c. xLIX, v. 47 et 48. — (b) II. Thessal. c. II, v. 3. — (c) Tom.
24, p. 444, edit 5.

omittendum erat nomen *Manasses.* Itaque probabilissime
Sanctus Joannes non annotavit *Tribum Manasses ,* quæ
includebatur in *Tribu Joseph ,* sed scripsit *tribum Dan.*
Hoc ergo supposito, cessaret omnis hujus loci difficultas ;
alias nunquam clarus erit hic textus. Adferamus nunc
enumerationem *Tribuum,* uti in textu sacro reperitur.

5ᵘˢ Versus. Ex tribu Juda duodecim millia
signati , Ex tribu Ruben duodecim millia signati :
Ex tribu Gad duodecim millia signati :

6ᵘˢ Versus. Ex tribu Aser duodecim millia
signati : Ex tribu Nephtali duodecim millia
signati : Ex tribu Manasse duodecim millia signati :

7ᵘˢ Versus. Ex tribu Simeon duodecim millia
signati : Ex tribu Levi duodecim millia signati :
Ex tribu Issachar duodecim millia signati :

8ᵘˢ Versus. Ex tribu Zabulon duodecim millia signati : Ex tribu Joseph duodecim millia
signati : Ex tribu Benjamin duodecim millia
signati :

1° Hi versus nullam ulteriorem explicationem requirere videntur ; solummodo addere possemus : quod si,
ob causam nobis ignotam , *Manasses* nominari hic deberet , nullatenus equidem tam notabiliter patrem suum
Joseph deberet præcedere, sed potius sequi; nunc autem
Manasses ponitur sexto loco , *Joseph* vero solum undecimo. Notandum est interim hæc quantumvis probabilia, tamen non esse absolute certa, cum nullum exemplar
Græcum aut Latinum hodiedum cognoscatur , in quo
Tribus Dan numeretur , et *Tribus Manasses* omittatur ;

ideo etiam Ecclesia non permittit hæc in textu sacro mutari ; sed non prohibet proponi conjecturas , ad dilucidationem obscuritatum, et illas ut valde probabiles admitti , quæ omnibus consideratis , tales videntur. Fortissimum autem argumentum probans originaliter *Dan* non fuisse omissum , hoc videtur , quod tunc non esset accurate verum, ex omni Tribu Israel haberi 12000: ergo , etc.

2° *Tribus Levi* , quæ connumerari non solet , quia in divisione Terræ Promissæ non habuit hæreditatem , hic connumerata est , quia agitur de hæreditate in Patria cœlesti , ex qua utique *Tribus* illa exclusa non est ; ut tamen propter mysterium numerus duodecim conservaretur, *Joseph* , qui duas habuit *Tribus* , pro una numeratus est ; et ita, si admittatur *Dan,* et omittatur *Manasses,* omnes immediati filii Jacob hic reperientur , et nullus alius ; quod forte etiam aliquam attentionem meretur.

3° Si hominibus non amplius possibile sit dignoscere ab invicem *Tribus Israel,* uti jam a tempore Sancti Joannis hæc scribentis , fuisse videtur , nihilominus semper facile erit Deo, illas dignoscere, et ex earumdem posteris electos suos assumere.

4° Tandem, et hoc specialiter notandum est : quamvis hic de solis *Israelitis signatis* fiat expressa mentio , omnes tamen , ex omnibus aliis nationibus , in fine mundi convertendi , erunt etiam de numero *signatorum;* Consequenter omnes illi de quibus in versu nono agitur. Sed ponuntur hic *Israelitæ* tanquam primitiæ innumerabilis multitudinis tunc convertendorum, in fine Ecclesiæ militantis , sicut et in ejusdem initio primitiæ ex *Israel* assumptæ fuerunt; primitiæ autem non excludunt, sed e contra supponunt , et repræsentant totam reliquam multitudinem. Itaque :

9^{ns} VERSUS. Post hæc vidi turbam magnam,
quam dinumerare nemo poterat, ex omnibus
gentibus et tribubus, et populis, et linguis :
stantes ante thronum, et in conspectu Agni ,
amicti stolis albis, et palmæ in manibus eorum :

1° *Post hæc vidi turbam magnam ;* nempe post conversionem omnium *Israelitarum,* seu Judæorum, et plurimis
ex ipsis ardentissime cooperantibus , uti ex aliis locis
hujus Libri patet, præsertim ex versu duodecimo, capitis undecimi ; etenim Judæi vere tandem conversi, ex
sincera animi gratitudine , tum ergà Deum , qui miseri-
cordem manum suam ad illos extenderit , ad illos in
viam rectam reducendos , illorumque oculos aperuerit,
quo verum tandem lumen videant ; tum quoque erga
Ecclesiam , eo quod nunquam cessaverit orare pro illorum conversione , et laborare ad eorum duritiam mol-
liendam , eorumque tenebras dissipandas; tunc , dum
strenue perseveranterque omnes propriæ sanctifica-
tioni operam dabunt, offerent ex suis multos ferven-
tesque Ministros , et Missionarios Ecclesiæ Catholicæ ,
qui aliorum errantium conversioni diligentissime incumbent. Inde prævidet hic Sanctus Joannes conversorum
ad Fidem *turbam:*

2° *Quam dinumerare nemo poterat.* Hic videtur esse
nova et finalis adimpletio promissionis Dei , factæ
Abrahamo Patri omnium Fidelium , etiam illorum , qui
non carne, sed fide, filii ejus aliquando fieri debent, uti
docet Sanctus Paulus, in Epistola ad Romanos, et alibi;
qua promissione dixerat illi Patriarchæ Dominus : *Bene-
dicam tibi, et multiplicabo semen tuum sicut stellas cœli, et
velut arenam quæ est in littore maris.* Etenim si nonnulli,
quamvis absque fundamento , prætendant *stellas cœli*

posse *numerari, arenam maris* innumerabilem esse certe omnes libenter fatebuntur. Et ipsæ etiam *stellæ,* dum bonis instrumentis inspiciuntur, æque *innumerabiles* esse, hodiedum a viris doctissimis asseruntur.

3° Erant autem, qui constituebant *magnam* illam *turbam, ex omnibus gentibus, et tribubus, et populis, et linguis.* Notandum est : quod hæc assertio non moraliter, seu cum quibusdam hinc inde exceptionibus, sed stricte debeat admitti ; ex hoc consequenter constat : quod si hucusque non esset impossibile aliquos *populos,* vel *tribus,* in remotis insulis, vel immensis Asiæ, Africæ, Americæ, vel cujusvis alterius regionis desertis, aut sylvis invenire, seu habitatores fixos aut vagos detegere omnino incultos, ad quos lumen Evangelicum radios suos nunquam extenderit ; ante mundi finem, *omnes* salutifera illa luce debeant recreari, multique ex illis sint convertendi, et in *innumerabili turba* electorum apparituri. Apparebant autem omnes :

4° *Stantes ante thronum et in conspectu Agni.* Hic occurrit non parvæ difficultatis nec levis momenti quæstio, cujus quidem solutionem, quam rectam putamus, jam in præcedentibus præsentire fecimus, sed jam hocce loco omnino solvi oportet. An scilicet *centum quadraginta-quatuor millia,* de quibus antea vidimus, et *innumerabilis multitudo* de qua hic agitur, apparuerint Joanni, tanquam beati jammodo tunc in cœlo proprie dicto existentes?... Resp. Communis olim sententia videtur fuisse affirmativa ; forte ideo, quia Ecclesia hanc partem hujus Capitis elegit uti Epistolam cantandam in missa Festi Omnium Sanctorum ; sed per hoc Ecclesia nihil definivit ; assumpsit enim illud fragmentum, quod nimirum valde convenienter isti Solemnitati accommodaretur ; sed non intendens asserere quod illi, de quibus ibidem agitur, jam actualiter sint in cœlis triumphantes ;

5° Nos itaque post multos alios modernos, ob rationes jam partim expositas , partim mox exponendas , sententiam negativam præferimus , quam quidem certam omnino putamus. Etenim omnis multitudo *signatorum ex Israel* , et *innumerabilis turba ex omnibus* aliis *nationibus* , certo apparebant ut aliquando exstituræ in regno Christi per conversionem ad veram Fidem , sed in Ecclesia militante ; nondum tamen ut pertinentes ad Ecclesiam triumphantem, de qua hic nondum agitur. Et si dicuntur *stantes ante thronum* , etc. id est : in fide *stare ante thronum* Vicarii *Agni* , paratæ ad omnia , quæ nomine *Agni* mandaverit; et *in conspectu Agni*,quia solum *Agnum* divinum, id est, Christum Dominum , agnoscunt, honorant , et laudant , ut Deum suum , cum Patre et Spiritu Sancto , secundum doctrinam Catholicam , quam de *throno* , seu de Sede Apostolica , dociliter recipiunt , et firmiter tenent ; *stantque* quasi parati ad pugnandum adhuc, et patiendum pro Fide, quidquid opus fuerit pro gloria *Agni* , Regis sui, cui firmiter adhærent.

6° Et sunt *amicti stolis albis* ; omnes nimirum apparent induti vestimentis *albis*, ad significandam gratiam sanctificantem , quam vel ex Baptismate, vel ex Pœnitentiæ Sacramento obtinuerunt , et innocentiam , quam per constantiam suam in vera Fide, et per vitam Fidei consonam conservarunt, et in qua ad finem usque perseverare se velle profitentur , viriliter imitantes exempla *Agni* , quem semper præ oculis habent. Et sunt

7° *Palmæ in manibus eorum.* Portant cuncti *palmas in manibus suis,* ad significandas victorias relatas de hostibus infernalibus, de propriis passionibus inordinatis, de corrupta natura , et de omnibus adversariis et persecutoribus,qui sese conversioni eorum opposuerant. Etenim quamvis , potiori quidem jure , beati habitatores Cœlorum , seu membra Ecclesiæ Triumphantis , *vestimentis*

etiam *albis induti, et palmas in manibus tenentes* sæpe , et
recte repræsententur ; nihil obstat , quin et justificati-
innocentesque ex Baptismate , et perfecte purificati per
pœnitentiam, maxime illi, qui jam multa pro Fide passi
sunt , eodem modo repræsententur. Illi autem omnes :

10 ͫ Versus. **Et clamabant voce magna dicentes : Salus Deo nostro, qui sedet super t hronum,
et Agno.**

1° *Et clamabant voce magna* ; nempe neo-conversi
gaudentes unanimiter in Domino *clamabant,* et omnes
qui , non obstantibus persecutionibus et quibuscumque
machinationibus adversariorum , pervenerant ad veram
Christi Ecclesiam , et firmiter in fide *stabant ;* seu potius
omnes servi Dei , qui fideliter perseveraverint usque in
finem *clamabunt,* (agitur enim de futuris in fine mundi)
et quidem *clamabunt voce magna* valde , non solum ˙ver-
bis, sed et exemplis omnium virtutum, dicendo et agendo
quæcumque bona , omittendo, fugiendo , et constanter
recusando quæcumque mala , et patiendo fortiter quæcumque necessaria vel utilia erunt pro gloria Dei , ac
sua proximique salute , ita ut fama eorum audiatur per
universum orbem; uti et factum est olim de plurimis
martyribus et confessoribus , non solum in initio Ecclesiæ , sed et sæpissime in decursu omnium Ecclesiæ
sæculorum. Itaque *clamabant,* seu tunc *clamabunt,*

2° *Dicentes : salus Deo nostro,* nempe soli Deo vero , et
vivo , quem nos adoramus, et ut *nostrum* agnoscimus ,
spretis omnibus falsis diis , quia vel ipsimet dæmones
sunt, vel dæmonum suggestionibus inventi , ad seducendos , et perdendos homines , vero autem , et *nostro
Deo* soli , debetur *salus ,* a quo solo etiam omnis *salus*
provenit , ideoque precamur ut ab omnibus creaturis

illi detur omnis honor, laus, et gloria, in hoc sæculo, et perenniter in futuro; cum ipse solus sit,

3° *Qui sedet super thronum.* Nimirum *qui* ut supremus Dominus, omnipotens, creator et gubernator omnium præter ipsum existentium, tum visibilium, tum invisibilium. Notandum interim, pro hoc et aliis innumeris locis Scripturæ Sacræ, quod *thronus* in Supremo Cœlo existens, non sit *thronus,* aut *sedes* sensibilis, aut quomodocumque materialis, sed supremus, incomprehensibilis, infinitus, et immutabilis splendor Gloriæ seu Majestatis Divinæ; et *sedere super thronum* istum, est frui perfectissima perpetuaque requie, in ista suprema gloria. Eadem tribuuntur apprecanturque

4° *Et Agno,* nempe Filio Dei unigenito, qui Divinitate consimilis, imo idem cum Patre Deus est, humanitate vero factus victima peccatorum nostrorum; secundum utramque naturam nunc glorificatus, ¡in eodem *throno* cum Patre et Spiritu Sancto *sedet;* cui consequenter debetur et idem honor, eadem gloria.

11ᵘˢ Versus. Et omnes Angeli stabant in circuitu Throni et seniorum, et quatuor animalium, et ceciderunt in conspectu Throni in facies suas, et adoraverunt Deum.

1° *Et omnes Angeli* etc. Quamvis absque dubio admitti possit, hic etiam significari Angelos proprie dictos in cœlo empyreo gaudentes, ac spiritualiter prostratos, Deum laudare, de tantis Ecclesiæ victoriis in terra, de tot ac tam splendidis conversionibus obtentis, si enim testante ipsomet Christo, magnum sit *gaudium Angelis in cœlis super uno peccatore pœnitentiam agente,* a fortiori de tam multis; nihilominus principali sensu debent hæc intelligi de Ecclesiæ Ministris, qui in vinea Domini

magno cum successu laboraverunt , et etiamnum laborant, vel parati sunt ad laborandum , et ideo dicuntur
stare in circuitu Throni , nempe Sedis Apostolicæ , quæ
Thronum Altissimi in terris repræsentat, uti jam sæpe
diximus, et adhuc dicere debebimus.

2° *Et seniorum et quatuor animalium.* Ecce *stabant et in
circuitu* istorum , qui significati sunt per *viginti—quatuor
seniores,* et per *quatuor animalia ,* videlicet Principum, et
Superiorum multitudinis utriusque ordinis in Ecclesia
Catholica , ac præcipuorum Doctorum , ac Defensorum
Fidei Christianæ , uti jam antea probare conati sumus ,
præsertim capite quarto, ubi de *senioribus* et *animalibus*
istis mysticis , ex professo actum est.

8° *Et ceciderunt in conspectu Throni ,* præfati nempe
Angeli, seu Ministri Ecclesiæ, humiliter fatentes omnem
successum et fructum laborum suorum provenire ex
legitima missione , et potestate quam a Sede Apostolica
nomine Dei illos mittente, obtinuerunt; nempe præsertim
dante Deo incrementum illis, quæ servi ejus *plantaverant,
seminaverant et debita cura coluerant.* Itaque prostrati :

4° *Adoraverunt Deum ,* illi soli , ut supra jam dictum
est , omnem gloriam tribuentes , illique ex totis cordibus suis gratias agentes, eo quod dignatus sit, indignos
illos adhibere , uti misericordiæ suæ instrumenta , ad
tam salutaria operanda , seu tot animarum æternam
beatitudinem procurandam. Laudabant autem Deum
unanimiter clamantes et

12ᵘˢ VERSUS. Dicentes : Amen; benedictio, et
claritas, et sapientia, et gratiarum actio, honor,
et virtus, et fortitudo Deo nostro, in sæcula
sæculorum. Amen.

4° *Dicentes* . seu concordibus unitisque vocibus exclamantes , eodem modo sicut antea , versu decimo ,

vidimus de jubilationibus multitudinis *stantium ante Thronum*. Nunc prostrati pergunt : *Amen*, id est : dignum et justum est, ut scilicet tribuatur Deo Patri cœlesti, et *Agno*, ejus Filio, in unitate Spiritus Sancti, omnis *benedictio*; quia ipse est fons et origo omnis *benedictionis*; item *claritas*, seu *gloria*, ipse enim bonitate et perfectione omnia quæcumque illustria, quantumcumque perfecta, infinite superat ; et *sapientia*, ut cujus infinita sapientia omnia existentia optime disposuit, et dirigit, omnia penetrat, et perfectissime cognoscit, cum ipsemet cuncta fecerit sicut voluit, et

2° Proptcrea *gratiarum actio* ab omni creatura, pro his, et aliis abundantissimis beneficiis, quibus servos suos fideles continuo replet ; et omnis possibilis *honor*, ut nempe ab omni creatura *honore* supremo, ac profundissima reverentia interna et externa, perpetuo honoretur in omni loco ; *et virtus*, id est : agnoscatur summa ejus potentia, cui omnia visibilia et invisibilia necessarie subjecta sunt, ac in æternum erunt ; *et fortitudo*, cui scilicet nulla unquam potestas valet resistere, dum ipse efficaciter aliquid vult, aut requirit. Hæc nimirum omnia semper sint, uti ab æterno fuerunt, et agnoscantur propria *Deo nostro*, soli scilicet *Deo vivo et vero*, adeoque soli Supremo Domino universorum ; et hoc *in sæcula sæculorum*, seu in perpetuam æternitatem; nempe pro futuro, sine fine, uti pro præterito fuit sine initio.

3° Quamvis illæ boni apprecationes nihil Deo conferre posse videantur, quia Dei bonitas sub omni respectu perfectissima et infinita, sicut etiam ejus felicitas et gloria, nec augeri possunt, nec minui ; tamen per illos applausus, laudes, gratiarum actiones, et glorificationes, ab omnibus creaturis ad eum directas, affertur Deo gloria accidentalis, ab extra, ipsique illa debita, et

maxime grata sunt ; et in illis Summæ Majestati,
Summoque Benefactori offerendis tota mente occupari,
est dulcissima pars felicitatis piarum animarum in
Ecclesia militante in terris, et omnium Angelorum, ac
reliquorum Sanctorum Ecclesiæ triumphantis in cœlis,
per totam æternitatem.

13ᵘˢ VERSUS. Et respondit unus de senioribus,
et dixit mihi : hi qui amicti sunt stolis albis, qui
sunt? et unde venerunt?...

1° *Et respondit*, nimirum post auditas præfatas laudum
decantationes, applausus, et clamores lætitiæ; supradicti
seniores, utique omnes cognoscentes desiderium Joannis
obtinendæ sibi, et universæ Ecclesiæ in terris, ulterioris
instructionis ad intelligentiam istarum visionum, ama-
bant piæ ejus intentionis satisfacere; ideoque sine mora.

2° *Unus de senioribus*. At quis est ille *unus*? non enim
hoc scire inutile est, et Sanctus Joannes illum non
clare designat ; nostrum ergo est attente textum sacrum
examinare : omnibus itaque perpensis, omnino putamus
hanc vocem *unam*, hic significare *primum*, seu Supremum, nempe Præsidem, istorum *viginti-quatuor*, seu
sacri istius senatus, consequenter non alium, quam
Summum Pontificem Romanum, qui ut visibile Caput
Ecclesiæ Catholicæ, auditis reliquis Ecclesiæ Principibus, si non omnibus, saltem multis, definitive judicat,
et sententiam finalem, in rebus dubiis, pronuntiat, et
hic quidem de orthodoxia, et sanctitate omnium, de
quibus movetur quæstio ; et de rationibus, seu virtutibus, quibus meruerunt, vel inter Sanctos numerari, si
quæstio sit de nuper defunctis ; vel in Ecclesiam recipi,
si agatur de viventibus, ad Fidem Catholicam conversis.

3° Semel ergo et iterum interrogato Sancto Joanni,
quasi ut et ille suam opinionem aperiat de multitudine

illa , at præ reverentia tacenti , declarat, venerabilis *Senior* : omnes ibidem apparentes esse dignos, ut inter Sanctos, si de defunctis intelligatur, vel inter veros Dei servos , si de viventibus , numerentur ; quia purificati sunt per tribulationes , et persecutiones , quas heroica constantia , pro nomine Christi tolerarunt. Ecce quo ordine hæc inter Sanctum spectatorem Joannem , et *Seniorem* illum peracta fuerint : pergit itaque Sacer Scriptor , dicens de *seniore* illo :

4° *Et dixit mihi* : nempe sermonem ad me dirigens , interrogavit me , ut ex me , bene, vel male, aut nequaquam respondente , occasionem sumeret mihi , recte et cum certitudine explicandi mysterium apparitionis tantæ tamque splendidæ multitudinis ; et causam magni et universalis istius gaudii in Aula Cœlesti ; nempe in Ecclesia Christi ; quæ, etiamsi in terris adhuc militans, sæpe vocatur , et vere est , *Regnum cælorum ,* scilicet præparatorium; attamen simul etiam in *cælo* proprie dicto , cujus beati incolæ summopere gaudent , de Ecclesiæ militantis prosperitate.

5° *Dixit* itaque rogans me : *hi qui amicti sunt stolis albis , qui sunt?...* an scilicet, novisti quinam, et quales sint isti, ex quibus conflata est *innumerabilis* illa turba , et quare vestibus tam splendidis induti appareant?...

6° *Et unde venerunt?...* si forte intelligas quinam , et quales illi sint , an similiter novisti ex quibus locis , regionibus , et nationibus illa tanta multitudo fuerit collecta , seu in unum confluxerit? et quales illi , nunc tam hilares tamque beati , antea fuerint? item quo ituri sint? quamvis enim *Senior* hæc ultima non explicite petat , facile subintelliguntur. Etenim vel intelligenda sunt hæc de neo-conversis, qui victis obstaculis cunctis, ad Fidem veram pervenerunt; vel de illis , qui spretis omnibus potentiis adversaris , in Christi Fide perseve—

rarunt , et convenerunt in unum , ad coronam gloriæ,
citius aut serius interveniente morte , acquirendam.
Vel intelligi debent de martyribus , confessoribus , vir-
ginibus , etc. , qui jam vita functi congregati apparent
ad mercedem laborum suorum statim obtinendam. Unde
venerint mox dicturus est ipse *Senior ;* tendunt autem
omnes ad sempiterna gaudia, ipsis parata.

14ᵘˢ Versus. Et dixi illi : Domine, mi, tu scis.
Et dixit mihi : hi sunt, qui venerunt de tribulatione magna,et laverunt stolas suas, et dealbaverunt eas in sanguine Agni.

1° « *Et dixi illi* (inquit Sanctus Joannes) *Domine. , tu*
» *scis.* Quasi diceret : ignorans ego quam opinionem de
» his formare, vel enuntiare me oporteat , judicare non
» præsumo , sed ardenter desidero instrui de sensu
» solemnissimæ hujus visionis ; præfero ergo a bonitate
» tua explicationem humiliter expectare ; quia utique
» mysteria illa tibi nota sunt. » Si enim *senior* ille
sumatur pro primario Ecclesiæ militantis Principe ,
ipsius est , mysteria , quantum opus est , explanare. Si
autem forte sumendus sit pro uno ex Principibus Aulæ
Cœlestis in æterna gloria, ipsis certo omnia a Deo revelantur , quæ sciri necessarium vel utile est Ecclesiæ
Ministris , quibus per Sanctum Joannem loqui , nomine
Dei, mandatum est *Seniori.*

2° *Et dixit mihi,* nempe *Senior* iste intelligens desiderium meum', et intentionem nullam propriæ emittendæ
opinionis , benigne resumpsit Verbum , ut optatam
mihi daret solutionem totius hujus negotii, suis ipsemet
interrogationibus respondens , et dicens :

3° *Hi sunt qui venerunt de tribulatione magna ;* id est ,
illi omnes per plurimas difficultates , et ærumnas , ad

sinum Ecclesiæ Christi perducti, in eo conservati, vel ad viam salutis reducti fuerunt ; quia contemptus , irrisiones, bonorum temporalium spoliationes, exilia, carceres, famem, frigus, multaque alia tormenta, pro Fide Christi passi sunt ; sed *de omnibus his eripuit eos Dominus ;* vel etiam : quia multis tentationibus externis , aut internis vexati fuerunt , et omnes gratiæ Dei ope superarunt , atque sic omnes illi, uno aliove modo ,

4° *Laverunt stolas suas ;* si enim antea fuerint Christiani quidem, sed peccatores a via salutis aberrantes, *laverunt stolas suas* per veram pœnitentiam ; si vero antea infideles , seu oves in desertis errantes absque pastore , postea misericorditer a Deo vocati et ad ovile Christi properantes , *laverunt* illas , per applicationem meritorum Salvatoris, in Sacramento Baptismatis; consequenter

5° *Et dealbaverunt eas in sanguine Agni ;* nimirum uniendo passiones suas Passioni Christi Domini, et recipiendo Sacramenta Ecclesiæ, abluerunt omnes sordes et maculas animarum suarum ; inde perfecte dealbati coram oculis Dei ambulant; innocentes , et per omnia Creatori suo placentes. Beatam autem illam innocentiam, et salutarem puritatem obtinuerunt ex virtute Pretiosissimi Sanguinis *Agni* Divini , pro expiatione omnium peccatorum immolati. Etenim quantum ad hoc , idem est pro quibuscumque sumantur apparentes in illa *turba,* quia omnium peccatorum remissio , omnium animarum purificatio , per virtutem *Sanguinis* istius *Agni* semper obtineri debuit ; etenim ab Adamo usque ad mortem Redemptoris , ejus merita applicabantur credentibus , per fidem et spem in Christum venturum, et pro peccatis moriturum ; postea vero , et usque ad finem mundi, mediante Baptismo , applicatio eorumdem fit per fidem in Salvatorem , jam pro peccatis immolatum.

6° **Nunc** superest quæstio , quid sit potius opinandum

de illis in præfata *turba* apparentibus. Sunt-ne jam *martyres*? vel saltem alii *martyres*, et alii *confessores*, qui ex hac vita modo discesserunt ?

An forte significantur justi, illo tempore in terris viventes, vel postea aliquando victuri, qui prævidentur omnes fideliter perseveraturi, quia omnes sunt de numero electorum? Resp. Si quis præferat hæc de *martyribus*, aut etiam de *confessoribus* jam tunc vita functis, intelligere, nihil obstat ; et hæc quidem, tam inter veteres, quam inter recentiores, communior videtur interpretum sententia. Etiam certissimum est omnes qui, quovis modo, per beatam mortem, omnia hujus mundi pericula evaserunt, ad felicissimam illam *turbam* in æternum debere pertinere; de hoc nullus Fidelis dubitat.

7° Sed quantum ad illos, de quibus in hac visione specialiter agitur, omnino mihi videntur debere sumi pro *turba* conversorum, qui in fine temporum, per labores ac prædicationes Henoch et Eliæ, omniumque illis collaborantium, tunc mundum universum percurrentium, ad Fidem Christi perducendi, vel reducendi prævidentur, et feliciter triumphabunt de omnibus obstaculis temporalibus, et spiritualibus, quæ periculosissimis illis temporibus, saluti animarum opponentur, majori cum calliditate, fraude, violentia, et tyrannide, quam unquam antea, testante ipsomet Christo Domino, quod *si fieri posset*, seducerentur tunc *etiam electi*.

8° Loquimur itaque, et putamus hæc debere intelligi, de conversis tunc super terram adhuc victuris, sed ad mortem usque perseveraturis ; sic enim melius intelliguntur omnia, quæ de iisdem dicuntur, versibus decimo-sexto, et decimo-septimo, in futuro scilicet, non vero in præterito; quia utique sunt et hæc de istis rebus *quæ debent fieri*, adeoque facta nondum sunt, dum scribit Sanctus Joannes. Pergit autem dicens :

15ᵘˢ Versus. Et ideo sunt ante thronum Dei, et servient ei die ac nocte in templo ejus ; et qui sedet in throno habitabit super illos.

1° *Ideo sunt ante thronum Dei ;* scilicet eo quod *vestimentis dealbatis in sanguine Agni induti sunt ,* placent oculis Dei , et admissi sunt ut locum specialiter honorificum *ante thronum Dei* occupent , inter charissimos servos Altissimi. Hoc ergo potius videtur intelligendum de *turba* servorum Dei in Ecclesia, qui *ante thronum,* seu Sedem Apostolicam collocati dicuntur, per confessionem veræ Fidei , uti semper attenti ad ejusdem salutiferam doctrinam dociliter audiendam , et mandata obedienter adimplenda ; potius , inquimus, quam de illis qui jam— modo glorificati in cœlis , propter victoriam plane inamissibilem obtentam ; quia de istis dicitur capite tertio, versu vigesimo–primo : *qui vicerit, dabo ei sedere mecum in throno meo;* tunc enim Sancti omnes *Reges ,* per Christum, et cum Christo , regnabunt ; nec erunt uti *stantes ,* et *ante thronum ,* ad serviendum , sed *sedentes* cum Christo , ad regnandum in eodem throno cum *Agno,*sicut ipse *Agnus,* seu Filius Dei, *sedet* cum Patre *in throno ejus.*

2° *Et servient ei die ac nocte;* id est : incessanter , ac semper æque fideliter. Sed quia mentio habetur de *die ,* et de *nocte,* iterum videtur hoc in terris , seu in Ecclesia militante , debere adimpleri ; quia dum agitur de illis servis Dei , qui jam in Paradiso Cœlesti cum Christo habitant , dicit *Angelus* Sancto Joanni : *nox... non erit illic ,* ergo de aliis , et de alio loco , hic quæstio est. *Servient* autem Deo...

3° *In templo ejus ,* nempe in vera Ecclesia Catholica , quæ est verum et unicum *templum Dei* in toto terrarum orbe ; alluditur enim hic ad unicum *Dei templum* olim in

tota terra et Regno Israelitarum existens, nempe Hiero-
solymitanum , in quo solo *thronus* veri Dei adesse repu-
tabatur , sub Antiqua . seu Mosaica Lege , nimirum for-
matus per alas Cherubinorum , super vel potius juxta
Arcam Fœderis repræsentatorum; primum scilicet in
Tabernaculo Mosaico, postea in Templo celeberrimo, a
Salomone ædificato.

4° *Et qui sedet in throno ; Deus* scilicet , et *Agnus , ad
Dexteram Patris sedens* in cœlis; sed etiam ejus Vicarius,
Summus Pontifex in terris , qui nomine et auctoritate
Christi , Fideles omnes in Ecclesia militante dirigit ,
adjuvat , et eis invigilat ; cujus etiam ideo *thronus* temporalis in Ecclesia , repræsentat *thronum Dei* æternum ,
in cœlesti gloria, uti jam sæpe vidimus , et adhuc videbimus ; ille nempe :

5° *Habitabit super illos.* Sed quare hic non potius dicitur : *habitabit cum illis ,* vel *inter illos ?* Resp. Dicitur
super illos , quia , cum illi , de quibus agitur , nondum
sint in termino , adhuc indigent protectione , auxilio ,
directione , etc. ; sed dum ingressi tandem fuerint
cœleste Dei habitaculum, tunc *habitabit cum illis ,* sicut
dicitur capite vigesimo-primo , versu tertio , *Ecce tabernaculum Dei cum hominibus , et habitabit cum illis.*

16ᵘˢ VERSUS. Non esurient, neque sitient amplius; nec cadet super illos sol, neque ullus æstus.

1° *Non esurient, neque sitient amplius ,* mox nimirum
dum impleta fuerint ea , quæ versu proxime sequenti
dicuntur ; adeoque hic habetur transitio de tempore ad
beatam æternitatem; et si nulla fiat mentio de interveniente morte , hoc ideo potest fieri , quod eorum mors
nihil aliud sit, quam cessatio tribulationum hujus vitæ,
quæ satis denotatur per expositionem gaudiorum vitæ
futuræ. Quod dicitur : *non esurient amplius ,* debet

intelligi *corporaliter*, quia etiam corpora resuscitata , materiali cibo uon amplius indigebunt; sed simul etiam *spiritualiter*, quia plenissime saturabuntur, asserente Psalmista : *satiabor cum apparuerit gloria tua* (*a*). *Neque sitient amplius* corporaliter, ob eamdem causam, dicente Isaia propheta : *haurietis æquas in gaudio, de fontibus Salvatoris* (*b*). Et quia continuo bibent de *flumine aquæ vivæ.*

2° Sublimi tamen aliquo modo , non obstante illa beata satietate, asserente alibi Scriptura Sacra (*c*), adhuc *esurient et sitient,* nimirum esurie, seu *fame, et siti,* nullatenus molestis vel afflictivis, sed e contra gratissimis; quia nunquam appetitu destituentur , cum illorum spirituales cibi et potus nullum unquam parituri sint fastidium , aut nauseam , sed æque semper sapidi et grati sint futuri.

3° *Nec cadet super illos Sol :* præterquam quod non futuri sint amplius expositi nimiis caloribus *Solis* materialis , etiam ex tunc ab omni Dei offensa servati , omnique labe culpæ mundati emigrantes scilicet ex vita temporali, sine ulla remanente peccati macula , consequenter nullo indigentes purgatorio , qualis intelligitur vel esse , vel futura , tota multitudo , de qua hic agitur , *non* amplius *cadet super illos Sol justitiæ,* ad urendos *illos* igne iræ , aut vindictæ suæ , cum nulla supersit causa.

4° *Neque ullus æstus.* Non solum ab omni *æstu* corporali erunt in æternum immunes , sed etiam ab omni *æstu* spirituali, nempe passionum inordinatarum, tentationum, anxietatum, etc. Sicut enim in futura vita nemo poterit amplius mereri, ita nec demereri poterunt ; quia omnes inimici , omniaque omnino pericula , a Beatis in

---

(*a*) Ps. xvi. v. ult. — (*b*) Cap. xii, v. 3. — (*c* Eccli. c xxiv v. 29.

APOC.   21

æternum excluduntur, et semel acquisita beatitudo nec omitti , nec turbari unquam ullo modo poterit.

17ᵘˢ Versus. Quoniam Agnus, qui in medio throni est , reget illos , et deducet eos ad vitæ fontes aquarum , et absterget Deus omnem lacrymam ab oculis eorum.

1° *Quoniam Agnus, qui in medio throni est, reget illos.* Quare hic tam expresse dicitur quod *Agnus,* non simpliciter, sed *qui in medio throni est ,* ex tunc *reget illos?...* Numquid *agnus* non jam antea *regebat illos?* aut habeturne alius *agnus,* quam ille, *qui in medio throni est?* certe *Agnus Dei, qui tollit peccata mundi,* unus et unicus est ; et ipse *regit,* et in æternum *reget* omnes animas . *quas* Pater Cœlestis *præscivit, et prædestinavit conformes fieri imaginis Filii sui : (a) illos* ergo *regit* ipse *Agnus,* non solum ab ingressu eorum in vitam æternam , vel in ipsam Ecclesiam militantem , sed et jam antea per prævenientem gratiam suam , illos allicit ut ingrediantur, dirigit ut viam rectam sequantur , ingressi progrediantur , et perseverent, secundum illud Apostoli testimonium : *quos prædestinavit , hos et vocavit , et quos vocavit, hos et justificavit, quos autem justificavit , illos et glorificavit (b).*

2° Attamen in hac temporali vita, non omnino immediate per semetipsum *regit eos ,* sed per Vicarium suum Summum Pontificem , et reliquos ministros Ecclesiæ suæ ; in futura autem vita , ubi in toto splendore et majestate gloriæ suæ , adeoque *in medio throni ,* sempiterni Regni sui sese illis manifestabit , immediate per semetipsum, et sub omni respectu *reget illos,* sive *pascet*

(a) Rom. c. viii, v. 29. — (b) Ibidem. v. 30.

eos, uti habetur in textu Græco ; nullo scilicet mediante ministro ; erit enim tunc absolute *omnibus omnia factus.*

3° *Et deducet eos.* Hic videtur omnino patere, quod hoc loco agatur de electis quidem, sed adhuc in terra manentibus, adhuc in via, nondum in patria existentibus ; alias enim unde *deduceret eos?* a quo, vel ex quo termino *deduceret eos?* utique hoc dici non posset, si jammodo essent in termino, ubi in æternum manere debent. *Deducet* ergo *Agnus* illas animas vel *illos* beatos servos suos, ex hac lacrymarum valle, ex hoc temporali exilio, nempe mediante morte corporis, de qua quidem nulla hic fit mentio, quia nihil habet ingrati mors justorum, sed est felicissimus transitus ad vitam meliorem ; item mediante etiam judicio particulari ; sed nec de hoc fit mentio, quia pro illis, hoc nihil tremendi secum fert, cum jam beatissima eorum sors decisa sit. Etenim *deducet illos* indubitanter, et immediate,

4° *Ad vitæ fontes aquarum.* Ad torrentem supereffluentem, imo ad abundantissimum flumen cœlestium deliciarum, et dulcissimæ voluptatis. Dicit enim Scriptura Sacra. *inebriabuntur ab ubertate domus tuæ,* Domine ; et *torrente voluptatis tuæ potabis eos* ; *quoniam apud te est fons vitæ. Fluminis impetus lætificat civitatem Dei.* Et alia innumera æquivalentia. Adeoque ibi cuncta desideria eorum plenissime implebuntur, per inamissibilem possessionem summi boni, ubi *videbunt Deum sicuti est,* et illo in perpetuum fruentur. Consequenter eo ipso etiam ibidem

5° *Et absterget Deus omnem lacrymam ab oculis eorum.* Si autem, dum illa electorum *turba* Sancto Joanni apparebat, eorum *lacrymæ* adhuc debuerint abstergi, ergo nondum erant in Paradiso Cœlesti , sed mox eo *deducendi :* at quando per beatam mortem , et misericordissimum judicium , ad terminum illum *deducti* fuerint , tunc ad semper deerunt omnes possibiles causæ tristitiæ, afflictionis, et anxietatis; inde abstersæ erunt omnes *lacrymæ ,* et earum fontes exsiccati in perpetuum.

CAPUT OCTAVUM.

Aperitur signaculum septimum, apparent septem Angeli, cum septem tubis. Ad sonitum primæ tubæ, grando , ignis , et sanguis ; ad sonitum secundæ tubæ , mons ardens projectus in mare. Ad sonitum tertiæ tubæ, stella cujus nomen absinthium, corrumpit aquas ; ad sonitum quartæ tubæ, tertia pars luminis obscuratur. Post hæc annuntiantur tria VÆ, seu plagæ ultimæ , et terribilissimæ.

1ᵘˢ VERSUS. Et cum aperuisset sigillum septimum, factum est silentium in cœlo, quasi media hora.

1° Ut accurate servemus divisionem hujus opusculi, sicut eam annuntiavimus, et disposuimus in initio, hunc primum octavi capitis versum , tertiæ parti jungere debemus, quia in hoc tandem reperitur apertura septimi, et ultimi *sigilli* , istius admirabilis *Libri*, de quo per totam hanc secundam partem opusculi nostri actum est. Hoc utique facillimum est ; sed eo ipso occurrit hic difficillimus nodus, qui in assumpto nostro systemate inevitabilis est ; attamen nobis non videtur indissolubilis. Nec si difficilis sit , mirari debemus , quandoquidem a Sanctis Patribus præmoniti sumus hujus *Libri* singulis verbis Mysteria contineri.

2° Nodus itaque hic est : quod in hoc brevi versiculo, ad terminandam hanc secundam historiæ Ecclesiæ Christi expositionem debeamus invenire *septimam* , eamque longissimam ejusdem Epocham, repræsentatam per *septimam Ecclesiam. Septima* autem illa *Ecclesia,* uti supra vidimus, est *Ecclesia Laodiceæ,* quod nomen significat : *populus justus,* seu *congregatio populi justi,* uti suo loco latius exposuimus. Illud vero nomen , certissime bene convenit Ecclesiæ in cœlis triumphanti , post extremum Judicium , quia tunc soli justi , nequaquam admistis impiis , in Ecclesia Christi reperientur, et hoc per totam futuram æternitatem. Videamus itaque, quid sentiendum sit de illa *quasi media hora*. Magna hic requiritur attentio. Itaque

3° *Cum aperuisset sigillum septimum ,* id est : cum tandem Divinus *Agnus* hoc *septimum,* et ultimum signaculum mystici istius *Libri aperuisset ,* ita ut immensa membrana esset ex toto evoluta , et oculis intuentium integre exposita , quis non tunc maxima phænomena expectasset, post omnia quæ *apertis* omnibus præcedentibus *sigillis* apparuerunt?,.. Nihil tamen hic simile; quia adest finis rerum temporalium. Nihil amplius supererat, nisi transitus Ecclesiæ militantis, ad mansionem Ecclesiæ triumphantis. Inde nihil novi ostenditur Sancto Joanni , qui hic dicit solummodo...

4° *Factum est silentium in cœlo ;* (sed *in quonam cœlo?*) Resp. Adhuc *in cœlo* præparatorio, seu in Ecclesia Catholica in terris , pro ultimo momento existente , sed jam tota accincta ad transitum in Aulam Supernam. Itaque jam in ea omnia tacent , finita quippe est prædicatio Verbi Dei , cessavit ministerium *ligandi et solvendi ,* mandandi et prohibendi ; quia adest tempus ultimi , et universalis incendii, et generalis resurrectionis carnis ; terminatus est cursus totius naturæ, et Supremo Judici per semetipsum judicanti , omnis creatura in summo *silentio* obedit. Omnia ista brevissimo temporis spatio perficientur; ideoque dictum est...

5° *Quasi media hora.* Sed nunc quare non simpliciter dicitur : *media hora?* aut si aliquot forte minuta deesse cognoscantur , cur non accurate duratio illa indicatur? illud enim *quasi ,* nihil absolute determinat. Resp. *Hora* in Sacris Litteris , ordinarie non pro stricta *hora ,* seu vigesima quarta parte diei, sumitur ; sed pro brevissimo aliquo temporis spatio ; uti in his et similibus : *Filioli, novissima hora est* (a). *Servabo te ab hora tentationis* (b). *Hora est jam nos de somno surgere* (c). *Sciens Jesus quia venit hora ejus* (d). *Pater venit hora, clarifica Filium tuum* (e) et alibi sæpissime. Ut igitur intelligatur illa omnia, de quibus hic, paucissimis momentis solum debere durare, brevissimi illius temporis, quod per *horam* significatur, hic solum *dimidium* sumitur, et quidem illud *dimidium* non completum ; idcirco ut putamus ; dicitur : *quasi media hora.*

6° Nec cuiquam debet videri creditu difficile, quod tot tantaque negotia tantillo temporis spatio absolverentur : quia primo, *non est impossibile apud Deum omne verbum.* Secundo : Apostolus Paulus de illis loquens, dicit : *In momento, in ictu oculi ;* hoc quidem de sola resurrectione mortuorum dicere videtur ; sed si propter ea liceat addere aliquot momenta præcedentia pro universali conflagratione, et aliquot momenta sequentia, pro extremo Judicio, forte invenietur *quasi,* seu *circiter, media hora,* seu semihorula. Sed ut nullam difficultatem per inadvertentiam præteriisse, vel scienter dissimulasse videamur : nunc varia supersunt adhuc examinanda, circa hunc locum, antequam ulterius progrediamur.

7° Itaque, si hic vere agatur 1° De fine mundi. 2° De resurrectione carnis. 3° De extremo Judicio. 4° Consequenter de æterna beatitudine pro electis, et æterno supplicio pro reprobis ; quare ne verbulum quidem de rebus tam momentosis, reperitur hic in sacro textu?... Resp. Salvo meliore 1° quia non placuit Spiritui Sancto, omnia illa mysteria, in singulis hujus *Libri* prophetiis, æque clare, ac distincte exponere ; forte ut tanto attentius

(a) I. Joan. c II. v. 18. — (b) Apoc. c. III. v. 10.— (c) Rom c. XIII, v. 11. — (d) Joan. c. XIII, v. 1. — (e) Joan. XVII, v. 1.

legeremus omnes has Revelationes 2° Quia Beatorum mox futura felicitas immediate antea prædicta fuit, et de adimpletione istius prædictionis nullatenus dubitari potest ; adeoque tam cito hanc explicationem repetere , conveniens non videtur. 3° Quantum ad punitionem reproborum, uti ex capite præcedente patet , omnes qui non sunt de numero *signatorum* , nec apparent in *innumerabili electorum turba*, ministris vindictæ Dei , id est , potestati infernali , in æternum cruciandi relinquuntur. Reproborum ergo sors per se fit evidens. Insuper et in aliis locis latius explicabitur.

8° Tandem quoad finem mundi, resurrectionem carnis , et extremum Judicium , de illis omnibus , numero quarto , sufficientia , pro hoc loco , dicta sunt ; et etiam multo latius in sequentibus repetitionibus exponentur. Redeamus itaque nunc rursus ad initium Ecclesiæ Christi , ut ejusdem historiam , duce Sancto Joanne , magis ac magis explanemus.

PARS QUARTA.

2ᵘˢ VERSUS. Et vidi septem Angelos stantes in conspectu Dei, et datæ sunt illis septem tubæ.

1° *Et vidi septem Angelos :* recordemur semper, illa quæ videbat Sanctus Joannes , non in cœlo empyreo , sed in cœlo præparatorio , id est, in Ecclesia militante quærenda esse, exceptis illis, quæ ad finem *Libri* habentur, de cœlesti Jerusalem , seu Ecclesia triumphante. Illi igitur *septem Angeli*, quos nunc vidisse se dicit Sanctus Joannes , iterum sunt vel repræsentant, omnes Fidei prædicatores , septem Ætatum Ecclesiæ , qui suo quisque tempore, mundum universum percurrentes ad annuntiandum Evangelium, omnes nationes sonitu *tubarum* suarum ex somno mortis animæ expergefacient.

2° Itaque illi *septem* repræsentant totam. omnium sæculorum, multitudinem Ministrorum Verbi Dei ; et ille *unus,*qui pro unaquaque Epocha mittetur, repræsentat omnes suæ Epochæ prædicatores. Illi omnes, cum a Deo mittantur, merito vocantur *Angeli*, id est *missi*; cum autem, ob istam rationem, Cœlestes Spiritus dicantur *Angeli*, ob eamdem rationem etiam prædicatores Evangelii recte vocantur *Angeli*, sicut in multis locis Scriptura Sacra ostendit. In numero autem prædicatorum Fidei, primum procul dubio locum tenent Summi Pontifices, unusquisque pro tempore suo, quorum Sanctus Petrus omnium primus, præfuit Apostolis, et Discipulis collaborantibus, uti illius successores præsunt omnibus Episcopis, et aliis a Summo Pontifice immediate dependentibus. Episcopi autem præsunt suis sacerdotibus. Sed Summus Pontifex immediate ; cæteri omnes mediate quidem, attamen vere a Deo mittuntur ; adeoque sunt *Angeli.*

3° Dicuntur illi *Angeli stantes in conspectu Dei.* Quia semper paratos se ostendunt ad exeundum, et ad implendam Dei voluntatem, simul ac missionis acceperint mandatum. Neque hic objiciatur quod in visione omnes simul *stantes* appareant, et ita non videantur posse omnium sæculorum serie continuatos Verbi Dei Ministros repræsentare; etenim Deo omnia, etiam futura, sunt præsentia ; et consequenter illi potuerunt hic omnes simul apparere, quamvis non omnes simul, sed singuli successive mittendi sint.

4° *Et datæ sunt illis septem tubæ.* Nempe unicuique *tubam* unam, quam etiam non omnes simul receperunt,

sed quisque suam , dum emittebatur. *Tubæ* autem illæ
significant spirituales facultates, seu sacram potestatem,
quam Ministri Ecclesiæ a Deo recipiunt ; hic autem præsertim agitur de potestate prædicandi , præcipiendi ,
monendi , prohibendi , increpandi , etc. ideoque sub
figura *tubarum* proponitur , ut significetur clangorem
vocis Ministrorum sacrorum , debere aures omnium
mortalium efficaciter penetrare ; nec aures corporis
solummodo, sed et aures spiritus ; *tubæ* enim illæ spirituales sunt , et præsertim spiritualiter audiri debent.

3ᵘˢ VERSUS. **Et alius Angelus venit , et stetit
ante Altare, habens thuribulum aureum : et
data sunt ei incensa multa , ut daret de orationibus Sanctorum omnium, super altare aureum,
quod est ante thronum Dei.**

1ᵘ Hic versus nobis videtur continere plura , et alia
mysteria , quam auctores , quos consulere potuimus ,
putaverunt ; dicitur enim in primis : *Et alius Angelus
venit :* quis nunc est ille *alius Angelus ?* vel quam personam repræsentat in Ecclesia ?... Resp. Aliis alia opinantibus , (aliqui enim putant illum fuisse *Archangelum
Gabrielem ,* alii *Raphaelem ,* alii *Michaelem,* alii alium
quemdam ;) et quamvis singulorum opiniones non sint
spernendæ , ob rationes quas allegare quisque pro sua
conatur , nulla tamen videtur tam solide stabilita , ut
illam admittamus ; inde cum iterum hic nihil absolute
certi habeamus , ecce quid nos , quamvis forte soli ,
opinemur :

2° *Angelus* iste , cum sit *alius ,* adeoque differens a
septem præcedentibus , si illi *septem,* uti nos putamus,
repræsentent, vel significent, multitudinem ministrorum
Verbi Dei , per totam Ecclesiæ militantis durationem ;

solitarius ille *alius Angelus*, qui nunc accedit, videtur non esse de numero ministrorum illorum ; merito igitur arbitramur hunc esse, vel significare aliquam personam notabilem in Ecclesia, quia omnia quæ in Apocalypsi continentur, ad historiam Ecclesiæ Christi pertinent, uti jam nos alibi satis probasse existimamus, et postea adhuc probare conabimur.

3° Sed quisnam tandem est ille *alius Angelus ?* Resp. Nonnulli opinantur illum esse, vel significare ipsummet Christum, cum ipse sit *missus*, adeoque *Angelus* per excellentiam ; et quamvis sit Primarius Minister Verbi, imo ipsummet *Verbum* Patris, tamen non unus ex *septem*, de quibus hic agitur ; sed ille a quo omnes reliqui potestatem accipere debeant ; adeoque omnino *alius*, et differens ab ipsis. Sed neque hoc videtur posse admitti, quia mox in hac ipsa visione, videbimus Christum per aliud objectum repræsentatum, quod sine ullo dubio Christum significat, et tamen illum significare non posset, si ille *alius Angelus* sumeretur pro Christo.

4° Sed *alius Angelus*, qui *venit* post *septem* illorum apparitionem, qui *tubas recipiunt*, (salvo meliore, si quis vere melius quid detegat,) mihi videtur esse *Beata Maria Virgo Mater Christi*. Hæc opinio multis certe nimis nova videbitur, et propterea non facile admittenda. Libenter fatemur illam esse novam, et forte nobis exclusive propriam ; sed nemo utique illam impiam inveniet aut ullo modo periculosam. Quinimo dum rationes, quas dabimus, attente erunt consideratæ, non omnino improbabilis, opinamur, apparebit. Cæterum, si ut omnino certa demonstrari non possit hæc nostra opinio, idem est de omnibus aliorum interpretum opinionibus, circa hunc *Angelum*.

5° Rationes itaque conjecturæ nostræ hæ sequentes

sunt : prima : Quia Maria Virgo, quamvis sit potentis-
sima , Ecclesiæ Protectrix non est tamen de numero
Ministrorum Verbi.

Secunda : quia postquam Christus Dominus, multo
ante Passionem suam, Apostolos, et etiam Discipulos
suos ad prædicationem Evangelii deputandos, et in
illis , omnes eorum legitimos successores elegisset ,
ultimo loco , jam Cruci affixus , Mariam Matrem suam
constituit generalem Pretectricem , et Matrem omnium
Fidelium, illam Sancto Joanni, omnium Fidelium repræsentanti , commendans , et ipsum Matri (a). Ita igitur
ipsa *venit* post istos , qui per *septem Angelos* repræsentantur.

Tertia : quia per Beatam Mariam Virginem Matrem
(quemadmodum multi affirmant viri docti et Sancti ,
inter quos recenter Sanctus Alphonsus de Ligorio,)
orationes omnium Sanctorum et Angelorum in Cœlis ,
ac Fidelium omnium in terris, Deo offerri debent , et
per Mariæ interventionem , omnia beneficia impetrari ;
sic et huic *alii Angelo* , uti mox videbimus , orationes
Sanctorum traduntur , sub specie incensorum, ut ab illo
offerantur *super altare aureum* , quod *ante thronum
Dei est.*

6° *Et stetit ante altare, alius* nempe ille *Angelus* ; Beata
autem Virgo proxime adstitit Altari Crucis Christi in
monte Calvario, et proxima fuit Christo in dignitate,
sanctitate, et passionum doloribus; propterea et proxime
adstat , seu potius assidet Filio suo glorificato in Cœlis,
qui ipsemet est verum et solum *altare aureum*, super
quod , et per quod , incensa spiritualia Deo Patri offeruntur. Dicitur autem ibi *stare* ille *alius Angelus* , seu
Beata Maria Virgo, non quod corporaliter *stet*, sed quia
semper paratissimam se exhibet , ad preces supplica-

(a) Joan. c. xix, v. 26 et 27.

tionesque nostras recipiendas, ac Deo offerendas. Est et ipse *Angelus* solus.

7° *Habens thuribulum aureum.* Valde convenienter illud *thuribulum aureum* significare potest perfectissimam charitatem, qua Beatissima Virgo continuo curam habet de omnibus Ecclesiæ membris, quaque gratissime ac benignissime semper assumit omnes petitiones nostras, et supplicationes, quas Deo proponendas, illi commendamus, easque meritis et intercessione sua, reddit multo gratiores, et efficaciores apud Deum, quam de se, esse possent. Additur autem :

8°*Et data sunt ei incensa multa* : *incensa* illa sunt orationes, et quævis bona opera ; et certissime plurima talia *incensa* ab initio Ecclesiæ incessanter Mariæ tradita fuerunt, et etiamnum traduntur, ab omnibus veris Fidelibus, Deo offerenda ; cum unanimiter omnes eam agnoscant, et invocent, ut potentissimam nostram Mediatricem apud Summum Mediatorem nostrum Jesum Christum ; hæc devotio continuum adhuc facit progressum, propter evidentes, et ingentes fructus quos producit, et indubie usque ad finem mundi continuabitur. Traduntur autem illi *incensa* ista,

9° *Ut daret de orationibus Sanctorum omnium,* etc. Sed cur non dicitur : *ut daret,* seu offerret, omnes *orationes* illas, quando quidem sunt omnes petitiones *Sanctorum,* adeoque magna attentione dignæ, ut videtur?.. Resp. In primis notandum est : quod ubi quæstio est de Ecclesia militante, veluti hic, per *Sanctos* debeant intelligi omnes Fideles. Hoc posito, cuique notum est quod non rari reperiantur inter Fideles, etiam aliquousque pios, qui orationes, pia opera, et petitiones, Beatæ Mariæ Virgini commendent, et ejusdem intercessionem implorent, minus recta ratione vel ad intentiones saluti petentium aut gloriæ Dei minus utiles. Non mirum ergo, si ita imperfectæ *orationes*, etc., Deo *in altari* cœlesti offerendæ non admittantur, sed ut minimum inutiles maneant, si forte e contra, non noxiæ evadant, quod sæpe contingit.

10° Utique, si hic ageretur de Sanctis jammodo in cœlis coronatis, cum illi infallibiliter cognoscant quid petentibus salutare, quidque Deo et consequenter Beatissimæ Virgini gratum sit, nullæ admittendæ essent exceptiones; omnes omnino eorum *orationes*, offerrentur *super altare aureum*, de quo mox loquendum est; sed vel inde iterum patet, hæc intelligenda esse de rebus in Ecclesia super terram agendis, vel jam actis; ubi inter Fideles, qui hic nomine *Sanctorum* designantur, multa adhuc reperiuntur, vel imperfecta, vel vere reprehensibilia, quamvis ad cœlum dirigantur.

11° Interim digna electaque pars illorum *spiritualium incensorum* offerri debebat Deo, *super altare aureum*; hic alluditur ad illud *altare aureum*, super quod in Tabernaculo Mosaico, et postea in Templo Salomonis, *incensa optimi odoris* offerebantur Deo. *Maria* autem dilectissimo Filio suo exponit, sive illi, quasi *altari aureo*, imponit *incensa orationum* invocantium se, aut Deum, per se : quando scilicet debito modo, id est, pie, ferventer, et perseveranter, ad illam clamant, et salutaria petunt, aut saltem nonnisi salutaria obtinere desiderant, per piissimæ Matris intercessionem.

12° Tandem sic per Beatissimam Virginem *Mariam* Christo oblata, meritis illius, quasi accenduntur odorifera redduntur, et Deo Patri offeruntur; eademque via beneficia desiderata ac benedictiones cœlestes, descendunt super fideles servos Christi, et Matris ejus *Mariæ*, qui hic per *Sanctos* denotantur. Interim etiam illi *Sancti*, qui jam in Cœlo supremo cum Christo, et Beatissima Virgine triumphant, etiam frequentissime interveniunt, dum nempe devote invocantur; ita ut per illos, *orationes* Fidelium offerantur *Mariæ* , uti supra diximus , per *Mariam* postea Christo , et per Christum tandem Deo Patri. Christus igitur est ipse illud *altare*.

13° *Quod est ante thronum Dei.* Nulla debet hic oriri difficultas ex eo , quod hoc *altare* dicatur *esse ante thronum Dei* , ubi de Christo *Agno* dicitur : quod *sedeat cum Patre* cœlesti , *in throno ejus* ; debet enim Christus Dominus multis diversis modis considerari, uti jam plus semel vidimus, et adhuc in variis locis videbimus. *Sedet* enim *cum Patre* , tanquam idem Deus cum Patre et Spiritu Sancto , et tanquam *Rex æternæ Gloriæ* , Supremus dominator cœli et terræ , omniumque creaturarum, Sed nihilominus positus est quasi *altare aureum ante thronum Dei,* tanquam Mediator noster , *qui semper interpellat pro nobis;* cum ipse solus sit, qui *salvare in perpetuum potest accedentes per semetipsum ad Deum , semper vivens ad interpellandum pro nobis* (a). Sic ergo facile omnia conciliantur.

4ᵘˢ VERSUS. **Et ascendit fumus incensorum, de orationibus Sanctorum , de manu Angeli coram Deo.**

1° Igne divino accensis istis *super altare* positis , seu oblatis muneribus , *et ascendit fumus incensorum de orationibus Sanctorum ;* sicut olim *incensa* , sive potius aromata incendenda , igne sacro concremabantur , et producebant fumum boni odoris , versus cœlum ascendentem ; sic illa *incensa* mystica , purissimis manibus *Mariæ* Virginis *altari* Christo imposita , adeoque cum infinitis meritis Salvatoris unita , sacratissimo amoris ejus igne comburuntur, et inde desideria nostra purificata ab omni imperfectione , quasi fumus suavissimi

(a) Hebr. c. vii, v. 25.

odoris ascendunt ad Deum Patrem. Dum autem dicitur,
de orationibus etc. non debet hoc intelligi solummodo de
precibus, seu supplicationibus proprie dictis, sed etiam
de omnibus bonis operibus, quæ a Christi Fidelibus Deo
offeruntur.

2° Hoc clarissime patet ex verbis Archangeli Raphae-
lis, Tobiæ seniori dicentis : *quando orabas cum lacry-*
mis, et sepeliebas mortuos, et derelinquebas prandium
tuum, et mortuos abscondebas per diem in domo tua, et
nocte sepeliebas, ego obtuli orationem tuam Domino (a).
Ecce quinque bonorum operum species hic enumerat
Angelus, quarum solummodo prima consistit in precibus
proprie dictis, et tamen omnes sub denominatione *ora-*
tionis concludit, quia cum indubie omnia *Tobiæ* bona
opera Deo obtulerit, dicit · solum : *Ego obtuli orationem*
tuam Domino. Ergo etc., etc.

3° Additur tandem : *De manu Angeli.* Hoc post illa,
quæ habentur in versibus præcedentibus, superfluum
videri posset, sed additur, quo expressius indicetur vel
inde gratiora esse munera Deo oblata, et efficaciora ad
impetranda beneficia cœlestia peregrinantibus nobis in
terris, quia per *manus* tam dignas, tam puras, ac per
personam tam Deo dilectam, oblata et *altari* imposita
fuerunt. Per hoc interim nullo modo minuitur probabilitas sententiæ nostræ, quod nempe per illum *Angelum,*
intelligatur Beata *Maria* Virgo, quamvis contra hanc
occurrere videatur in versu sequenti, adhuc satis
magna difficultas. Nimirum.

a) Tobiæ. c.   v.

5ᵘˢ Versus. Et accepit Angelus thuribulum, et implevit illud de igne altaris, et misit in terram : et facta sunt tonitrua, et voces, et fulgura, et terræ motus magnus.

1° *Et accepit Angelus thuribulum;* mirum certe videtur, illud *thuribulum,* quod est *aureum,* ut vidimus versu tertio, et propterea tunc æstimavimus significare excellentissimam perfectissimamque charitatem Beatæ *Mariæ* Virginis, qua nos semper prosequitur, nunc adhibere ad assumendum *ignem,* illumque effundendum super *terram,* ad multas, et magnas, uti videtur, calamitates in orbe *terrarum* excitandas !... Etenim illa, quæ hic, effuso *thuribulo,* dicuntur fuisse secuta, secundum ordinariam interpretum opinionem, horrenda flagella in terris significant. Sic habent Bossuetius, Menochius, De Vence, Pastorini, Duhamel, et alii multi, in hunc locum.

2° Sed attente rem considerimus, et forte omnes difficultas evanescet, ita ut, salva reverentia tot tantisque auctoribus debita, magis magisque confirmari videatur, hic sub nomine *Angeli,* vere agi de Beatissima Virgine *Maria,* et de magnis rebus, quæ ipsa fecit pro salute generis humani; consequenter *ignem* de cujus effusione hic quæstio est, nullatenus esse terribilem, seu perniciosum, sed e contra saluberrimum. Pergit itaque Sacer Scriptor, dicens de *Angelo,* qui sumpsit *thuribulum:*

3° *Et implevit illud de igne altaris;* scilicet persona denotata nomine *alterius Angeli, implevit* suum *thuribulum aureum,* sed nunc quonam *igne?* et de quo *altari* sumpto?... Vidimus supra, quod Sanctus Joannes loquens in hoc *Libro de altari aureo,* alludat ad illud quod erat in antiquo Tabernaculo, et postea in Templo Hierosolymitano, ad incensa offerenda, sed de igne istius *altaris* non

solebant impleri thuribula; etiam in illo *altari* non arde-
bat *ignis* perpetuus , et sacer qui de cœlo lapsus fuerat.
Uti enim cuique notum est , habebatur et aliud *altare ,*
multo majus, quod interius lapideum , exteriûs æneum
erat , dicebaturque *altare holocaustorum ,* quia sacrificia
immolatorum animalium, in eo offerri, et comburi debebant ; in isto solum *altari* erat sacer *ignis,* et semper
alebatur ; ex illo accendebantur aromata incensorum
super *altare aureum ;* et , dum opus erat , implebantur
thuribula, ut patet ex multis Veteris Legis exemplis.

4° Sed in visionibus Apocalypticis , nonnisi de uno
eodemque *altari* habetur mentio, nempe de *altari incensorum,* quod erat *aureum,*quia per illud specialius significabatur Christus glorificatus; per aliud autem , præsertim repræsentabatur Christus patiens , propterea , ut
arbitror , in cœlo *altare æneum* non apparet. Etiam ita
in Nova Lege efficacius significatur unitas Christi. Sed
consequenter admitti debet quod *ignis* de quo hic inqui-
rimus , de unico illo *altari aureo* sumi potuerit , et in eo
conservatus repræsentetur *ignis* sacer , a tempore quo ,
simul cum sacrificiis animalium , *altare holocaustorum*
suppressum fuit.

5° Sed qualis est *ignis* de quo hic quæstio est ? Resp.
ignis hic est mysticus ; et adimplet quæ præfigurata
erant per *ignem sacrum* Veteris Legis ; cum enim *ignis*
ille sacer diceretur *Egressus a Domino* (a) solummodo
figurative , *ignis altaris* cœlestis, quod est ipsemet Christus glorificatus per Ascensionem suam, est vere essentialiter *sacer ,* et *egressus a Domino ;* est nempe *Spiritus
Sanctus , a Patre Filioque procedens.* Sed si hoc ita sit ,
quomodo nunc *Angelus ,* quo *Mariam* Virginem Matrem
significari putamus , potuit sumere de illo *igne ,*impiere
*thuribulum,*et quidem illum *ignem in terram* effundere?...

(a) Levit. c. ix, v. 24.

ut hæc cum successu et claritate explicemus, debemus rem ab anterioribus breviter resumere; et nonnulla jam alibi dicta repetere. Attente itaque omnia hic meditemur.

6° Notavimus supra, Sanctum Joannem Cruci Christi morientis adstantem, dum ei Maria Virgo, ut mater commendabatur ab ipso Filio Dei, repræsentasse omnes omnium temporum, Christi Fideles, ita ut in ipso, et cum ipso, omnes Christiani receperint sibi Mariam in Matrem et Protectricem. Hoc utique Sanctus Joannes intellexit, et propterea tanto ferventius, *ex illa hora accepit eam Discipulus in sua* (a). *Accepit* ergo *eam*, non solum ut de ea curam ageret, sed et ut *eam* summa cum veneratione, ac devotione coleret, ejusque, in omnibus necessitatibus, patrocinium obtineret; at Sanctus Joannes sciens non sibi soli hoc beneficium esse concessum a Divino Magistro suo, absque dubio hoc mysterium fratribus suis Apostolis, aliisque Fidelibus communicavit, si non ante, saltem moraliter statim post Ascensionem Domini; ad hoc enim ex charitate Christiana tenebatur; et ex tunc certissime omnes utriusque sexus Fideles inceperunt maximam fiduciam ponere in protectione Beatæ *Mariæ* Virginis, ac sese humiliter maternæ illius curæ commendare.

7° Beatissima vero Mater illa, quæ certissime etiam optime intellexit sensum verborum Filii sui, dicentis : *Mulier ecce filius tuus;* similiter *ex illa hora* cœpit specialiter intercedere pro Fidelibus; et inde dum Apostolis, et aliis multis congregatis in expectationem descensus Spiritus Sancti sociata erat ipsa mater, cordis affectu, quasi accepit, et glorificato in cœlis Filio suo obtulit, totius multitudinis *orationes*, illi sacra illa aromata, quasi *Altari aureo* imposuit, qui eadem, de purissimis dilectæ Matris manibus, benigne suscepta, *igne* arden-

(a) Joan. c. xix, v. 27.

tissimæ charitatis suæ accendit, ac Deo Patri suo obtu-
lit ; ideoque tanto promptius et abundantius effusus a
Deo fuit Spiritus Sanctus super Apostolos , ac omnes
Discipulos , cum illis ad hoc congregatos Hierosolymis.

8° Consequenter ita Beatissima Virgo, uti potententis-
simus *Angelus,* per efficacissimam suam intercessionem,
materna sua charitate , quasi *thuribulo* vere *aureo ,* de
unico cœlesti *Altari* Christo , sumpsit divinum illum
ignem , et misit super terram , ad inflammanda omnium
Fidelium corda, eo ipso, quod descensum Spiritus Sancti
impetravit. Hæc sententia, ut putamus omnino nova est ;
sed si attente consideretur , forte non ideo videbitur
minus fundata , et vera.

9° Interim libenter fatemur contra hanc, varia posse
nobis objici : nempe *primo :* si nostra opinio admitteretur , non amplius Christus Dominus, aut ipsemet Pater
cœlestis , sed Beata Virgo *Maria* Spiritum Sanctum
misisse videretur ; quæ assertio hæresim contineret a
nemine forte unquam excogitatam!... Sed resp. Procul
absit a nobis tale commentum. Certe solus Deus Pater ,
per Filium suum Jesum Christum , *promisit,* et etiam
misit Spiritum Sanctum , nec per ullam aliam potestatem
hoc effici potuit ; hoc de fide est. Attamen nihil impedit
quominus pie , et etiam cum fundamento opinemur
Beatissimam, Virginem suas, et omnium secum congre-
gatorum *orationes* Deo Patri , per Christum offerendo ,
insigne hoc beneficium nascenti Ecclesiæ obtinuisse Die
Pentecostes; et sic ad Spiritus Sancti , seu divini istius
ignis descensum , efficaciter cooperando , certo sensu
ipsamet etiam illum *ignem in terram misisse* dicatur, id
est , impetrasse. *Secundo :* sed illud , quod Christus
Dominus tam solemniter promiserat, non debebat impetrari tam potenti intercessione, quia certissime venturum
erat, et hoc etiam sciebat Beata Virgo *Maria.* Ergo, etc.

10° Resp. Utique et certo venturus erat Spiritus Sanctus, et hoc noverat et *Maria*, et tota multitudo cum ipsa congregata ; at nihilominus ardenter orabant omnes, ut quantocius veniret. Etenim Deus non minus solemniter, et sæpe repetitis vicibus, olim promiserat mundo Salvatorem, adeoque et ille certissime venturus erat; et tamen ipsemet Deus voluit ut a Patribus ante et postdiluvianis, ardentissimis gemitibus, lacrymis, et precibus, per multa sæcula peteretur; et illum quidem Mundus etiam tandem per Virginem *Mariam* obtinuit; ita ut, si vere *Pater cœlestis miserit filium suum*, vere tamen dici possit, quod etiam *Maria misit* eumdem *Filium suum Salvatorem in terram*. Post hoc, quid impediret supponere Spiritum Sanctum, certo sensu, per illam *missum* fuisse, et hoc in Apocalypsi significari? Objici potest *tertio*: si hæc de beata *Maria* Virgine fuissent intelligenda, nonne Sanctus Joannes saltem aliquo modo, sensum tam honorificum Matri Dei, quam tam ardenter amabat, Fidelibus aperuisset?...

11° Resp. 1° Per venerabilem traditionem novimus, maximam Beatæ *Mariæ* Virginis humilitatem obstitisse, quin Apostoli, et Evangelistæ multa de ipsa scriberent, vel prædicarent tam clare, ut vulgo a contemporaneis intelligerentur. 2° Quis certo dicere posset, Sanctum Joannem nemini sensum hujus loci sic exposuisse?... Non enim omnia quæ dixerunt Apostoli, usque ad nos pervenerunt; sed in multis materiis, solummodo saluti necessaria nobis fuerunt conservata. Ergo, etc., etc.

12° Nec contra hæc urgeri potest : quod omnia quæ in hoc *Libro* scripsit Sanctus Joannes, necessarie tunc debebant esse futura, cum dixerit illi *Angelus : ostendam tibi quæ debent fieri* etc. ; adeoque non quæ jam facta sunt ; hoc enim, et nos ob alias causas, modo monuimus ; sed notandum est : interdum necesse esse,

pro integritate expositionis quarumdam rerum, nonnulla recenter præterita, jungere narrationi futurarum,
uti illarum inductiones, seu præparationes; illo sensu
quidem, dicit Sanctus Augustinus : Apocalypsim continere historiam Ecclesiæ ab Ascensione Christi, usque ad
finem mundi. Descensus itaque Spiritus Sancti, cum sit
Ascensioni Domini posterior, potest, et quidem debet,
habere locum in hoc Libro, cum sit momentosissimum
punctum historicum, et unum ex primis. Ergo, etc.

13° Sed quomodo tandem *tonitrua*, *fulgura* et *terræ
motus magnus*, etc., cum illa sententia etiam poterunt
conciliari? Resp. Uti sequitur : quandoquidem et illa phænomena, quæ post effusionem *ignis e thuribulo*, in terris
videri debent, similiter mystice, non vero materialiter
intelligenda sunt, notetur 1° In adventu Spiritu Sancti,
cum tunc publicanda esset Lex nova, Lex gratiæ, spiritualiter contigerunt ea, quæ materialiter contigerant,
dum publicanda fuerat Lex vetus, seu Lex Mosaica, in
Monte Sinai. Tunc autem, testante Scriptura Sacra,
sensibilia *tonitrua*, cum maximo strepitu, et *fulgura*
plurima, audita visaque fuerunt ; sentiebanturque magnæ commotiones montis illius. 2° Hæc materialia, et
sensibilia, contigerunt in figura eorum, quæ postea
spiritualiter adimplenda erant, dum veritas succederet
umbræ. Videndum ergo : an, et quomodo sint adimpleta in adventu Spiritus Sancti, ita ut textus hujus
quinti versus, illi facto applicari possit.

14° Itaque dicit Scriptura : *factus est repente de cœlo
sonus tanquam advenientis spiritus* (seu venti) *vehementis;*
ergo non absimilis *tonitrui; et apparuerunt illis dispertitæ
linguæ tanquam ignis ;* ecce spiritualia *fulgura. Et repleti
sunt omnes Spiritu Sancto, et cœperunt loqui variis linguis.*
Ergo *et factæ sunt... voces;* plurimæ quidem, et admirabiles. Restat solummodo inquirendus spiritualis *terræ*

motus magnus : sed ille omnium facillime invenitur. Additur enim : *convenit multitudo , et mente confusa est.* Homines istius multitudinis, erant primitiæ mundi , per evangelicam prædicationem convertendi; et ille mundus peccatis corruptus, *terra* est , quæ nova ac saluberrima doctrina Apostolorum tunc incipiebat *fortiter commoveri,* et usque ad finem sæculorum commoveri perget. Ergo hic nihil deest.

6ᵘˢ VERSUS. Et septem Angeli, qui habebant septem tubas, præparabant se, ut tuba canerent.

1° *Et septem Angeli :* uti jam diximus , prædicatores Evangelii, seu operarii in vinea Domini, qui non omnes simul , sed successive , per *septem* ætates universalis Ecclesiæ debebant apparere , quorum primi fuerunt Apostoli, et Discipuli , eorum adjutores, ad hoc ab ipsomet Christo etiam electi ; omnes significantur, et repræsentantur per supradictos *septem Angelos.* Si autem hic locus de *Angelis* proprie dictis intelligatur , dicendum esset : quod illi *septem,* innumerabili multitudini præfatorum prædicatorum hic præponantur , ad dirigendos illos, in omnibus operationibus sacris.

2° Illi igitur *Angeli, qui habebant septem tubas,* seu singuli unam *tubam ,* uti vidimus versu secundo , sunt omnes isti, quorum clientes, quique suis temporibus, in Ecclesia strenue militaturi apparentes, recipiebant legitimam missionem, et potestatem prædicandi Evangelium Christi, fidelibus, et infidelibus ; his quidem ut ad viam salutis pervenirent, illis ut in ea perseverarent, ac progrederentur. Sub potestate autem annuntiandi verbum Dei , comprehendebatur et jurisdictio , seu facultas nutriendi spiritualiter esurientes , confortandi spiritualiter debiles , sanandi spiritualiter ægrotantes , resuscitandi spiritualiter mortuos, etc,, etc., etc.

3° Illi ergo, mandante Deo, ac postulante Ecclesia, *præparabant se, ut tuba canerent*. *Angeli* proprie dicti, unico temporis puncto se *præparant* ad ministeria sua, offerendo Deo promptissimam suam voluntatem; sed homines ad ministerium Evangelicum electi, multo labore, longoque tempore, ordinarie *se* ad hoc *præparare* debent. Apostolos quidem et Discipulos ad ministerium Verbi destinatos, ipsemet Christus partim ante, partim post mortem suam, ad hoc *præparaverat*, tandem post Ascensionem Divini Magistri, ipsi sese per plurima pia opera *præparaverant* in cænaculo Hierosolymitano, sed Spiritus Sanctus eorum præparationem uti novit omnis Christi fidelis, per mirifica dona sua complevit.

4° Successores Apostolorum ac Discipulorum istorum, qui ad idem Sacrum Ministerium vocantur a Deo, remotam præparationem adhibere debent, per vitam vere Christianam, ac per plurima scientiarum sacrarum studia; proximam vero per exercitia spiritualia, per dignam Sacrorum Ordinum receptionem, quæ compleri debet, per legitimam acceptionem missionis et jurisdictionis. Ita igitur, tum *Angeli* proprie dicti, tum ministri sacri, per illos repræsentati, ac per illos dirigendi debitis temporibus, et modis, *præparabant se*, assignato sibi ordine,

5° *Ut tuba canerent.* Valde convenienter hic prædicatio evangelica per clangorem *tubarum* significatur, quia antiquitus fere omnia momentosa, talibus signis annuntiari solebant. Sonantibus cœlestibus *tubis* publicata fuerat Lex Decalogi; *tubis* annuntiabantur Neomeniæ, aliæque plurimæ solemnitates, apud Israelitas; *tubis* sonantibus excitabantur ad devotionem inter sacrificia; et stimulabantur ad strenue pugnandum in bellis, non solum homines, sed etiam Equi; uti Sacra Scriptura testatur.

7as VERSUS. Et primus Angelus tuba cecinit, et facta est grando, et ignis, mista in sanguine, et missum est in terram, et tertia pars terræ combusta est, et tertia pars arborum concremata est, et omne fœnum viride combustum est.

1° *Et primus Angelus tuba cecinit;* inhærendo sententiæ quam ut probabiliorem assumpsimus de septem supradictis Angelis; ille, qui hic dicitur *primus,* quia primo loco *tuba cecinit,* non est *unus,* seu solitarius aliquis prædicator Evangelii; sed significat omnes illos, qui in prima Ecclesiæ Ætate Fidem Christi prædicaverunt, usque ad Arianismum; adeoque omnes Jesu Christi Apostolos ac Discipulos, ab illo ipso immediate electos, eorumque successores, usque ad annum circiter trecentesimum-vigesimum. Interim absolute primus inter illos omnes, post Christum, erat Sanctus Petrus, uti a Christo constitutus Princeps Apostolorum, et positus uti Ecclesiæ fundamentum per celeberrima verba, *tu es Petrus,* etc., etc.

2° *Et facta est grando, et ignis mista in sanguine.* Quomodo sonus *tubæ* potuit provocare *grandinem et ignem?* et quare hic dicitur *ignis* potius, quam *fulgur?* quare etiam ille *ignis,* et ista *grando* dicuntur *mista in sanguine?* certe nihil horum sensu mystico vacuum supponi debet. Itaque clarum putamus per sonum *tubæ* significari prædicationem Evangelii. *Grando* et *ignis,* sunt durissimæ, ac violentissimæ persecutiones exortæ propter Verbum Dei, et inde natam Fidem populorum in Christum; quæ inchoatæ sunt contra Apostolos, et prædicantes Discipulos, a primis diebus post adventum Spiritus Sancti, per sacerdotes et Magistratus Judæorum, continuatæ per Herodem Agrippam, aliosque

principes , et judices in Judæa; postea Romæ , et alibi
per Neronem , ac per successores, cooperatores, et imitatores eorum , per totam primam Epocham.

3° Dicitur : *ignis,* non *fulgur,* quia *fulgur* est semper
terrificum , fere semper perniciosum ; semper secum
habet tonitrua ; etenim quamvis interdum contingat
fulgura apparere, absque eo, quod *tonitru* audiatur, hoc
inde venit quod tunc tonitru nimis sit remotum , et
lumen *fulguris* a multo majori distantia possit videri ,
quam strepitus tonitru audiri. *Ignis* autem nec semper
est terrificus , nec semper perniciosus , et raro secum
habet tonitrua ; e contra sæpe est necessarius , utilis ,
valde gratus, et sine strepitu urens.

4° *Ignis* autem , de quo hic agitur , videtur dupliciter
posse, vel etiam debere intelligi : Dum enim pulsaban-
tur spirituali *grandine* persecutionis prædicatores verbi
Dei, propagatores Fidei Christi , omnesque Fideles primitivæ Ecclesiæ, urebantur inprimis *igne* divini amoris,
et quo magis sæviebat persecutio , eo magis ardebant
Christiani, spirituali illo *igne,* qui vere de cœlo descenderat, sed utique nec terrificus erat, nisi diabolo, et
ministris ejus, nec perniciosus , nec ingratus illis, qui
accendebantur, nec ulla *tonitrua* secum ducebat, sive
maledictionum , sive murmurationum , sed effectus
habebat omnino contrarios ; quos etiam adversarii admi-
rabantur. De illo autem *igne* intelligendum est illud
Christi eloquium : *Ignem veni mittere in terram, et quid
volo, nisi ut accendatur* (a)?...

5° Altera species *ignis,* sunt multiplicia tormenta,
quibus vexabantur Martyres ; hic *ignis* de *terra,* seu de
terræ amatoribus veniebat , sed flatibus infernalibus
accendebatur, nec etiam *tonitrua* concomitantia habebat
a parte patientium , sed multa a parte torquentium ;

(a) Lucæ. c. xii , v. 43.

nempe inanes minas, increpationes, contemptus, deri-
siones, etc., etc, sed quæ proderant potius martyribus,
quam illis nocuissent; ac propterea nullatenus timeban-
tur. Consequenter nec ille *ignis,* nec præcedens,debebat
vocari *fulgur ;* nec tales strepitus merebantur appellari
Tonitru, quod sæpe *vox Domini* vocatur, erat enim potius
vox furibundi diaboli.

6° Tandem illa *grando* persecutionis, et ille *ignis,*
miscebantur *in sanguine,* quia ab una parte, sanguis
martyrum copiosissime effundebatur pro nomine Christi;
ab altera parte memoria *Sanguinis* Christi, ejusdem
merita infinita, Sacramentalis etiam istius reproductio,
et receptio, confortabant Martyres et Confessores ;
ardorem *ignis* spiritualis nutriebant, et augebant. Sicut
enim calore proprii *sanguinis,* omnes partes corporis
humani calefiunt, et hinc conficitur cibi et potus digestio
qua hominis vita naturalis sustentatur ac conservatur;
sic calore *sanguinis* Christi, venas animarum implentis,
ac perfluentis, sacro *igne* accenduntur, omnesque cala-
mitatés, ærumnæ ac labores, ipsa etiam mors pro
Christi gloria tolerata spiritualiter digeruntur, vertun-
turque in nutrimenta saluberrima, quibus vita spiritualis conservatur, augetur, roboraturque, donec
vita sempiterna in cœlis obtineatur. Tunc additur in
sacro textu :

7° *Et missum est in terram :* quid hæc significant ?
Numquid illa verba superflua videri debent ?... quo
enim mitteretur illud congregatum, seu compositum ex
grandine, igne, et *sanguine,* nisi *in terram?*... Ast resp.
Nihil superfluum, nihil inutile reperitur in hoc Revelationum *Libro;* sed omnia sunt mysteriis plena. Hic enim
terra non debet sumi ordinario modo, pro *terra* quam
pedibus calcamus; nequidem pro orbe nostro ex *terra*
et mari composito; sed specialiter nominatur *terra,* ad

designandos homines terrenos , *terræ* adhærentes , seu
terrenarum rerum amatores , qui videntes omnia , quæ
crudeliter contra fideles Dei servos aguntur a tyrannis,
et tortoribus, illisque conterriti , Fidem Christi amplecti
non audebunt , si eam nondum receperint. sin autem ,
sed debiles , seu tepidi in ea reperiantur , ab illa turpiter deficient.

8° *Et tertia pars terræ combusta est :* hæc et sequentia
videntur , et certo sensu vere sunt , terribilia ; sed sub
alio respectu, sunt valde consolatoria ; quia certissime
potestas infernalis exoptat ut tota terra comburatur ; id
est , ut omnes terreni homines avertantur a Fide ; utque
ad minus, omnes in Fide debiles, ab ea deficiant. Itaque
ex eo , quod solummodo *tertia pars combusta* dicatur ,
concludere licet , quod duæ reliquæ talium partes , per
exempla fortitudinis aliorum , qui jam non amplius ad
terram pertinebant, quia omnibus terrenis sincere renun-
tiaverant, et solummodo ad cœlestia anhelabant , robo-
ratæ , et accensæ puriori *igne,* corda etiam sua , eo
magnanimiter direxerint. Sequitur :

9° *Et tertia pars arborum concremata est :* quinam hic
intelliguntur per *arbores ?* Resp. Mysticæ illæ *arbores*
sunt viri magni, et eminentes in Ecclesia ; qui hic potius
per *arbores* significantur , quam per *columnas;* 1° quia
sub umbra *arborum* requiescere possunt, ac contra pluviam , et ardorem Solis protegi viatores. 2° Quia in
ramis *arborum* nidificant aves. 3° Quia *bonæ arbores pro-
ducunt bonos fructus,* et e contra *malæ arbores malos
fructus.* Hæc omnia spiritualiter dici possunt de Episcopis aliisque animarum Rectoribus. Experientia autem
probavit quod inter illos etiam sæpe non pauci reperiantur qui tempore persecutionum , aut seductionum
deficiunt, quamvis tempore pacis , et tranquillitatis ,
veluti fortissimæ *columnæ,* immobiles stare viderentur ;

tales fuerunt Episcopi , aliique viri illustres sub omni respectu, quorum lapsus, temporibus difficilibus , sæpe multum contristarunt Ecclesiam.

10° *Et omne fœnum viride combustum est.* Quinam autem hic per *fœnum viride* designantur? Resp. Omnes quidem homines, nomine *fœni* interdum vocantur ; dicit enim Scriptura : *omnis caro fœnum (a).* Sed specialiter hoc dicitur de populo Israelitico , qui fuit figura populi Christiani ; dicit enim Propheta : *vere fœnum est populus (b).* Sed cur dicitur : *fœnum viride?* Resp. Utique *fœnum* modo exsiccatum facile incenditur ; sed violentus debet esse *ignis,* ut *fœnum viride* conflagretur ; dicitur itaque *fœnum viride :* eo quod per colorem *viridem* significari soleat *spes ;* et populus nascentis Ecclesiæ , seu primæ Epochæ Christiani , erant populus maximæ, et saluberrimæ *spei ;* per *viriditatem* etiam *juventus* intelligitur; et in primitiva Ecclesia erat populus recenter ortus, populus novus, plenus vigore fortitudinis, non facile vincendus; adeoque ut tale *fœnum igne* infernali inflammaretur, ut talis populus seduceretur, certe *ignis* persecutionis debuit esse valde vehemens ; at tales fuerunt persecutiones primæ Ætatis ; sperabant enim visibiles et invisibiles inimici Ecclesiæ , fore ut possent eam penitus extirpare , antequam altas radices misisset in genere humano.

11° Sed his admissis , nonne invincibilis hic occurrit difficultas in explicatione?... Dicit enim sacer textus : *omne fœnum viride combustum est !* si illud *fœnum* sumatur pro populo Christiano in prima Epocha , quid tunc de promissione Christi, dicentis : *portæ inferi non prævalebunt adversus eam ,* nempe Ecclesiam , *supra petram fundatam?...* Quid tunc de Ecclesia , illo tempore , posteriori cogitandum? Sanctus enim Joannes videtur

(a) Isaiæ. c. xL, v. 6. — (b) Ibidem. v. 7.

significasse totalem extinctionem populi Christiani tunc existentis!... nonne Christi promissio inde ruit , et recentior Ecclesia videtur orta ex resumpta postea prædicatione , non ex prima Christi fundatione?

12ⁿ Resp. Evidentissime negative. Tota enim difficultas evanescit, dum admittitur, quæ certo admitti debet, optimorum interpretum-explicatio hujus loci, quæ etiam sensui textus Græci , perfectissime conformis est , et textui Latino non contraria ; nempe quod, dum dicitur : *omne fœnum viride combustum est ,* non significetur quod omnino *omne* existens tale *fœnum* fuerit *combustum ,* seu *igne* consumptum ; sed quod ex omni specie *fœni viridis,* pars aliqua fuerit *combusta.* Itaque ex omni statu , conditione , ætate , vel dignitate , aliqui ceciderunt , et quidem non pauci , uti ex historia ecclesiastica , et profana satis constat.

13ⁿ Hæc quidem explicatio etiam convenit sententiæ illorum interpretum, qui *combustionem* supradictam non intelligendam putant de spirituali interitu fragilium Christianorum ; sed de corporali interitu , seu violenta morte innumerabilium martyrum ; nunquam *omnes* Christiani facti fuerunt martyres ; e contra , semper multo plures evaserunt, quam occisi fuerunt; et ita semper evidenter vera mansit promissio Christi Domini; et Ecclesia ejus immobiliter stabilis ; imo per multiplicationem martyrum continuo augebatur numerus Fidelium. Hæc pro prima Ætate.

8ᵘˢ VERSUS. Et secundus Angelus tuba cecinit : et tanquam mons magnus igne ardens missus est in mare , et facta est tertia pars maris sanguis ,

1° Itaque post supra exposita eventa primæ Epochæ, transiens ad ea, quæ pertinent ad secundam, dicit Sanctus Joannes;

Et secundus Angelus tuba cecinit : ex præsuppositis ergo, hic *secundus Angelus* significat non unum aliquem, sed omnes Ecclesiæ Ministros, et Evangelii prædicatores, seu Fidei Christi propugnatores, qui in secunda Ecclesiæ Epocha laboraverunt; secunda autem illa Epocha, seu Ætas, duravit ab initio Arianismi, usque ad invasionem Barbarorum, in imperium Romanum, id est, usque ad annum trecentesimum-nonagesimum-quintum.

2° Hic forte non importune notari potest quod cum aliqua specie rationis, multi fortasse possent difficiles se præbere, in admittenda nostra divisione *septem Ætatum* Ecclesiæ; quia, in apparentia, tam notabiliter ab invicem differunt, duratione sua; cum ecce secundæ ætati tantum assignemus annos septuaginta quinque; nempe ab anno Domini trecentesimo-vigesimo, quod longum temporis spatium, sola prima Ætas occupat, usque ad annum trecentesimum-nonagesimum-quintum; ubi juxta sententiam, quam adoptavimus, quarta Ætas habitura sit nongentos quidem, et octo annos!... Sed quid facit coram Deo inæqualitas durationis temporum, quantumvis magna, siquidem *mille anni,* sunt illi *sicut unus dies?*... Etenim Rex et Propheta *David* Deo loquens in Psalmis, dicit : *quoniam mille anni ante oculos tuos, tanquam dies hesterna, quæ præteriit* (Ps. LXXXIX, v. 4.) et adhuc alibi æquivalentia habet Scriptura Sacra.

3° Nos igitur, dum de rebus divinis loquimur, parum attendere debemus ad numerum annorum; quia certe Ætates Ecclesiæ, non materiali duratione temporis, sed potius e ventuum numero, et pondere mensurandæ sunt, et dividendæ. Septima enim, et ultima Ætas, quæ per totam beatam æternitatem sese extendet, adeoque ne multis quidem millibus millium sæculorum duratione terminabitur, cum sine ullo termino sit semper duratura, suadente ipsamet Scriptura Sacra in pluribus locis : unico diei comparatur, nempe magno Sabbatho, seu requiei Domini.

4° Canente igitur *tuba secundo Angelo , tanquam mons magnus igne ardens, missus est in mare*. Prædicantibus orthodoxis Ministris sanam Fidem Christi, cum majori quam antea libertate, extinctis jam fere persecutionibus idololatrarum, seu ethnicorum, sub Constantino magno, nempe primo Imperatore Christiano, potestas infernalis suscitavit hæreticos, ad Ecclesiam Christi vexandam. Perniciosissima autem illorum temporum hæresis, fuit Arianismus; ex quo tamen plurimæ aliorum nominum , aliorumque specierum hæreses, et sectæ natæ sunt, quæ magna etiam damna intulerunt Ecclesiæ.

5° Arianismus autem , aut potius auctor ejus Arius, fuit ille *mons magnus,* de quo in textu sacro agitur ; *magnus* enim erat impia superbia , qua magnopere semetipsum exaltabat supra omnem Ecclesiæ auctoritatem. *Magnus* etiam perversissima doctrina , qua omnes præcedentes hæreticos superabat. *Ardens* erat igne furoris infernalis , quo infatigabilis desudabat, per se scilicet , et per discipulos suos , in propagandis suis erroribus, in usurpandis ecclesiasticis dignitatibus, in expugnandis expellendisque veris ac sanctis Ecclesiæ Ministris , et populis seducendis. Celeberrimus ex illis , quos maxime vexarunt Ariani, fuit Sanctus Athanasius, qui fuit etiam unus ex fortissimis eorum expugnatoribus per longum, et difficillimum ejus cursum.

6° *Mons* igitur ille *magnus et ardens ,* potestate tenebrarum arreptus *et missus est in mare,* quia Princeps inferni suscitavit ipsum , et perduxit in Ecclesiam, seu

in congregationem populorum Christianorum , quæ hic
per *mare* significatur. *Aquæ* etenim *sunt populi, et gentes,
et linguæ* (a). *Mare* videlicet, sæpissime in hoc Libro ,
Ecclesiam militantem repræsentare jam vidimus , et
adhuc videbimus. Sed nunc iterum occurrit locus , qui
summam requirit attentionem eorum , qui hunc recte
intelligere desiderant. Dicit enim sacer textus :

7° *Et facta est tertia pars maris , sanguis.* Hoc duplici
modo vere adimpletum est ; nempe primo : per *sanguinem* intelligi potest Arii et sociorum ejus doctrina, qua
Christum Dominum, negabant *esse Deum,* sed asserebant
merum *esse hominem ,* excellentissima quidem anima
donatum , ast de cætero *carne et sanguine* constantem ,
totumque in tempore creatum. Quibus erroribus magnam
Episcoporum, Sacerdotum, ac reliquorum Fidelium partem seducentes , Ecclesiam spiritualiter cruentabant.
Secundo : per furiosissimas persecutiones, quibus innumeros omnium dignitatum catholicos vexabant spoliabant, et ad mortem crudelissimam perducebant ; faventibus , et adjuvantibus gentilibus , etiam materialiter
Ecclesiam *sanguine* inundabant. Dicitur autem *tertia
pars ,* quia pars seducta ab una parte, et pars immersa
sanguine innocente ab altera parte, erant valde notabiles, uti ulterius patebit ex versu sequente. Itaque

9ᵘˢ Versus. **Et mortua est tertia pars creaturæ
eorum quæ habebant animam in mari , et tertia
pars navium interiit.**

1° Insuper igitur : *et mortua est tertia pars creaturæ*
etc. Hic duo inquirenda sunt ; nempe primum : de quanam morte hic agatur ; an de *morte* spirituali ? an de
morte corporali ? an forte de utraque ?... Secundum : de
quibus , qualibusve *creaturis* hic sit quæstio ?... Resp.

(a) Apoc. c. xvii , v. 15.

autem : ex præcedentibus considerationibus, jam aperte
satis constat hic iterum agi de *morte* animæ , seu spirituali, non de *morte* corporali, saltem principaliter. Dico
saltem principaliter , quia nihil impedit quominus hæc
etiam de *morte corporali* intelligantur propter magnas
calamitates temporales, quæ etiam eodem tempore contingebant , quo durabant spirituales.

2° Inde ergo evidens fit *creaturas* de quibus hic agitur, esse *homines ,* per *pisces maris,* repræsentatos ; quia
homines quasi innatant fluctibus vitæ temporalis , sicut
fluctibus *maris, pisces.* Præcipue autem Christiani repræsentantur per *pisces ,* dum totus hic mundus spiritualiter
sumitur pro *mari ;* quia prædicatio Evangelii, qua ad
Fidem Christi alliciuntur , et spiritualiter capiuntur , in
variis locis Scripturæ Sacræ , et ab ipsomet Christo
Domino , comparantur *piscationi ,* et *retibus.* Dicitur
autem :

3° *Eorum, quæ habebant animas in mari ,* adeoque quæ
vivebant *in mari;* quæ enim vitam non habebant, utique
mori non poterant. At cum hic *vita* debeat spiritualiter
sumi, sicuti et *mare,* cumque hic *mare* significet Ecclesiam Catholicam ; illæ *creaturæ , quæ in mari habebant
animas,* erant evidenter illi Christiani , qui in Ecclesia
vivebant vera fide, charitate animata; qui autem morie-
bantur sub sonitu *secundæ tubæ ,* illi erant, qui tempore
Arianismi , a vera Fide aberraverunt, sive falsis doctrinis decepti , sive metu persecutionum perculsi ; quique
inde aures suas a veræ Religionis prædicatione averterunt, ac cum fide, charitatem perdiderunt.

4° *Et tertia pars navium interiit.* Quid hic per *naves*
intelligi debeat, attente considerantibus mox apertissime
patebit. Utique non potest hoc loco quæstio haberi de
navibus materialibus ; quia quantumvis perniciosus
mundo fuerit Arianismus , equidem non potuit in *mari*

materiali, tempestates excitare quibus *naves* perirent.
Sed notandum : quod universalis Ecclesia vocetur spiritualiter *navis;* nempe *navis Sancti Petri piscatoris,* non
amplius *pisces* materiales, sed *pisces* spirituales, nempe
homines capientis, ex mandato Christi Domini. Si autem
universalis Ecclesia sit magna illa *navis* a Christo con-
structa ; particulares Ecclesiæ, seu Diœceses, recte
dicuntur *naves* minores. Tempore vero Arianismi, multæ
particulares Ecclesiæ, quarum Episcopi seducti, et
hæresi infecti erant, a vera Fide defecerunt, et sic misere
perierunt.

5° Sed hic forte posset objici primo : si Ecclesia universalis sit *navis,* quæ utique omnes Fideles continet,
quomodo Ecclesiæ particulares etiam dici possent *naves?...*
cum certe *naves minores* non sint partes integrales alicujus *majoris !...* Et omnes qui sunt in quibusvis *navibus* minoribus, eo ipso non sunt in *navi* majori. Quicumque tamen in Diœcesibus catholicis sunt, eo ipso sunt
in Ecclesia universali. Alias quomodo salvarentur?...
Resp. In spiritualibus non est ratiocinandum sicut in
materialibus. *Naves* autem illæ *minores.* pertinent ad
navem majorem, sicut partes ad suum totum, quamdiu
per eamdem Fidem illi uniuntur. Ergo quicumque sunt
in minoribus illis, sunt et in majori. Secundo objici
potest :

6° Si *mare* etiam repræsentet Ecclesiam universalem,
quomodo *naves,* quæ *mari* innatant, Ecclesias particulares repræsentare possunt?... Resp. In figuris sæpe
eadem re varia possunt significari, pro diversitate locorum. Sic dum Ecclesia universalis, vel particulares
dicuntur *naves,* tunc *mare* cui innatant, sumitur pro
universo *mundo* ; et idem est, dum in *mari spirituales
pisces capi* dicuntur, *navi spirituali,* id est, Ecclesiæ
Catholicæ imponendi, ut supremo *navis* Domino lucrifiant.

Sic ergo *naves minores* id est, Ecclesiæ particulares ,
innatant *spirituali mari,* id est , Ecclesiæ universali. Et
navis major, seu *maxima,* quæ est eadem Ecclesia universalis, innatat alteri spatiosiori *mari spirituali,* nempe
mundo universo. Hic terminata secunda Ætate , transitur ad tertiam.

**10ᵘˢ VERSUS. Et tertius Angelus tuba cecinit :
et cecidit de cœlo stella magna ardens tanquam
facula, et cecidit in tertiam partem fluminum,
et in fontes aquarum :**

1° *Et tertius Angelus tuba cecinit;* tempore quo fidelissimi Ministri Ecclesiæ tertiæ Ætatis, tuba evangelica
diligenter canebant , seu puram Christi Doctrinam per
orbem prædicabant , et Fidem veram propagabant ,
populos adhuc infideles convertendo , nationes jam
Christianas dirigendo , delicta peccantium corrigendo,
recte ambulantes ad perseverantiam, et majorem continuo progressum excitando ; hæreticos ad viam veritatis
reducendo, pertinaces condemnando, etc.; horum laboribus et successu, ad majorem invidiam incitatus diabolus etiam ad scopum oppositum strenue laborabat.
Et inde :

2° *Cecidit de cœlo stella magna ;* per *stellam magnam* de
qua hic quæstio est , intelligi debet : coitio, seu congregatio Regum, aliorumque Principum barbarorum, invadentium Imperium Romanum in tertia Ecclesiæ Ætate;
quæ invasio incepta est per Hunnos et Gothos paulo
ante finem sæculi quarti. Repræsentantur invasores sub
figura *stellæ .* quia *stella* pingi, aut sculpi solet quasi ex
multis radiis, uno ex centro orientibus, composita. Sicut
illa invadentium hostium multitudo, composita erat ex
multis Regibus , aut Ducibus ex eodem , destruendi

Imperium , desiderio progredientibus. *Stella* magno splendore fulget, sicut illi fulgebant magna potestate, splendidisque victoriis. *Stella* aliquantulum de nocte illuminat mundum ; ita etiam illi, in nocte multarum calamitatum , mundum suo modo illuminare prætendebant.

3° Sed *stella* ista *magna* dicitur *de cœlo decidisse ;* quod etiam ipsis applicari debet, non tam quia *deciderant* de potestate Romanorum, quæ velut majestas cœlestis , diu in terra dominari solebat , cujus antea , ipsi Reges Ducesque fuerant socii , et servi ; sed potius , quia *de* vero *cœlo ,* a Deo suscitati et immissi erant , ac potestatem acceperant in punitionem impiorum Romanorum , qui tam insignibus gratiis et donis a Deo , ad salutare lumen Fidei fuerant vocati , et pertinaciter in tenebris infernalibus paganismi ambulare pergentes , omni ope et vi verum *Lumen mundi* extinguere moliti erant.

4° Præfata *stella* dicitur *ardens tanquam facula ,* quia invasores illi , non solum erant *ardentes* furore bellico , sed etiam *ardentes* et violenti ad propagandos errores sectarum, quibus adhærebant, in primis Arianorum ; et sic repellentes etiam ipsi lumen veri Solis , tenebrosa luce *faculæ* hæresis , populos illuminare tentabant ; et inde præter bellum quod, Deo volente , gerebant contra reliquias idololatriæ, et pertinaces istius adhuc sectatores , non parvam etiam suscitabant persecutionem contra Catholicos.

5° *Et cecidit in tertiam partem fluminum.* Videlicet perniciosa illa *stella cecidisse* scribitur *in tertiam* quidem *partem fluminum ,* adeoque *in* multas *aquas ,* sed non *in mare ,* quia invasores Imperii Romani , non directe , seu specialiter Ecclesiam persequebantur; etenim non veniebant ad destruendam Ecclesiam , sed ad dissolvendum , et spoliandum Imperium ; ad hunc autem finem invade-

bant, ac devastabant provincias, et spoliabant populos
Imperio subditos, qui etiam Ecclesiæ modo erant
subjecti; provinciæ autem sunt spiritualia *flumina ;*
populi vero, *sunt aquæ ,* uti sæpe notari potest in stylo
prophetico hujus, et aliorum quorumdam librorum
sacrorum.

Sed additur quod *ceciderit* eadem *stella magna* insuper:

6. *Et in fontes aquarum :* videndum ergo, quid sint
illi *fontes.* Dum attente omnia consideramus, unum
aliud explicat. Magnæ enim Potestates, quæ formant
provincias, emittunt, et collocant colonias : illæ ergo
Potestates, utique sunt origines, seu scaturigines populorum, sicut *fontes* naturales, sunt origines seu scaturigines *fluminum ,* et torrentium *aquarum.* Potestates
autem illæ, erant Imperatores, Principes, Duces, senatus, et etiam exercitus Romanorum; super illos ergo
etiam cecidit præfata *stella.*

**11ᵘˢ VERSUS. Et nomen stellæ dicitur Absin-
thium : et facta est tertia pars aquarum in absinthium : et multi hominum mortui sunt de aquis,
quia amaræ factæ sunt.**

1° *Et nomen stellæ dicitur absinthium :* Herba, quæ
vocatur *absinthium,* est planta odorifera, ex natura sua,
sapore amarissima; itaque hoc nomine vocatur *stella ,*
quia invasores erant, suo agendi modo, amarissimi
omnibus ad quos pergebant; infidelibus quidem,
per violentas usurpationes, rapacitates, devastationes
et crudelitates, in his interim erant fere omnibus æque
molesti. Fidelibus insuper : per doctrinas hæreticas,
et nonnullas idololatrias septentrionales, quas introducere, et propagare conabantur; et quibus Rivulos

limpidissimos sanæ doctrinæ Evangelicæ, ex magna parte corrumpebant; propterea additur :

2° *Et tertia pars aquarum facta est in absinthium :* Etenim ab una parte, per nimias calamitates temporales, desolati sunt populi multi , quos violentissime , et crudelissime subjugarunt , et spoliarunt; ab altera parte magnus valde numerus Fidelium , amaritudine maxima repleti fuerunt , propter novas persecutiones contra Fidem Christianam , et plurimas apostasias, quæ inde sequebantur; etenim veri servi Dei , non tantum de proprio , sed etiam de proximi malo , vehementer dolent , præsertim dum agitur de damno spirituali, vel de ejusdem periculosa occasione. Sequitur :

3° *Et multi homines mortui sunt de aquis :* quid hoc nobis indicat? Illi *multi* videntur vocari *homines ,* non solum quia natura sua *homines* erant , sed et quia in *Filium hominis* credebant ; sed ut meri *homines* tantum, propter inconstantiam suam, qua tam facile a Fide divinitatis ejusdem *Filii hominis* avertebantur. *Mortui* autem *sunt de aquis , absinthio* infectis; videntur hoc loco , velut in nonnullis aliis , per *aquas,* intelligi doctrinæ perversæ , quibus *homines ,* uti pestifera *aqua* imbuebantur, et spiritualiter peribant. Attamen etiam hic posset conservari significatio antea admissa , quod nempe *aquæ sint populi ;* et sensus ultimo allatorum verborum esset iste : quod *multi* hucusque Catholici , dum cum populis seductis commercia habebant ; vel cum quibusdam e populo falsa doctrina corrupto hominibus societates jungebant , seu conversationes instituebant , etiam fuerint seducti , ita ut quasi *de aquis* infectis bibentes, spiritualiter morerentur.

4° Contra omnia illa mala , zelosi Fidei defensores , seu prædicatores incorrupti Evangelii , ad tertiam Ecclesiæ Ætatem pertinentes , strenue laborarunt , et cum ingenti fructu; et eo ipso, multi ex illis etiam tunc facti sunt Martyres Christi; sed Fides orthodoxa secundum infallibilem Christi promissionem, iterum triumphavit, tam de hæreticis Arianis, negantibus Christi divinitatem, quam de aliis etiam in ista Epocha existentibus, qui negabant veram ejusdem humanitatem.

5° Itaque variis supra allatis modis, multi *homines mortui sunt de aquis*,.... *quia amaræ factæ sunt.* Ex eo scilicet, quod nimia amaritudine spiritualis absinthii, pristinam puritatem omnino perdiderint doctrinæ, quæ multis in locis populo tradebantur, ita ut non amplius sitim animarum extinguere, nec sanam digestionem promovere possent; sed potius sanitatem spiritualem destruentes, *mortem* animabus plurimis inferrent.

Hæc de tertia Ecclesiæ Ætate.

12ᵐ VERSUS. **Et quartus Angelus tuba cecinit : et percussa est tertia pars solis, et tertia pars lunæ, et tertia pars stellarum, ita ut obscuraretur tertia pars eorum, et diei non luceret pars tertia, et noctis similiter.**

1° *Et quartus Angelus tuba cecinit :* similiter ergo hic *quartus Angelus tuba canens,* significat prædicatores, ac Defensores veræ Fidei, qui laborarunt in *quarta Ecclesiæ Ætate,* quæ incipit ab initio Mahumetismi, anno circiter sexcentesimo-nono, et duravit usque ad initium Lutheranismi, anno millesimo-quingentesimo-decimo-septimo. In longissima illa Ætate, non solum abominationes, et furores Mahumetismi, sed et funestissimum maximumque schisma Græcorum, seu Ecclesiæ Orientalis Christianum orbem vastaverunt; consequenter duo illa mala, sub sonitu *quartæ tubæ,* per *quartum Angelum,* in explanatione nostra reperiri debebunt. Insuper etiam multæ hæreses antiquæ , et novæ , illis temporibus Ecclesiam afflixerunt, et lacerarunt. Ecce igitur quomodo illa mala repræsentantur :

2° *Et percussa est tertia pars Solis*. Magna violentia per Mahumetanos *percussi* fuerunt plurimi quidem populi, sed omnium maxime populus Christianus, seu Ecclesia Catholica , quia per Mahumeti doctrinam , præter multa alia dogmata, fides divinitatis Christi, *Solis justitiæ*, penitus rejiciebatur; et supra Christum se elevare prætendebat impius Mahumetus qui ut Deo proximus honoratur, invocaturque a sectariis suis , qui rejecto Sanctissimæ Trinitatis mysterio, docent : *unum, et unius personæ,* esse *Deum;* inde propheta Mahumetus secundum locum occupat ; tertio loco , inquiunt, sequitur Jesus Christus , vir specialiter Sanctus, sed tamen merus homo , quem faciunt Filium Mariæ quidem, sed illius, quæ fuit soror Moysis! hæc est una ex millibus eorum absurditatibus.

3° Præterea tunc pergebant remanentes adhuc in multis locis Ariani , Ecclesiam infestare , cooperantibus quibusdam aliis hæreticis , simultanee (*a*), vel successive , qui erant Manichæi , Pelagiani , Semipelagiani , Monothelitæ , novi Manichæi , Iconoclastæ, et alii non pauci ; usque ad Hussitas , et Wiclefitas. Inde magna ex parte , splendor veræ Fidei , non quidem in se , sed relative ad populos , errorum plurimorum tenebris obscuratus fuit, quasi Eclipsim patiens, sicut *Soli* naturali in firmamento cœli, identidem contingit , per interpositionem Lunæ.

4° *Et tertia pars Lunæ;* cum hic per *Solem* , Christus Dominus, *Sol justitiæ* significetur, per *Lunam* necessarie significatur Ecclesia, ejus Sponsa; quia sicut *Luna* naturalis omne lumen suum a *Sole* naturali recipit , cum

(*a*) Per terminum *simultanee*, intelligo eodem tempore agentes contra Ecclesiam Christi.

nullum omnino lumen habeat sibi ex natura proprium; ita et a Christo Domino *Sole* supernaturali, recipit Ecclesia omne lumen spirituale, quo illustratur; nec ullum habet splendorem, nisi a Jesu Christo, Cœlesti Sponso suo, mutuatum; consequenter, dum Deo permittente, interdum infernalibus nebulis splendor Christi, relative ad populos obscuratur, seu diminuitur, magis vel minus, secundum causas pro tempore existentes; necessarie eadem proportione diminuitur splendor Ecclesiæ, relative ad eosdem populos.

5° Notandum : quod hic non sit objiciendum : *Solem* et *Lunam* in natura, non posse simul eclipsim pati ; cum *Sol* non possit habere eclipsim nisi in novilunio, ex eo nimirum quod *Luna* se ponat diametraliter inter *Solem* et terram ; sicut *Luna* non potest habere eclipsim, nisi in plenilunio, ex eo, quod *orbis terræ* se ponat diametraliter inter *Solem* et *Lunam*. Ad hæc enim resp. 1° uti supra adhuc diximus ; quod in spiritualibus non semper sit ratiocinandum sicut in rebus naturalibus. 2° Quod omnis comparatio necessarie, uno vel alio modo, claudicet. 3° Quod equidem tempore eclipsis *Solis* etiam *Luna* necessarie sit obscurata, eo ipso, quod sit novilunium. Ergo etc.

6° Interim obscuratio *Solis* spiritualis, de qua hic est quæstio, potest in particulari, seu sensu determinato, explicari per defectionem Græcorum, qui per errores suos in Fide, præsertim de *Spiritu Sancto*, et per rebellionem contra visibile Caput universalis Ecclesiæ, per superbiam, et hypocrisin, sese ab Ecclesia Catholica separando, transierunt ad *tenebras et umbram mortis;* ita ut illa magna pars Ecclesiæ, a multis jam sæculis miserrime obscurata maneat ; quia eorum culpa, Sol justitiæ illis, pro magna parte obscuratus est ; et hucusque pertinaciter opponunt obstacula , ne salutare lumen in integro ad eos redeat.

7° *Et tertia pars stellarum;* quinam hic per *stellas* intelligi debent?... Resp. Certe non alii, nisi Episcopi, Doctores, aliique viri illustres in Ecclesia. Dicit enim Scriptura Sacra . *Qui... docti fuerint, fulgebunt quasi splendor firmamenti, et qui ad justitiam erudiunt multos, quasi stellæ in perpetuas æternitates* (a). Sed quicumque ex illis, novis doctrinis infecti, aut seducti, qui ambitione honorum , seu dignitatum inflati , aut timore calamitatum abrepti reperiuntur, aliisve quibuslibet causis corrupti, fiunt sicut *stellæ obscuratæ;* quod tunc temporis contigit multis.

8° *Ita ut obscuraretur tertia pars eorum;* id est , ita , per supradictas tenebrarum causas , *Sol , Luna ,* et *Stellæ* percussa fuerunt , ut omnium illorum *tertia pars* facta sit *obscura ,* seu omni lumine privata , et consequenter in eadem proportione diminutum sit lumen, per totum universum, nempe per integrum firmamentum cœli , ac per totam superficiem orbis terrarum , subtractumque oculis omnium habitantium terræ ; inde

9° *Et diei non luceret pars tertia ;* de *nocte ,* mox infra. Non quod tempus *luminis* esset *tertia parte* brevius , sed quod ipsummet *lumen* esset *tertia parte* debilius solito. At cum omnia hæc sint mystica ; quid hic intelligere debemus per *diem?...* Etiam in sequentibus , quid per *noctem ?...* Resp. Cum hic non agatur de obscuratione naturalium , seu materialium astrorum , sed eorum qui in Ecclesia *Solis , Lunæ ,* et *Stellarum* locum tenent nempe spiritualiter; sic nomine *diei* et *noctis* non possunt intelligi spatia temporis , quæ illis nominibus vocari solent; sed illi *Christiani ,* qui ob magis vel minus

_____

(a) Dan. c. xii, v. 3.

fulgidum *lumen* spirituale , quo illustrati sunt , *diei* aut *nocti* assimilantur in Ecclesia.

10° Itaque debemus membra Ecclesiæ dividere in duas classes ; non videntur autem convenientius posse dividi quam in Fideles ecclesiasticos , et laicos. Totus enim Clerus , sive regularis , sive sæcularis , adeoque omnes Ecclesiastici , vocati sunt , ut illuminent reliquos Fideles , tum doctrina , tum exemplis virtutum , et ut etiam infideles , aut quosvis in tenebris spiritualibus ambulantes , ad verum *lumen* perducere conentur. Singuli secundum functiones , et dignitates suas , ac pro mensura talentorum suorum , ad hoc tenentur.

11° Ne quid neglexisse hic videamur, sub Clero Regulari comprehendi debent omnes omnino Religiosæ. Etenim quamvis illæ cujuscumque sint ordinis , aut speciei , ad functiones sacerdotales, vel dignitates ecclesiasticas proprie dictas , vocatæ nec sint , nec esse possint ; nec proprie loquendo , sint unquam *lucernæ positæ super candelabrum* , Ecclesiasticis tamen adnumerandæ sunt , quia cum ipsis Deo consecratæ sunt , plurimæ etiam divino officio adstrictæ ; vocatæ ad reliquos utriusque sexus Fideles ædificandos, omnium virtutum exemplis ; et multæ ad pie sancteque educandam instruendamque juventutem , præsertim sexus feminei ; aliæ non paucæ ad miseros consolandos , et ad mortem usque refocillandos. Igitur Ecclesiastici in hoc loco , nomine *diei* significantur ; et illis non recte, aut non plene doctrina et moribus lucentibus , *dies* spiritualis debilitatus intelligitur ; et hoc est quod evidenter contigit , in ista quarta Ætate Ecclesiæ Catholicæ. Additur tandem

12° *Et noctis similiter.* In natura *nox* utique suum etiam habet *lumen* , nempe per *Lunam* , et per *stellas ;* quæ , si interdum nebula , aut condensis nubibus, ex

parte, vel ex toto tegantur; aut si *Luna* eclipsim patia-
tur, diminuitur, aut penitus aufertur *lumen* nocturnum,
exciditque ad tempus aliquod admirabilis pulchritudo
Firmamenti. Interim supra vidimus per *noctem* significari
multitudinem Laicorum in Ecclesia. Fideles enim laici,
in scientiis sacris, vulgo nec sunt, nec debent esse tam
docti, seu tam illuminati, quam Ecclesiastici; nec ad
tam sublimes virtutes obligantur, vi vocationis; illi
propterea hic nomine *noctis* significantur. Sed dum,
quacumque ex causa, astra spiritualis *noctis* illustrationi
destinata, magis aut minus obscurata sunt, tunc illa *nox*
spiritualis, etiam solito obscurior redditur, uti continua
experientia demonstrat in omnibus temporibus difficilibus, et sicut etiam præsertim factum est in ejusdem
quartæ Ætatis calamitatibus.

13° Dum enim multi Ecclesiastici minus æquo doctrina
sacra et puritate morum fulgebant, maxime in Ecclesia
Græca, et hinc inde etiam in Ecclesia Latina, tunc laici
pro majori numero, necessario *lumine* spirituali privati,
perversis doctrinis facile seducebantur, pravorumque
morum exemplis corrumpebantur; et spiritualis illa *nox*
funestissimis tenebris ignorantiæ, et omnium impietatum, miserrime involvebatur.

INDE DISCANT OMNES, OMNIUM ORDINUM AC DIGNITATUM
ECCLESIASTICI, QUAM TERRIBILE JUDICIUM ILLIS IMPENDEAT,
SI SANIS DOCTRINIS, SANCTISQUE MORIBUS, SECUNDUM SPIRI-
TUM VOCATIONIS SUÆ, IN ECCLESIA CHRISTI FULGERE NEGLI-
GANT.

**13ᵘˢ VERSUS. Et vidi, et audivi vocem unius
aquilæ volentis per medium cœli dicentis voce
magna : Væ, væ, væ habitantibus in terra, de
cæteris vocibus trium Angelorum, qui erant tuba
canituri.**

1° *Et vidi*, seu denuo aspexi, post aliquam interruptionem , uti videtur , inspiratione divina cognoscens , novam iterum visionem, seu revelationum continuationem , debere sequi ; consequenter renovata attentione esse aspiciendum , et auscultandum, ad percipiendum pro mea , et universæ Ecclesiæ instructione , quidquid ulterius ostenderetur , aut diceretur , eaque in libro annotanda.

2° *Et audivi vocem aquilæ volantis per medium cœli ;* itaque : *vidi , et audivi aquilam ,* illamque non in loco aliquo sedentem , sed *volantem.* Propterea contra naturam *aquilarum* omniumque animalium brutorum, *audivi vocem* illius *aquilæ,* non solummodo strepitum *volatus ,* quo in alto aere *per medium cœli* ferebatur , nec strepitum , qualem similes aves emittere solent , sed *vocem* articulatam, uti hominis loquelam.

3° Hic notare necesse est : quod in multis exemplariis Græcis , hoc loco , pro *vocem aquilæ ,* ponatur *vocem Angeli;* sed parum hoc facit ad rem, utra sit præferenda versio , quia utique si apparuerit *aquila ,* non fuit *aquila* proprie dicta , sed *Angelus* aliquis , sub forma *aquilæ;* et sic quidem repræsentasse videtur ultimum ex *quatuor animalibus;* et mysticum illud *animal ,* sive *Angelus* volabat *per medium cœli,* id est, *per medium Ecclesiæ universæ,* ad præmonendos omnes Fideles, de futuris periculis, et calamitatibus , ut per pœnitentiam , per firmissimam Fidei adhæsionem aliaque salutaria media, sese præmunirent , ad evitandum interitum sempiternum.

4° Sed quem tandem, vel quosnam, in Ecclesia significare videtur illa *aquila ?* Resp. Uti vidimus capite quarto , ubi de *quatuor animalibus* agebatur , ipsimet Sancto Joanni attribui solet, et vulgo appingitur *aquila ;* etidem Joannes quidem ultimorum temporum calamitates, in hoc præsertim *Libro,* prædixit; unde nonnulli opinati sunt illum ipsum , per hanc *aquilam* etiam significari. Aliqui putant per illam *aquilam* intelligi debere *Danielem prophetam;* quia ille volatu prophetico penetravit secreta divina , usque ad finem mundi; cujus etiam calamitates, præter alia mysteria exponit ; sed nec Sanctus *Joannes* , nec *Daniel* videtur posse sumi pro *aquila* de qua hic est questio , 1° quia uterque non solum ultimorum temporum calamitates prædixit, sed et præcedentium sæculorum ; 2° quia nec unus nec alter apparuit in quarta Ecclesiæ ætate. Ergo etc.

5° Hic itaque reperiendus est aliquis , quasi *aquila clamans et volans per medium cœli* , non sub Veteri Lege uti *propheta Daniel ;* nec initio Novæ Legis , ut Sanctus *Joannes ;* sed in quarta Ecclesiæ Ætate. Cum interim , non temere censuisse putemus , per *quatuor* mystica *animalia* etiam repræsentari magnos Ecclesiæ Doctores, et Sanctos Patres , non solum *quatuor* præcipuos , sed omnes , cum numerus *quatuor* symbolice sumi possit pro magno illo numero illustriorum propugnatorum Ecclesiæ , quæ ex *quatuor* mundi partibus colligitur ; cumque hic agatur de *aquila,* quæ est ultimum ex *quatuor animalibus,* quid obstaret, quin hoc intelligatur, de ultimo ex Sanctis Patribus , qui eodem tempore est magnus Ecclesiæ Doctor, nempe Sanctus *Bernardus?*... et si non de illo solo , forte potius de illo , et de ejus Discipulis ?

6° Etenim ipse potest dici *per medium cœli volasse ,* primo : quia non obstantibus talentis et meritis suis , nec in altissimis , nec infimis locis dignitatum Ecclesiasticarum positus fuit ; etenim ab una parte , non fuit Summus Pontifex , non Cardinalis, nec Episcopus quidem : ab altera parte , non mansit simplex Religiosus , aut sacerdos ; sed fuit superioris ordinis Abbas , sub se habens Abbates multos; habebat enim septuaginta-duas abbatias, præter inferiora plurima monasteria, a se, vel per discipulos suos fundata. Secundo ; quia celerrime percurrit, seu quasi *pervolavit*, plurimas Ecclesiæ provincias, in quibus noscere quisque facillime potest quam ferventer monuerit Imperatores, Reges, Principes, aliosque populorum Gubernatores et omnes Catholicos ; in ordine Ecclesiastico, ipsosmet Summos Pontifices, Cardidales, Episcopos, et omnem Clerum.

7° In his aliisque plurimis laboribus, et Ecclesiæ universæ negotiis exsequendis, potius *volare*, quam incedere, aut humano modo progredi videbatur ; et per prudentiam suam, justum semper *medium* tenuit. Deinde non immerito *aquilæ* comparari potest, propter sublime ingenium, et admirabilem eloquentiam, ob quam recte *mellifluus* vocari solet ; itaque talentis suis, et zelo pro bono Ecclesiæ, omnes coætaneos longe superabat ; et certissime paucos, si tamen aliquos, habuit sibi æquales inter antiquos, vel recentiores Rei Christianæ propugnatores.

Non obstantibus rationibus, ut minimum plausibilibus, ob quas opinati sumus illam *aquilam*, vel *Angelum*, esse Sanctum Bernardum, non inutilo erit mentionem facere de alia non spernenda sententia. Pius namque et doctus, admodum Reverendus Dominus *Gaume* in opere suo de *Catechismo perseverantiæ*, agens de extremo Judicio, opinatur præfata *aquila* præfigurari Sanctum Vincentium Ferrerium, qui initio sæculi decimi-quarti fuit ferventissimus Fidei prædicator, qui magnam orbis Christiani partem peragravit, et innumerabilem hominum multitudinem, vel ad veram Fidem ex infidelitate convertit ; vel ex corruptis moribus ad veram pœnitentiam perduxit. Sanctus ille, agendo præsertim de terribilioribus veritatibus, auditores suos commovere solebat ; sed putat Rev. adm. Dominus

Gaume, illum maxime terruisse populos asserendo
Diem extremi Judicii jam prope ex tunc adesse ; hoc
autem negat Albanus Butler in vita supradicti Sancti,
dicens : Auctorem qui hoc de Sancto Vincentio Ferrerio
scripsit, non esse fide dignum ; quod videtur admittendum : quia, ut quisque novit, Albanus Butler vivens et
scribens inter acatholicos diligentissime conatus est,
nulla nisi certa scribere, ne adversariis ansam daret
jure contradicendi. Sed ecce, ad moderandam nostram
sententiam, omnibus consideratis, quid nos præferendum putamus : *cum septem Angeli*, qui *tubam ad canendum
acceperant*, singuli videantur significasse multitudinem
prædicatorum septem Ecclesiæ Ætatum, æstimamus,
aquilam illam, vel *Angelum* de quo hic est quæstio, non
esse sumendum pro una aliqua persona, sed sumi posse
pro variis illis præcipuis zelatoribus Fidei Christi, gloriæ Dei, et salutis animarum, qui quarta Ecclesiæ
Ætate apparuerunt, adeoque pro Sancto Bernardo,
Sancto Francisco, et Sancto Dominico, per se et per
Discipulos, Sancto etiam Vincentio Ferrerio per se
agente solo. Sanctus Franciscus a Paula, et quidam
alii, quamvis ejusdem Ætatis, non videntur hic connu-
merandi, quia eorum institutiones erant aliarum specierum ; nec Sanctus Ignatius, quia venit in quinta
Ecclesiæ Ætate. Ita nos, salvo meliori.

Interim Sanctus *Joannes* audierat :

8° *Vocem aquilæ* istius, *dicentis væ, væ, væ, habitantibus
in terra* !... Certe non facile reperietur, Sanctum
Bernardum reipsa pronuntiasse illud triplex, seu ter
repetitum *væ*; sed quam *alta voce* ad universum mundum
clamaverit, quam ferventer prædicaverit, quomodo soni-
tus vocis ejus universam Ecclesiam vere personuerit,
omnes nationes, non Catholicæ solum, sed et acatholicæ sciunt, ac fatentur ; unanimiterque eum mirantur.

APOC.   24

Etenim furiosissimi etiam hæretici , uti Lutherus , Calvinus, et alii ante ac post istos , magna cum admiratione , summisque laudibus loquuntur de Sancto Bernardo, quasi vi veritatis coacti.

9° Itaque ter *clamavit aquila* illa *væ,habitantibus in terra,* etc. Sanctus *Bernardus,* qui in quarta Ecclesiæ Ætate vivens , videbat populos etiam Christianos , continuo magis ac magis corrumpi, ac fere generaliter ad impietatem inclinari, naturali judicio poterat majores etiam , quam unquam vidisset mundus , in posterum calamitates prævidere. Insuper et Spiritu prophetico animatus erat , uti in multis circumstantiis , quæ legi possunt in descriptionibus vitæ illius , evidenter probatum est. Si igitur non expresso termino terribile illud triplex *væ* proclamaverit , satis tamen clare illud prænuntiavit universo mundo , per sermones , per litteras , et per omnem suam vivendi rationem ; quibus non suis solummodo confratribus , sed et omnibus , omnium statuum , et dignitatum Christianis , totique generi humano prædicabat pœnitentiam ; inculcabat timorem vindictæ Dei, amorem veræ virtutis , contemptum temporalium , et desiderium æternorum bonorum. Quia sentiebat quam multa jammodo mala mundum invaserant , et quanto pejora essent timenda prævidebat , pro sæculis adhuc futuris , ob accrescentem scelerum frequentiam.

10° *De cæteris vocibus trium Angelorum.* Scilicet *væ habitantibus in terra* corde et animo , seu mundi hujus sectatoribus , nisi cito convertantur, nisi caveant ab hæresibus ; nisi firmiter , fideliter , dociliterque inhæreant veræ Christi Ecclesiæ , et sequantur ejus doctrinam , non in Fide solummodo , sed et in moribus. In his, et similibus, continuo , totoque animo erat Sanctus *Bernardus,* et in iisdem eum imitati sunt in multis locis, et diutino tempore , innumeri Discipuli ejus , qui eodem se Spiritu animatos esse demonstrabant. Hæc etiamnum ex scriptis operibus Sancti *Bernardi ,* clarissime probari possunt , propter quæ, tandem sub Pio octavo, Summo Pontifice denuo examinata, ab eodem solemniter declaratus est idem Sanctus *Bernardus : universalis Ecclesiæ Doctor.*

PARS QUINTA.

CAPUT NONUM.

Post sonitum tubæ quintæ, stella de cœlo cadens aperit puteum abyssi. Ascendit ex eo densissimus fumus. Inde producuntur locustæ super terram. Post hæc primum VÆ. Ad sonitum sextæ tubæ, quatuor Angeli ligati super flumen Ephratem solvuntur. Quinam sint illi Angeli. Quodnam, et ubi situm illud flumen. Apparet magnus exercitus equitum. Per illos occiditur tertia pars hominum, et incipit secundum VÆ.

BREVIS INTRODUCTIO.

1° Quemadmodum disponente Deo , magna bona nonnisi paulatim præparari et ad plenos effectus in hoc mundo perduci solent ; sic machinante diabolo , etiam magna mala ordinarie non subito cum omnibus suis horroribus apparent, sed furtim seminantur , diu pullulant, ex minoribus malis nutriuntur et crescunt, antequam manifestentur prout sunt , et funestissimos fructus suos producant. Sic in præcedentibus evenisse jam vidimus, et tali modo contingit, et semper contiget, in sequentibus.

2° Versus finem quartæ Ætatis Ecclesiæ Wiclefus , sacerdos doctus , sed novitatum amator , incipiebat a Fide Catholica aberrare, et errores suos spargere quaquaversum in Anglia , tunc universaliter Catholica ; et satis multi , tum de clero, tum ex simplicibus Fidelibus seducebantur , non obstante resistentia , et vigilantia Episcoporum ; sed connivente , ac aliquousque favente , potestate Regia , etiam hæresiarcha negante , vel dissimulante , dum juridice interrogabatur , ea quæ sentiebat , et perseveranter docebat.

3" Illis temporibus, sub Urbano Sexto, incepit perni-
ciosissimum Schisma Occidentale. Etenim cum propter
graves turbationes, et seditiones Italiæ, et etiam civitatis Romæ, Summi Pontifices habitassent, et fere
continuo mansissent Avenione in Gallia, per septuaginta
circiter annos, mutatis rebus, et instanter sollicitantibus
Romanis, sed renitentibus Gallis, Pontifices Sedem suam
Romæ resumere cœperant, cum aliqua tamen vacilla-
tione. Sed dum Cardinales Galli, instigantibus magnati-
bus laicis, et multis etiam de Clero Gallicano, videbant
se frustra laborasse, ut Urbanus Sextus Avenionem
repeteret, quamvis ejus electioni, et coronationi nihil
objecissent, post aliquot menses, inceperunt contra
Summum Pontificem murmurare et rumorem spargere:
quasi fuisset intrusus, defectu legitimæ electionis;
prætendentes se non libere, sed a Romanis coactos,
consensisse in ejusdem electionem. Idcirco obedientiam recusabant, et discedebant.

4° Ut minus odiosa videretur eorum conspiratio, non
immediate in Galliam profecti sunt, sed in Regno Neapo-
litano, consentiente Regina Joanna, congregati, alium
ex suis, elegerunt Summum Pontificem, qui sub nomine
Clementis Septimi, Pontificatum suscepit, et, spreto
Urbano Sexto, Avenione Sedem suam collocavit. Agnoverunt eum, ipsique obedierunt Galli, Hispani, et
nonnulli alii populi; sed longe major pars Orbis Christiani, fideliter adhærebat Urbano Sexto, Romæ sedenti.
Inde horrendum schisma, quod multis malis spiritualibus, et non paucis etiam temporalibus, in Ecclesia
ortum dedit, et circiter quinquaginta annis duravit.

5" Videntur quidem Cardinales electores Clementis,
et ipsemet Clemens, in omnibus istis, non perversa
intentione egisse, quia omnibus examinatis, et consideratis, multi viri docti, pii, et nonnulli sancti stabant,

alii pro Urbano, alii pro Clemente. Sed Deo, inscrutabili
suo Judicio id permittente, videbatur superesse tunc
magna. pars obscuritatis cœlestium luminum seu spiritualium astrorum, quæ supervenerat in quarta Ecclesiæ
Ætate; quia Cardinales Galli, et omnes illis faventes ex
omnibus ordinibus, non viderant se ita non posse agere,
sine horrendis scandalis in universo mundo producendis,
et ingentibus damnis animarum in Ecclesia Catholica.

6° Quia utique Urbanus Sextus, et successores ejus,
sese credentes legitimos Pontifices Romanos, anathe-
matizabant competitores; Clemens Septimus, ejusque
successores, idem de se credentes, aut saltem prætendentes, anathemata retorquebant. Populi Christiani se
invicem odio habebant, et contemnebant ut schismati-
cos, et hæreticos, et acerrima bella ¡Religioni inferebant, et inde res nullo modo clarior evadebat; multæ
viæ reconciliationis, ad recuperandam unitatem pro-
ponebantur, et tentabantur, at nullus obtinebatur bonus
effectus.

7° Post multa alia frustra tentata, anno millesimo-
quadringentesimo, Cardinales, Episcopi, innumerique
alii de Clero utriusque partis de tam scandalosa divisione
lassi, applaudentibus principibus Catholicis, Concilium
generale convocarunt quod Pisis habitum est, sed invito
utriusque partis Pontifice. In illo Concilio uterque Pontifex deponebatur, ut dubius, et eligebatur novus, qui
nomen Alexandri quinti assumebat. Sed uterque Pontifex depositus condemnabat Concilium, ut illegitimum,
cum electo suo Pontifice, et schisma pejus fiebat; quia
ex tunc habebantur tres, quorum se solum legitimum
Pontificem unusquisque asserebat, et forte credebat;
unicuique enim pars populi Catholici obediens erat: sed
multiplicabantur scandala, dubia, et murmura inter
Fideles; ridentibus acatholicis.

8° Deplorandæ istæ miseriæ durabant adhuc per annos quatuordecim , donec urgente pio Romanorum Imperatore Sigismundo , per Joannem Vigesimum-tertium, convocatum est Concilium OEcumenicum Constantiense , cui interfuerunt fere mille Patres , ex omnibus dignitatibus trium obedientiarum , quod ut legitimum tandem unanimiter fuit recognitum , eo quod convocatum , et inchoatum esset per successorem Alexandri quinti supra nominati , et qui omnium maximam habebat obedientiam , ob maxima legitimi juris argumenta , quæ in ejus favorem probabant.

9° Interim ad obtinendam absolutam certitudinem, et finalem schismatis extinctionem , omnes tunc existentes Summi Pontifices , a Concilio invitati , et , in quantum opus erat , coacti fuerunt , ad demissionem ; et versus finem Concilii electus fuit Martinus quintus, qui quatuor ultimis Sessionibus præsedit, Concilium clausit et confirmavit ; applaudente Ecclesia universa , anno millesimo quadringentesimo-decimo-octavo.

10° Durantibus illis Ecclesiæ Catholicæ turbationibus, veri constantesque Fideles salvabantur quidem , qui in quacumque obedientia , bona fide vixerant , et in vera Fide usque ad finem perseveraverant ; sed in omnium fragilium mentibus , magis magisque debilitabatur fides auctoritatis , et infallibilitatis Ecclesiæ , ejusdemque legitimi Capitis in terris ; inde doctores errorum facile decipiebant , et seducebant magnam multitudinem simplicium , ignorantium , et inconstantium. Insuper et scienter impii, ac hypocritæ , illis adhærebant plerumque impune.

11° Errores Wiclefi , quamvis in Anglia legitime damnati , magnum ibidem progressum faciebant , et transibant in Bohemiam ; in illa et nonnullis aliis regionibus avide accipiebantur, et propagabantur, per famosum

et male insignem Joannem Hus, ejusque discipulos.
Omnes quidem perversæ illæ doctrinæ damnatæ fuerant
in supradicto Concilio Constantiensi, et veritates Fidei,
illis oppositæ, clare ac definite expositæ, sed non ideo
ex mentibus innumerabilium errantium eradicatæ; et ita
mundus ad quoscumque errores recipiendos paratus
fuit, et ad quæcumque sana dogmata rejicienda, Verbo,
ad omnia mala, de quibus in capite nono Apocalypseos
agitur. Redeamus ergo ad textum sacrum.

**1ᵐ VERSUS. Et quintus Angelus tuba cecinit :
et vidi stellam de cœlo cecidisse in terram, et
data est ei clavis putei abyssi.**

1° *Et quintus Angelus* ; iterum non videtur laboriose
inquirendum, quis sit, seu fuerit ille *quintus Angelus;*
omnino enim putamus eum significare prædicatores, ac
defensores veræ Fidei qui pertinent ad quintam Ætatem
Ecclesiæ Christi ; itaque nunc agendum est de illa
Ætate, et de iis bonis, et malis, quæ isto tempore contigerunt : de iis quidem, quæ veri constantesque servi Dei
fecerunt, et passi sunt ; attamen hic maxime de iis quæ,
machinante potestate infernali, et faventibus pravis
hominum passionibus, fecerunt Ecclesiæ et ipsius
Christi adversarii. Itaque ille

2° *Angelus tubæ cecinit,* et utique, sicut quatuor præcedentes, tam *alta voce, ut in omnem terram exierit sonus
ejus;* ad vocandos omnes peccatores ad pœnitentiam ;
quia ex præcedentibus calamitatibus, *refrigescebat* modo
tunc *charitas multorum, et abundabat iniquitas,* uti supra
vidimus ; etiam tamen ad exhortandos justos ad perseverantiam, et progressum ; et ad excitandas omnes
nationes, omnesque errantes individuos, ad quæren-
dum, et salutariter timendum verum Deum, quia tempus

tenebrarum , et justæ Dei vindictæ continuo appropinquabat.

3° *Et vidi stellam de cœlo cecidisse in terram.* Facile nunc erit dignoscere quis per illam *stellam* significetur , et quomodo *de cœlo cecident.* Erit utile hic obiter notare : quod sicuti *stella* , de qua in capite præcedente actum est , *cadendo de cœlo*, mystica *flumina et fontes aquarum*, amaritudine sua corrupit , et ista ratione multis hominibus ex istis aquis bibentibus , mortem intulit, nempe præsertim spiritualem ; *stella* de qua in hoc capite agitur, similiter *de cœlo cadendo in terram* mysticam , quam corruptis illis fluminibus , et fontibus , male irrigatam invenit , excitato mox fumo infernali , omnes reliquos homines spiritualiter suffocare, innumeros etiam carnaliter necare , seu corpore occidere , quos anima non poterit, vehementer conabitur.

4° Etenim iterum hic nullatenus quæstio habetur de lapsu alicujus *stellæ* proprie dictæ, ex illis quas de nocte fulgentes videmus in firmamento materiali , sed de *stella* mystica , *de cœlo* mystico *cadente*, id est , Apostasiam faciente ab Ecclesia Christi , in qua , scientia et pietate , splendere solebat. Istam autem *stellam* fuisse *Lutherum*, asserunt multi et magni auctores , at moderni solummodo, quia Sancti Patres, aliique interpretes antiqui , cum fuerint Luthero anteriores , utique non potuerunt ex eventibus istam applicationem facere , quæ posterioribus , facta est quasi palpabilis , et cui hodiedum nemo contradicit , nimirum ex Catholicis.

5° Lutherus , in Germania , per multos annos fuit monachus Ordinis Sancti Augustini , sacerdos, et vir doctissimus in scientiis sacris et profanis; adeoque vere fulgens in Ecclesia , sed a Fide turpiter aberrando *cecidit.* Notandum interim : quod Sanctus Joannes non dicat *se vidisse stellam* istam *cadentem*, sed modo *cecidisse*,

dum videbat illam ; quod significare videtur, virum
illum jammodo corde , et animo *cecidisse* , antequam
lapsus ejus externe , aut saltem publice manifestaretur.
Et quidem *de cœlo in terram cecidit*, quia abjectis studiis
et desideriis rerum cœlestium , reliquit sinum Ecclesiæ
Catholicæ, ulterius non amplius meditabatur, nisi rebellionem , contra optimam omnium Fidelium Matrem ;
nihil amplius concupiscebat , nisi voluptates carnales,
in quibus, uti sordidissimus porcus , continuo volutari
gaudebat.

6° *Et data est ei clavis putei abyssi*. Hæresiarcha ille
rejiciens et negans potestatem Clavium cœlestium
quam Christus Dominus Ecclesiæ suæ concessit , ipse
sibi arrogavit potestatem , quam prætendebat esse
supremam ; ad judicandum, permittendum , prohiben-
dum, etc. ; quidquid volebat ; uti non solum adversarii,
sed etiam discipuli ejus testantur, et ex omnibus scriptis
illius abunde patet. Cum tamen sperneret potestatem
cœlestem , propter obduratum cor suum tradita est illi
potestas infernalis ; recepit quidem Lutherus funestam
illam potestatem a Deo, sed eo modo, quo talem potestatem recipit diabolus , nempe ad exercitandos justos
perseveraturos, ad castigandos imperfectos, et peccatores adhuc convertendos, ac ad puniendos impios perseveraturos in malo. Illa autem potestas hic vocatur *clavis
abyssi,* quæ *data est* præfatæ *stellæ lapsæ de cœlo in terram*.
Quæ *stella* hic ut persona sumitur.

2ᵘˢ VERSUS. Et aperuit puteum abyssi : et
ascendit fumus putei , sicut fumus fornacis magnæ : et obscuratus est sol et aer de fumo putei :

1° Itaque tradita sibi *clave*, *stella* ista *aperuit puteum
abyssi*. At quare non simpliciter dicitur : *aperuit abyssum?* Nonne *puteus*, et *abyssus* unum et idem sunt ?

Resp. Videtur quod non ; quia in Apocalypsi nullum certe habetur verbum sensu vacuum, aut inutile. Itaque, pro *puteo* sumendum arbitror omne quidem peccatum mortale, sed præsertim Apostasiam. *Abyssus* est infernus, in quem per peccatum mortale descenditur, nempe dum ante mortem lethalis culpa non est expiata. Dixi Apostasiam *præsertim*, esse sumendam pro *puteo ;* quia per aliud quodvis peccatum mortale, aliquis labi, seu cadere, dicitur ; at manente in eo sana firmaque Fide Catholica, quasi in superficie terræ spiritualiter jacens manet ; sed si non surgat ante mortem, tunc aperitur *abyssus* infernalis, in quam irrevocabiliter descendit. Sed per apostasiam caditur quasi in *puteum,* in cujus fundo latet porta inferni, quæ moriente homine aperitur sub anima apostatæ ; ex tali *puteo,* rarissime quis extrahitur, quia ibi, deficiente lumine Fidei, obscurum est ; et in eum cadentes, ex lapsu fiunt, et ordinarie manent, spiritualiter paralytici, ita ut nec videant, nec sentiant, nec consequenter arripere valeant, funes spirituales, qui eis ab Ecclesia protenduntur, quibus extrahantur. Ergo etc.

2° Illum *puteum* sibi, et omnibus sibi adhærentibus, *aperuit* Lutherus, in eumdum descendit, et mansit, cum plerisque discipulis suis, usque ad perpetuum interitum, per mortem sine pœnitentia ; sed illis in profundo illo *puteo* manentibus, et continuo ad januam *abyssi* pulsantibus, in altum *ascendit fumus putei ;* at cur non potius *fumus abyssi?* Resp. Perniciosissimus ille *fumus* producebatur continuis Lutheri, et præcipuorum discipulorum ejus peccatis, maxime vero illorum perversissima doctrina ; sed cum *puteus* et *abyssus* inter se communicent, quasi per rimas januæ infernalis, *fumus* hæresum caloribus et vaporibus inferni nutriebatur, et augebatur. Sed quo clarius hæc omnia intelligantur, peti potest :

3° Quid est ille *fumus?* et Resp. Est tenebrosa multitudo errorum Lutheri , aliorumque falsorum doctorum , nempe discipulorum , vel imitatorum ejus. Dico : *vel imitatorum,* quia aliqui, sive contemporanei, sive posteriores hæresum doctores , non erant proprie dicti discipuli ejus , sed imitatores, quia ejus exemplo incitati erant ad rebellandum contra Ecclesiam, et novas hæreses introducendas, sicut ipsemet Lutherus, tanto audacius venena sua sparserat , propter exempla novissime præcedentium, scilicet Wiclefi, Joannis Hus, et quorumdam aliorum. Sic Lutherum secuti sunt Calvinus , Henricus Octavus Rex Anglorum , Elisabeth filia ejus , et alii non pauci. *Fumus* autem ille :

4° Erat *sicut fumus fornacis magnæ,* violento scilicet igne accensæ. Sicut *fumus* talis *fornacis* oculis adstantium vehementer nocet, et eorum respirationem impedit, qui primo obcæcantur , deinde suffocantur , et misere cito moriuntur, nisi aufugiant, aut citissime *fumus* per largas aperturas emittatur ; sic erant evidenter istius temporis hæreses et doctores earum tam vehementes contra omnia veræ Religionis principia ; adeo faventes inordinatis hominum passionibus , pravis inclinationibus , et fragilitatibus naturæ corruptæ , ut audientes plerique mente obcæcarentur, et illis vix possibile esset spiritualiter respirare , et vitam animæ conservare, nisi aufugiendo , aut omnem communicationem societatis et amicitias cum sectariis abrumpendo , etiam in temporalibus.

5° Etiam sicut *fumus ,* præsertim qui ex magna fornace provenit, omnia, quæ sibi sunt exposita horrende denigrat, penetrat, et ingrato suo odore replet; ita illæ infernales doctrinæ, non solum publice prædicatæ , sed et millibus aliis modis disseminatæ, per utriusque sexus asseclas, omnia bona , sancta , et quavis ratione lauda-

bilia, quæ ad veram Religionem pertinebant, omnesque
veritatis zelatores, calumniis, blasphemiis, et absurdis
mendaciis, denigrabant, odiosa, et fœtida reddebant;
in quantum, inscrutabili Dei Judicio, illis furiosis sectariis permittebatur. Inde illis iterum temporibus innumerabiles Martyres facti fuerunt, ex illis qui in vera Fide
perseverabant, vel etiam alios ab errore servare conabantur.

6° *Et obscuratus est sol;* iterum respective ad multos
populos, *Sol justitiæ*, scilicet Christus Dominus, per
ignorantiam veræ Fidei, per novas, falsissimasque
doctrinas, per violenta obstacula, quibus salutares
instructiones impediebantur, verus ille *Sol obscurus*
et ignotus reddebatur habitatoribus regionum, quas
invaserant hæretici. Quia ad exemplum Mahumetanorum, et eodem magistro diabolo instigante, magis adhuc
satagebant istius temporis hæretici, ut populos sana
instructione veræ Religionis privarent, quam ut falsas
religiones illis inculcarent; nihil enim magis favebat
illorum rebellioni contra omnem legitimam auctoritatem,
quam populorum ignorantia in rebus dogmaticis; si
enim populi bene instructi fuissent, nimis utique facile
vidissent, seu intellexissent, continuas illorum variatio-
nes, quibus sæpe iidem prædicatores, puncta, quæ primo
anno vel mense affirmaverant, secundo negabant,
quæ secundo ut certa et saluti necessaria docuerant,
tertio ut falsa et absurda rejiciebant; ac sic deinceps.

7° Consequenter *obscuratus est et aer de fumo putei;* sed
quid hic per *aerem* intelligendum venit ?... Resp:
Videndum est quid in natura prius, seu immediate recipiat lumen ab astris; utique est *aer* circumdans orbem
terrarum, et quem respirant omnia animantia, etiam
sine quo vivere non possunt. Itaque pro hominibus, *aer*,
de quo hic agitur, non potest esse aliud, quam *intellectus,*

seu *mens* eorum ; etenim *intellectus* hominis prius a *Sole justitiæ* illuminatur, dum recipiunt gratiam, et dociliter audiunt puram doctrinam salutiferæ veritatis. Dum autem homines, vel nunquam recepta, vel contempta veritate, audiunt et recipiunt doctrinas hæreticas, quasi densissimo *fumo magnæ fornacis, obscuratur* eorum *intellectus*, ita ut impedita vera luce, in funestissimis tenebris ambulent.

3ᵘˢ VERSUS. Et de fumo putei exierunt locustæ in terram ; et data est illis potestas, sicut habent potestatem scorpiones terræ :

1° Novæ illæ, et tenebrosæ doctrinæ, non manserunt steriles ; sed uti doctrina cœlitus allata, a Christo, et Apostolis in hoc mundo publicata, cito produxerat, seu formaverat martyrum, confessorum, sacrarum Virginum, etc., innumeram multitudinem; sic doctrinæ infernales produxerunt, seu formaverunt citissime zelatores, et societates, omni ex parte perniciosas, spiritualiter venenatas, omnibus periculosas, aut noxias, nemini utiles. Etenim secundum differentiam seminis, differunt fructus qui inde oriuntur. Ideoque dicitur : Et de *fumo putei exierunt locustæ in terram.*

2° Hic iterum bene notandum est : sacrum textum non loqui de *locustis* mere materialibus, quales videmus herbam in agris devorantes, sed de *locustis* spiritualibus; non tamen de monstris quibusdam spiritualibus quidem, sed sub forma materialium *locustarum* apparentibus, uti nonnulli auctores autumant, qui dicunt debere esse dæmones, ita visibiliter hominibus apparituros ; *locustæ* enim de quibus hic agitur, certissime sunt, seu fuerunt homines corruptissimi, qui vita sua inordinata, *locustarum* qualitates contraxerunt, et inde *locustarum* nomine significantur. Quia 1° locustæ valde incondite incedunt,

saltantes , et volantes , at nunquam linea recta ; hoc
spiritualiter imitabantur , et etiamnum imitantur discipuli illius temporis hæresiarcharum , sic præeuntibus
etiam magistris. In eorum enim moribus, conversationibus, cogitationibus, opinionibus, actibus , nihil stabile ,
nihil ordinatum aut secundum rectam rationem, sanamve
doctrinam, deprehenditur. 2° *Locustæ* in regionibus ubi
abundant , quotidie stupendum in modum multiplicari
solent; sic etiam hæretici. 3° *Locustæ* citissime devorant
omnem herbam, arborum folia, et fructus agrorum; ita
ut , cum tandem propter inediam emigrant , aut magno
aliquo vento auferuntur, nihil viridis supersit; sic hæretici destruunt, auferunt, vel impediunt omnia , quæ ad
vitam spiritualem sunt necessaria , aut utilia.

3° Denique notandum est : in sacro textu dici de illis
locustis , quod *exierint in terram.* Hoc videretur non
addendum, quia utique facillime subintelligeretur ; sed
additur ad significandum quod spirituales illæ *locustæ ,*
potuerint solummodo invadere *homines terrenos , terræ*
toto corde addictos , *in terris* beatitudinem suam quærentes ; non quod alios , et omnes , non conarentur
invadere , et corrumpere ; sed quia homines spiritu , et
corde ad cœlum pertinentes , ab illorum incursibus et
morsibus servati , et contra eos armati erant , ita ut
talibus nocere non valuerint, nisi in corpore; et quidem
quo vehementius sævirent in corpora talium, eo magis
profuerint animabus , uti factum est in martyribus
Gorcomiensibus aliisque plurimis. Etiam contra tales
sic agendo , hæretici propriæ causæ suæ non parum
nocebant; quia per Martyrum exempla fortitudinis,
multi ædificabantur,instruebantur,et seductores,eorum-
que doctrinas relinquebant, uti in omnibus persecutionum temporibus contigit.

4° *Et data est illis* (locustis) *potestas;* sed a quo *data* fuit illis *potestas?* utique a Deo ; *quia non est potestas nisi a Deo;* sed *data est illis* eodem modo, ob easdem rationes et ad eosdem fines , uti antea vidimus : quod *stellæ de cœlo lapsæ data* fuerit *clavis putei abyssi;* erat enim etiam *potestas,* seu potius permissio faciendi malum, non tamen impune, sed contrahendo debitum pœnæ, pro rata culpæ: natura autem *datæ illis potestatis* erat in spiritualibus ; spiritualibus nempe *locustis ,*

5° *Sicut habent potestatem scorpiones terræ.* Notetur : quod, quia dicitur : *scorpiones terræ.* videatur intelligendum de *scorpionibus* non alatis ; habentur enim et *scorpiones* alati, quorum *potestas,* si spiritualiter consideretur , facile posset in bonam partem explicari ; sed de illis hic non videtur haberi quæstio. Reperiuntur etiam in quibusdam locis , *scorpiones* aquatici, et qui non sunt venenosi ; sunt enim quædam species piscis, esculenti ; adeoque nec de illis hic agitur. *Scorpiones* autem *terræ,* illi sunt, qui semper manent deorsum, continuo reptant, et terrarum habitatores vexant; eorum enim *potestas* hominibus est valde nociva. Eorum siquidem morsus est venenosus ac mortifer; tumorem , et calorem producit fere immedicabilem.

6° Aliquod tamen remedium cognoscitur , quod facile et certum est , contra venenum *scorpionum ,* sed quod defectu fiduciæ, vel ob nimium timorem illorum , qui vulnerati sunt, sæpe negligitur; Remedium autem illud est : ipsum animal quod mordet , statim arripere , et supra plagam conterere. Alia quævis remedia , præter immediatam membri læsi amputationem, ordinarie inutiliter adhibentur.

7 Satis mirum quiddam asserunt naturalis historiæ scriptores circa illos *scorpiones,* nempe quod facilius mulieribus noceant quam viris. Omnia autem, quæ de illis, animalium istorum, malis qualitatibus diximus, hæreticis

evidenter quia 1° semper animo et toto corde reptant *in terra,* nunquam sincere mentem ad cœlum elevant; dum enim interdum de cœlestibus verba faciunt , præterquam, quod fere semper valde insipide, sine ulla unctione loquantur, non loquuntur nisi terrenos ob fines, ut obtineant applausus, et æstimationem auditorum ; ex aliqua ambitione ; vel ex invidia , propter successum Catholicorum prædicatorum; vel ex odio in illos ; intendentes viis omnibus simplices decipere, et a vera Fide avertere, non ut eos salvent , aut ad meliorem vitam perducant , sed ut suorum sectariorum numerus augeatur , minuaturque multitudo Catholicorum.

8° Etenim veri hæretici, qui in suis sectis permanere, et in suis opinionibus propriis perseverare intendunt , nunquam ducuntur amore veritatis , nec zelo gloriæ Dei , propriæ, aut proximi salutis ; sed errores suos defundunt , et propagant, ad dominandum, ad divitias, honores, et carnales voluptates quærendas , et omnes sibi contrarios, omni possibili modo, vexandos. Imitantur in omnibus magistrum suum , spiritum mendacii , quo animati, et omnino pleni sunt : qui infernali ardore continuo incumbit quærendis consortibus contra Deum, et sociis tormentorum, quamvis nullam inde sibi utilitatem sperare valeat , nisi execrandum solatium , ob malum alienum.

9° Ideoque obduratorum hæreticorum colloquia, litterarum commercia , librorum distributiones , æque ac conciones ; ipsorum etiam amicitiæ signa , eleemosynæ pauperibus datæ , præsertim dum extenduntur ad Catholicos , sunt quasi tot tela venenata , quibus vulnerare animas conantur , et subtiliter , quasi omnino alia agentes , venenum errorum suorum ingerere in corda Fidelium omnis status , ætatis , conditionis, et nationis. Inde patet quantum ab illis cavendum sit.

10° **Effectus** autem istius veneni spiritualis, in illis qui læsi sunt, id est, qui imprudenter dociles se illis præbuerunt, quasi morsui spiritualium istorum *scorpionum*, hic est : quod tumore superbiæ inflammentur, et calore contentionis ac rebellionis contra Ecclesiam accendantur; ac ita cito hæreticis assimilentur, quorum partes tueri et mores imitari incipiunt; ab illis vero spiritualibus plagis, ex tunc difficillime, et rarissime sanantur. Hic addere adhuc utiliter possumus : quod vulnerati a *scorpionibus* naturalibus, dum tumor, et calor veneni sese manifestant, appetitum perdere soleant, ita ut ab omni cibo nauseent et abhorreant. Sic etiam infecti spirituali veneno hæresis, appetitum spiritualem omnino amittunt, nauseant a Sacramentis, Pœnitentiæ præsertim et Eucharistiæ ; a Missæ Sacrificio, aliisque officiis divinis, ab oratione, tum vocali, tum mentali, a lectione piorum librorum ; fugiunt verbum Dei ; abstinentias, jejunia contemnunt, irrident pias conversationes, etc., etc.

11° **Optimum**, et certum remedium contra illam contagionem, est : spiritualiter idem facere cum hæreticis, quod supra suasum fuit circa *scorpiones;* nempe, dum contingit eorum contactum in rebus ad Religionem pertinentibus non posse evitari, vel quacumque ex causa haberi, sine ulla hæsitatione conversationem, aut qualemcumque communicationem abrumpere ; sine tergiversatione recusare disputationes, vel quasvis discussiones cum illis, in talibus præsertim materiis ; nolle audire eorum verba de religione; litteras et libros illorum, aut omnino non recipere, aut sine mora flammis, vel alio modo destruere, aut Superioribus Ecclesiasticis tradere. Etiam illos ipsos, si veritatem se velle inquirere simulent, vel forte sincere asserant, ad Superiores dimittere. Hæc autem pro laicis dicta intelligantur, qui ordinarie non sunt tam docti ut hæreticos refutent, nec apti ad illos intruendos. Ecclesiastici vero , pro talentis suis , et prout dignitas exigit , utique pruden- ter alio modo agere poterunt. Sequitur adhuc de *scor- pionibus* istis :

4ᵘˢ Versus. Et præceptum est illis ne læderent fœnum terræ , neque omne viride, neque omnem arborem : nisi tantum homines, qui non habent signum Dei in frontibus suis :

1° *Et præceptum est illis ,* nempe ab illo ipso , qui dederat , seu habere permiserat illis *potestatem , sicut habent scorpiones terræ.* Præfatæ ergo *locustæ* receperunt etiam *præceptum ,* ne pro libito, ubicumque , quomodo- cumque , vel quantumcumque vellent , uterentur data sibi *potestate,* ne scilicet indistincte destruerent sibi ob- vias quascumque creaturas. *Præscriptum est* itaque *illis :*...

2° *Ne læderent fœnum terræ.* At quid hic per *fœnum terræ* intelligitur? Resp. In explanatione versus septimi, capitis octavi vidimus : quod tunc *ex grandine et igne in terram missis omne fœnum viride combustum esset ,* seu ex *omni* specie *fœni* pars valde notabilis destructa ; illis autem probare conati sumus, (et recte, ut putamus) per *fœnum viride ,* præsertim significari populum recenter Christianum; sed hic non specialiter de *fœno viridi ,* sed de *fœno terræ ,* quæstio est. An ergo indistincte de *omni fœno ?* nonne *omne fœnum,* indubitanter *fœnum terræ* est? Videtur utique quod ita ; sed

3° Omnibus attente consideratis, Resp. Videtur quod non. Secus enim non debuisset addi terminus *terræ ;* sed monuimus jam plus semel : 1° omnia in hoc Libro esse plena mysteriis , adeoque nulla mere materialiter esse

intelligenda. 2° Iisdem rebus figurative sumptis, non in
omni loco eadem significari; et vice versa, id est, omne
objectum non semper per eamdem rem. Ut hoc clarius
reddatur, et probetur aliquo exemplo, v. g. *mare* interdum significat *mundum*, uti supra vidimus; idem *mare*
saepius adhuc significat *Ecclesiam*. Christus Dominus
saepissime significatur per *Agnum*, subinde tamen per
Leonem, aliquando etiam per *lapidem angularem*, per
petram, per *fontem*, per *arborem*, etc., etc.

4° His praemissis, putamus : hoc loco (et non obstante
sensu ingrato, quem saepe dandum putavimus voci
terrae); significari per *foenum terrae*, Fideles praedestina-
tos ad *Terram viventium*. Nec mirum si etiam tales
vocentur *foenum*, quia *omnis caro foenum* dicitur in
Scriptura Sacra; et si *foenum* saepe usurpetur in malum
sensum, cum refertur ad *homines*, etiam interdum sumitur in bonum; uti v. g. dum dicitur de illis, qui ad
Christum erant convertendi : *Et florebunt de civitate, sicut
foenum terrae*. Ps. LXXI, v. 16.) Sequitur tunc :

5° *Neque omne viride;* prohibetur ergo illis *laedere*, seu
ex parte vel ex toto destruere *omne viride*, id est, seducere, vel ad interitum sempiternum trahere omnes
habentes *fidem* vivam, ac *spem* firmam salutis aeternae,
utique in *charitate* fundatam; quique fructus bonorum
operum faciunt, respuentes falsum haereticorum principium, quod scilicet bona opera sint inutilia, imo nociva
ad salutem; sed profitentes *fidem sine operibus esse mor-
tuam*, uti docet Ecclesia Catholica, ex Apostolo Jacobo,
et ex clarissimis verbis ipsiusmet Christi, dicentis : *si
poenitentiam non egeritis, omnes simul peribitis*. (Luc. c.
XIII, v. 5.) et promittentis *Regnum coelorum* illis, qui
multa opera charitatis fecerint; reliquis reprobatis.
(Matth. c. xxv, v. 34, et sequentibus.)

6° *Neque omnem arborem;* adeoque nec permittitur

illis nocere viris, qui propter eminentiam suam, per *arbores* significantur; id est, Episcopis, aliisque personis illustribus in Ecclesia, modo tamen non solummodo emineant dignitate munerum sibi collatorum, sed et virtutibus; et veluti *arbores* alte radicatæ, firmiter stent in Fide Catholica; ac nullatenus superbia semetipsos extollant, sed veris meritis a Deo exaltentur; ac longe lateque extensos habeant spirituales ramos, id est, brachiis charitatis, auxilii, curæ, consilii, etc., reliquos Fideles amplectantur, tegant, sustentent, tueanturque. Itaque non permittitur illis lædere, *nisi tantum* corruptos illos

7° *Homines, qui non habent signum Dei in frontibus suis.* Id est, spiritualiter nocere illis, qui vel noluerunt veram Fidem suscipere, vel secundum susceptam noluerunt vivere; aut de Fide et Religione Christi erubescunt, non audentes profiteri, quæ corde credunt, signo crucis se munire, debita pietatis exercitia servare, etc., tales lædere, et ad interitum perducere, prout merentur, mysticis illis *locustis* a Deo permittitur; justo utique Judicio.

8° At hic notandum superest : quod cum talibus solum *hominibus* permittantur nocere, inde pateat, alios, qui nomine *foeni viridis*, et *arborum*, notati erant, etiam esse *homines;* nempe *homines* a malis istis servandos; qui in Evangelio significantur per *triticum*, *in horrea Domini congregandum*, et ibi feliciter conservandum, dum *paleæ comburuntur.*

Adhuc de iisdem mysticis *locustis* additur :

5ᵘˢ VERSUS. Et datum est illis ne occiderent eos; sed ut cruciarent mensibus quinque : et cruciatus eorum, ut cruciatus scorpii, cum percutit hominem.

1° *Et datum est illis : ne occiderent eos ;* id est , *potestas* illis concessa , limitata fuit, adeoque non tanta, ut facerent malum, quantumcumque vellent, hominibus eorum vexationibus expositis ; sed *datum est illis* a Deo præceptum, (quod nullo modo poterant transgredi) *ne occiderent eos,* quos cruciaturi erant ; ita ut eorum venenum, quantumvis malignum , haud plenum permitteretur obtinere effectum. Attamen certo aliquo sensu, poterant *occidere,* et reipsa *occidebant* plurimos ; inquantum scilicet, illos perducebant in peccata mortalia, quod absque dubio sæpissime contingebat ; sed alio sensu, hic a Sancto Spiritu intento , *non occidebant ;* quia non omnino auferebant ab illis lumen Fidei ; et sicut in natura , quamdiu læsus aliquis videt lumen, quantumvis debiliter, certum est illum vivere ; sic in spiritualibus, quamdiu quis lumine Fidei Catholicæ illustratur , certo sensu vivit, et superest spes sanationis.

2° *Sed* permissum fuit illis , ut *cruciarent mensibus quinque ;* hic magna occurrit difficultas , ut examinetur cum successu , quid intelligi debeat , per hæc verba *mensibus quinque.* Notemus ergo in primis quod , secundum naturalis historiæ scriptores , *locustæ* non soleant diutius vivere , quam circiter *quinque menses.* Si hoc ita sit, inde fit evidens, nec posse diutius hominibus nocere illa scilicet animalcula; et quidem *locustæ* nostræ regionis raro tamdiu vivunt ; sed in regionibus Asiæ et Africæ , sicut sunt notabiliter majores , sunt etiam fortiores , ad resistendum elementis , illas destruentibus ; inde servata proportione, longiorem vitam obtinent.

3° Ast cum hic non agatur de *locustis* materialibus , seu ordinariis , pariter videtur non agi de *mensibus* ordinariis. Quales vero possent , vel deberent esse *menses* illarum *locustarum* spiritualium, auctores multum de hoc disputarunt. Interim aliquid , quod forte non

satis attente considerari solet, hoc est : quod necessarie
utique distinguendum sit, inter mordentes, seu *lædentes
homines*, qui ideo *locustæ* vocantur; et illos, qui morsum,
seu *læsionem* patiuntur. Mordentes videlicet, seu spirituales *locustæ*, illi sunt qui jam hæresim profitentur, sive
ab initio hæresiarchis adhæserint, sive ab illis, eorumve
discipulis seducti, ad hæreticorum partes postea trans-
ierint, ac modo in erroribus pertinaciter maneant.

4° Adeoque omnes qui falsis doctrinis corrupti vel
Ecclesiam Catholicam sponte relinquunt, vel propter
pertinaciam in erroribus, ab ea expelluntur, nec tunc
volunt falsas doctrinas ejurare, ipso facto transeunt
ad classem *locustarum lædentium*, quia pravis suis
exemplis, obloquiis, et prætensis excusationibus, et
in Superiores accusationibus, morsu venenoso omnes
vulnerant quos possunt. Sic ergo agendo, spiritualiter
amittunt qualitatem *hominum, terræ viventium*, et con-
trahunt qualitatem monstrorum infernalium, quæ sub
specie *locustarum*, ex aperto *puteo abyssi* ascenderunt;
ut supra vidimus.

5° Qui autem a *locustis* illis, *scorpionum potestatem
habentibus*, solummodo *læsi*, seu vulnerati sunt, pro
illis sumi debent qui non fiunt professione hæretici, sed
mali Catholici, seu suspectæ fidei, indifferentes, negli-
gentes, etc., qui tamen nomen Catholicum omnino de-
ponere nolunt, quamvis illo indigni vivant, uti et
hodiedum innumeri reperiuntur; interim tales memine-
rint, in Scriptura Sacra annuntiari quidem : *pax hominibus bonæ voluntatis;* sed non illis qui sunt *malæ voluntatis;* et frustra illos post obitum, ut Catholicos sepeliri,
si ut Catholici vivere neglexerint, et sine vera pœnitentia discesserint.

6° Nunc quantum ad durationem vitæ, vel nocendi
temporis spiritualium istarum *locustarum*, de quibus hic

quæstio est, illarum *menses quinque*, nullatenus videntur
esse menses dierum , sed potius menses annorum , uti
in prophetia Danielis habemus celeberrimas hebdomadas annorum. *Quinque* igitur *menses* hujus generis ,
facerent saltem centum-quinquaginta annos communes.
Hunc computum , pro hoc loco Apocalypseos , sine
hæsitatione admittit pius ac doctus auctor anonymus, de
quo jam locuti sumus, qui sub initio magnæ Revolutionis in Gallia scripsit; sed initium supradictorum *quinque mensium* sumit a condemnatione Joannis Hus , et
Hieronymi Pragensis, in Concilio Constantiensi ; ita ut
finem haberent in tempore Concilii Tridentini , et in
condemnatione Lutheri ac discipulorum ejus, eorumque
doctrinæ ; hoc autem admitti omnino non posse videtur,
uti mox patebit.

7° Lutherus enim , suscitator præfatarum *locustarum* ,
anno duntaxat millesimo-quingentesimo-decimo-septimo , adeoque tertio et centesimo anno post Concilium
Constantiense (*a*) , rebellare , et errores suos spargere
cœpit ; et ita *aperuit puteum abyssi*, unde ortæ sunt
locustæ. Inde *locustæ* debuissent vivere , et cruciare homines , jam multo antequam ex abysso essent eductæ!...
Potius itaque dicendum videtur : quod antequam recipe-
rent *potestatem lædendi homines*, de quibus supra actum
est , earum multitudo formata , et egressa fuerit , uti
sacer textus satis clare innuit verba ejus attente considerantibus.

8° Hoc posito , omnino videntur istarum *locustarum
quinque menses*, seu anni centum-quinquaginta , initium
sumere a fine Concilii Tridentini , nempe anno millesimo-quingentesimo-sexagesimo-tertio , quia tunc solummodo illius temporis hæreticorum multitudo determinata
erat ; tunc enim nationes integræ, deliberate, et publice

(*a*) Quod anno millesimo-quadringentesimo-decimo-quarto celebratum fuit.

jugum Ecclesiæ Catholicæ abjecerunt , et illæ quæ hoc antea abjecerant , definitive recusarunt regredi , et sese submittere ; sed per conversionem multarum nationum infidelium , in longinquis regionibus , Ecclesia consolationem , et reparationem istius damni , fere iisdem temporibus obtinuit ; ut alibi videbimus.

9° Tunc factæ sunt furiosæ omnes sectæ novorum hæreticorum , quia sententia condemnationis , et justis anathematibus , se ab Ecclesia expulsos , et definite separatos videbant; etenim pertinaciter quidem erroribus suis inhærebant, Ecclesiæque obedire recusabant , sed voluissent ut ipsamet Ecclesia se illis subjecisset, eorumque errores, ut veritates recepisset, nec unquam ausa esset illas sectas damnare, quæ tamen continuo se invicem damnabant. Ex tunc igitur maxime , per hæreticorum machinationes , et per innumerabilia scripta mendaciis , blasphemiis , et calumniis repleta , quæ ubique disseminabantur, in nationibus Catholicis multum diminuta est 1° persuasio infallibilitatis Ecclesiæ , ejusque visibilis capitis , ex Cathedra loquentis. 2° Firmitas adhæsionis unitati Catholicæ. 3° Reverentia , et sincera obedientia , Ecclesiæ debita.

10° Tandem ita hæreticorum veneno infectis nationibus adhuc Catholicis, inde ortus est Jansenismus, postea Gallicanismus , et etiam pseudophilosophismus. Hæc interim dicta sint pace Gallicanorum moderatorum , quorum non pauci forte sunt in bona fide; sed si rem illam attente coram Deo velint examinare, sine partium studio , cito videbunt , et fateri cogentur, sua Gallicana principia , ex impuris illis fontibus ortum duxisse; ex illis gravia animarum damna sæpe secuta esse, et ea ab initio semper Ecclesiæ Catholicæ , et omnibus Summis Pontificibus magnopere displicuisse ; quæ sane sufficere deberent ad illa principia sincero corde relinquenda.

11° Itaque numerando annos, a Concilio Tridentino, usque ad tempus, quo illa spiritualia vulnera, successive inflicta, mensuram *cruciatus* implevisse videbantur, facile reperiuntur *quinque* illi magni *menses.* seu centum-quinquaginta anni. Illo autem sensu, non quidem *occidebant locustæ* homines illos, cum vulnerati, nec ad hæreticos transire vellent, nec Ecclesiæ Catholicæ fideliter, et docili ex corde obedire, nec Fidei Catholicæ aperte renuntiare, nec humiliter secundum illam vivere. Inde facile intelliguntur sequentia, ejusdem versus sacra verba, videlicet :

12° *Et cruciatus eorum;* nempe vulnerum ; non dolor, aut *cruciatus* corporalis, sed spiritualis, quem taliter *læsi* patiebantur, et de quo, neglectis remediis, difficillime, vel nunquam sanabantur, quia etiam cessante potestate mysticarum *locustarum,* vulnerati non ad spiritualem sanitatem pervenerunt, sed vulgo vel in misero suo statu permanserunt, vel ad novas, æque funestas miserias prolapsi sunt, uti postea adhuc videbimus. Itaque *cruciatus eorum* erant

13° *Ut cruciatus scorpii, dum percutit hominem.* Qualis sit *cruciatus* vulnerum inflictorum a scorpionibus, seu *scorpiis* naturalibus, et quomodo illi in omnibus assimilari possit *cruciatus* vulnerum inflictorum ab illis *locustis* spiritualibus quæ *potestatem similem potestati scorpionum* receperunt, jam antea, tam clare, ostendere conati sumus, ut non sit necesse, hic supra dicta de his, repetere, vel novas adhuc elucidationes superaddere. Transimus itaque, cum sacro textu, ad sequentia ; et ecce

6ᵘˢ VERSUS. Et in diebus illis quærent homines mortem, et non invenient eam : et desiderabunt mori, et fugiet mors ab eis.

1° *Et in diebus illis;* illis videlicet temporibus, in quibus realiter contingent ea, quæ in hac prophetica visione Sancti Joannis, imaginibus symbolicis ostenduntur, tanquam adimplenda in futuris Ecclesiæ sæculis; nempe in quinta Ætate, de qua nunc agimus; quæque incipit, ut jam diximus, cum initio Lutheranismi, anno millesimo-quingentesimo-decimo-septimo; et terminatur per magnam Gallorum Revolutionem, ejusque effectus, sub Imperatore Napoleone. *In illis* itaque *diebus,*

2° *Quærent homines mortem;* illi nimirum *homines,* qui a præfatis *locustis* vulnerati, *cruciabuntur* doloribus spiritualibus, spiritualique inflammatione veneni supradicti, stupenda aviditate *quærent,* et insipienter exoptabunt *mortem!...* sed cur non potius *quærerent,* et anxie exoptarent, sanationem?... Resp. Obstat superbia, seu spiritualis tumor illo veneno mordentium *locustarum* productus. Etenim sanatio spiritualis nullatenus illis obtineri potest, sine humillima submissione auctoritati Ecclesiæ Catholicæ; sed illa submissio, ab inflata eorum voluntate non potest obtineri. Ideo temporibus de quibus hic agitur, vulnerati illi, nempe *Jansenistæ, Philosophi,* et etiam multi *Gallicani,* ita vivebant, scribebant, et docebant, in multis regionibus, sed maxime in Gallia, et Germania, ut viderentur ardenter desiderare definitivam separationem a vivifica arbore Ecclesiæ, seu mortifera Ecclesiæ anathematis fulmina non solum provocare, sed et extorquere. Itaque

3° *Et desiderabant mori;* videlicet, non morte naturali, qua anima separatur a corpore; nec ordinariam quidem mortem spiritualem intendebant, nempe quodvis peccatum mortale, quo anima separatur a Deo, seu privatur ejus amicitia, quæ est vita animæ. Sed *desiderabant* separari ab Ecclesia Romano-Catholica, jugum ipsius

excutiendo, illi non amplius obediendo, illiusque man-
datis pertinaciter resistendo, etc.; falseque et immerito
putabant hæc posse fieri absque *morte* spirituali; non
recordati, quod *palmites non manentes in vite, cito*
arescant, colligantur et in ignem mittantur.

4° Non modo prævidebant nec timebant funestissimos
talis *mortis* effectus, sed e contra, in illorum æstimatione, hæc mortifera separatio, seu hoc schisma, magnum
illis triumphum pariturum erat. Sperabant magnum sibi
lucrum fore, si Ecclesia Romana illos e sinu suo pro-
pulsasset, uti forte satis merebantur; tunc enim conati
fuissent illam de injustitia, ac de errore convincere,
illam superare, imo et extirpare, suamque schismaticam
congregationem, in Ecclesiam falso-catholicam erigere,
si possibile quomodocumque fuisset. At contra se semper habebant, et in omni eventu habuissent, quod *portæ*
inferi non sint prævalituræ contra eam.

5° *Et mors fugiet ab eis.* Ecclesia Romano-Catholica
semper prudenter, et patienter agens, et prævidens
violenta remedia non esse profutura ad recalcitrantium
salutem, pepercit quantum et quamdiu potuit, personis
temerariorum auctorum, et illis adhærentium, aut faven-
tium; in Domino sperans illorum emendationem, hanc a
Deo postulans, et ad hanc illos omnes materne invitans,
etiam dum cogebatur plurima puncta doctrinæ reprehen-
sibilis aperte condemnare, prout Fidei et sanæ Doctrinæ
plus minusve adversabantur. Ita ergo, *mors spiritualis,*
considerata ut absoluta separatio ab Ecclesia Catholica,
vere *fugit ab eis,* quantumvis viderentur laborare, ad
eam incurrendam.

6° Interim, quamvis hoc in loco, elegerimus alium
sensum, quam vulgo interpretes huic versui dare solent,
illum nempe explicando de quadam *morte* spirituali,
quam non paucæ, nec parum numerosæ classes *hominum*

quærebant in schismate, aut saltem *quærere ac desiderare* omnino videbantur, ita ut non nisi summa, et vere divina prudentia, ac patientia Ecclesiæ, in unione Catholica, quasi inviti, longo tempore retinerentur, vel etiamnum retineantur; nos tamen nullatenus intendimus auctorum sententiam rejicere, qui præfata verba alio modo intelligenda esse existimarunt; scilicet de *morte* naturali, seu potius de duplici *morte*, id est, de completa corporis destructione et animæ extinctione quam frustra optabunt et quærent reprobi, in fine mundi.

7° Etenim si plurimæ prophetiæ, non solum unam, sed variis de causis, plures adimpletiones, in decursu sæculorum habere debeant, uti sæpe jam vidimus, hæc jampridem adimpleta juxta nostrum systema, certissime adhuc denuo, et perfectius adimplebitur; et quidem illo modo, quo vulgo explicatur. Multi enim obdurati impii, instante hujus mundi fine, velint nolint, præsentientes mox futuram supremi Judicis vindictam, et omnes qui tunc modo erunt reprobi, tum immediate ante extremum Judicium, quando jam ex miserrimo statu corporis sui redivivi, et ineffabili desolatione animæ, iterum corpori unitæ, prænoscent infelicem nimis sibi paratam sortem, tum maxime post prolatam damnationis æternæ sententiam, non solum transeunter, sed ex tunc, per totam sequentem æternitatem, toto cordis affectu optabunt *mori*, seu ad nihilum redigi; ut ita possent evitari, vel cessare, horrenda nimis tormenta eorum.

8° Sed omnino frustra, quia justissima ira Dei hoc exigente, illa *mors*, qua nimirum existentiam suam terminare vellent, in perpetuum *fugiet ab eis;* manebunt enim indissolubilibus vinculis constricti, sub crudelissima tyrannide alterius *mortis*, quæ scilicet hominem a Deo prorsus separat, et summis suppliciis subjicit, sed in perpetuum tamen conservat omnes suas victimas, infinitæ Justitiæ Dei. Hæc omnia indubie ita evenient. Inde si nihilominus pro supra allato versu, hunc ultimum communiorem, et quidem clariorem sensum non prætulerimus, impediti fuimus, et etiamnum sumus, ob rationes, suis locis supra expositas; sed hoc sine præjudicio alterius sententiæ, quæ evidenter etiam vera est. Sequitur ulterius :

7ᵘˢ Versus. Et similitudines locustarum, similes equis paratis in prælium : et super capita earum tanquam coronæ similes auro : et facies earum tanquam facies hominum.

1° Itaque de iisdem monstris adhuc dicitur : *Et similitudines locustarum ;* ecce hic ex verbis textus sacri clarum est non haberi quæstionem de quibusdam animalibus brutis, veris, vel sub figuris *locustarum* apparentibus, sed de hominibus perversis, qui inspiratione infernali, quasi fumo abyssi penitus infecti, spiritualiter formam monstrosam induerant, qua talibus *locustis* assimilari merebantur. Erant autem multitudines hæreticorum, qui tunc magnam partem Orbis Catholici inundabant, et gravissime perturbabant, aliunde et

2° *Similes equis paratis in prælium ;* furibundi enim sectarii, ab initio separationis suæ, non solum Fidem, et verum Dei cultum oppugnabant, et innumeris fraudibus, sophismatibus, et calumniis, quantum poterant, Ecclesiæ Catholicæ bellum spirituale inferebant, sed etiam plurima, crudelissimaque bella, civilia, et alia, in plurimis regionibus Catholicis excitabant ; inde merito *Equis* armatis et *ad prælium paratis* etiam assimilantur. Præterea :

3° *Et super capita earum;* etc. hic per *capita earum,* non debent intelligi singulorum hæreticorum propria corporis *capita ;* sed *capita,* seu duces sectarum, aut multitudinum rebellantium, a quibus hæ ad quævis mala perpetranda dirigebantur. *Capita* ergo, præter hæresiarchas ipsos, erant Reges aliique Principes, qui spe perversæ libertatis allecti, in omni corruptione morum, et magis adhuc appetitu, et facilitate arripiendi bona ecclesiastica, hæresim amplectebantur, hæreticorum impios conatus ad effectum perducebant, Clerum, et populum Catholicum persequebantur, etc., etc. Ergo *super capita earum:*

4° *Tanquam coronæ similes auro.* Quid hæc nunc significant?... *tanquam coronæ!...* An ergo non erant veræ *coronæ ?...* Resp. Non erant veræ *coronæ,* eo quod non essent legitime obtentæ, nec ab Ecclesia, nomine Christi Supremi Regis, approbatæ; adeoque *coronæ* de facto, non de jure; id est materialiter, non formaliter, *capitibus* indignis impositæ. Principes enim hæretici, vel invadebant aliorum Status, contra omnia Juris gentium principia, semetipsos Reges, aut sub quovis titulo, Dominatores independentes constituebant; vel contra legitimos suos Reges, aut principes rebellabant, totum Regnum, vel partem istius usurpabant, et inde violenter sibi *tanquam coronas* imponebant. Sic in Anglia, in Hollandia, et in multis aliis regionibus factum est, sicut veridici testantur historici.

5° Illæ quasi *coronæ* etiam erant *similes auro,* non ex vero *auro* confectæ, quia non habebant ante oculos verorum Regum, ac principum, et maxime Ecclesiæ universæ, verum splendorem seu legitimæ majestatis gloriam; sed solummodo quemdam falsum fulgorem, ex injustissimis ac non liberis acceptationibus ortum, et serius, aut; citius, in confusione periturum. Etenim si aliqui pervenerint ad dominationem suam quodammodo stabiliendam in hoc mundo, ita ut hæc tandem quasi legitima haberetur, sive viventibus adhuc usurpatoribus, sive tempore successorum eorum, nihilominus promeritam confusionem non potuerunt, vel poterunt evitare ; Deus enim justus est , et non decipitur.

6° *Et facies earum tanquam facies hominum.* Principes illi hæretici, hæreticorum fautores, et omnes Catholicorum Principum, et populorum vexatores , ac persecutores , externe modestiam , honestatem , justitiam , et humanitatem , imo et interdum generositatem simulabant; quasi unice pro bono publico, secundum rectam rationem, et æquitatem egissent, et vero zelo justitiæ et Religionis animati fuissent, quamvis infernali hypocrisi, superbia, cupiditate , et avaritia penitus essent repleti , ideo dicuntur habere *facies hominum,* quamvis pertineant ad turbas *locustarum,* et inter *homines* numerari non mereantur.

8ᵐ Versus. **Et habebant capillos sicut capillos mulierum : et dentes earum , sicut dentes leonum erant :** ,

1° Insuper *et habebant capillos sicut capillos mulierum :* mystica illa monstra, id est, *capita,* seu principes hæreticorum , sub externa specie honestatis , abscondebant mores corruptissimos ; erant enim moraliter omnes effeminati , fornicarii , adulteri , incestuosi, molles , sodomitæ , etc. ; et quidem illa vitia adhuc hodiedum vigere inter illarum sectarum hæreticos, deploranda experientia demonstrat , dum per dispositiones politicas , Lutherani, Calvinistæ, aliique ejusdem farinæ viri, inter Catholicos morantur ; talia enim crimina frequenter committunt , talia alios docent , ad talia multis insidiis quotquot possunt alliciunt, imo subinde cogunt.

2° Et quia per *capillos,* in stylo mystico, sæpe cogitationes significantur , cogitationes eorum erant valde carnales, uti ipsorum opera probabant ; utique ex cogitationibus formantur desideria, et ex desideriis transitur

ad opera ejusdem generis ; ergo dum opera deprehen-
duntur impudica , tales sunt etiam cogitationes unde
procedunt ; ideoque istorum monstrorum, dicuntur esse
sicut capilli mulierum , nempe impudicarum ; non enim
habetur hic quæstio de honestis mulieribus.

3° *Et dentes earum sicut dentes leonum erant.* Quia
nimirum isti corruptissimi hypocritæ valde crudeles
erant in vexandis, et torquendis Fidelibus ; in sumenda
vindicta de omnibus, etiam justissimis adversariis suis.
Erant etiam valde mordaces in omnibus disputationi-
bus , in diffamandis proximis ; calumniandis innocenti-
bus , etc. lacerantes famam alienam , etiam sine ulla
justitiæ aut veritatis specie , et etiam publicam evidentiam pertinaciter negantes.

9ᵘˢ Versus. Et habebant loricas sicut loricas
ferreas, et vox alarum earum sicut vox curruum
equorum multorum currentium in bellum :

1° Eadem illa monstra moralia , *et habebant loricas ,*
quibus redderentur quodammodo invulnerabilia ; illis
enim mystice durissimis tegumentis, se ab omni parte
protegentes, fere inutilia reddebant omnia quæ a legitima potestate Ecclesiastica , aut civili, contra infensis-
simos illos inimicos arma dirigebantur, vel quovis modo
adhibebantur , sive spiritualia , sive materialia ; etenim
loricæ illæ , mystice loquendo , erant , seu apparebant

2° *Sicut loricæ ferreæ ;* ad denotandam duritiamcordis,
istorum Ecclesiæ Christi adversariorum ; istius videlicet
Epochæ hæreticorum , qui contra Regum , et Principum
Catholicorum arma materialia, valde potentes erant per
multitudinem magnatum a se seductorum, qui arma spiritualia contemnebant , qui nec solidissimis argumentis
convinci, nec ullis charitatis Christianæ testimoniis mo-
veri poterant , et gratiis supernis obstinate resistebant.

Etenim obdurati in malis, claudebant oculos mentis suæ, ne viderent, et aures, ne audirent, timentes ne forte aliquando converterentur.

3° Illi ergo erant, (et etiamnum sunt, qui talium exempla sequuntur,) fidelissimi imitatores Scribarum, et Pharisæorum, adversariorum Salvatoris nostri, dum inter homines visibiliter habitabat; qui erant implacabiles ejusdem inimici, quique falsam justitiam, et sanctitatem, maxima affectatione præ se ferentes, omnia quæ vere bona, justa, et sancta, de Christo Domino videbant, vel audiebant, pertinaciter vel negabant vel vitio vertebant; nullisque viis commoveri poterant ad veritatis agnitionem, et propriam conversionem.

4° *Et vox alarum earum, sicut vox curruum multorum;* alæ mysticarum istarum *locustarum,* seu monstrorum infernalium, erant omnes viæ ac rationes quibus utebantur ad velociter progrediendum, in omnibus impiis conatibus suis, maxime autem in propagandis erroribus; viæ scilicet occultæ, et publicæ, fraudulentæ, violentæ, insidiosæ, crudeles, impudicæ, absurdæ, etc., etc.; omnia enim erant illis bona, quæ promovendæ impiæ causæ prodesse videbantur. Et in istis adhibendis, tantum excitabant strepitum moralem, et quidem etiam sensibilem, in universo mundo, ut meritò comparari potuerit *voci,* seu sonitui *multorum curruum,* qui fortissimis equis velocissime protrahuntur; et quidem non quorumcumque *curruum;* sed speciatim *curruum*

5° *Currentium in bellum,* qui utique ingenti ferri pondere simulque multis viris armatis onerati, sicut antiquitùs erat in usu, et equis velocibus tracti, horrendum nimis strepitum excitare solebant. Habebantur autem tunc temporis in universo orbe Christiano, per commotiones istorum hæreticorum, inauditæ antea turbationes; strepitus blasphemantium, seu cum invicem disputantium et bellantium, at maxime Catholicos persequentium, calumniantium, irridentium, lamentantium, etc., etc.

10ᵘˢ Versus. Et habebant caudas similes scorpionum, et aculei erant in caudis earum : et potestas earum nocere hominibus mensibus quinque : et habebant super se (*a*).

1° *Et habebant caudas;* duplici quidem modo, *caudas habere* inveniebantur illa monstra, seu ministri satanæ: 1° enim *caudæ* eorum erant, illorum emissarii, qui occasione quæsita in negotiis temporalibus, quasi ob sola commercia itinerantes, vel ob scientias naturales, historicas, geographicas, etc., etc., acquirendas, aut docendas, venena errorum subtiliter instillabant in corda imprudentium, et curiosorum Catholicorum. Alii amicitias jungentes, matrimonia contrahentes, vel procurantes; alii scripta hæreticorum disseminantes, 2° *caudæ* eorum, alio sensu, erant vestigia, et sequelæ damnosorum affectuum, quibus mentes multorum commoverant, in omnibus locis, ubi per aliquod tempus manserant, sed potestate majori expulsi fuerant hæretici ; quia semper multa semina erroris, et rebellionis post se reliquisse reperiebantur, etiam in civitatibus, vel regionibus, ubi curantibus Superioribus Catholicis, fuerant a pleno successu prohibiti. Itaque *caudæ* eorum erant

2° *Similes scorpionum.* Quænam, et quomodo mala faciant *scorpiones,* vidimus supra, in explicationibus versus tertii, hujus capitis. Ad clariorem ergo intelligentiam, ibidem dicta, si libuerit, poterunt pro hoc loco repeti (*b*), quo altius in animo imprimatur quanta cura vitari debeat accessus ad periculosissimas illas

(*a*) Hæc ultima verba potius ad versum sequentium pertinent, ideoque ea tunc repetemus. — (*b*) Pag. 382, et seq.

societates; et si per inevitabilem necessitatem, aliquis quamdam subinde communicationem cum talibus habere cogatur, quam circumspecte cum illis sit agendum; etiam si contingat aliquem, quovis modo, ab illis mysticis *locustis* se læsum sentire, quo remedio debeat quantocius sanari, si cum illis perire non velit.

3° *Et potestas earum nocere hominibus, mensibus quinque.* In quo, et quomodo, quibusque *hominibus, nocere habebant potestatem* illæ *locustæ*, etiam ad longum, et latum vidimus, in explicationibus versus quinti (a); si autem in sacro textu hic fiat aliqua repetitio earumdem rerum, inde tanto magis patet : eas esse valde momentosas, et alte inculcandas, seu imprimendas, in animis Fidelium. Hæc est enim causa omnium repetitionum, quæ in variis Sacræ Scripturæ libris reperiuntur, sicut alibi jam diximus. Sed

4° *Et aculei erant in caudis earum.* Vidimus supra, quanta, in utraque specie *caudarum*, dexteritate, calliditate vulpina, et subtilitate, usi sint hæretici, ut ad scopum suum, vere diabolicum, pervenirent; nempe ad innumerabiles animas seducendas, et æternum perdendas; ibi sunt *aculei*, quibus istarum *locustarum caudæ* armabantur. Tam prudenter, seu insidiose vulnerabant *homines*, ut ipsimet vulnerati, veneno jam abundanter hausto, se minime vulneratos crederent; uti nostris interdum adhuc temporibus contingit; dum misere seducti putant se in via recta ambulare. Et habebant

11 ᵘˢ Versus. Regem Angelum abyssi, cui nomen Hebraice, Abaddon, Græce autem Apollyon, (Latine habens nomen Exterminans.)

(a) Pag. 389, et seq.

1° Itaque , *et habebant super se Regem, Angelum abyssi;* quamvis sæpe jam dictæ *locustæ* haberent , certo modo, *super se,* illa *capita* dominantia , et *coronata,* de quibus jam supra locuti sumus , *habebant* tamen specialiter *super se Regem ,* quasi supremum ; et quidem *Rex* ille , talibus subditis utique vere dignus, erat *Angelus abyssi,* nempe *satanas,* seu dæmon , princeps infernalium tenebrarum: ille certissime erat supremus illorum monstrorum *Rex,* uti recte opinantur fere omnes interpretes ; quia in omnibus talibus rebus satanas primas partes habet, et semetipsum constituit quasi legislatorem , et directorem omnium rebellantium.

2° Attamen, cum omnia , quæ in hoc *Libro* reperiuntur, immediate per *homines* exsequenda videantur, hic *Angelus abyssi,* proprie loquendo, omnino videtur fuisse ipsemet Lutherus, præcipuus illorum temporum hæresiarcha , omnium reliquorum parens et coryphæus, aut si non ipse solus , saltem ipse dux et antesignanus omnium præcipuorum discipulorum, et imitatorum suorum, eo sensu quo supra inter discipulos , et imitatores illius, distinximus ; illis enim, cum ipso quasi collective sumptis , perfectissime conveniunt omnia quæ in hoc versu sequuntur; nempe

3° *Cui nomen Hebraice abaddon , Græce autem apollyon;* hæc duo notavit Sanctus Joannes, cujus lingua materna erat Hebraica , et qui in lingua Græca scripsit Apocalypsin : quod sequitur, additum est a translatore, ad faciliorem intelligentiam , nempe : (Latine habens nomen *Exterminans*). In hac additione , Sanctus Hieronymus recte intellexit, et secutus est, intentionem Sacri Scriptoris , qui utique desideravit ut a legentibus et audientibus hæ Revelationes intelligerentur. Sed quia hæc ultima non sunt sacri textus verba, ordinarie in Bibliis sacris, inter parentheses includuntur, sicut et hic idem fecimus.

4° Luthero igitur, et ejus zelosissimis cooperatoribus rectissime titulus *exterminantis* tribuitur; vix enim possibile est, in materia religionis, de qua hic præsertim agitur, talem titulum justius mereri, quam Lutherus, et ejus sequaces, Calvinus aliique illius temporis hæretici, illum meruerunt. Variis autem linguis nomen illud execrandum, ideo appositum videtur, quo legentium, et audientium attentio excitetur, ad omnes illos cautius et diligentius vitandos, qui ad unam aliamve illarum sectarum pertinent, vel ad illarum errores inclinant. Quod diximus de personis, non minus dicendum est de libris, atque ab illis ubique Fideles abhorreant, propter periculum contagionis. Etenim nunquam satis ab omnibus Fidelibus cognosci hæretici quicumque possunt, continuo enim, et omnibus viis quærunt *exterminare* veram Religionem in cordibus omnium aures sibi præbentium, omnia quæ ad pietatem in Religione Catholica pertinent exponendo ut odiosa, inutilia, ridicula; vel ut nimis difficilia, imo impossibilia, etc.

5° Deinde indoctis persuadere conantur: plurima quæ Fidelibus imponuntur ut saluti necessaria, non in Lege Dei fundari, sed a sacerdotibus esse inventa, et quidem turpis lucri gratia; asseruntque solos simplices, seu debili capite, illis fidem adjungere; sed sanioris mentis et ingenii hominibus omnino esse indigna. Ita conantur extinguere fidem internam, et a cultu externo, Fidelium animos avertere, negando Sacramentorum virtutem e efficaciam, eorum necessitatem; utilitatem orationum, et sacrificiorum pro defunctis, realem Christi præsentiam in Eucharistia; alii aliis modis hanc explodendo. Eo maxime incubuerunt et adhuc incumbunt, ut exterminetur cultus Sanctorum, sive quoad eorum invocationem, sive quoad honorem ipsis exhiberi solitum. Hodierno, sicut in omni tempore, sine intermissione enituntur ut *exterminent* reverentiam Fidelium erga Sanctorum Reliquias ; illas, et sacras imagines destruentes, modis quam ignominiosissimis.

6° Insuper et summa diligentia conabantur exterminare sanctos, piosque libros ; impedire sana scientiarum sacrarum studia , evertere Catholicas universitates, et collegia ; vel corruptos professores in ea introducere ; veritatis Christianæ defensores expellere ; etc. , etc. At maxime laborabant, quod etiam nostro tempore fecerunt , et etiamnum faciunt eorum successores , ad exterminandos Ordines Religiosos , et ad extinguendum , vel saltem corrumpendum, totum sacerdotium. Non mirum ergo , si omni cura, Ecclesia docere non desinat eorum consortia esse diligentissime fugienda , et librorum eorum lectionem contagiosam esse, magis quam pestem ipsam. Ergo etc., etc. , etc.

12ᵐ VERSUS. VÆ unum abiit, et ecce veniunt adhuc duo VÆ post hæc.

1° *Væ unum abiit,* id est : jam prima ex tribus maximis calamitatibus antea prædictis , transiit , seu primum ex tribus illis malis, adimpletum est; sed attente notetur : quod non dicatur *cessavit ,* sed solummodo *abiit ;* quia , quamvis decurrente quinta Ætate , paulatim diminutus sit pristinus furor hæreticorum illorum , quamvis etiam fere desierit violentus illorum proselytismus , et æstus perversarum doctrinarum ; manent tamen magna ex parte , mala ingentia , ab illis facta ; hoc quidem tam evidens est, et ita omnibus patet, ut nullis sit argumentis probandum.

2ⁿ Nec mirum ; hoc enim sequitur ex ipsamet natura rerum. Cum enim magna tempestas , in terra aliqua vel in aliquo tractu maris furorem suum exercuit, utique abeunte tempestate, manent damna multa per eam illata , quæ nonnisi diuturno tempore postea reparari possunt, et sæpe quædam quæ nunquam ex toto. Ita ut, etiamsi liceat dicere : *abiit* vel *cessavit* tempestas; nunquam fere liceat dicere : cessavit malum tempestatis istius. Quod autem abierit primum illud supra dictum VÆ , ex eo constat, quod jam a multis ānnis, a tempore scilicet , quo finem habuisse putamus quintam Ecclesiæ Ætatem , hæretici illi , quamvis plurimi nullatenus sint conversi , passim non amplius profiteantur Lutheranismum , Calvinismum , etc. , etc. ; sed e contrario , despiciant, et respuant fundatores sectarum , ex quibus ortum duxerunt ; illorum doctrinam fere ex toto rejiciant ut falsam, imo in multis irrideant ut absurdam.

3° Nondum tamen ideo ad veritatem Catholicam revertuntur ; omne siquidem quod multi ex illis concedunt , hoc est : quod Religio Catholica, si qua foret eligenda , omnibus aliis præferenda esset : sed plurimi potius ad materialismum, theismum, atheismum, vel indifferentismum transierunt , omne jugum religionis abjicientes.

Hic terminatur expositio quintæ Ætatis. Sed mala hujus mundi mutantur quidem in sequentibus, non vero minuuntur , ingravescentia enim semper progredientur usque ad finem cursus magni Antichristi ; sed ex tunc , bonum triumphare incipiet , et triumphabit in æternum.

4° *Et ecce venient adhuc duo VÆ , post hæc.* Ex supra notatis non mirum videri poterit, si ex tam venenatis fóntibus, accedentibus adhuc novis malorum causis , ex plurimis temporum circumstantiis, sequentibus ævis , nec dulciores , nec saniores , sed e contra amariores adhuc ac magis pestiferas aquas scaturire videamus. Etenim uti dicit Scriptura Sacra , et omnium temporum experientia demonstrat; *abyssus abyssum invocat.* Videamus ergo quomodo hæc contingere debeant temporibus secundi , et tertii VÆ.

PARS SEXTA.

**13ᵃ VERSUS. Et sextus Angelus tuba cecinit :
et audivi vocem unam ex quatuor cornibus
altaris aurei, quod est ante oculos Dei.**

1° *Et sextus Angelus tuba cecinit :* ex præcedentibus
sequitur : hoc *sexto Angelo* debere repræsentari multitudinem prædicatorum Evangelii, ac defensorum Fidei
Catholicæ, in sexta Ecclesiæ Ætate. Uti jam alibi diximus, quintam Ætatem expirasse putamus, per magnam
Revolutionem Gallorum ; sed sensim tantum, non unico
ictu ; ita ut etiam paulatim initium sumpserit sexta
Ætas. Sed punctum separationis omnino videtur fuisse
completa Imperii Romani extinctio, in abdicatione
Francisci Secundi. Sed mala, seu multiplices calamitates
temporales, et spirituales, ad sextam Ætatem pertinentes, jam satis longe ante præparari cœperant, præsertim
per pseudophilosophismum sæculi decimi-octavi.

2° Sexta autem Ætas, secundum nostram, et quorumdam aliorum divisionem, est ultima Ecclesiæ Catholicæ Epocha super terram, excepta solum terribili
introductione ad ultimam Epocham nunquam desituram;
excepta, inquam, extremi Judicii die, et proxima ad
illam præparatione, quæ ad septimam seu ultimam
Ætatem pertinebunt, sicut vigilia, sive præcedens nox,
ad solemnissimum aliquod Festum. Sicut enim in Veteri
Lege, vesper et nox Parasceves pertinebant ad Sabbatum sequens ; ita ultimæ calamitates hujus mundi, et
ipsum extremum Judicium, pertinebunt ad magnum
Sabbatum beatæ æternitatis, et perfectissimæ universæ
Ecclesiæ quietis, cum Christo, in gloria.

3° *Et audivi vocem unam ;* bene hic notandum : *vocem
unam,* non tamen ex uno ore prolatam , uti mox clare
videbimus ; sed *vocem* perfectissime *unitam,* per unionem
voluntatis , immensæ innumerabilisque multitudinis ,
concorditer clamantium , cum adoranda voluntate Dei
Altissimi. Oriebatur autem illa *vox,* seu iste clamor
plurium vocum conjunctarum , non ex hominum , vel
Angelorum oribus , uti sonat sacer textus, sed ex rebus,
natura sua omnino mutis ; nempe audiebatur clamans

4° *Ex quatuor cornibus altaris aurei, quod est ante
oculos Dei.* Hic, sicut alibi sæpe in hoc Libro , mystice
alluditur ad *altare aureum,* quod erat prius in tabernaculo Mosaico , postea in Templo Salomonis , ante *Arcam*
Fœderis ; et quia supra Arcam ,' inter alas imaginum
Cherubim, Deus præsentiam suam aliquo signo sensibili
solebat manifestare , dicebatur et illud *altare* esse *ante
oculos Dei* collocatum. *Altare* autem illud , erat quadran-
gulum, et habebat in unoquoque angulo suo , *cornu*
aureum quidem, sed in forma *cornuum* boum confectum ;
in illo *altari* offerebantur solum incensa, ex aromatibus
optimi odoris. Tale etiam Joanni , in hac visione Apocalyptica , apparebat *altare,* ex cujus *cornibus* videbatur
provenire *vox,* quam audiebat.

5° Sed restat examinandum quid sit , vel significet
illud *altare ?* et quid ejus *cornua?* Etiam cur *quatuor*
habeat *cornua?* Ac tandem : cur non potius e medio
altaris, quam *ex cornibus* illius , audiatur *vox* illa ?...
Resp. ad 1ᵐ. *Altare aureum,* uti jam antea vidimus ,
primo loco , seu primo sensu , significat Christum, vel
est ipsemet Christus nempe in corpore suo humano ,
jam glorificato. Sed Christus non habet solummodo
reale corpus humanum , verum etiam mysticum, quod
est Ecclesia , quam habet sibi perfectissime unitam ,
sicut corpus animæ unita est in homine. Inde Aposto-

lus ad Corinthios, dicit : *vos autem estis corpus Christi,* etc., etc. (*a*) et ad Ephesios : *ipsum dedit* (Deus Pater) *caput supra omnem Ecclesiam, quæ est corpus ipsius,* etc. (*b*) et alibi sæpe æquivalenția.

6° Ex omnibus autem·partibus, quibus Ecclesia constat, Ecclesia jammodo in cœlis *triumphans,* et illa, quæ irrevocabiliter ad eamdem pro futuro pertinet, videlicet Ecclesia purgans, seu *patiens* in Purgatorio; deinde Sancti, qui adhuc in terris morantur, certe optime sumuntur pro hoc corpore Christi mystico, perfecta charitate illi unito. Per materiam vero pretiosissimam *auri,* hic velut passim alibi, designatur charitas tum ipsiusmet Christi, tum Sanctorum ejus. Itaque hoc loco, *altare* illud *aureum,* sumitur pro corpore Christi mystico, saltem quoad *latera, angulos, et cornua* ejus ; medium enim, seu locus destinatus incensis recipiendis melius sumitur pro ipsa Filii Dei Humanitate. Etenim Sancti, sive jam egressi ex hoc mundo, sive adhuc in terris peregrinantes, in uno eodemque corpore *altaris,* quod Christus est, illi et sibi invicem uniti sunt ; sed ipsemet Christus est centrum unitatis, ac per ipsum omnia incensa boni odoris, Deo Patri offeruntur.

7° Illud igitur ita sumptum, et vere *aureum altare,* quatuor habet *latera,* quatuor consequenter *angulos,* et etiam quatuor *cornua,* quia ex omnibus nationibus, ac populis, e quatuor ventis, seu plagis mundi, conflata est Ecclesia ; *cornua* autem similiter *aurea,* significant Sanctos omnes, quasi victimas Deo immolatas, vel immolandas, ad *altare* primarium, seu ad Christum Dominum pertinere, qui et ipse *altare,* et prima pretiosissimaque victima est (*c*) ; et *quatuor* sunt *cornua,* ad

---

(*a*) 1 Cor. c. xii, v. 27 — (*b*) Eph. c. i, v. 22. — ʿc) Prius in tabernaculo, posterius in templo, duo quidem habebantur altaria, unum æneum, et multo majus, ad victimas immolandas ; aliud aureum, et minus, pro solis incensis

repræsentandam totam multitudinem Sanctorum, Christo per charitatem unitorum.

8° Quod autem *vox*, non de medio *altaris* . sed e *cornibus audiatur* procedere, hoc significare videtur : illam *vocem*, esse clamorem totius Ecclesiæ; præsertim tamen, triumphantis , et partium illi firmissime unitarum , in mystico *altari aureo,* quia omnes omnino et singuli Sancti , non habent desideria , nisi voluntati Christi perfectissime conformia ; tale et hoc est desiderium, illa voce expressum ; et hæc significantur , per *altare* illud *aureum, quod* vere *est ante oculos Dei*. Insuper *ante oculos Dei esse,* ordinarie significat : *Deo placere ;* quod consequenter optime dicitur non solum de Christo , sed et de omnibus , ipsi per charitatem unitis.

4° Audiebat autem Sanctus Joannes præfatam istam *vocem*

14" Versus. Dicentem sexto Angelo , qui habebat tubam : Solve quatuor Angelos, qui alligati sunt in flumine magno Euphrate.

4° Itaque *dicentem*, et indubie alta voce clamantem , ardenterque petentem , seu zelo gloriæ Dei , desiderium Ecclesiæ exponentem , *sexto Angelo, qui habebat tubam :* Ergo *vox* illa non loquebatur cuicumque audire volenti , sed tantum *Angelo sexto,* ex septem illis qui *tubas* receperant; id est, *Angelo* repræsentante, et dirigente prædicatores , et propugnatores Fidei Catholicæ in sexta Ecclesiæ Ætate ; nempe summo Pontifici , qui omnibus illis præest, vel in eo, illis ipsis Ministris Domini , quasi uni enti collectivo , ex omnibus illis composito , seu Sanctæ societati , et consequenter omnibus , et singulis

offerendis, ut supra dictum est; sed utpote unico vero Deo erecta, poterant per modum unius considerari , tanto magis . quia utrumque eumdem et unicum Christum significabat, sub diverso respectu , et unum erat quasi supplementum alterius , in offerendis Deo diversis sacrificiis.

membris ejus, *vineam Domini* illo ævo colentibus, et cum auctoritate spirituali dirigentibus Ecclesiam Christi. Dicebat autem illi :

2° *Solve quatuor Angelos, qui alligati sunt,* etc. Quinam nunc sunt, vel esse videntur, illi *quatuor Angeli?* quando, et a quo fuerunt *alligati?* et quomodo *soluti?*... Resp. Hujus loci et initii capitis septimi multa videntur esse communia; ibi enim post calamitates, quæ in capite sexto *sexti sigilli* aperturam secutæ erant, Joannes videbat *quatuor Angelos stantes super quatuor angulos terræ, tenentes quatuor ventos terræ, ne flarent super terram, neque super mare, neque in ullam arborem;* ad quos tunc *alter Angelus ascendens ab ortu solis, et habens signum Dei vivi, clamabat voce magna, ne nocerent terræ, et mari, neque arboribus, donec signati essent servi Dei,* nempe electi, *ex omnibus tribubus Israel,* etc.

3° Itaque *Angeli,* de quibus ibidem agebatur, videbantur *ligati,* seu potius *obligati,* ne *ventos* quorum erant præsides, liberos dimitterent ad excitandas tempestates in terris; id est, ne malis spiritualibus habenas laxarent in Ecclesia militante, ante tempus a Deo ad hoc præfinitum; nunc autem clamat *vox,* de qua supra, ad *Angelum* illum *sextam tubam habentem,* ut *solvat* illos *quatuor Angelos,* ad tempus quoddam *alligatos.* Quare? Utique quia tempus *alligationis* eorum, jam adimpletum est, et pro gloria Dei, mundus debet castigari.

4° Ast quando, et a quo fuerunt *alligati* illi *Angeli?* Resp. Non videtur in Apocalypsi hoc posse reperiri; nisi admittatur illos fuisse *alligatos* per supra dictum *alterum Angelum* capitis septimi; qui omnino videtur esse idem *Angelus,* qui tunc tenet *sextam tubam,* et invitatur ad *solvendos Angelos,* quos antea ad tempus *alligaverat.* Sed contra hæc, dicet forte aliquis : initio capitis septimi, *quatuor venti* potius quam *quatuor Angeli alligari*

videbantur ; at resp. *Angeli* præsides *ventorum* illorum
spiritualium , et ipsimet *venti* spirituales , facile pro
iisdem objectis sumi possunt , eo magis , quod utique
Angeli sunt *spiritus; et venti* etiam sæpe recteque *spiritus*
vocantur in Scriptura Sacra, sicut unicuique notum est;
et quod hic non agitur de ventis materialibus , sed de
spiritualibus , uti jam supra annotavimus.

5° Nec debet reperiri difficultas in hoc , quod capite
septimo , *Angelum* illum *ascendentem ab ortu Solis,* Summum Pontificem Romanum esse judicaverimus , et quod
hic per *Angelum habentem sextam tubam ,* opinemur
repræsentari multitudinem , seu in Domino societatem
prædicatorum defensorumque Fidei Catholicæ , in hac
sexta Ætate ; etenim semper Summus Pontifex in quovis tempore existens, est primarius Fidei Prædicator ac
defensor , in quo omnes uniuntur , a quo omnes dependent, et qui omnium ore prædicat. Pergit enim ipsemet
Sanctus Petrus, Christi Primus Vicarius , prædicare per
singulos successores suos , Summos Pontifices , et singuli vicissim Summi Pontifices prædicant in universo
mundo, per omnes, qui ab ipsis immediate, vel mediate
mittuntur.

6ª Sed ut directe tandem ad petitum respondeamus
quinam sint *quatuor* illi *Angeli ,* antea *alligati ,* nunc
autem *solvendi ,* vel modo *soluti ;* varii auctores conati
sunt hoc explicare de *quatuor* quibusdam *Regibus,* quos
exstituros supponebant tempore quo adimplebitur ista
prophetia , et dominaturos , in regionibus celeberrimi
fluminis Euphratis confinibus. Sed prophetia illa jammodo veram , et plenam suam completionem obtinuisse
omnino videtur, sed longe alio modo, quam vulgo interpretes expectaverant. Quamvis enim ibidem nonnulla
bella et commotiones politicæ contigerint versus finem
sæculi decimi-octavi , et initio decimi-noni , in illis nec

de *quatuor Regibus* antea *alligatis,* tunc *solutis ,* nec'de rebus ad Ecclesiam Catholicam spectantibus agebatur; adeoque in istis non potest reperiri hujus prophetiæ adimpletio.

7° Propterea alii nonnulli auctores probare conantur: hoc debere intelligi de *quatuor Regibus* acatholicis in Europa , vel nostro tempore , vel paulo antea existenti-bus; at præterquam quod hoc valde odiosum , forte etiam temerarium est, cum utique res illa nullatenus evidens reddi possit , eorum , quos nominant, Regum operationes, non videntur ea effecisse , quæ de *quatuor solutis Angelis* dicuntur in textu sacro. Insuper ita opi-nantes auctores misere , et quidem frustra , ut puto , laborarunt , ad inveniendum *magnum* illud *flumen ,* super quod *ligati* fuissent isti *Reges ,* et quod recte potuisset vocari *Euphrates.* Aliam ergo viam inire nos conabimur , quæ si forte non sit omnino recta , non erit certissime periculose erronea.

8° Potius itaque videntur præfati *quatuor Angeli ,* de quibus hoc loco quæstio est, sumendi pro *quatuor* spiri-tibus malis , specialiter a prima parte sextæ Ætatis , in hoc mundo dominari incipientibus; quamvis enim eorum nomina non certo determinari valeant, possunt equidem valde plausibiliter assignari ; v. g. 1° *Spiritus irreligio-nis ,* qui produxit tam inauditum antea contemptum , tamque horribiles , ac multiplices rerum sacrarum pro-fanationes. 2° *Spiritus rebellionis ,* unde natus est tantus furor evertendi , et conculcandi omnem legitimam auctoritatem, tam spiritualem, seu ecclesiasticam, quam civilem. 3° *Spiritus ambitionis,* ex quo inferiores , et etiam infimi, omnium ordinum, et statuum, contendere non erubescunt , se dignos esse , qui honore, divitiis , potestate , etc. , æquales fiant Dominis suis , et ad id æque aptos , ita ut indecens illis videatur , obedire.

4° *Spiritus voluptatis carnalis*, quo qui animati sunt, omnem refrænationem morum ac perversorum desideriorum, abjiciunt, vel abjicere conantur.

9° Illi maligni *Spiritus*, et omnes qui illis repleti sunt, suggesserunt, et etiamnum continuo fovent et alunt falsam *libertatem*, et impiam *æqualitatem*, e quibus circa initium sextæ Ætatis, tam terribiles calamitates spirituales, et temporales, in toto orbe Catholico productæ sunt, et adhuc continue impendent, uti fateri cogitur quisquis cum aliqua attentione, et temporum cognitione, novissime præteritas populorum revolutiones, et præsentem mentium dispositionem considerat. Timendum est enim adhuc multum, et ideo multum, ferventerque orandum, ut omnipotens protector noster Deus, auxiliatricem manum suam ad nos extendere dignetur.

10° Inde si hoc loco, et initio capitis septimi, agatur de iisdem eventibus in Ecclesia, inter *quatuor Angelos* de quibus ibi sermo habetur, et *quatuor* alios de quibus hic agitur, illa inest differentia, quod hi fuerint *Angeli* probabilissime boni, illi vero certissime mali, at ibidem etiam significati per *quatuor ventos*, qui ab *Angelis* illis bonis retinebantur, *ne flarent*, et Ecclesiam Christi turbarent, ante tempus ad hoc a Deo assignatum. Sic sæpe in Scriptura Sacra videmus Angelos malos in suis perversis conaminibus per *Angelos bonos* impediri.

11° Contra hæc omnia non debet objici. 1° Quod hic non reperirentur veri *Angeli mali*, sed tantum perversæ hominum passiones; etenim sæpe in Scriptura Sacra, passiones hominum, sive bonæ, sive malæ, vocantur *Spiritus*, quia a *Spiritu* bono, vel malo, excitantur et diriguntur; uti v. g. *Spiritus sapientiæ, intellectus, timoris Domini*, etc., etc.; in malo autem : *Spiritus erroris, mendacii*, etc. Sic eo sensu, possent etiam dici *Angeli* boni, vel mali, prout materia exigit. Nec 2° quod beata

multitudo Sanctorum in cœlo , vel pie sancteque viventes in terris , certe nunquam clamassent , ut tam funesti
Angeli *solverentur ;* illorum enim omnium desiderium ,
decretis Altissimi in omnibus conforme, dum tempus
ab æterno prævisum adesse cognoscebatur , dum mensura iniquitatis impleta reperiebatur; desiderium inquam , omnium et omnium *vox* instanter petere potuit
illam *solutionem ,* ut ultimæ , pessimæque calamitatis
præludia tandem permitterentur , ad exercitationem ac
purificationem bonorum , et punitionem obduratorum
impiorum in hoc mundo.

12° Neque etiam peti debet : quomodo, his suppositis,
sextus Angelus, quem sumpsimus pro turba prædicatorum
Fidei , unita in Summo Pontifice Romano , quomodo
inquam , ille potuit esse minister *solutionis* istorum per-
niciosorum *Angelorum ?* Si videlicet hi sumantur pro
Spiritu irreligionis , Spiritu rebellionis, Spiritu ambitionis,
et *Spiritu voluptatis carnalis ,* nonne vera blasphemia
esset dicere : quod vel prædicatores Fidei Catholicæ, vel
ipsemet Summus Pontifex , tales *spiritus* relaxaverint ,
in quos e contra tam vehementer clamaverunt ?... ad
quos refrænandos , et in perpetuum vinciendos tam
ardenter et infatigabiliter laborarunt ?... Sed respondetur :

13° Utique evidenter impia , turpiter calumniosa , et
quidem absurda esset , talis assertio ; sed notandum est :
quod nostri temporis Summi Pontifices, Pius Sextus , Pius
Septimus, et eorum successores quamvis nihil nisi Majorem
Dei Gloriam , animarumque salutem in omnibus actibus
suis intendentes civilium tamen potestatum pertinacia
vexati et compulsi , considerantes insuper periculosam
dispositionem animi plurimorum populorum , Deo permittente, valde indulgenter egerint, et etiamnum agant;
rigorem legum Ecclesiæ in multis mitigantes , modifi-

cantes, vel relaxantes, pro temporum circumstantiis, quamvis præviderint multos istis mitigationibus esse abusuros, uti reipsa illis abusi sunt, et continuo abutuntur.

14° Necesse non est hoc exemplis demonstrare, cum omnibus, modo non cæcis, omnino pateat quantum omnibus in rebus hodiedum relaxata sit Ecclesiæ disciplina, non solum per usus et consuetudines toleratas, sed et per legitime obtentas, aut sponte datas concessiones, a Summis Pontificibus, aut ab aliis, qui eorum nomine, et auctoritate in Ecclesia agebant. Interim in istis videtur sufficienter reperiri *solutio* istorum *quatuor Angelorum*, qui antea, per strictiores disciplinæ leges vel strictiorem legum observantiam, *alligati* seu vincti manebant. At nunc adhuc superest difficillima pars hujus quæstionis; nempe, quomodo sit intelligendum, quod præfati *Angeli,* in textu sacro, dicantur *alligati*

15° *In flumine magno Euphrate.* Quid nunc est, et ubi reperitur, illud *flumen magnum Euphrates,* de quo hic agitur? num hic quæstio est de materiali illo *flumine* juxta quod olim ædificata erat celeberrima civitas Babylon? Omnino videtur respondendum negative; sed etiam illud *flumen* hic potius mystice intelligi debet. Proinde non mirum est, quod illi, qui de aliquo *flumine* proprie dicto, hoc voluerunt explicare, nihil vere plausibile invenire potuerint. Etenim si hoc admitteretur, et *Angeli* mali, in eo *alligati* fuissent aliqui perversi *Reges*, num fuissent vincti in fundo *fluminis,* an in ejusdem superficie? utrumque esset absurdum; et tamen non dicitur *juxta,* vel *prope flumen,* sed *in flumine,* illos fuisse *alligatos* illos Angelos.

16° Interim jam in præcedentibus vidimus non raro in Sacris Litteris, per *flumina,* vel *fluvios* significari provincias, seu regiones; per *aquas* vero, populos; nomen autem

Euphrates, significat *fœcundissimum, seu valde fœcundans*. Nunc cum hic agatur de re in Ecclesia existente , *magnum flumen Euphrates* nobis omnino videtur esse *fœcundissima provincia Ecclesiæ Catholicæ ;* seu *provincia maxime fœcundans ,* id est, quæ alias regiones fœcundat; seu multos fructus ipsamet facit , et multas alias fructificare facit ; nimirum in spiritualibus, et salutaribus.

· 17° Excellens autem illa provincia Ecclesiæ , est evidenter *Europa Catholica ;* seu genuina Christianitas in Europa ; quia , non extensione, sed fœcunditate spirituali, Europa omnes reliquas Ecclesiæ provincias, seu partes Orbis Catholici , longe superat , et *aquas* suas mysticas populi sanctificati, et sanctificantis, et doctrinæ salutis (*a*), per missionarios suos, ad omnes alias mundi plagas emittit, ad instar *magni,* et redundantis *fluminis.*

18° Tandem , sicut antiquum *flumen Euphrates ,* ex abundantissimo fonte Paradisi terrestris originem trahebat , uti patet ex Libro Genesis , capite secundo; sic *flumen* spirituale , *Europæ Catholicæ ,* originem ducit e divino fonte Paradisi cœlestis , defluente ex Petra spirituali Christo, per Sedem Apostolicam. *In* illo itaque *magno flumine,* quod recte vocari potest *Euphrates ,* olim *alligati* fuerunt præfati *quatuor Angeli ,* et postea *soluti ,* sicut supra exposuimus. Sed nunc examinandæ sunt sequelæ solutionis *Angelorum.*

15ᵘˢ Versus. Et soluti sunt quatuor Angeli, qui parati erant in horam, et diem, et mensem, et annum, ut occiderent tertiam partem hominum.

1° Itaque , *et soluti sunt quatuor Angeli ;* jam satis ad longum et latum examinasse, et explicasse putamus ,

(*a*) Doctrinæ enim subinde etiam *aquæ* vocantur.

quinam , qualesque sint illi *Angeli* ; quo sensu *Angeli*
vocari possint ; quomodo, et a quo prius *alligati,* poste-
riusque *soluti* fuerint ; et hæc loci hujus explicatio , si
merito antiquitatis, vel magni cujusdam viri auctoritate
careat , cum hactenus a nemine furit proposita , attente
eam considerantibus haud spernenda videbitur, ut omnino
putamus ; huic ergo , cum periculosa esse non possit ,
adhærebimus, donec certo melior aliqua nobis occurrat.

2ⁿ Scilicet illi , *qui parati erant in horam , et diem, et
mensem , et annum ,* qui nempe ex natura sua , seu in
fonte suæ originis , videlicet in potestate infernali , ab
initio mundi, ad facienda quæcumque mala *parati erant,*
sed potestate divina impediebantur , usque ad certum
tempus a Deo accuratissime determinatum , adeo ut
illud ne una quidem hora prævenire potuerint ; cum
etiam mensuram mali sibi a Deo permissi , nullo modo ,
aut ratione excedere valuerint, aut unquam sint valituri.
Dicitur enim :

3° *Ut occiderent tertiam partem hominum.* Quamvis
ergo , dum magnis corruptionibus , et seductionibus
populorum , omnia turbantur , plurimi *homines,* et præsertim innocentes , ac in sana Fide , purisque moribus
fideliter perseverantes , corporaliter occidantur ; hic
tamen iterum inprimis agitur de *occisione* spirituali , per
impias seductorum doctrinas , et per prava multorum
aberrantium exempla , uti funesta experientia nostrorum temporum docuit , et futura etiam tempora indubie
docebunt.

4° Interim certissime voluissent spiritus illi nequam ,
id est , dæmones instigatores perversarum cupiditatum
et libidinum quas *Angelos malos* hodiedum *solutos,* supra
vocavimus , et pessimi eorum ministri ex hominibus ,
omnes omnino *homines* spiritualiter *occidere;* sed limitata
fuit eorum potestas , ad *tertiam* solummodo *hominum*

partem, id est , ad longe minorem numerum illorum ,
qui jam erant meri *homines,* seu terrenarum rerum servi,
sed quorum longe major copia erat finaliter ad Deum
convertenda , et in æternum victura ; quia multi qui
novis impietatibus seducti , seu decepti fuerant', furore
tempestatis in quibusdam locis imminuto , aut ad tempus sedato, ad viam rectam reversi sunt, et præcedentia scandala pietatis exemplis repararunt. Alii etiam non
pauci, qui in malo velle perseverare videbantur, tamen
in lectulo mortis , sese cum Deo , et Ecclesia recon-
ciliarunt ; ita ut inter supradictos mortuos non sint
numerandi.

5° Uti unicuique notum est, illi citius aut serius conversi , erant ex omnibus regionibus immensi Imperii
Gallorum, et ex omnibus ordinibus ; nempe ex militibus,
civibusque et nobilibus , item ecclesiasticis tum regula-
ribus, tum sæcularibus, necnon ex singulorum ordinum
omnibus dignitatibus, utriusque quidem sexus ; quorum
sincera resipiscentia , et pœnitentia , maximam afflictæ
Ecclesiæ attulit consolationem , saluberrimaque poste-
ritati Catholicæ exempla reliquit.

Pergitur adhuc in eadem materia , usque ad finem
hujus capitis.

**16ᵘˢ Versus. Et numerus equestris exercitus
vicies millies dena millia. Et audivi numerum
eorum.**

1° *Et numerus Equestris exercitus ,* etc. ; quamvis hic
fiat mentio de *exercitu ,* et quidem de *exercitu equestri ,*
omnino non videtur agi de militibus proprie dictis ; sed
potius de immensa , ac fere innumerabili multitudine
eorum, qui tunc temporis corrupti, decepti, seducti, et
spiritualiter *occisi,* facti fuerunt contemptores, oppugna-
tores , irrisores , vexatores , et cujuscumque nominis

adversarii Ecclesiæ Christi , seu verorum Fidelium.
Numerus autem istius depravatæ multitudinis, dicitur fuisse :

2° *Vicies-millies-dena-millia*, seu duo millionum centena (200,000,000), uti arithmetice loqueremur; iterum tamen hæc non videntur ad litteram sumenda , sed pro ingenti , seu innumerabili turba ; usurpando scilicet numerum aliquem determinatum , sed valde magnum , pro numero indeterminato, immenso , uti sæpe fit in Scriptura Sacra , et per imitationem etiam interdum in libris profanis. Quamquam non absolute sit impossibile, illum numerum stricte esse intelligendum prout ponitur; certissime enim Deo omnia scienti , accurate notus erat , qui potuit, si voluerit , eum revelare; hoc tamen non admittunt auctores.

3° Sed quare potius ex *Equitibus,* quam ex peditibus, hic immensus exercitus conflatus dicitur ?... Resp. Pedites videntur, eo ipso, quod pedibus incedunt, humilitatem profiteri. Sed non poterat illa pretiosissima virtus reperiri in ista corruptissima , et pervertissima multitudine ; *Equites* autem in altum elevati , videntur superbi , corde elati , et violenti , sibi soli sapientes , et spernentes omnes, qui illis non applaudunt; reputantes stultos , omnes qui non cogitant, aut non agunt sicut ipsimet, irridentes ut imbecillos , et ignorantes, omnes qui aliter sentiunt, etiam viros clarissimos , ac doctissimos; ne propriis quidem exceptis suis parentibus, avis, aut proavis, si forte præclaros quosdam habuerint. Tales erant omnes illi ; sed cur addit Sanctus Joannes :

4° *Et audivi numerum eorum?*... Resp. Cum dixerit istum magnum numerum , clare utique constat illum eumdem debuisse ab aliis quibusdam *audire* ; non enim fieri poterat ut tantam multitudinem ipsemet *numeraret*. Sed num propterea immerito adjecit illa ultima verba?...

Resp. Hoc nullatenus supponi potest. Interim cum nullus notus nobis interpres indicaverit causam, cur illa adjecta sint, ecce quam nos supponimus : cum Sanctus Joannes ibidem repræsentaverit populum fidelem, cujus nomine, et in cujus utilitatem recipiebat omnes Revelationes, quæ hoc *Libro* continentur; præfata verba sunt quædam specialis monitio, provocans legentium, vel audientium attentionem, ut quisque caveat, ne vel in impiorum illorum numero reperiatur, vel ab illis seducatur, sive decipiatur; ne quis sibi sufficere, aut propriæ scientiæ, et sapientiæ nimium confidat; sed immobili columnæ veritatis firmiter adhæreat, nempe Ecclesiæ Catholicæ; et recordetur unusquisque, hoc, nonnisi magna prudentia, per Dei gratiam fieri posse, cum tantus sit *numerus* seductorum, et a via rectà aberrantium.

17ᵘˢ VERSUS. **Et ita vidi equos in visione, et qui sedebant super eos, habebant loricas igneas, et hyacinthinas, et sulphureas, et capita equorum erant tanquam capita leonum : et de ore eorum procedit ignis, et fumus, et sulphur.**

1° *Et ita vidi equos in visione :* Itaque in hoc versu describit Sanctus Joannes, et formam, et qualitates præfatorum *equorum,* et *equitum;* sed ita ut *equorum* unusquisque cum *sessore* suo existimetur unum atque idem monstrum, et præsertim in *equo* reperiantur *equitis* insidentis arma, quibus occidat *homines;* alia enim arma lethalia non apparent sancto spectatori, *in* hac *visione,* ut patet ex sequentibus; interim hæc omnia iterum mystice intelligenda sunt.

2° *Et qui sedebant super eos, habebant loricas igneas :* Illi ergo *equites* habebant corpus contectum loricis; quo

ostendebatur invincibilis illorum impiorum durities,
seu obstinatio in malis; et quidem *loricæ* erant *igneæ*,
id est, non solum *ignei* coloris, sed et *igne* candentes,
quod utique in rebus naturalibus contingere non posset,
si quis enim *lorica ignea* indutus esset, statim *ignis*
ardore periret; uti nonnunquam visum fuit in male-
factoribus, qui tali tormento necati fuerunt. Idem aliquando tentatum fuit in Sanctis Martyribus, qui non
raro per miraculum servati fuerunt illæsi, ad confusionem persecutorum, et instructionem multorum aliorum.
Istæ ergo *loricæ igneæ* jammodo probant, hic non agi de
rebus materialibus. *Igneæ* nempe apparebant, ad significandum quantus in posterum futurus esset illorum
impiorum furor, et ardor, ad incendendos, si fieri
potuisset, *igne* infernali, omnes orbis terrarum incolas,
maxime Christi Fideles.

    3° *Et hyacinthinas, et sulphureas;* id est, loricæ illæ,
vel saltem aliquæ ex illis, fulgebant colore flavo, sub-
rubro; talis est enim color lapidis pretiosi, qui vocatur
hyacinthus; erant insuper vel habebantur *sulphureæ;*
quod videtur potius de odore, quam de colore intelligendum, cum *sulphur* non soleat specialiter allegari
propter colorem suum, sed famosum sit odore suo, dum
ardet; et hic absque dubio, de *sulphure* inflammato
quæstio est, uti supra de *igne* ardente. Omnia enim hic
significant mala, nociva, et valde activa, quæ utique
non possunt inveniri in solis coloribus; et si in hyacin-
thinis difficile sit aliud quam colorem talis lapidis quærere, per flavum seu subrubrum ejus colorem, potest
aptissime indicari falsa spes magni boni, mixta vera
crudelitate, quam illius Ætatis impii, mundo exhibituri
erant, uti et reipsa fecerunt.

    4° *Et capita equorum erant tanquam capita leonum :*
quod erat signum magnæ fortitudinis, audaciæ, et

crudelitatis , ipsorum monstrorum ; quæ qualitates in sectatoribus recentiorum impietatum , in summo gradu reperiebantur, et quarum funestissima vestigia etiamnum plurima supersunt , in moribus et actibus eorum successorum , quæ indubie adhuc futurorum malorum semina sunt , et præludia ; videlicet illorum , quæ sub furiosissima Antichristi persecutione contingent , paulo ante finem mundi , tandem additur :

5° *Et de ore eorum procedit ignis , et fumus , et sulphur.* Hæc quidem dicuntur de istis *equis ,* sed etiam intelligi possunt de *equitibus ,* qui cum suis *equis ,* ut eadem monstra individua considerari possunt , uti jam supra diximus ; ita ut ora *equorum* pertineant ad *equites* illis insidentes , quasi eorum arma. Ipsi ergo per *ora* illa evomunt *ignem ,* ad comburendos spiritualiter *homines ,* et *fumum,* ad illos suffocandos, et ad impediendum lumen veritatis in Ecclesia , ita ut fiant tenebræ ; et *sulphur* igne liquefactum et inflammatum , ad odorem spiritualiter fœtidum , et suffocantem , longe lateque dispergendum , ita ut, quantum fieri poterat, tempore istius calamitatis, omnem domum , cubiculum , et latibulum quodcumque penetraret , ad inferendam mortem *hominibus.*

18ᵘˢ VERSUS. Et ab his tribus plagis occisa est tertia pars hominum , de igne , et de fumo , et sulphure , quæ procedebant de ore ipsorum.

1° *Et ab his tribus plagis ,* id est , per tres horrendas illas *plagas,* nempe devastationes , obscurationes , suffocationes , infectionesque , provenientes ex triplicibus vomitionibus mysticorum *equorum* hic descriptorum , per operationes infernalium illorum *equitum ,* qui a supradictis quatuor perversis *spiritibus ,* seu Angelis satanæ suscitati, et animati erant, ac in omnibus operationibus suis dirigebantur ; quod bene notari debet ad faciliorem intelligentiam mox sequentium , in quibus palam ostendere conabimur quinam fuerint *occisores,* quinam, et quomodo *occisi,* et quinam *non occisi,* adeoque superviventes , quamvis ad tempus , plus minusve longum male viventes. Præfatis itaque *tribus plagis.*

2° *Occisa est tertia pars hominum;* sed secundum quam hominis partem, seu quo sensu, illa immensa multitudo *occisa est?...* Resp. Non obstante innumerabili turba illorum , qui tempore de quo hic agitur, corporaliter *occisi sunt,* qui nempe in persecutionibus perierunt, in carceribus , vel in exiliis ceciderunt , qui ambitiosorum dominatu vel tyrannica coactione, in bellis , aut aliis quibuslibet modis, aut causis necati fuerunt; hic tamen agitur, saltem principaliter, et forte unice, de *morte spirituali,* uti jam sæpe innuimus ; quia illa *tertia pars hominum,* certo sensu qui mox exponetur, secundum animam *occisa est,* non autem, vel saltem non solum , secundum corpus, ac proinde eo luctuosius et crudelius.

3° Dico tamen *certo sensu,* quia omnes 'qui vivunt in statu peccati mortalis, sunt simpliciter mortui secundum animam, uti Fides docet; sed illum hic non esse sensum, patebit ex illis , qui *non sunt occisi,* et ideo inter superviventes numerantur , quamvis evidenter in malo illo statu existant. Duplici enim modo spiritualiter quis potest *occidi,* seu mortem incurrere ; 1° nempe proprio motu , aut ab aliis seductus , peccando mortaliter ; sed ita ut Deus noverit illum adhuc postea, per pœnitentiam ad vitam spiritualem esse reversurum; 2° ita peccando, ut præviderit Deus , illum in malo esse perseveraturum. Et hæ duæ species mortuorum, possunt clarius sumi, prior pro his, qui adhuc aliquo modo ad Ecclesiam Catholicam pertinere sincere volunt, et pergunt ; posterior pro illis qui interne et externe sese ab illa separant, nunquam amplius reversuri.

4° *Occisi* autem *sunt : de igne, et fumo, et sulphure:* ecce quomodo sacer scriptor lectorum et auditorum excitat attentionem, quo intelligant hæc omnia spiritualiter, nullatenus vero materialiter esse interpretanda. Etenim si ad litteram, seu materialiter sumerentur, admittendum esset *tertiam partem* totius generis humani *igne, fumo, et sulphure* periisse!... quis hucusque talia unquam vidit in terris?... si vero dicatur hoc adhuc futurum, sed nondum adimpletum esse; tunc primo : ostendendum esset quid sint in Apocalypsi, vel quibus figuris repræsententur, magna illa, et terribilia, quæ nostro tempore contigerunt; cum enim ille *Liber* sit Ecclesiæ Christi prophetica historia, certe illa debent uno, aliove modo, in eo prædicta reperiri, alias opus illud nimis incompletum videretur. Secundo : probandum etiam esset illa, quæ de quinta Ætate, fere similibus imaginibus præfigurata fuerunt, nempe quæ ad Lutheranismum ejusque sequelas spectare æstimavimus, etiam nondum esse adimpleta, quod certe non facile fieret.

5° Si vero quis dicat : hæc non esse explicanda de *tertia parte* totius generis humani, sed de *tertia parte* populi Christiani Catholici ; et *ignem, fumum, et sulphur.* reperiri posse in pulvere igniario, cujus immensa congeries consumpta fuit in diuturnis bellis, ad *occisionem* innumerabilium *hominum ;* ad hæc resp. 1° tunc deberet etiam mentio fieri de gladiis, aliisque armis, quibus etiam plurimi in iisdem bellis perierunt ; et de quibus tamen nullum prorsus in textu sacro verbum habetur. 2° Quamvis certe magna fuerit pereuntium turba, equidem evidenter procul abfuit a *tertia parte hominum,* etiamsi hoc solum intelligeretur de populo Catholico. 3° Pereuntes in bello, magna valde ex parte, non erant Catholici ; attamen si una pars prophetiæ ad litteram intelligenda

esset , pro aliis partibus idem requireretur ; si autem
omnes spiritualiter considerentur , multæ difficultates
evanescunt , quæ alio modo solvi non posse omnino
videntur.

6° Etiam bene notandum ac tenendum est : quod non
admittendum æstimaverimus *tertiam* moraliter *partem*
populi Catholici , seu Ecclesiæ Christi in his plagis ,
spiritualiter periisse ; sed *tertiam partem* moraliter istorum *hominum,* quos propterea specialiter *homines* vocari
putamus , quod hucusque , nonnisi terrena sapiebant,
terrenis toto corde adhærebant , cœlestia parum aut
nihil curantes, qui tamen non omnes in malo perseveraturi, sed majori longe ex parte , per efficacem misericordissimi Dei gratiam , convertendi prævidebantur.
Tandem de præfatis materiis lethiferis additur adhuc in
textu sacro :

7° *Quæ procedebant de ore ipsorum.* Nempe *equorum,*
seu monstrorum, ex *equitibus,* simul et *equis* composito-
rum ; at certe nullum in natura possibile monstrum ,
posset tantam, cujusvis materiæ mortiferæ, quantitatem
ex ore producere , ut tam ingens hominum multitudo
inde periret ; neque ad hoc respondeatur : monstra illa
apparuisse in magno admodum numero ; quia frustra
in historia talium adimpletio quæreretur , materialis
nimirum, quæ tamen modo fieri debuisset, uti jam satis
probavimus ; sed talia monstra spiritualia, seu moralia,
nempe corruptissimi impii , possunt facillime evomere
tantam abundantiam blasphemiarum, falsarum doctrinarum , calumniarum , absurditatum , obscœnitatum ,
sophismatum , mendaciorum , etc. , etc. ; ut , nisi Deus
optimus maximus frænum illis imponeret , et electos
suos a contagione servaret , vel sanaret , nemo tandem
interitum sempiternum evaderet.

19ᵐ Versus. Potestas enim equorum in ore eorum est, et in caudis eorum. Nam caudæ eorum similes serpentibus habentes capita : et in his nocent.

1° *Potestas enim equorum in ore eorum est, et in caudis eorum :* cum antea dictum sit illos *equos habere capita tanquam capita leonum,* evidenter alluditur hic ad *potestatem,* quam habent *leones in ore,* quod scilicet, dentibus terribilibus armatum est ; insuper et *in caudis,* quas habent *leones* maximas, et fortissimas, et quibus pariter ut armis utuntur. Etenim dentibus lacerant, vel conterunt quidquid illis contrarium occurrit, vel fames appetere suadet ; et *caudis* semetipsos stimulant verberando latera sua, et sic furorem suum augendo ; sed his etiam verberant et sæpe occidunt animalia, vel homines sibi displicentes.

2° Sed hic ostenditur *potestatem* impiæ multitudinis præfatorum monstrorum, non reperiri in *veritate,* nec in solidis et ad persuasionem efficacibus argumentis, quibus convincat veritatis amatores, nec in sublimitate ingenii, aut acuta sapientia quamvis mere humana., quibus aliis inculcare cohentur seductores ea, quæ saltem ipsimet credunt, propriis opinionibus decepti ; sed *in ore potestas* eorum in primis reperitur, id est, in facultate impiissime, et abundantissime loquendi, blandiendi, irridendi, contemnendi, mentiendi, etc. Quis autem negabit, talem fuisse *potestatem* pravorum philosophorum in sæculo decimo-octavo, et initio sæculi decimi-noni ?...

3° At etiam notatur : eorum *potestatem* fuisse *in caudis eorum ;* nempe in applausu, in dolis, fraudibus, et calliditate sequacium ipsorum ; nempe illorum, quos modo perversos reperientes, ad se traxerant, spe turpis lucri, et libertatis in malo; vel quos reperiebant bonos quidem, sed instabiles, et seduxerunt ad similem perversitatem. Additur in ipso sacro textu ratio, unde hæc rite concludi possunt; *nam caudæ eorum similes serpentibus*, adeoque *caudas* non habebant similes *caudis equorum*, nec sicut sunt *caudæ* leonum, quibus tamen capite similes erant; sed eorum *caudæ* erant *similes serpentibus;* habebant ergo vitam, motum, sagacitatem, etc., sibi propria uti animalia distincta ab illis, quorum erant *caudæ;* et quidem eas esse, seu fuisse distincta animalia, patet ex sequentibus verbis.

4° Nam *caudæ* illæ erant *habentes capita, et in his nocent.* Ergo *caudæ* illæ, non sunt veluti *caudæ serpentum,* inter quos dicuntur nonnullæ species reperiri, quæ *cauda nocent;* et inde quidem illud habemus proverbium : *in cauda venenum;* sed ipsæmet istæ *caudæ similes* erant *serpentibus,* et habebant *capita* sibi propria; non erant tamen *serpentes,* sed ad indicandum, quod in naturalibus bene per *serpentes* repræsententur, notatur eas *serpentibus esse similes,* quia, sicuti physice lædunt, aut occidunt *serpentes,* præsertim morsu suo, sic illi seductorum sequaces, et emissarii, lædunt, vel occidunt moraliter, seu spiritualiter, susurrationibus, sollicitationibus, dictis, scriptis, etc., etc., trahentes quotquot possunt, ad partes magistrorum suorum; etenim de prædictis earum *capitibus* dicitur :

5° *Et in his nocent,* scilicet mysticæ *caudæ* mysticorum istorum *equorum,* et quasi essent ipsis *equis* et *equitibus* pejores, non dicuntur solummodo *ore nocere,* sed *capite,* id est, per omnes potentias *capiti* inclusas, vel subjectas, malum inferunt, quantum possunt; nempe studiis, loquelis suis, scrutationibus circa altiores et politicas scientias, judiciis suis, si in aliqua dignitate, aut

auctoritate constituti sint , uti plurimos tales esse contingit temporibus calamitosis ; at maxime scriptis suis
aliorumque perversorum auctorum, quibus malum exaltare et promovere, bonum vero impedire, ac extinguere
conantur.

20ⁿˢ Versus. Et cæteri homines, qui non sunt
occisi in his plagis, neque pœnitentiam egerunt
de operibus manuum suarum , ut non adorarent
dæmonia, et simulacra aurea, et argentea, et
ærea , et lapidea , et lignea , quæ neque videre
possunt, neque audire , neque ambulare :

1° Hic versus magnas habet difficultates , ac proinde
maximam requirit attentionem , ut recte intelligatur ,
quamvis prima fronte clarus appareat. Itaque : *et cæteri
homines, qui non sunt occisi in his plagis ;* clarus ergo , et
intellectu facilis esset hic versus , si admitti posset
omnia hæc esse ad litteram intelligenda ; nempe de
corporali *occisione tertiæ partis hominum* in præcedentibus, et consequenter , de corporali *non occisione* duarum
reliquarum *partium hominum* ordinario sensu sumpto-
rum , in hoc versu; sed difficultates hic occurrentes ex
eo oriuntur, quod putaverimus, uti etiamnum putamus ,
illa debere intelligi de *morte, et vita* spirituali ; quia hic
occurrunt illi , qui præfatis *plagis non sunt occisi ,* adeoque *viventes* æstimari debent , quamvis tamen in statu
gravissime peccaminoso existant, et consequenter certo
sint spiritualiter mortui.

2° At illam difficultatem prævidimus , et explanasse
omnino putamus , in explicatione versus decimi-octavi (a) , quam qui repetere voluerit, videbit quomodo

(a) Pag. 425 et seq.

quis ratione quadam adhuc spiritualiter *vivere* possit ,
seu *non fuisse occisus.* per supra expositas *plagas,* quamvis, sub alio respectu, sit vere *mortuus* coram Deo , per
peccata lethalia, si nimirum (uti olim *Lazarus,* quantumvis *fœtens in sepulcro ,*) prævideatur , ante mortem corporis . adhuc ad vitam spiritualem resuscitandus. Interim
de illis *non occisis ,* sine exceptione, dicitur :

3° *Neque pœnitentiam egerunt de operibus manuum sua-*
rum , id est : dum illi , de quibus supra actum est , tam
misere perierant , Ecclesiam Christo obfirmate relinquendo , et ad finem usque , in malis perseverando ,
quamvis satis scirent innumeros ex præfatis seductori-
bus, et seductis, non solum secundum animam invisibiliter , sed et visibiliter , secundum corpus etiam infami
morte occubuisse , ita ut in istis vindicta divina se pal-
pabiliter manifestasset ; *cæteri ,* qui adhuc professione ,
et intentione, Ecclesiæ adhærebant, et ideo inter *viventes*
numerabantur , quamvis multis gravibusque peccatis
essent onerati , nimiis scandalis decepti , et quasi in
extremo abyssi margine ambulantes , nondum timuerunt, nec a malo recesserunt ; ita quidem ut viderentur
et illi in æternum perituri ; etenim nec exemplis, nec
monitis, quibus ad emendationem invitabantur , ullatenus movebantur ; *nec pœnitentiam egerunt* de malis suis,

4° *Ut non* (amplius) *adorarent dæmonia , et simulacra*
aurea, et argentea, et ærea, et lapidea, et lignea, etc. Sed,
inquiet aliquis, num equidem qui talia agunt , possunt
dici adhuc professione , vel intentione , pertinere ad
Ecclesiam Catholicam ? Resp. Nequaquam certissime , si
hic ageretur de idololatria materialiter , seu sensu ordinario intellecta, uti olim Gentiles illam intelligebant, et
practicabant ; sed recordemur nos hic continuo versari
in mysteriis , etiam dum loquimur de turpissimis hominum miseriis ; adeoque agi hic de vera quidem , sed

spirituali idololatria, quæ vulgo ab illis ipsis, qui ea sese commaculant, nec intenditur, nec cognoscitur, quamvis ob ignorantiam graviter culpabilem, a gravibus peccatis non excusentur, sicut olim illi, *quorum Deus venter*, etc. (*a*).

5° Itaque *idola*, de quibus hoc loco agitur, putamus esse, vel fuisse : 1° Dignitates civiles, et etiam interdum ecclesiasticas, valde honorificas, vel lucrativas, quæ ab impiis, vel etiam illegitimis Superioribus, seu Dominatoribus recipiebantur, aut intercessione impiorum, vel donis, et fraudibus obtinebantur ; et quidem sæpe cum onere faciendi illicita, ac sub illicitis juramentis. 2° Varia alia *idola* erant bona temporalia, quæ illicite injusteque usurpabantur, vendebantur, emebantur, vel hæreditate obtinebantur, et cum conscientia rei illicitæ possidebantur jam ante Indultum Sedis Apostolicæ in favorem emptorum bonorum ecclesiasticorum ; et multa adhuc postea possidentur, quæ sub illo Indulto non comprehenduntur. 3° Tandem *idola* erant pro multis, ipsimet impii dominatores, quorum iniquissimæ voluntates cum applausu recipiebantur, approbabantur, et exsecutioni mandabantur, a pluribus inferioribus dignitate auctis, quasi bonæ, justæ, et omni laude dignæ fuissent Ex his ergo patet quinam fuerint *idolorum cultores*, quique vel diu in illa *idololatria* perseveraverint, vel etiamnum perseverent.

6° De illis omnibus *idolis*, merito dicitur in textu sacro hujus *Libri* : — *Quæ neque videre possunt ;* quia, vel sunt homines turpiter obcæcati, vel sunt res inanimatæ, adeoque ex natura sua cæcæ, et tum illi, tum ipsæ, amatores, seu adoratores suos misere obcæcantes, et ad interitum, sempiternum ducentes, nisi horum tandem efficaci *lumine ex alto*, oculi aperiantur, quo

(*a*) Phil. c. III, v. 19.

salutariter perterriti, fugiant ab abysso, in cujus extremo margine ambulabant.

7° Similiter eadem illa *idola, neque audire* possunt, ob easdem causas, et insuper cultores suos monitis omnibus salutaribus surdos reddunt; in qua spirituali surditate, usque in finem permanerent, nisi tandem misericordissimus Deus, fragore quodam vehementissimo spiritualis tonitru, illorum voluntariam surditatem vinceret, ac sanaret, mentium *illorum auriculas tangens,* quasi *digito* omnipotentiæ suæ. Præterea illa *idola*

8° *Neque ambulare* possunt. Quia sicut modo vidimus, vel homines sunt, ex toto terreni, terræ firmissime adhærentes, donec in terram revertantur; vel res mere terrestres sunt, quarum locus adeo proprius terra est, ut nullo modo in via patriæ cœlestis procedere, nec ad eam quidem portari valeant. Consequenter quasi immobilia pondera, in terris manere debent, donec tandem in terra irrevocabiliter pereant. Sed interim *idola* illa etiam efficiunt ut possessores, et amatores illorum ab *ambulando* prohibeantur; etenim illos in via salutis, quasi immobiles statuas terræ adhærentes, reddunt, donec per aliquam extraordinariæ gratiæ efficacitatem abripiantur et ad meliorem sensum incitentur.

21ᵘˢ VERSUS. Et non egerunt pœnitentiam ab homicidiis suis, neque a veneficiis suis, neque a fornicatione sua, neque a furtis suis.

1° Itaque talibus *idolis* adhærentes diu perseverarunt in malis, *et non egerunt pœnitentiam,* etc. Id est, illi *superviventes,* de quibus supra, quamvis aliquando vere convertendi, tamen diu restiterunt gratiæ Dei; diu sese gesserunt quasi nunquam ad Deum convertendi, adeoque videbantur etiam penitus, et irrevocabiliter *mortui,* perditi, et Ecclesiæ, et Cœlo; quia sæpe, multisque modis moniti , videbantur obdurati in malo , omnem spem salutis contemnere , et in perpetuum excludere. Ipsos etenim *homicidiorum suorum non pœnitebat ,* quamvis utique interdum tales· essent rei homicidiorum etiam corporalium. Quum tamen hic continuo in mysteriis versemur, puto hoc loco præsertim indicari *homicidia* spiritualia.

2ª Etenim si hæc significarent *homicidia* proprie dicta, tunc saltem hic recedendum esset ab admissa generaliter sententia , videlicet in hoc *Libro,* tot esse mysteria, quot verba; idem erit in sequentibus hujus versus verbis. *Homicidia* ergo de quibus hic, illa sunt quæ commiserant per plurima graviaque scandala data fragilibus, et simplicibus, qui passim putabant licita, et sine scrupulis imitanda , quæcumque a talibus viris fieri videbant , vel audiebant , dum, modis supra dictis , *idola colebant.* Ergo de illis *homicidiis suis, pœnitentiam* non *agebant ,* quamdiu illa *idola* ex toto corde relinquere nolebant.

3° *Neque a veneficiis suis,* quæ præsertim commiserant, multorum cordibus instillando *venenum* pravarum opinionum, quibus ipsimet adhærebant, vel saltem publice indulgebant , seu favere cognoscebantur ; forte tamen non prævidentes , aut saltem non intendentes malas illas sequelas, quas nihilominus prœvidere potuissent , ac proinde timere , ac impedire certissime debuissent , per meliora exempla , per majorem prudentiam , ac veræ religionis zelum puriorem.

4° *Neque a fornicatione sua ,* nempe similiter spirituali; quam commiserant , cor suum, et amorem suum, quem soli Deo debebant , ex magna parte , vel etiam subinde ex toto prostituendo, per adhæsionem graviter culpabilem , quibuscumque rebus temporalibus, cum neglectu , ac forte interdum cum contemptu , rerum æternarum; quasi salutis negotio et omnibus operibus ad illam conducentibus in perpetuum valedixissent, seu illis renuntiassent ; tales enim etiam non pauci inveniebantur, et etiamnum inveniuntur.

5° *Neque a furtis suis.* Iterum præsertim spiritualibus , quæ commiserunt , auferendo a Deo , vel ab Ecclesia, debitum honorem , obedientiam , gloriam , et filialem sinceramque submissionem, in verbis, in actionibus, et in omnibus affectibus cordis ; dum scilicet illa omnia , vel maximam eorum partem, impenderunt creaturis, ob spem temporalium , commodi scilicet vel lucri , et ex metu damni in divitiis, honoribus mundanis, et in æstimatione apud magnates terræ.

6° Tandem, uti supra jam monuimus, bene notandum est , nos, dum omnia illa crimina spiritualiter explicamus, nullatenus asserere , illos de quibus locuti sumus, non commisisse talia crimina materialia, seu ad litteram sumpta , multos enim illorum evidens est , et publice manifestum fuit , plurimorum talium reos fuisse aut hucusque esse; sed ita loquimur in explicatione textus sacri , quia putamus in his Revelationibus , semper maxime, et plerumque unice, de spiritualibus agi. Alias enim *Liber Apocalypseos* in multis locis esset vere inexplicabilis ideoque parum utilis Christi Fidelibus ; quod certe nec licite , nec rationabiliter supponi potest.

CAPUT DECIMUM.

Angelus aliquis descendit de cœlo , et annuntiat sub juramento , tempus non amplius futurum ; mox consummandum mysterium Dei. Deinde porrigit Sancto Joanni librum devorandum. Interea septem tonitrua loquuntur arcana , non scribenda in Libro hoc. Liber traditus, est dulcis in ore, amarus in ventre devorantis.

1ᵘˢ VERSUS. **Et vidi alium Angelum fortem descendentem de cœlo amictum nube , et iris in capite ejus , et facies ejus erat ut sol , et pedes ejus tanquam columnæ ignis :**

1° *Et vidi alium Angelum fortem ,* etc. Itaque *videt* et contemplatur Sanctus Joannes novam adhuc visionem propheticam , qua comprehenduntur , et attentissimo spectatori exhibentur illa , quæ in fine sextæ Ætatis Ecclesiæ militantis contingere debent , quæque jam adhuc futura sunt , ideoque nobis intellectu difficiliora. *Vidit* ergo *alium* quemdam *Angelum,* et hunc specialiter *fortem.* Dicitur autem *alius* , quia non est ex numero *septem* illorum , e quibus jam successive *sex* audivimus tuba canentes , et quorum *septimus,* seu ultimus superest , tuba caniturus , capite undecimo , versu decimoquinto.

2° Hoc quidem meretur specialem attentionem , quod ille , de quo hic quæstio est , sit *alius Angelus.* Namque *septem Angelos tubis canentes* singulos assignatis sibi temporibus, judicavimus esse , seu significare , omnes Evangelii prædicatores , per *septem* Ecclesiæ Ætates ; sed utique prædicatores ordinario modo ex Ecclesia assumptos , ab Ecclesia ordinatos, et ad ministerium verbi missos. Ille vero *alius Angelus,* sive Christum

Dominum significans , sive repræsentans *Henoch* et *Eliam,* uti postea videbimus, non est ex ordinariis prædicatoribus, sed minister extraordinarius, non ab Ecclesia electus; ergo *alius*, tamen certissime legitimus.

3° Sed quis est ille *alius Angelus?...* Resp. In quantum de hoc nos judicare possumus , et audemus , est *Angelus* symbolicus, quodammodo ipsummet Christum Dominum repræsentans, sed significans , et prænuntians ejusdem Adventum secundum , ut proxime futurum. Specialiter dicitur *fortis* , ad rememorandum quod Christus sit ille fortissimus *Leo de tribu Juda* , qui olim superveniens , *fortem armatum* , nempe diabolum , *vicit, spoliavit*, et *ejecit;* quique mox venturus Judex universorum , omnes inimicos suos penitus conculcabit , ac servos amicosque suos ab omni tandem vinculo, ab omni quovis malo , in æternum liberabit; qui tunc plene , et omnimodo perfecte sibi assumet, ac etiam servis suis tradet , Regnum sempiternum , quod nemo poterit auferre , aut ulla unquam ratione turbare.

4° Dicimus *plene , et perfecte assumet Regnum;* quia usque ad extremum Judicium , Regnum Christi manet incompletum, seu imperfectum . 1° quia nondum omnes electi ejus ad gloriam sempiternam pervenerunt ; 2° quia adversarius ejus diabolus , adhuc multa mala potest inferre, etiam electis ad gloriam , sed adhuc viatoribus in terris; 3° quia in hoc mundo, boni cum malis necessarie permixti vivunt , nec semper ab illis dignosci possunt , nisi per ipsummet Scrutatorem cordium ; 4° quia electi jam in cœlis glorificati, solummodo secundum animam , mercedem suam potuerunt recipere ; 5° quia animæ plurimæ, in purgatorio existentes, quamvis sint de numero electorum , et jam in portu salutis, tamen adhuc pati debent. Tunc autem ablata erunt omnia illa incommoda.

5° **Præfatum** illum *alium Angelum* , et *fortem* , vidit Joannes *descendentem de cœlo*. In quantum ipse repræsentat Christum judicem venturum , *descendit de cœlo* proprie dicto , ad quod olim , impleta missione sua , gloriosus *ascendit* , et ubi ex tunc secundum utramque naturam suam, *sedet ad dexteram Patris*. Sed in quantum idem *Angelus* significat præcipuos *duos testes* in fine temporum venturos , uti mox clare videbimus , dicitur *de cœlo descendere* , quia *de cœlo* improprie dicto ; seu de Ecclesia Christi *descendit*, seu *descendent* illi *duo testes* , quia Ecclesiæ nomine , et ejusdem auctoritate prædicabunt, quamvis immediate a Deo missi. Erat autem *Angelus* ille

6° *Amictus nube* , renovans memoriam primi adventus Christi , dum Filius Dei in terris apparuit *amictus* seu vestitus *nube* carnis mortalis ; quemadmodum enim Christi divinitas, tegumento carnis humanæ abscondebatur, ita *nube* quodammodo velatur *Angeli* spiritualitas, cum appareat ut homo , indigens veste. Etiam quia eadem carne , sed jam glorificata, vestitus Christus , in secundo suo adventu est appariturus. In quantum vero *Angelus* repræsentat præfatos *duos testes* , *nubes* qua tegitur sumi potest pro turba sociorum qui cum illis , et sub eorum directione sunt prædicaturi.

7° Fulgebat quasi ornamentum *Angeli* , *iris in capite ejus* ; *iris* est symbolum commemorans fœderis novi, inter Deum et homines, mediatore Christo. Etenim venit Christus Dominus beatum illud fœdus annuntians , per Incarnationem suam ; illud explicans per doctrinam suam; et illud concludens ac confirmans per sanguinem, et mortem suam. Venietque rationem reposcens de observatione , et fructibus ejusdem , per extremum judicium , dum omnia secundum justitiam æternam examinabit, et *reddet unicuique secundum opera ejus*.

8° *Et facies ejus erat ut sol*, magnus ille splendor *faciei* istius *Angeli*, significat splendorem gloriæ Humanitatis Christi, qui veniet non jam humiliatus, et humiliandus, contemnendus ab impiis, passurus, aut moriturus; sed ineffabili, cum majestate, tanquam Rex gloriæ sempiternæ, et Judex Supremus, infallibilis, sanctissimus, incorruptus, et omnipotens; cujus propterea judicium mutare nemo poterit, cujus sententiæ omnes creaturæ debebunt sese submittere, ejusdem coactæ subire exsecutionem.

9° *Et pedes ejus tanquam columnæ ignis :* adeoque *pedes Angeli* fulgebant *igneo* colore, forte etiam reipsa ardebant. An autem habuerint formam *columnarum*, non omnino constat; sufficere enim potuit quod apparerent valde fortes, *pedes* scilicet cum cruribus, et firmiter stantes, ut dicantur *tanquam columnæ,* quamvis haberent ordinariam formam pedum humanorum, nempe cum cruribus et femoribus, usque ad corporis truncum; et id quidem multo probabilius videtur, quia duæ formæ *columnarum* non possunt sub forma humani corporis convenienter collocari, præsertim dum bases earum non sibi juxta opponuntur, sed e contra, notabiliter ab invicem removeri debent sicut in hoc loco (uti mox in textu sacro videbimus), cum pedum illius Angeli alter *super terram,* alter *supra mare* positus appareret. Ideoque pictores, et sculptores, hanc visionem repræsentantes cum columnis, has necessarie oblique, quasi contra invicem labentes ponunt, ut per summam partem in superposito corporis *Angeli* trunco uniri valeant; sed hoc est contra naturalem positionem columnarum, quæ perpendiculariter solent collocari, et secus firmiter stare non possent. Ideoque talem repræsentationem, et explicationem a veritate abhorrentem, ac consequenter non admittendam æstimamus.

10° Cæterum hi *pedes* satis longam explicationem requirunt. Nempe auctores dicere solent, et utique non male : quod *Angelus* prius per *iridem in capite*, promittens *pacem hominibus bonæ voluntatis*, quos splendidissime radiante *facie* benigne aspicit; sic per *pedes igneos* annuntiat inimicos Christi , omnesque homines malæ voluntatis, nisi cito egerint pœnitentiam, esse terribilibus *pedibus* Christi ; Justi Judicis conculcandos , et *igne* infernali comburendos. Hæc interim , quamvis certo bona, non videtur nobis sufficiens explicatio; sed cum perspicaci auctore anonymo, (de quo jam sæpe supra,) putamus *duobus* illis *pedibus* fortissimis , significari *duos* celeberrimos *testes*, de quibus plura in capite sequenti videbimus;

11° Illi ergo, qui merito creduntur debere esse *Henoch,* et *Elias*, repræsentantur sub specie *pedum Angeli* symbolici , significantis Christum secundo venturum , quia orbem terrarum perambulando , Christum portabunt , per se, et per discipulos suos, ad universas gentes , uti olim fecerunt duodecim Apostoli. Illi *testes* pertinent ambo ad eumdem *Angelum* tanquam membra ejus , quia in perfecta unione cum Christo , et secum invicem, quasi ex uno ore prædicabunt ; apparent toti *ignei*, quia illi prophetæ , etiam olim ardentissimi, instante fine temporis, ferventissime sunt prædicaturi, zelo Dei erunt penitus incensi, et inflammati, pro majori progressu piorum, conversione peccatorum, et confusione impiorum obduratorum. De cæteris postea.

2ᵘˢ Versus. Et habebat in manu sua libellum apertum : et posuit pedem suum dextrum super mare , sinistrum autem super terram.

1° *Et habebat in manu sua libellum apertum* ; itaque mirabilis ille Angelus *manu sua* tenebat, et Sancto

Joanni exhibebat *libellum*, sed qua *manu* tenebat illum ?
quisnam erat, vel qualis, ille *libellus ?* quare etiam dicitur *libellus ,* seu parvus liber? Resp. Quamvis sacer
textus hoc non dicat, indubie manu dextera illum tenebat ; non solum quia ab omni tempore, et in omnibus
nationibus aliquousque politis, semper fuit in usu, manu
dextera tenere quidquid alicui porrigendum erat, sed
maxime quia est dignissimus gratissimusque *libellus ;*
erat enim Liber Evangeliorum, ut postea patebit. Dicitur *libellus,* non quia parvus, cum constet quatuor libris,
quorum nullus unquam *libellus* dictus fuit a noto quolibet
auctore ; sed sic vocatur habita ratione brevis temporis
quo debet mundo explicari , ab ultimis veræ Fidei prædicatoribus.

2° Apparebat autem ille *libellus apertus ,* quia in fine
temporum, Evangelium, quod præsertim Judæis, erat
liber clausus, quippe quorum mentis oculi *velamine* crasso
essent impediti ; tunc autem, ablato funesto illo obscuritatis *velamine apertus* erit *libellus ,* et facile intelligetur
Evangelica doctrina, tum a Judæis, tum a Gentilibus,
qui usque ad illam Epocham, *in tenebris, et in umbra
mortis sedisse* reperientur. Etenim tunc ultimum omnibus apparebit lux veritatis, et ostendetur unica via
salutis.

3° *Et posuit pedem suum dexterum super mare :* quis
hic per *pedem dexterum* intelligi debeat, cum absoluta
quidem certitudine sciri non potest ; at probabilissimum
nobis videtur ipsum esse *Henoch,* qui ante dilavium
universale , omnibus indiscriminatim populis tunc existentibus prædicavit, et in fine temporum , forte præsertim prædicaturus est populis Catholicis , et omnibus
qui Christiano nomine gloriantur , seu quomodocumque
ad Ecclesiam Christi pertinent, adeoque etiam hæreticis
et schismaticis ; et per *mare* super quod ponitur ille *pes*

dexter, intelligi debere Ecclesiam Christi, quæ ob rationes quas alibi modo explicavimus , et adhuc in sequentibus videbimus , sæpe per *mare* significatur.

4° Posuit *autem* idem *Angelus pedem sinistrum super
terram :* Ex supra dictis patet per *pedem* illum *sinistrum,*
intelligendum nos judicare prophetam *Eliam ,* qui erat
olim prædicans præsertim populo Israelitico, ferventis-
simumque zelum ostendens pro veri Dei gloria, et istius
populi salute; sed ex justa Dei vindicta , multa sinistra,
et infausta faciens , et prædicens. Per *terram* vero ,
super quam ille *pes sinister* ponitur , intelligimus populum Judaicum , seu Israeliticum , filios Abrahæ , secundum carnem , de quibus Patri eorum fuit prædictum ,
fore ut *multiplicarentur sicut pulveres terræ* (a), quique
eo convenientius per *terram* significantur , quod usque
ad veram finalemque eorum conversionem penitus
terreni sunt , et fere nonnisi ad terrena anhelant. Illis ,
ut arbitror , et aliis populis infidelibus , qui usque ad
ultima illa tempora, more Judaico, obdurati manebunt,
prædicabit præsertim *Elias ,* et per illum convertentur ,
majori saltem ex parte ; nunquam enim erit conversio absolute universalis ; uti in sequentibus clare
videbimus. Dicitur adhuc de eodem isto *Angelo :*

3** VERSUS. Et clamavit voce magna, quemadmodum cum leo rugit. Et cum clamasset , locuta
sunt septem tonitrua voces suas.

1° *Et clamavit voce magna ,* videlicet ille *Angelus*
repræsentans , sub uno respectu , Christum Dominum ,
non tunc ut *agnum* mansuetum ad mortem ducendum ,
sine ulla resistentia, sed ut *Leonem de tribu Juda.* omnia
perrumpentem obstacula in via sua; repræsentat insuper,

(a) Gen. c. xiii , v. 16.

sub aliis respectibus, *duos* illos celeberrimos Christi *testes*, nempe prophetas antiquos qui apparebunt iterum in hoc mundo, circa finem ejus, et Fidem Christi omnibus populis prædicabunt, nempe per se, et per suos cooperatores, qui indubie bene multi erunt; ille, inquam, *Angelus* dicitur *clamasse voce magna,* seu altiori, quia eorum prædicatio maximum excitabit strepitum in universo mundo, ita Deo volente, ut omnes nationes, imo et singuli homines in falsa funestaque securitate dormientes, evigilent, oculos et aures mentis aperiant, salutariterque tandem videant, ac timeant extrema pericula, in quibus versantur, et supremam istam occasionem arripiant interitum evitandi sempiternum.

2° Dicitur autem *clamasse quemadmodum cum Leo rugit.* Propter severitatem, vehementiam, et urgentiam prædicationum eorum, quia tunc brevitas temporis quod supéresse cognoscent illi zelatores animarum, nullatenus illos sinet, in convertendis populis, cum longanimi suavitate lente procedere. Sed tunc præsertim adimplebitur illud verbum Christi : *et ait Dominus servo : exi in vias, et sepes, et compelle intrare, quoscumque inveneris, ut impleatur domus mea* (a). Adeoque, quamvis certissime nemo sit invite convertendus, et hominibus malæ voluntatis semper futurum sit possibile *Spiritui Sancto resistere,* tantus erit ardor prædicatorum, tam palpabilis evidentia veritatum quas annuntiabunt, tanta vis signorum, quæ patrabunt, et tanta efficacia gratiarum, quas in hoc ultimo misericordiæ suæ tentamine Deus effundet super peccatores, ut quasi *compelli,* seu cogi ad conversionem videantur.

3" *Et cum clamasset* Angelus; id est, cum *testes* illi, eorumque collaboratores, suam missionem adimpleverint, seu cursum suarum prædicationum terminaverint,

(a) Luc. c. xiv, v. 23.

qui absque dubio non terminabitur , nisi per eorum
martyrium , de quo infra latius agemus ; dum enim
ministri satanæ doctrinam damnationis spargere et
inculcare non desistunt , quomodo viri sancti tanto zelo
Domini ardentes, a prædicanda salutis doctrina cessare
possent , nisi pro veritate sanguinem suum et vitam
fundendo? hoc autem certo facturi sunt. Itaque ipsis vel
jam morte ablatis , vel saltem in carcerem et vincula
conjectis , tandem

4° *Locuta sunt septem tonitrua voces suas.* Hic iterum
sat difficilis occurrit quæstio. Etenim et hic non agitur
de meris , materialibusque *tonitribus ,* qualia tempore
tempestatum naturalium in aere strepitantia audiuntur;
sed de quibusdam prædicatoribus, aut veritatis nuntiis,
Dei nomine adhuc venientibus , post prædicationem
præfatorum *duorum testium ,* et jam proxime instante
fine mundi ; qui prædicatores *tonitrua* vocantur , aut
forte etiam tunc vocabantur, vel ob maximam zeli sui
vehementiam, vel propter terribilem strepitum, et stupo-
rem , quem in mundo excitabit supremum illud quod
humano generi dabunt MONITUM.

5° Patet autem hæc non esse proprie dicta *tonitrua ,*
1° quia si talia deberent esse , in hac Apocalyptica præ-
dictione non haberetur mysterium, quod esset contra
destinationem hujus *Libri,* qui nihil, nisi mysteria continere debet. 2° Quia dicitur : *locuta sunt voces suas ;*
quamvis enim strepitus inarticulatus naturalium *tonitruum,* etiam identidem *voces* appellentur, alibi nusquam
dicuntur *tonitrua locuta* fuisse ; hic ergo agitur de *vocibus* articulatis seu de veris verbis , aliquem habentibus
sensum audientibus intelligibilem; adeoque de locutori-
bus usum rationis habentibus. Cum autem nihil indicet
illa *tonitrua* debere esse *Angelos ,* solum superest , ut
futuri sint *homines ,* nomine Dei loquentes. Dicuntur

septem, probabiliter quia multi erunt ; uti talia exempla saepe alibi vidimus.

6° Erunt illa *tonitrua*, alicujus tunc cognitae, et determinatae speciei, quia in textu Graeco, cum in illa Lingua, *tonitru* sit foeminini generis, dicuntur *hae*, seu *illae septem*, αἱ ἑπτὰ βρονταί. illa *septem tronitrua*. Inde videtur quod illa *septem tonitrua*, seu ministri Dei, qui *tonitrua* vocantur, aliqua praecedente prophetia debeant tunc esse cogniti antequam veniant, et dum venerint, ut tales agnosci ; sicuti olim de Christo Domino dicebatur ab illis, qui vel firmiter credebant, vel saltem opinabantur, illum esse promissum *Messiam :* quod esset *ille propheta*, id est, *propheta specialis*, quem venturum alii praedixerant. Illo sensu etiam Sanctus Joannes Baptista interrogantibus se, responderat : se *non esse illum prophetam* etc. Talia in Lingua Graeca sunt multo clariora.

4ᵘˢ VERSUS. Et cum locuta fuissent septem tonitrua voces suas, ego scripturus eram : et audivi vocem de coelo dicentem mihi : Signa quae locuta sunt septem tonitrua, et noli ea scribere.

1° Itaque hic latent mysteria, tantum in fine mundi manifestanda dum adimplebuntur. Dicit enim Sanctus Joannes : *Et cum locuta fuissent septem tonitrua voces suas ;* id est, dum in ista prophetica visione, ego audieram, et intellexeram, quaenam illi ministri Dei, qui vocantur *tonitrua*, mundo essent suo tempore annuntiaturi, vel praedicaturi, putaveram et haec scribere, sicut caetera, seu in libro meo annotare, ad instructionem Ecclesiarum, secundum mandatum, quod initio Revelationum receperam ab *Angelo*. Ideo dicit idem sacer scriptor ;

Ego scripturus eram, sine ulla haesitatione judicans, ea

etiam inservire debere monitioni, et ædificationi Fidelium, præsentis et futurorum omnium Ecclesiæ sæculorum. Sed aliter Deus his *vocibus* uti statuerat. Etenim

2° *Et audivi vocem de cœlo, dicentem mihi :* Hæc *vox*, Sancto Joanni loquens, eumque nomine Dei monens de mutando proposito, non videtur solummodo fuisse interna inspiratio, sed vera et sensibilis *vox*, ab alto *cœlo*, saltem ex cœlo aereo, ad Joannem directa, cum dicat : *audivi ;* non tamen videtur vidisse personam loquentem, sed tantum audivisse, et intellexisse verba sonantia in auribus suis, certissimeque ea a Deo venire, et mandatum quod continebant esse observandum. Dicebat autem illa *vox :*

3° *Signa quæ locuta sunt septem tonitrua, et noli ea scribere.* Id est : secreta tibi soli serva, quasi sigillis inviolabilibus ea claudendo, donec venerit tempus a Deo statutum, ad ea manifestanda; non sunt enim ante illud Fidelibus necessaria, vel utilia. Unde scito ea nec voce, nec scriptis debere antea publicari. Itaque frustra quis laboraret, ad detegendum quid, vel de quibus, illa *tonitrua locuta sint,* cum soli Sancto Joanni hæc in terris revelata fuerint, nec illi fuerit permissum eadem cuilibet, vel quocumque modo communicare. Non tamen reputari debet illicitum, forte nec erit inutile, de hoc aliquid humili conjectura judicare ; v. g. cum Christus Dominus *interrogatus de tempore, quo mundus esset periturus,* testatus sit : *hoc soli Patri notum esse ;* cui huc usque non placuit ulli homini hoc indicare ; fortasse dum finis mundi jam proxime aderit, possent illa *tonitrua* a Deo mitti, ad hoc tandem hominibus, cum evidenti certitudine, nuntiandum, ut hinc consternati, et commoti, aliquot adhuc ex obduratis eousque peccatoribus, convertantur.

5ᵐ VERSUS. Et angelus, quem vidi stantem super mare, et super terram, levavit manum suam ad cœlum :

1° *Et Angelus quem vidi,* nempe ille symbolicus *Angelus,* de quo ab initio hujus capitis; quem tunc *vidit* Sanctus Joannes, sive oculis corporis, quasi corporali figura sibi exhibitum, sive visione mere spirituali, adeoque solis oculis mentis, *stantem super mare, et super terram,* modo scilicet, supra explicato (*a*), quasi volens efficaciter monere, et salutariter commovere, omnes habitatores duplicis istius orbis,

2° *Levavit manum suam ad cœlum :* assumens videlicet habitum publice jurantis, seu coram toto genere humano, cui gravissima nuntiaturus erat, Supremum Dominum, cœli terræque Regem, a quo missus erat, in testem invocantis super veritate verborum, quæ jamjam prolaturus erat, reipsa testimonium Dei creatoris universi solemnissime invocavit. Sequitur enim unico versu, et ejus juramentum, et id quod annuntiat.

6ᵐ VERSUS. Et juravit per viventem in sæcula sæculorum, qui creavit cœlum, et ea quæ in eo sunt; et terram, et quæ in ea sunt; et mare, et ea quæ in eo sunt : Quia tempus non erit amplius :

1° *Angelus* igitur, qui jam ante *septem tonitrua, voces suas,* audiente Joanne, *loquentia,* apparuerat, et nonnulla locutus fuerat, *voce* quidem *magna,* et terribili (*b*), adhuc pauca, sed maxime momentosa verba loquitur; indubie non minori, nec minus stentorea *voce* quam priora. Et ut ab omnibus assertioni suæ fides

(*a*) Ad primum et secundum hujus capitis versum. — (*b*) Sicut supra vidimus, versu tertio.

habeatur *levat ad cœlum manus*, uti jam supra vidimus ,

2° *Et juravit per viventem in sœcula sœculorum*, nempe per Summum, verum et unicum Deum, per Omnipotentem factorem omnium , quæ præter eum , existunt ; cujus testimonium necessarie est infallibile , et cujus decretum publicaturus *Ego missus sum ;* hoc subintelligendum dat *Angelus;* at antequam ulterius procedamus, hic aliquid notandum videtur. Nempe ex eó , quod *Angelus juret per viventem in sœcula sœculorum* , et tali juramento asserat mox fore ut *tempus non sit amplius ;* nemo debet objicere : quod hic reperiatur vel contradictio, vel absurditas. *Contradictio* scilicet , si verum sit quod Deus *victurus sit per sœcula sœculorum* , id est : sine fine durationis temporum ; cum evidenter *sœcula* sint *tempora* , quia unumquodque *sœculum* constat centum annis ; dum nihilominus asseritur : mox *tempus nullum amplius esse futurum !... Absurditas,* si utrumque ut verum admittatur. Etenim ad hæc respondetur : Dum ab una parte *Angelus* loquitur *de vivente in sœcula sœculorum* , non denotat *tempus* longissimum , aut sine fine duraturum, sed æternitatem existentiæ Dei , sine *tempore,* seu *temporum vicissitudine.* Dum ab altera parte testatur fore, ut *tempus non sit amplius* , intelligit *tempus* pœnitendi, aut bonum faciendi in hac temporali vita.

3° *Jurat* ergo per illum, *qui creavit cœlum, et ea quæ in eo sunt, et terram, et ea quæ in ea sunt, et mare, et ea quæ in eo sunt;* consequenter per auctorem omnium visibilium, et invisibilium creaturarum, quomodocumque, vel ubicumque existentium , qui ab æterno est , uti et in æternum erit; cujus potestati omnia subjecta sunt , et qui ipsemet efficere potest , ac exsequetur quæcumque decrevit , qui denique mala futura misericorditer curat prænuntianda , ut quisque tempestive funestos eorum effectus evitare satagat; et quid *Angelus* tam solemniter, nomine et mandato Dei *juravit ?*

4° Hoc nimirum : *quia tempus non erit amplius.* Quasi dixisset : Ecce, ultima hujus mundi *momenta* instant, et per ipsiusmet infallibilis Dei veracitatem certum est, post *illa , nullum tempus* peccata expiandi , aut bona opera faciendi *amplius* esse obtinendum ; misericordiæ enim et gratiæ, irrevocabiliter pro omnibus creaturis, finitum erit tempus, illique inevitabiliter succedet justitiä suprema. Ultima nunc *lux* lucet in orbe terrarum , et immediate sequetur *nox* perpetua , in qua *nemo* amplius *poterit operari* pro salute æterna ; itaque festinent omnes mortales, agere nunc quæ ipsis adhuc in hujus vitæ termino agenda supersunt , ne serius et frustra illos pœniteat.

5° Ex ultimis his *Angeli* verbis, videtur augeri probabilitas conjecturæ nostræ, nempe : quod præcedentia *septem tonitrua,* dum venerint, nuntiatura sint quantum temporis adhuc supersit ante judicium extremum ; et hoc supposito, *Angelus* hic ultimo loquens, sub juramento confirmasset , seu finiente mundo confirmaret , elapso temporis spatio ab *illis* indicato, *nullum amplius* posse sperari. Sic enim cohærerent *voces septem tonitruum ,* cum *vocibus* istius *Angeli ,* et monitionibus *duorum testium ,* et concorditer omnium testimonia dirigerentur ad convertendos ultimo remanentes peccatores, stimulandosque ad majorem fervorem justos ultimo in terris viventes.

7ᵘˢ VERSUS. Sed in diebus vocis septimi Angeli, cum cœperit tuba canere, consummabitur mysterium Dei, sicut evangelizavit per servos suos Prophetas.

1° Pergit adhuc Joanni idem *Angelus* loqui , seu potius Sanctus Joannes referens quæ dixerit ille *Angelus;* nempe : *sed in diebus vocis septimi Angeli ; septimus Angelus,* uti antea notavimus, repræsentat prædicatores prioris partis septimæ Ætatis Ecclesiæ , consequenter ultimo loco venientes , et laborantes in vinea Domini ; illos ergo, de quibus jam supra, præcedentes exponendo hujus capitis versus, nonnulla diximus. Et *vox* istius *Angeli septimi,* est illorum prædicatio. Sed *dies* ejusdem, certe erunt *pauci et mali ,* quia nonnisi partem valde exiguam septimæ istius , ultimæque Ætatis , poterunt efficere , nempe tantummodo ejusdem introductionem , seu proximam ad eam præparationem. Etenim , sicut jam satis clare ostendimus alibi ,

2° Ultima Ætas, excepta ejus introductione, pertinet, non ad Ecclesiam in terris militantem, sed ad Ecclesiam in beata æternitate triumphantem ; seu erit septimus, ultimusque dies , seu *Sabbatum* magnæ, hujus mundi , seu potius universi , hebdomadæ; et sicut sub Veteri Lege , crepusculum Parasceves , seu ultima lux præcedentis diei , et tota nox , pertinebant ad sequens *Sabbatum;* sic convenienter ultimam perituri mundi, simul et extremi Judicii diem totam,quasi terribilissimam noctem ad immediate secuturum æternum *Sabbatum,* pertinere putamus.

3° Si *dies septimi Angeli,* uti probabilissimum omnino videtur, sint sumendi pro tempore inter interitum Antichristi , et Judicium extremum , consequenter et post mortem et ascensionem *duorum testium ;* certe nullatenus sciri potest quot futuri sint illi *dies ,* seu quam longum illud ultimum *tempus.* Aliqui auctores putaverunt, ex Danielis prophetia concludi posse tempus illud esse duraturum quadraginta-quinque diebus. Posset forte esse notabiliter quidem longius , propter dubiam signi-

ficationem termini *dies ;* sed quidquid sit, tempus illud,
erit vere brevissimum , seu potius unico momento constans , habita ratione sequentis *æternitatis.*

4° Itaque cum *cœperit tuba canere* ille *Angelus septimus ,* id est , quando illi ultimi temporis prædicatores ,
seu missionarii hic repræsentati , quos putamus esse
septem tonitrua , de quibus supra , et qui tunc ab eodem
septimo Angelo dirigendi sunt , cursum prædicationis
suæ inceperint , et ferventer incumbent laboribus suis
Apostolicis, ut amplificetur adhuc numerus membrorum
Ecclesiæ militantis , et illa tota præparetur ad felicem
transitum ad Ecclesiam in cœlis perenniter triumphantem ; tunc tandem

5° *Consummabitur mysterium Dei,* id est , eodem tempore incipiet ultima adimpletio magni *mysterii ,* quod
Deus in terris operari voluit; nempe quod inchoatum
fuit per creationem mundi et hominis; quod progressum
obtinuit 1° in Lege Naturæ ; 2° in Lege Mosaica ; scilicet
in ista per obscuriores , in hac per clariores figuras;
3° in Christo , et Ecclesia ; seu in Lege Gratiæ , per
manifestam veritatem Evangelicam ; et 4° per ultima
quæ fient in fine temporum ; totum autem manifestabitur per extremum ac universale Judicium. Sic omnia
mysteria, quæ in hoc mundo fieri debent, simul sumpta,
considerantur quasi unicum opus Dei, quod per plurimas
partes successivas, ab initio ad finem temporis extensum
est , et tandem finiente mundo erit completum. Hoc
autem ordine continget :

6° *Sicut evangelizavit* (Deus) *per servos suos prophetas.*
Id est : sicut ab antiquissimis temporibus ipsemet *Deus,*
utique solus *sciens quid esset facturus ,* annuntiavit per
omnes *servos suos ,* quos in decursu durationis mundi ,
ad hoc instruxit , et misit in terram , ut de omnibus
faciendis, patiendis, et vitandis præmonerent hujus orbis

habitatores, omnes scilicet, in quovis tempore, et quibuscumque circumstantiis viventes, sive ante diluvium
universale, sive post illud ; sive ante, sive post Legem
Moysis ; sive tandem sub Lege Gratiæ, usque ad mundi
terminum ; et etiam in omnibus quibuscumque regionibus ; ut quisque sciret quid sibi agendum, quid omittendum, quid credendum et quid rejiciendum esset, ad
salutem æternam consequendam.

7° Sed cur dicitur *evangelizavit ?* etenim *evangelizare*
significat : fausta nuntiare; sed multi prophetæ, et quidem ipse etiam Christus Dominus, et ejus Apostoli,
non solum fausta, sed et multa infausta nuntiarunt.
Resp. In Dei consilio, omnia quæ unquam, ipso auctore, nuntiata fuerunt aut erunt, bona sunt et erunt; quia
omnia ad Majorem Dei Gloriam, et ad hominum salutem
fuerunt in hoc æterno consilio decreta. Etenim *diligentibus Deum omnia cooperantur in bonum ;* et per mala,
non solum temporalia, sed etiam æterna, quæ non diligentibus Deum necessarie obvenient, manifestabitur,
et in perpetuum glorificabitur Dei Justitia ; illo ergo
sensu, omnes prophetiæ a Deo inspiratæ, erant semper,
semperque erunt fausta nuntia. Cæterum per *servos Dei
prophetas*, hic non solummodo debent intelligi *prophetæ*
proprie dicti, sed etiam omnes, qui ex legitima missione, Evangelium Christi annuntiant, vel unquam
annuntiaturi sunt. Nunc pergit Sanctus Joannes :

8ᵘˢ Versus. Et audivi vocem de cœlo iterum
loquentem mecum, et dicentem : Vade et accipe
librum apertum de manu Angeli stantis super
mare, et super terram.

1° *Et audivi vocem de cœlo iterum loquentem mecum ;*
nempe eadem *vox*, quam antea, versu quarto, Joannes

audierat, denuo ipsi loquitur , ad complendam, et ulterius explicandam , eamdem hanc visionem. Hic enim habetur quasi secunda consideratio earumdem rerum , sed sub alia , et adhuc sublimiori ratione ; non tamen reditur ad omnia , et singula , sed ad aliquot objecta ostensa , vel significata , de quibus jam antea actum erat ; uti mox videbimus. Sed quamvis utique in hac visione , Sanctus Joannes illam *vocem* ex alto *de cœlo,* saltem aereo , *sibi loquentem audivisse,* omnino videatur, nihilominus potest , et probabilissime debet intelligi , nempe pro tempore adimpletionis , de *voce* auctoritatis , seu Capitis visibilis Ecclesiæ, id est , Summi Pontificis Romani , tunc temporis locuturi ad ultimos illos missionarios, seu prædicatores Evangelii ; uti clarius patebit versu undecimo.

2° *Audierat* autem illam *dicentem : vade et accipe librum apertum ;* iste *liber* antea , versu secundo , vocabatur *libellus,* quia parvus apparebat; quare autem parvus apparuerit, quis sit ille *liber,* ac quare *apertus* exhibeatur , ibidem sufficienter explicasse nos putamus. Interim dicitur Joanni : *vade et accipe librum,* etc. Ex verbo *vade* etc. patet inter *Angelum* tenentem *librum ,* et Joannem , qui eumdem debebat recipere , fuisse tunc aliquod spatium , seu certam distantiam ; quia maxima quidem distantia habetur , inter Judæos nondum conversos , qui hic per Sanctum Joannem repræsentantur , et Ecclesiam Catholicam , tenentem , et illis offerentem Evangelium.

3° Notandum etiam, quod *Angelus Librum* non attulerit, sed Joannes debuerit illum quærere ; quo ostenderetur prædicatores Fidei accedere debere ad Superiores, seu mediate vel immediate, ad visibile Caput Ecclesiæ , ut missionem accipiant ; et etiam fore ut Israelitæ tamdiu ad veram Fidem frustra invitati, tandem humiliter

Christum quærere debeant, quem per tot sæcula pertinaciter repulerunt, et etiamnum, pro longe majori numero, repellere pergunt, quamvis modo multi paulatim accedere incipiant, et jam non paúci ex illis sint conversi. Sed forte inquiet aliquis, si hic præsertim ageretur de mittendis tandem ipsismet Judæis conversis, ad prædicandum Evangelium, uti a multis supponitur, cur Sanctus Joannes accedere, *et librum accipere* jubetur?... qui cum sit Apostolus Christi, et quidem unus ex præcipuis, jam diu, immediate a Christo Domino, ad prædicandum Evangelium, et ad baptizandos credentes, sicut reliqui Apostoli, missus fuerat?... Resp. Hic non agitur de mittendo ipso Sancto Joanne, verum de mittendis, in fine temporum, prædicatoribus, ex ejus natione; de quibus plura versu undecimo videbimus; cum tandem Judæi, ad Christum vere conversi, ferventiores fient Fidei Christi propugnatores, quam antea unquam fuerint persecutores.

4° Ad hoc omnino alludere videtur Sanctus Paulus Apostolus, dum scribens ad Romanos (a), dicit : *quod si illorum* (Judæorum) *delictum, divitiæ sunt mundi* (quia scilicet, ansam præbent gentilibus, ingrediendi Ecclesiam) *et eorum diminutio, divitiæ gentium :* quanto magis *plenitudo eorum ?...* item : *si enim amissio eorum, reconciliatio est mundi : quæ assumptio, nisi vita ex mortuis* (b) ? *assumptio* enim videtur intelligenda de futura assumptione conversorum Judæorum, ad sacrum ministerium. Illos ergo, ut in illa circumstantia constitutos, hic præsertim repræsentare videtur Sanctus Joannes. Nunc autem *liber* dicitur, qui supra *libellus* vocabatur, quia tunc *Liber Evangeliorum*, a conversis Judæis librorum omnium dignitate maximus æstimabitur.

5° Itaque *librum*, inquit vox, *accipe de manu Angeli*

(a) C. xi, v. 12. — (b) Ibidem, v. 15.

stantis super mare et super terram. Si Sanctus Joaanes
sic quasi corporali figura *stantem viderit Angelum*, erat
hic proculdubio enormiter magnus; illa autem magnitudo quasi corporalis, poterat significare magnitudinem
moralem, et mysticam, Vicarii Christi super terram.
Illa *Angeli* positio innuit firmitatem, et fixitatem Ecclesiæ, et ministrorum ejus in vera, et intemerata Fide
Christi. Tandem, cum nihil inane in sacro hoc *Libro*
haberi certo credendum sit, notandum etiam est : quod
non simpliciter jubeatur Joannes, *accipere librum de Angelo*, sed *de manu Angeli*; ad indicandum quod *manus*
significet potestatem, auctoritatem, etc., uti ex pluribus
Scripturæ Sacræ locis patet. Itaque traditio istius *Libro*,
est concessio participationis istius auctoritatis, sive
potestatis. Etiam per *manus* significari possunt superiores secundarii, seu delegati a Superiore primario; uti
sunt Episcopi sub Summo Pontifice; Parochi sub Episcopo
suo ; etc., etc.

9us Versus. Et abii ad Angelum, dicens ei (*Angelo*)
ut daret mihi librum. Et dixit mihi : Accipe
librum et devora illum : et faciet amaricari
ventrem tuum , sed in ore tuo erit dulce tanquam mel.

1° *Et abii ad Angelum.* Sanctus Joannes ergo ita
monitus *voce de cœlo* loquente , dicit *se abiisse ad Angelum,* quia Judæi conversi, quos hic præsertim repræsentat , debebunt *abire* ab adulterata jam sua religione , a
falsa Synagoga, ejusque jam a multis sæculis inani ritu;
et accedere *ad Angelum,* qui Christum Dominum in terris , ejusque Vicarium in Ecclesia repræsentat , et sese
illi humiliter ex toto corde subjicere , ut recipiant thesaurum veræ Fidei , in suam et multorum proximorum

salutem. In his ergo omnibus Sanctus Joannes, cum sit natione Judæus, totam suam nationem repræsentat, tum in illius ad Fidem conversione, tum in ejusdem ad propagandam Christi Fidem vocatione futura.

2° *Abiit* itaque Joannes, *dicens ei*, (*Angelo*), *ut daret mihi librum*, inquit; id est, humiliter me illi submittendo, suppliciterque rogando, ut mihi dignaretur communicare sacram scientiam illo *libro* contentam, seu doctrinam salutis æternæ. Ita nempe facient Israelitæ, seu Judæi, circa mundi finem, tandem commoti gratia efficaci; insuper invitati, ac stimulati *voce cœlesti*, id est, ferventissimis *Henoch et Eliæ* prædicationibus, humillime tunc rogantes, et avidissime recipientes Evangelium, quod tamdiu spreverunt et repulerunt. *Angelus* autem benignissime consentiens salutari petitioni,

3° *Dixit mihi*, pergit Joannes, *accipe librum, et devora illum*; non solent peti, aut dari *libri*, ut *devorentur*, sed ut legantur; at hic *liber* traditur ut *devoretur*, eo sensu, quod populus Judaicus tandem ad Christum conversus, tanta aviditate recepturus sit Evangelium, ut illud non tam legere, vel audire, quam *devorare* videatur præ vehementia famis spiritualis, summopere dolens, se illum tam sapidum, solidum, ac salutarem animæ cibum tamdiu, ex stupida ignorantia contempsisse, tamque sero gustasse. Interim dicit *Angelus* Joanni, de *devorando libro*, seu contenta in eo doctrina :

4° *Et faciet amaricari ventrem tuum*; id est : meditando doctrinam, et legendo, vel audiendo historiam vitæ, Passionis, Mortis, Resurrectionis, ac Ascensionis Domini nostri Jesu Christi, tam desiderati, tum clare manifestati, et nihilominus tam pertinaciter rejecti *Messiæ*, tu Natio Israelitica, maxima amaritudine cordis repleberis, recordando quantum tibi damnum intuleris

negando Salvatorem Christum , ejusque saluberrima
præcepta spernendo ; quanta crimina commiserint patres
vestri , Dominum persequendo, accusando, crucifigendo,
et etiam post evidentem certitudinem resurrectionis
ejusdem, eum perseveranter rejiciendo, et in discipulis
suis adhuc millies et ultra occidendo.

5° *Sed in ore tuo erit dulce tanquam mel.* Certissime
sacri istius *Libri* contentum erit *dulcissimum in ore*
legentium , et audientium , dum superna gratia illuminati , ibidem invenient æternæ beatitudinis doctrinam ,
in qua gustabunt *quam* suavis *sit Dominus* (*a*), et ex ea
haurient remedia efficacia , contra omnes morbos animarum suarum , consolationes in omnibus tribulationibus , et in omnibus dubiis consilia salutaria. Tunc enim
vere *haurient in gaudio , aquas* spirituales *de fontibus
Salvatoris* (*b*).

6° Sed quare Sanctus Joannes prius loquitur *de amaritudine Libri* istius *in ventre ,* quam de *dulcedine ejus in
ore ?* prius namque est *ore* sumere , quam in *ventre* habere ; quinimo *in ore,* non autem *in ventre,* est facultas
gustandi quemcumque , sive gratum , sive ingratum
saporem. Resp. De industria hæc ordine inverso posita
videntur, ad significandum quod hic non agatur de sola
Judæorum conversione. Sed uti jam diximus , etiam de
eorum laboribus Apostolicis , postea secuturis , in conversionem multorum populorum , vel privatorum hominum , eousque aberrantium.

7° Igitur doctrina Christi, quem tunc tandem ut verum
suum *Messiam* agnoscent, maximam in ipsis , mentis et
cordis *amaritudinem* excitabit, ob rationes modo allatas ;
et quidem impedietur inde quodammodo gustus dulce-
dinis illius , et temperabitur aliquamdiu gaudium de
invento istius cœlesti thesauro ; et quia hæc quasi

(*a*) Ps. xxxiii, v. 8. — (*b*) Isaiæ, c. xii, v. 3.

prorsus interna erunt, vocantur *amaritudo ventris*. Postea autem magis magisque illuminati gratia Spiritus Sancti, intelligent viam hanc meliorem suppetere reparandi injuriam Deo, et Filio ejus, Redemptori illatam, ac simul etiam damnum sibimetipsis inde ortum resarciendi , scilicet, conversioni reliquorum infidelium , aliorumque peccatorum incumbere ; et Fidem veram , quam tandem ipsimet amplexi sunt , aliis quibuscumque , ferventer prædicare.

8° Tunc vero præsertim *dulcissima erit in ore eorum* cœlestis doctrina, quam mystico illo *Libro* nutriti eructabunt ; verbis enim dulcedine plenis , argumentis licet fortissimis , eam omnibus audientibus se , inculcare conabuntur ; et prudenter abstinebunt ab omni amara condemnatione, vel exprobratione duritiei tarde credentium ; memores semper propriæ , ac diuturnæ obdurationis præteritæ ; etiam propria experientia apprime intelligentes ad Fidem neminem humana violentia cogi posse ; sed longanimi persuasione adducendos , et gratiæ divinæ operatione commovendòs esse incredulos, ut vere convertantur, et salventur.

9° Insuper et illi , ex conversis Israelitis zelatores Domini facti, ardenter, absque dubio, Deum orabunt, ut gratia sua efficaci vincat obstacula conversionis omnium peccatorum , et triumphet de reliquis errantibus, sicut de illis ipsis triumphaverit, ut per multitudinem eorum, qui post ipsos , et per ipsos convertentur, et salvabuntur , compensetur damnum ingentis multitudinis Judæorum , qui tempore obduratæ incredulitatis perierint.

10^m Versus. Et accepi librum de manu Angeli, et devoravi illum : et erat in ore meo tanquam mel dulce, et cum devorassem eum, amaricatus est venter meus :

1° Joannes itaque, postquam accessisset, dicit : *et accepi librum de manu Angeli et devoravi illum :* pergit ergo gentis suæ personam gerens, et illo sensu facit, quæ a *voce* cœlesti, et ab *Angelo* tradente sibi *librum* fuerunt mandata, nempe eumdem *de manu Angeli* accipere et sine mora *devorare;* quibus actibus, uti jam supra diximus, significantur et Judæorum conversio circa finem mundi, et eorum postea electio ad Fidem Christi aliis prædicandam ; quin etiam animi affectus quibus inde movebuntur, et modus charitate, et prudentia commendabilis, quo labores Apostolicos inibunt et perficient. Ideo dicit Sanctus Joannes :

2° *Et erat in ore meo tanquam mel dulce ;* sed ecce, nunc explicando tales fuisse *devorationis libri* effectus quales prædicti erant, Sanctus Joannes ordinem sequitur naturalem, prius loquens *de dulcedine libri in ore suo,* quam de ejusdem *amaritudine* cum *in ventrem* descenderat ; qua tamen ordinis mutatione supra notata minime diruuntur; ostenditur autem, uti etiam ibidem adjunximus, Judæos in sua conversione miram doctrinæ Christi *dulcedinem* etiam esse gustaturos, quam postea proximis infundere, magna diligentia conabuntur.

3° *Et cum devorassem eum,* inquit Joannes ; nempe modo, et sensu, quibus antea diximus (a), *amaricatus est venter meus.* Quæ omnia adimplebuntur, modis supra dictis, in Judæis ultimorum temporum ; partim scilicet viventibus adhuc duobus testibus *Henoch et Elia,*

(a) In præcedentis, et jam in hujus decimi versus expositione.

partim post illorum mortem, et post interitum magni Antichristi.

11ᵘˢ VERSUS. Et dixit mihi : Oportet te iterum prophetare Gentibus, et populis, et linguis, et regibus multis.

1° *Et dixit mihi* : *Angelus* nimirum qui Sancto Joanni *librum* tradiderat *dixit illi* : omnia verba sequentia *Angeli*, omnino non videntur Sancto Joanni nominatim convenire, sed suppositis illis, quæ post graves auctores jam diximus, de populo Israelitico circa mundi finem ad Deum convertendo, illa optime eidem populo pro tempore adhuc posteriori videntur convenire, ac sine ullo dubio ea isti populo, et nullatenus Sancto Joanni, cui immediate dicuntur, applicari debere nos, cum aliis arbitramur. Quænam ergo tandem dixit illi? Resp.

2° *Oportet te iterum prophetare*. Putant aliqui auctores non infimæ notæ hoc esse intelligendum de Sancto Joanne, et ab illo hoc adimpleri per prophetias in hoc eodem Libro sequentes; sed ista opinio videtur parum, vel potius nullatenus probabilis; tunc enim non esset *iterum prophetare*, sed potius *continuare prophetias* inceptas ab initio visionum, et conscriptionis *Libri*; etenim, quamvis forte hinc inde moræ aliquæ breves intercesserint inter varias visiones propheticas huic *Libro* inscriptas, omnes tamen simul tanquam unum totum considerari debent; est enim hic historia Ecclesiæ revelata; et repetitiones ipsæ multum conferunt ad dicta, et facta magis illustranda, et altius memoriæ inculcanda, sicut jam diximus, nedum ejus unitati noceant.

3° Pro hoc etiam notandum est : quod ipsemet sacer scriptor, *Librum* suum vocet *Apocalypsin*, id est, *Revelationem*, in singulari; non vero *Revelationes*. Adeoque si publicatio istius Revelationis, sumatur pro *prophetia*, qualis est evidenter , et etiam alibi in textu ipsiusmet *Libri* vocatur, debet considerari ut una *prophetia,* variis partibus constans , non pro duabus , quarum prior directa esset *ad septem Ecclesias ,* uti vidimus capite primo ; posterior autem gentibus , et populis destinaretur ; uti hoc versu mandari supponunt.

4° Sed hoc loco, *prophetare,* significat *prædicare.* Etenim terminus *prophetare ,* in Scriptura Sacra, non solum significat *futura prædicere ,* sed frequentissime significat *annuntiare ,* seu explicare *verbum Dei.* Aliquando etiam significat *laudare Deum.* Hæc autem adeo nota sunt , ut non indigeant exemplis probari. Deinde, dum pro *prædicare,* sumitur , tunc etiam illud *iterum* non convenit Sancto Joanni , quia nec a prædicando ipse cessaverat , cum etiam in exilio suo perrexerit Christum prædicare non solummodo verbis , et exemplis omnium virtutum prælucendo omnibus habitatoribus , et aliis , qui cum ipso erant in insula Patmos, sed etiam nuntiis, et scriptis *septem* præfatas *Ecclesias* minoris Asiæ dirigere non desinens ; quamvis enim singulæ illæ Ecclesiæ, seu diœceses proprium suum Episcopum haberent, et Sanctus Petrus , ejusve successor, esset istarum , sicut omnium Ecclesiarum , Episcopus universalis ; tamen Sanctus Joannes quamdiu vixit , habebat specialiter superiorem custodiam et maximam curam istarum Ecclesiarum ; et hanc quidem divinitus commissam , uti patet ex ipso *Libro Apocalypseos.*

5° Nunc accuratius probemus , quod supra allata verba , *oportet te iterum prophetare ,* seu *prædicare ,* perfecte conveniant nationi Israeliticæ seu Judaicæ , cujus erat Sanctus Joannes, et quam ab ipso hic repræsentari , certo putamus. 1° Namque ab ipsomet patriarcha Abraham , totius illius gentis Patre, hæc usque ad Joannem Baptistam, universis gentibus, immediate, vel mediate, *prophetaverat* verum , unicumque Deum , et ejus unicum Filium , futurum humani Generis Redemptorem. 2° Ex ista natione erant omnes illi , quos Christus, dum venerat , primum misit , ad prædicandam suam doctrinam , dum adhuc vivebat , et omnes qui , immediate post descensum Spiritus Sancti , inceperunt Christum redivivum , et glorificatum prædicare , adeoque *prophetare ;* ergo per illos , eadem natio, secundo tunc prophetabat, et quidem *gentibus, et populis, et linguis, et regibus multis.* Sed tandem 3° cum constet ex Sancti Pauli textibus supra citatis, Judæos dum circa finem mundi convertentur , debere fieri spirituales *divitias gentium ,* per fervorem suum in propugnanda, et propaganda Fide Christi , merito nos , cum quibusdam doctissimis piissimisque auctoribus , judicamus illa verba : *oportet te iterum prophetare ,* ad Judæos conversos ultimorum temporum , a Spiritu Sancto dirigi.

6° Itaque tunc tertio illa natio est *iterum prophetatura;* et cum , uti nunc , et ex multo jam tempore est , procul dubio etiam tunc futura sit per universum orbem dispersa , facile intelligitur , quomodo poterit per bona sua exempla , per scientificas explicationes rerum difficillimarum , per ferventissimas exhortationes, pias instructiones , et omnis generis labores apostolicos, *prophetare* variis *gentibus , et populis , et linguis , et Regibus multis ,* sicuti nomine Dei præcipitur , per *Angelum ,* supra , Sancto Joanni loquentem (*a*).

7° Pius et doctus auctor libelli , cui nomen , seu titulus est : *Essai sur les rapports entre Joseph* (filium Jacob) *et Jésus-Christ* (*b*), capite suo sexto, asserit : et per Sacram Scripturam valde plausibiliter probat, quod quemadmodum tempore, quo patriarcha Jacob , cum familia sua ,

(*a*) Versu undecimo.
(*b*) In-4° , 436 pages. Abbeville , 1825.

ingrediebatur Ægyptum, vocatio *pastorum ovium*, erat ibidem in magno contemptu, ita ut Rex ipse Pharao, vix pastores aptos inveniret, qui vellent pascere greges ipsius, et ideo rudiores quidem ex filiis Jacob Regi oblati, ad hoc officium eligerentur; ita in fine temporum, vocatio pastorum spiritualium *ovium,* seu sacerdotum Christi, futura sit in contemptu, etiam inter frigidos Catholicos, qualis tunc major numerus erit, ita ut ex familiis, quæ dici solent honestæ, a fortiori ex ditioribus, conspicuis, aut illustribus, vix aliquis reperiatur, qui velit illum statum amplecti, aut a parentibus hoc permittatur, (quod quidem nostris temporibus fieri incipit) et tunc, inquit, Judæi conversi ad veram Religionem, a Christo Domino, ut pastorali muneri apti, eligentur, et ad illud onus fideliter portandum pro Domino suo, Supremo Rege paratissimos sese ostendent, summaque cura, et vigilantissimis laboribus, pascent greges spirituales per universum terrarum orbem.

Sic R. D. Carron Decanus etc., etc.; post alios quosdam auctores.

CAPUT UNDECIMUM.

Datur Sancto Joanni calamus, ad metiendum templum, altare et adorantes. Relinquitur atrium profanandum a Gentibus, quæ et calcabunt civitatem sanctam. Prædicant duo testes. Quinam per illos intelligantur. Mira eorum potestas. Occiduntur a Bestia ascendente ex abysso. Resuscitantur, et ascendunt in cœlum. Consummatio secundi VÆ. Ad sonitum septimæ tubæ, tertium VÆ.

1ᵘˢ VERSUS. Et datus est mihi calamus similis virgæ, et dictum est mihi : Surge et metire templum Dei, et altare, et adorantes in eo.

1° *Et datus est mihi calamus,* inquit Sanctus Joannes. Quantumvis clara hæc, et sequentia verba hujus versus videantur, tamen multa cura, magnaque attentione, hic examinandum est : a quo, cui, et ad quid faciendum *datus sit* ille *calamus.* Quomodo, et cur fiat illa mensuratio; ac tandem quid per illum *calamum* intelligatur, seu signi cetur. Singula sunt momentosa.

2° Itaque, ex textu Vulgatæ nostræ Latinæ, non constat quis dederit præfatum *calamum ;* sed textu Græco, sat certum videtur fuisse *Angelum* illum de quo multa vidimus in capite præcedenti ; qui et *librum apertum* eidem Sancto Joanni tradidit ; etenim in illo textu, denuo exhibetur idem *Angelus* Joanni loquens. Post verba enim *similis virgæ,* in Græco sequitur : χαὶ εἱϛτήχεὶ ὁ ἄγγελος λεγον. Hoc est : *et stabat ille Angelus dicens :* subintelligitur : *mihi.* Ergo etc., etc.

3° Ex utroque textu, nempe Latino, et Græco; constat : *calamum* immediate quidem *datum fuisse* Sancto Joanni ; ipse enim clare dicit : *et datus est mihi calamus;* sed omnino certum videtur etiam hoc, non de Sancto

APOC.   30

Joanne personaliter , sed de natione Judaica , quam et
hic pergit repræsentare , debere intelligi ; quod mox
clarius patebit. Datur *calamus* ad metienda illa , quæ in
versu hoc enumerantur ; sed et illa mensuratio est
mystica , uti mox videbimus ; consequenter etiam ipse
calamus, quo mensuratio fieri præcipitur.

4° Igitur , per *calamum* illum , arbitramur nos debere intelligere ipsammet *intelligentiam ,* quæ divinitus
dabitur Judæis ultimorum temporum , seu *spiritum
sapientiæ et intellectus ,* quo aperientur oculi mentis
eorum, qui antea, machinante diabolo, tenebantur clausi , ne *Messiam ,* ejusque *Ecclesiam* agnoscerent. Inde
tunc ablato *velamine ,* videre , et capere poterunt , ac
reipsa capient , veritates sibi propositas ab Ecclesia
Catholica ; cum salutari stupore intelligent eam esse
verum unicumque, in terris, *templum Dei ;* in ea reperiri
verum *altare,* verosque *adorantes;* nempe legitimos Novæ
Legis Sacerdotes, aliosque veros Fideles ; consequenter
in ea offerri verum sacrificium , et nullatenus alibi.

5° Etenim tunc apertis mentis oculis , et divinitus
illuminato intellectu, omnia quæ illis secundum veritatem Evangelicam fuerint explicata, dociliter recipientes,
comparabunt cum antiquorum prophetarum dictis, singula spiritualiter metientes, regula rectæ rationis, sanæ
Fidei subjectæ , et indubitanter vera invenient , consequenter ; sine ulla hæsitatione admittenda , ac firmiter
semper tenenda , non obstantibus quibuscumque oppo-
sitionibus, aut difficultatibus, periculisve inde secuturis.
Est enim mysticus ille *calamus*

6° *Similis virgæ* : notandum nunc : quod terminus
virga habeat multiplicem significationem ; *virga* enim
dicitur tenellus arboris ramus , interdum juvenis et
tenera , sed aliquousque alta planta , sive lignea , sive
alia ; interdum pro baculo itineris sumitur ; identidem

pro pedo pastorali ; sæpissime significat sceptrum re-
gium ; quandoque baculum honoris , alicujus dignitatis
civilis , aut militaris , vel etiam Ecclesiasticæ; tandem
subinde est regula ad metiendum , prout in hoc loco ;
ubi dicitur *calamus similis virgœ* , id est , *calamus* arun-
dineus, ejusdem formæ, ac *virga* mensoris , et ad eumdem usum destinatus; uti omnino patet ex sequentibus.

7° *Et dictum est mihi* , nempe adhuc per eumdem
Angelum , uti supra ex textu Græco probavimus; *mihi*
videlicet nationem meam Judaicam , pro ultimis temporibus repræsentanti in hac visione , sicut in præcedenti; ita ut, quod *mihi* dicitur, de natione mea integra,
in illa Epocha existente intelligendum sit, seu ad illam
debeat referri. Itaque, *dictum est mihi :*

8° *Surge ;* in hoc reperitur quasi repetitio , seu nova
explicatio modi, quo effici debet Judæorum conversio,
quam in capite præcedenti (*a*), vidimus. Hic enim monentur in persona Sancti Joannis, ut *surgant,* illi scilicet,
qui eousque *sedebant* , seu jacebant , *in tenebris , et in
umbra mortis;* ut , inquam , *surgant et revertantur ad
Patrem luminum,* quem sicut filii prodigi olim reliquerunt , ut in summa paupertate , sua culpa , constituti ,
recursum habeant ad domum cœlestis Patris, nempe
ad Ecclesiam Catholicam , et apertis tandem oculis
videant, ubinam habitet Christus, verus Messias ; uti olim
Discipulis Joannis Baptistæ dictum fuit , dum interro-
gantes ipsummet Christum , dicebant : *magister , ubi
habitas?* ille respondebat : *venite et videte* (*b*); utque tandem Christum agnoscant ut Salvatorem, ipsis et omnibus gentibus a Deo promissum , et vere a Deo missum.

9° Ideoque dicitur : *et metire templum Dei, et altare* (*c*),
etc. Cum Judæi ultimorum temporum tandem surrexe-

(*a*) Versu 8° et sequentibus. — (*b*) Joan. c. 1 , v. 38 et 39. — (*c*) Apoc.
xi , v. 1 .

rint, et abjecto affectu rerum terrenarum, corda sua ad coelestia elevaverint, incipientes sincere Deum quaerere, ejusque adorandam voluntatem agnoscere, ac ejusdem ineffabilem bonitatem erga illos meditari, ad altiorem scientiam viarum Domini obtinendam, applicabunt *intelligentiam* Legis et prophetarum, tunc ex Dei gratia obtentam, ad metiendam spiritualiter Ecclesiam, id est: *templum Dei*, nempe ad scrutandas magis magisque ejus perfectiones, soliditatem, et pulchritudinem; et invenient in ea, non templum illud antiquum, aedificatum lapidibus sensu, et vita carentibus; sed constructum lapidibus vivis, et electis, manibus ipsius Dei, summi Architecti.

10° Imo invenient sacratissimum illud *templum,* quod quidem olim sacrilegis Judaeorum manibus fuit *dirutum*, sed Dei omnipotentia, *in triduo reaedificatum*. Invenient verum unicumque *altare* Novae Legis; mensura sacra perpendent proportiones, et magnitudinem ejus; invenientque illud omni ex parte perfectissimum, simul etiam invenient sacrificium, unicum quidem, sed abundanter sufficiens in omni casu necessitatis, et utilitatis, vereque Deo dignum, ac unice ei gratum, in eo *altari* offerri, et quidem incessanter, jam non per sacerdotes Aaronicos, sed per Pontificem in aeternum mansurum, *secundum ordinem Melchisedech*, ministrantibus Novi Foederis presbyteris.

11° Intelligent tandem, et agnoscent ipsam sacratissimam Humanitatem Jesu Christi, esse solum verum, ac dignum Dei habitaculum, seu *templum,* cum dilectissima Sponsa ejus, Ecclesia Catholica; ipsummet Christum etiam esse *altare* solum necessarium, ac sufficiens, idque infinite pretiosius, quam veteris templi *altare aureum;* insuper et illum ipsum esse solam Deo dignam

Victimam , semper gratissimam , et ad omnes fines abunde sufficientem.

12° Eodem modo, eademque *virga,* seu *calamo* mystico, metientur iidem *et adorantes in eo* templo scilicet. Etenim contemplabuntur congregationem Fidelium Christianorum , sub uno Capite , Summo Pontifice Romano , Sancti Petri successore Christi in terris Vicario ; adeoque populum Catholicum , in unica , et indivisibili Ecclesia Christi , *Deum adorantem, in spiritu, et veritate,* per Christum , et in Christo , et cum Christo , Supremo Capite ; agnoscentque *tales esse,* et unice *tales adoratores, quos Deus quærit , et audit.* Illisque se toto corde , et animo, in perpetuum adjungent. Pergit *Angelus :*

2ᵘˢ VERSUS. Atrium autem quod est foris templum, ejice foras , et ne metiaris illud : quoniam datum est Gentibus, et civitatem sanctam calcabuut mensibus quadraginta duobus :

1° *Atrium autem , quod est foris templum ,* in antiquo ædificio veri Dei cultui destinato , tum tempore Salomonis, tum postea, usque ad ultimam Templi et Civitatis sanctæ destructionem per Titum ; habebatur *atrium* exterius , quod dicebatur *atrium gentilium ,* quia in eo gentiles non proselytæ poterant suas adorationes peragere etc. illud *atrium* quodammodo quidem ad templum pertinebat , sed dicebatur *foris templum ,* quia erat extra partem templi , seu *atrium* populo Israelitico destinatum ; ad illud ergo *atrium Gentilium* hic alludit Sanctus Joannes , seu potius *Angelus* illi loquens, et per *atrium quod est foris templum,* indicat populum corruptum in orbe Catholico, id est , illos , qui quasi solo corpore pertinent ad Ecclesiam , quia baptizati quidem sunt , et Christiani Catholici vocari volunt , sed non vivunt ut tales , nec aliquando quidem convertendi prævidentur ; animo , et corde extra Ecclesiam vagantes , et ita usque ad perpetuum interitum perseveraturi.

2º Ideo , illud *atrium , * inquit , *ejice foras , ne metiaris illud , * seu exclude ab attentis considerationibus tuis. Itaque mandatur Sancto Joanni , et per eum , seu in eo, Judæis conversis, ne considerent, nec examinent populum ad illud *exterius atrium* spectantem , in spirituali sua *mensuratione templi ,* quia ex illo nihil boni discere possunt. Hæc etiam , præter impios adhuc Catholicos, possent etiam hæreticis, et schismaticis applicari , quia ipsi etiam per Baptismum, si valide illud receperint, ad Ecclesiam quidem pertinent , sed solummodo ad *atrium quod foris est ,* adeoque *ejiciendi foras* in æternum , nisi vere aliquando convertantur. Monentur ergo conversi Judæi , ne vel pravis Catholicis , vel hæreticis , vel schismaticis , se jungant , ne cum ipsis *ejiciantur foras,* et in æternum pereant , destituti rectis moribus , aut sana Fide.

3ª Etenim de præfato *atrio* dicitur : *quoniam datum est Gentibus ;* nempe malis impiæ turbæ meritis ab illa avertitur necessaria, et efficax Dei protectio, inde relinquetur tyrannidi , et seductionibus infidelium, scilicet Antichristo , et ministris illius , usque ad plenum finalemque interitum , tempore maximæ , ultimæque tentationis , seu persecutionis, in qua , nisi misericors Deus specialissimo auxilio adjuvaret , et servaret a periculis electos suos , etiam illi deciperentur ac perirent, sicut de hoc ipsemet Christus monet Discipulos suos , in Evangelio. Quia furibundi ministri satanæ

4º *Et civitatem sanctam calcabunt,* nimirum Ecclesiam Catholicam , quæ sub uno respectu, vocatur, et est, *templum Dei ,* sub alio autem dicitur , et æque vere est , *civitas sancta ;* itaque, præsertim tempore , ultimæ persecutionis, non solum ejusdem *atrium exterius*, sive dum ut *civitas* consideratur, exterior, ac jam ruinosa ejus pars ; sed Deo permittente, tota quanta est, violenter invadetur, et quasi pedibus inimicorum suorum *calcabitur* et proteretur tanto quidem cum furore, ut nisi Deus optimus, post sufficientem castigationem, memor promissionis suæ, qua certum est : *portas infernales nunquam esse prævalituras contra eam*, efficacem opem ferret, tota Ecclesia militans tandem succumbere deberet. Sed juste relictis obduratis in malo, Deus liberabit electos suos, et in medio impiorum furore, eorum vexationibus finem dabit, quas durare solummodo permittet omnipotens Ecclesiæ defensor,

5° *Mensibus quadraginta duobus.* Tempus terribilissimæ istius persecutionis, erit enim trium cum dimidio anno ; sicut etiam prædictum fuit a Daniele propheta, qui annos vocat *tempora : tradentur*, inquit, in *manu ejus, usque tempus, et tempora, et dimidium temporis* (a). Daniel quidem loqui creditur de Antiocho Epiphane, qui tribus annis cum dimidio veros Israelitas furiosissime persecutus est ; sed ille Antiochus erat in Veteri Lege idem, quod Nova Lege futurus est Antichristus ; adeoque et veri Israelitæ sub ipso patientes, similes veris Christianis, qui sub ultimo illo Ecclesiæ Christi persecutore passuri sunt. Quod autem Daniel non dicat : *per tria tempora cum dimidio*, sed miro ordine, *per tempus. et tempora, et dimidium temporis*, significari credendum est, *per tempus*, seu annum, vexabit eos vehementer, *per tempora*, seu per duos annos sequentes, adhuc vehementius ; (dum in lingua Hebraica adhibetur indeterminate numerus pluralis, significatur minimus pluralis, nempe *duo*.) Sed *per dimidium temporis*, seu ultimo semi-

(a) Dan. c. vii, v. 25.

anno , vehementissime. Quam gradationem crudelitatis probabiliter etiam imitabitur Antichristus.

6° Sed cur hoc loco , in Apocalypsi dicitur : *mensibus*, et non potius *annis?*... Cur etiam in versu sequenti eadem duratio annuntiatur, non iterum per *menses*, sed per *dies?*... Resp. Horum nullam causam inveni in auctoribus ; sed hanc esse arbitror, nempe : de annis hic non fieri mentionem, quia per *menses*, et *dies* melius significantur mysteria intenta a Spiritu Sancto , et arcana istius durationis, duplici ratione consideratæ ; quia in hoc secundo versu, agitur de tempore persecutionis, angustiæ, et tenebrarum spiritualium ; ideoque , cum omnia in hoc *Libro* mysteriis plena sint , videtur, illud tempus aptius describi per menses quam per dies ; antiquitus enim menses specialiter per *Lunam* solebant determinari , maxime dum celebratio neomeniarum adhuc apud multos populos erat in usu ; *Luna* autem non dat nisi debile lumen , ac solummodo *de nocte*, quod quidem adhuc sæpissime nubibus , aut nebulis magna ex parte impeditur , et mundum densissimis tenebris obductum relinquit ;

7° Tempus autem prædicationis , de quo in versu sequenti agetur, erit tempus magnæ lucis spiritualis, et propterea *per dies* describi videtur ; quia *dies*, cum per *Solem* determinetur , est tempus *lucis;* et etiamsi sæpe nebulæ , vel nubes sese Soli opponant , non possunt lumen astri diurni ex toto impedire, sed solummodo debilitare. Ergo etc. Nec objici debet quod tempus prædicationis *duorum testium*, et persecutionis Antichristi , futurum sit unum, et idem; quia quamvis physice *unum*, erit moraliter *duplex*, quum sub duplici respectu considerari debeat. Quantum nunc pertinet ad durationem illorum *mensium* et *dierum*, putamus nos , cum innumeris interpretibus , illam , sensu ordinario debere intelligi ; quamvis nonnulli auctores aliter opinentur , et speciosas aliquas suæ sententiæ rationes adferant; uti jam alibi vidimus , et adhuc videbimus.

3ᵘˢ Versus. Et dabo duobus testibus meis , et prophetabunt diebus mille ducentis sexaginta, amicti saccis.

1° *Et dabo duobus testibus meis* , etc. Hic Angelus personam Christi gerens dicit : *se daturum duobus testibus suis* , sed quid dabit? et quibus *testibus?* Hic tandem absolute dissolvendus esset difficillimus nodus , si res esset possibilis ; sed cum d'elegendæ certitudinis desint viæ et rationes , sequenda erit sententia quæ videtur probabilissima. In toto Libro Apscalypseos nihil reperitur unde certo cognosci possint nomina istorum *duorum testium* ; interim antiqua , tum Sanctorum Patrum , tum aliorum optimorum interpretum opinio , moraliter universalis , est illos esse *Henoch*, et *Eliam*, quorum prior est filius Jared, filii Malaleel, de quo dicit Scriptura Sacra : *ambulavit cum Deo* , *et non apparuit ; quia tulit eum Deus* (a). Posterior vero *Elias thesbites*, celeberrimus propheta in Israel , tempore Regis Achab , de quo legitur : *ascendit Elias per turbinem in cœlum* (b). Illi duo putantur adhuc viventes in corpore conservari , et expectantur reversuri ad terram, tempore Antichristi, et tanquam fidelissimi *testes Christi*, tunc prædicaturi veram Christi Fidem , per omnem mundum ; utique ipsimet ac per Discipulos suos , contra perversissimam doctrinam Antichristi , et ministrorum ejus.

2° Quamvis de istorum prophetarum reditu , de ipsorum adhuc in corpore mortali existentia, et de identitate illorum cum *duobus testibus* Apocalypticis, Ecclesia nihil definierit, tamen ob venerandam , ac moraliter univer—

(a) Gen. c. v, v. 24. — (b) 4 Reg. c. ii, v. 11.

salem antiquorum sententiam, temerarium nimis nobis videtur illa rejicere, ideoque ea, ut vere pie credenda admittimus, uti jam in præcedentibus, plus semel ostendimus; eamque sententiam semper sequemur, nisi contingeret, (quod nullatenus expectari debet), eam falsam demonstrari. Nihil tamen impedire arbitramur quominus, exercitationis causa, annotentur et perpendantur illa, quæ a quibusdam auctoribus recentioribus doctis et catholicis super his dicuntur.

3° Itaque aliqui interpretes moderni, in primis ille anonymus, de quo jam mentionem fecimus, ob difficultates quas inveniunt in admittendis opinionibus antiquis, super *Henoch* et *Elia,* aliam sententiam proponunt, et tenent; non tamen omnes eamdem. Aliqui enim, sed pauci, dicunt : illos *duos testes* habendos esse tanquam duo entia collectiva, quorum unum est multitudo electorum Dei ex Clero, illi nimirum qui, non obstantibus vexationibus, persecutionibus, falsis doctrinis, promissionibus impiorum, minis, et tormentis quibuscumque, immobiles stabunt, et perseverabunt in Fide. Alterum, turba electorum ex Fidelibus laicis, illi scilicet, qui exemplis et instructionibus perseverantium in Clero orthodoxa in Fide roborati, spretis omnibus incommodis, similiter perseverabunt.

4° Sed plures, ac forte solidioris sententiæ auctores, inter quos supradictus anonymus, arbitrantur numero illo plurali, nempe *duorum testium,* significari *societatem aliquam missionariorum,* et quidem Jesuitarum, qui contra Antichristum prædicabunt, et spiritu *Henoch* et *Eliæ* erunt animati, ideoque merito istorum prophetarum nomine vocabuntur, seu vocari merebuntur; sicut olim Joannes Baptista, ob similem rationem, ab ipsomet Christo Domino, dicebatur esse *Elias.* Hoc itaque opinantes supponunt nec *Henoch,* nec *Eliam* debere unquam personaliter venire., iterum prædicandi causa; nec eos in corpore viventes fuisse conservatos, sed dum vivi ex oculis hominum ablati fuerunt, fuisse mox spoliatos corpore, cadavera eorum fuisse ab Angelis sepulta, in locis ignotis, uti corpus Moysis; et animas translatas ad sedes aliorum beatorum ; 1° in sinum. Abrabæ; 2° in cœlum.

5° Interim cum opiniones illæ sint tantummodo modernorum auctorum, omnium veterum sententiæ omnino oppositæ, ac etiam sensui Sacræ Scripturæ non satis videantur concordes; etenim de *Henoch* dicitur : *translatus est in paradisum, ut det gentibus pœnitentiam* (a) ; ergo ut ipse, non ut alii ejus, seu simili spiritu animati *dent*, seu prædicent, *gentibus pœnitentiam* : quomodo autem *daret gentibus pœnitentiam*, si ad terram reverti non deberet?... De *Elia* vero, legitur : *Ecce ego mittam vobis Eliam prophetam, antequam veniat dies Domini magnus, et horribilis* (b). Quod etiam omnino videtur de propria persona *Eliæ* intelligendum. Propterea modernorum opiniones putamus esse rejiciendas, et antiquam sequemur.

6° Nunc quid *dabit* Deus *duobus testibus suis?* Resp. *Dabit illis* missionem, et mandatum prædicandi, contra Antichristum ; ut hoc cum fructu animarum præstent, *dabit illis* spiritum sapientiæ, prudentiæ, fortitudinis, etc. *dabit illis* spiritum signorum, seu potentiam patrandi evidentia miracula, uti postea videbimus, quo possint adversarios confundere, auditores commovere, et doctrinam evangelicam, simul ac divinam suam missionem, irrecusabilibus argumentis stabilire. Et quidem probabiliter etiam invicte probabunt identitatem personæ suæ; magnopere enim intererit omnes tunc scire, et firmiter credere ipsos vere esse prophetas eosdem, quorum

(a) Eccli. xliv, v. 16. — (b) Malach. c. iv, v. 5.

nomine vocabuntur, alterum antediluvianum, alterum multo ánte tempora Christi natum, *testem* utrumque a Deo præordinatos, et in vita mortali conservatos, ad prædicandam pœnitentiam omnibus populis, ante adventum Supremi Judicis, in fine temporum.

7° *Et prophetabunt,* id est, prædicabunt veram Christi Fidem contra errores seductorum, et persecutorum, de quibus in versu præcedenti, qui plurimis perversis doctrinis, sacrilegiis, calumniis, et omnis generis vexationibus, calcabunt, et destruere conabuntur, *sanctam civitatem*, seu veram Dei Ecclesiam in terris militantem; quæ omnia Deo permittente, durabunt, cum incredibili furore, et astutia *per menses quadraginta-duos,* seu tres annos cum dimidio. Prædicabuntque illi *duo testes* :

8° *Diebus mille-ducentis-sexaginta,* id est per eamdem moraliter temporis durationem, cum illis supra allatis *mensibus.* Ostendere conati sumus in explicatione versus secundi, quare hic per *dies,* illic per *menses*, et non per annos designetur tempus ultimæ persecutionis, istorumque *testium* prædicationis; de his ergo recolantur ibidem dicta. Sed quo facilius admirabiles *illi testes* agnoscantur, ac docilius audiantur dum venerint, additur insuper : illos esse prophetaturos, seu prædicaturos; non erunt tamen splendide induti, sed

9° *Amicti saccis,* id est, vestibus simplicissimis, ac pauperrimis, austeritatem, luctum, ac pœnitentiam denotantibus; propter abundantiam impietatis, et superbiæ, quas undequaque videbunt; et quia etiam ipsimet, quantumvis innocentes et sancti, pœnitentiæ tamen opera capessent, ad quam populos adducere conabuntur. Discipuli vero eorum, præsertim qui illorum in prædicando adjutores erunt, probabilissime eodem modo vestientur, scientes utique, *discipulos non debere esse supra,* sed potius adhuc infra *magistros.*

4ᵘˢ Versus. Hi sunt duæ olivæ, et duo cande-labra, in conspectu Domini terræ stantes.

1° *Hi sunt duæ olivæ;* præfati igitur *testes,* qui recte creduntur esse *Henoch,* et *Elias,* ad instar *duarum oliva-rum,* seu olearum, sese ostendent mirabiliter suaves, opimos et abundantes in bonis operibus, quibus copio-sissimos saluberrimosque fructus afferent, in pariendis conversionibus Judæorum, aliarumque nationum. Hoc versu alludit Sanctus Joannes, ad verba Zachariæ pro-phetæ, similia dicentis capite quarto, versu tertio et sequentibus. *Duo* enim illi *testes,* per doctrinam, consilia, et exempla sua, quasi *duæ olivæ,* instillabunt oleum sacrum in spiritualia populorum vulnera, quo feliciter sanabuntur a funestissimis suis infirmitatibus; et in-super veluti

2° *Duo candelabra* portantia splendidissimas lucernas spirituales, illuminabunt omnes, quos *in tenebris et in umbra mortis, sedentes* invenient, et qui non pertinaciter oculos mentis suæ claudent. Zacharias, in visione sua unum tantummodo videbat *candelabrum,* quo venturus Christus, vera lux mundi, significabatur (*a*), et in quo erat *oliva* una ab utraque parte, pluralitatem ministro-rum illius præfigurans; sed Zacharias solum pro populo Judaico prophetabat, quomodo per venturum *Messiam* illuminandus, et per ejusdem ministros ungendus esset ad salutem; Sanctus vero Joannes hic scripsit, et pro-phetavit pro omnibus gentibus, et prænuntiat quomodo in fine mundi, non iterum per *Messiam* reipsa præsen-tem et inter homines ambulantem, proprioque ore præ-dicantem, sed per ejus ministros, ac *testes* fidelissimos, ungendi et illuminandi sint homines, qui ad æternam beatitudinem cupient pervenire.

(*a*) Joan. c. i, v. 9.

3° Illi igitur *testes*, seu *olivæ* simul et *candelabra*, præterea dicuntur *in conspectu Domini terræ stantes*. Dicuntur *stantes*, non quia erecto corpore in aliquo loco stant, vel suo tempore *stabunt*, sed quia firmiter immobiliterque in Fide *stantes* erunt, et constantes in adimpletione omnium, ad quæ missi erunt, pro gloria Dei, salute animarum, et confusione obduratorum impiorum; non obstantibus omnibus dæmonis, et ministrorum ejus fraudibus, minis et crudelitatibus; recordantes semper, et aliis inculcantes, *non esse timendos illos, qui corpus* quidem *possunt occidere, sed post hoc non habent amplius quid faciant; sed illum* solummodo *timendum esse : qui, postquam occiderit, habet, potestatem mittere in gehennam* (a).

4° Sed cur hic *Dominus in cujus conspectu testes* illi *stabunt*, tam specialiter vocatur *Dominus terræ?*... Quis est ipse *Dominus terræ?* Resp. Cum multis auctoribus opinor : ipsum *Dominum terræ* non alium esse quam Christum Dominum, *Regem cœli et terræ;* sed hic isto titulo designari, ad ostendendum quod, quamvis impiissimus Antichristus tunc temporis sibi, ac consequenter potestati infernali, totam terram subjugasse, Regnumque Christi evertisse sit videndus, nihilominus Christus semper maneat, semperque mansurus sit Supremus *Dominus terræ, et omnium habitantium in ea,* cujus fideles servi nihil a quibusvis adversariis habent timendum, quia semper ad opem illis ferendam præsto erit, et opportuno tempore omnes suos, ac suorum inimicos confundet, conteretque, uti patet ex versu immediate mox sequenti, et ex aliis passim. Attamen

5° Quia rarissime contingit, si unquam, Deum, aut Filium Dei, simpliciter, seu sine ullo addito, dici *Dominum terræ*, nec omnino constat cur hoc loco id

(a) Lucæ. c. xii, v. 5.

fieret : forte non sine aliquo fundamento supponi posset : hic *Dominum terræ* sumendum esse pro Antichristo, qui tunc permittente Deo , dominabitur fere universæ *terræ,* seu potius , omnibus hominibus terrenis , *et in cujus conspectu,* seu *contra quem,* firmiter semper in Fide *stabunt* intrepidi servi veri Dei. Ille sensus utique, etiam secure admitti posset hoc loco ; cuique ergo liberrime eligere licebit. De *testibus* autem istis *duobus* pergitur :

5us VERSUS. Et si quis voluerit eis nocere , ignis exiet de ore eorum , et devorabit inimicos eorum; et si quis voluerit eos lædere, sic oportet eum occidi.

1° *Et si quis voluerit eis nocere.* Hæc ita intelligenda esse omnino arbitror : si scilicet contingat id , quod sæpissime fiet , ut aliquis velit illorum prædicationes impedire, aut refutare, vel auctoritate prohibere, populumve ab audiendis illis avertere , ne convertatur ad Deum, neque reducatur ad viam veritatis , (quæ omnia continuo facere conabuntur omnes adversarii eorum , sed frustra.); tunc mirabiliter adjuvante, et protegente eos Deo omnipotente , et vigilante semper super electos suos ,

2° *Ignis exiet de ore eorum , et devorabit inimicos eorum ;* habetur hic allusio ad antiqua miracula Eliæ prophetæ, qui duos impios principes quinquagenarios, cum omnibus viris eorum , non quidem *igne ex ore suo* procedente , sed igne cœlesti , sua imprecatione obtento , consumendos curavit. In Veteri autem Lege , omnia contingebant in figuris eorum , quæ in Nova Lege citius aut serius erant adimplenda , sed notandum est , figuras fere semper materiales fuisse ; adimpletiones plerumque spirituales. Hinc adversantibus licet multorum in-

terpretum opinionibus, non videtur *ignis* de quo hic
agitur, materialiter, seu ad litteram intelligendus; si
enim quæstio haberetur de *igne* materiali, utique non
exiret de ore eorum, sed potius, ipsis petentibus, de
cœlo caderet, sicut in supracitatis factis Eliæ; sed tunc
iterum non haberetur ibi proprie dictum mysterium. .

3° Itaque omnino videtur hic agi de *igne spirituali*,
quo magis magisque accendentur dicti prophetæ, seu
testes, cum eorum laboribus ab adversariis opponentur
obstacula. Doctrinam suam Evangelicam etenim adeo
ferventer defendent, tam manifesto adversariorum suorum errores, fraudes, ac fallacias detegent, et demonstrabunt, ut erubescant, confundantur, et inani ira
inflammati, spiritualiter devorentur, et quasi in pulverem redigantur antichristiani. Illo igitur sensu *exiet ignis
de ore eorum, et devorabit inimicos eorum.* Simili modo :

4° *Et si quis voluerit eos lædere, sic oportet eum
occidi.* Nempe *si quis* attentaverit illos vexare, perse-
qui, incarcerare, aut ad mortem ducere, eodem modo,
ut supra de *nocentibus eis* dictum est, ipse *debet occidi*,
etiam nimirum spiritualiter ; v. g. per excommunica-
tionem, aliamve censuram ecclesiasticam, aut male-
dictionem aliquam cœlitus immissam. Si enim ad litteram
intelligendi essent hic et præcedens articulus, adeoque
si nocentes eis materiali *igne devorari,* et lædentes eos
corporaliter *occidi* deberent, videtur 1° quod cito finire-
tur persecutio, et omnis contradictio, ita ut ne inveni-
rentur quidem ministri Antichristi, qui possent, vel
auderent contra illos agere, imo tandem illos ad martyrium ducere, quod tamen fiet. 2° Tunc etiam populi,
non tam veritatis amore, et spe æternæ salutis, quam
timore violentis mortis, converterentur, aut potius
conversionem simularent. Nihilominus illi prophetæ,
uti jam diximus, et eorum laborum consortes indubie

miraculis, subinde forte terribilibus, doctrinam suam con-
firmabunt , ad convincendam multorum incredulitatem.

6ᵘˢ Versus. Hi habent potestatem claudendi
cœlum, ne pluat diebus prophetiæ ipsorum ; et
potestatem habent super aquas, convertendi eas
in sanguinem, et percutere terram omni plaga ,
quotiescumque voluerint.

1° *Hi* (prophetæ , seu *testes*) *habent potestatem claudendi cœlum* etc. quamvis valde sit probabile quod magni
illi prophetæ , et forte etiam illorum cooperatores ,
poterunt temporalibus, seu corporalibus plagis punire ,
aut castigare suos adversarios . et recalcitrantes , cum
utile judicabunt, præsertim per effectus visibiles excommunicationis, uti fiebat tempore Apostolorum , et sæpe
etiam postea, sub eorum successoribus, et imitatoribus;
tamen iterum omnia quæ hoc versu dicuntur , in primis
de plagis spiritualibus debent intelligi , ut. omnino
videtur.

2° Si enim de materiali , seu naturali *siccitate ,* de
naturalibus *aquis,* de *sanguine* proprie dicto , de *terra*
quæ pedibus hominum et pecorum calcatur , et ejusdem
visibili *percussione,* sensibilibus, visibilibusque *plagis*
hic ageretur, utique non recte hæc dicerentur mysteria;
et deficeret axioma generaliter receptum , quo videlicet
asseritur , uti jam sæpe monuimus , in Apocalypsi *quot
verba , tot reperiri mysteria.* Cui graves auctores merito
adhuc addiderunt : singulis plerumque hujus *Libri verbis , plura contineri mysteria.*

3° Itaque poterunt *claudere cœlum ,* et impedire , cum
voluerint , ne pluat diebus prophetiæ eorum. Evidenter hic
alluditur iterum ad illud , quod materialiter effecit propheta Elias , ad puniendos impios Israelitas , tempore
Regis Achab ; sed hoc loco , agi omnino videtur : *de*

claudendo cœlo spiritualiter, illis nempe obduratis Fidei adversariis, Antichristo, ministris ejus, et pertinacibus asseclis, qui blasphemantes contra Spiritum Sanctum, voluntaria perversitate, doctrinam Sanctorum prophetarum, quæ purissima Christi doctrina erit, in malum detorquebunt, falsam, et impiam esse dictitabunt; qui sanctitatem istorum prophetarum, hypocrisim appellabunt, eamque multis calumniis denigrare conabuntur; qui ipsorum miracula ope dæmonis facta esse mentientur, et verbo et scriptis ea irridebunt, et falsis prodigiis imitari, vel apparenter superare tentabunt, etc., etc.

4° Istis, inquam, prophetæ Dei *claudent cœlum,* non aereum, sed supremum, ne ros gratiæ illis inde exstillet, ne salutarem pœnitentiæ imbrem obtineant, sed *in reprobum sensum suum tradantur* (a), et in eo relinquantur a Deo; et hoc quidem toto tempore prædicationis, seu *prophetiæ ipsorum;* ita ut durante hac splendidissima luce Evangelica, illi obdurati ambulaturi sint in densissimis, funestissimisque tenebris; velut olim Egyptii horrendis tenebris involvebantur, dum populus Dei inter illos captivus, clarissima luce fruebatur. Eodem ergo tempore animæ dociles suavissimo rore spirituali, saluberrimaque spirituali *pluvia de cœlo* recreabuntur, dum adversarii infernali siccitate, et sterilitate perituri sunt.

5° *Et potestatem habent super aquas;* uti jam vidimus, et postea adhuc clarius videbimus, *aquæ* interdum spiritualiter sumuntur pro *populis,* utique quia *populi* velut *aquæ,* continuo affluunt, et defluunt; *habebunt* ergo illi prophetæ *potestatem* super *aquas* spirituales, seu populos terræ; et quidem super populos, qui boni sunt *in actu,* vel *in fieri;* et super populos, qui mali eodem modo; sed qualem, quantamve *habent* vel habebunt, potesta-

(a) Rom. c 1, v. 28.

tem? et ad quem usum, vel finem?... numquid ad integros populos trucidandos, seu jugulandos, sicut olim Elias in prophetas Baal? Cum equidem dicantur *posse aquas convertere in sanguinem.* Resp. *Habebunt potestatem* spiritualiter

6° *Convertendi aquas in sanguinem.* Alluditur enim hic, ad miraculum celeberrimum, per Moysen factum in Ægypto, cum aquas Nili, aliorumque fluviorum, lacuum, et torrentium, mutavit in sanguinem, ita ut in toto Regno Pharaonis, nec homines, nec bestiæ, haberent aquam necessariam ad bibendum, vel ad cibos parandos; itaque prophetæ Domini, seu *testes* supradicti, et prædicatores verbi Dei in fine mundi, ab una parte, per prædicationes suas, et per exempla virtutum, impios obduratos convertent in sanguineum furorem, ita ut tandem videntes, se nec posse refutare, nec omnino impedire eorum prædicationes et fructus inde provenientes, conaturi sint illos abrumpere, et Fidem extinguere, per crudelissimas persecutiones contra ipsos prædicatores, contra audientes eos, et contra omnes ad Fidem Christi conversos. Ab altera parte, iidem prophetæ, homines bonos, dociles, et pios, fide vera et viva animatos, amore Dei ardentissimo inflammabunt, adeo ut paratissimos se ostendant ad *sanguinem* pro vera Fide fundendum.

7° Inde de facto innumerabiles ad coronam martyrii ducentur; consequenter sic et mali multorum innocentium cruore conspersi, et turbæ bonorum, *sanguine* proprio purpuratæ, tum servi Dei, tum inimici ejus, quasi *aquæ spirituales,* aliæ quidem bonæ, aliæ vero corruptæ, variis illis modis et causis, *in sanguinem convertentur,* per eosdem prophetas et evangelii prædicatores; sed utique boni pro æterna sua beatitudine; mali autem, ad interitum suum, similiter æternum. Sic ergo spirituali mutatione *aquarum in sanguinem* , in fine mundi adimplebitur illud , quod per materialem mutationem *aquarum in sanguinem* olim tempore Moysis et Pharaonis, fuit mirabiliter præfiguratum in Ægypto.

8° Insuper iidem prophetæ poterunt : *et percutere terram omni plaga* : hic *terra* iterum sumi debet pro *habitatoribus terræ,* non tamen quibuscumque , sed terrena sapientibus , peritura bona avide quærentibus, æternaque negligentibus. Illam igitur *terram percutere poterunt,* et percutient prophetæ Dei, *plagis multis,* præsertim spiritualibus , forte etiam quibusdam corporalibus ; quia ipsis annuntiantibus proximum finem omnium rerum terrenarum, et assertiones suas, non solum Scripturæ Sacræ oraculis , sed etiam multis miraculis , publice probantibus , homines mundani , etiamsi non convertantur ad Deum , tamen magno timore anxiabuntur , ne forte contingant illa, quæ prædicuntur ; deinde etiam :

9° Prophetis magno zelo , et auctoritate loquentibus , de justitia divina , et de sempiterna , rigorosissimaque vindicta , mox sumenda de omnibus impiis , ac quam nemo poterit evitare ; quamvis non ex toto credentes , imo quamvis contemnentes illos terrificos prædicatores , tamen in corde cruciabuntur, hæsitantes inter assensum et dissensum , nec poterunt animi tranquillitatem obtinere, de futura sua sorte; et hoc erit illis *plaga* pessima. Notandum præterea : quod rerum mundanarum amatores , videntes omnes, qui doctrinis , et monitionibus prophetarum credunt, ex tunc a negotiis minus necessariis abstinere, in emendo, vendendo, ædificando, iter agendo, navigando, etc., pro præsenti , tantum urgentia facere , et rebus ad salutem æternam pertinentibus penitus intentos , de futuris temporalibus non amplius cogitare ; mundani, inquam, stupebunt et dolebunt maxime, et hinc illis *plaga* dolorosissima.

10° Talibus itaque modis, prophetæ Domini poterunt *percutere terram omni plaga, quotiescumque voluerint.* Et certissime *volent,* et hoc continuo facient, quantum ad gloriam Dei et animarum salutem id requiri videbunt ; nullatenus intendentes aliquem vexare , vel inutiliter affligere, sed omni possibili modo incumbentes, ut boni omnes ab errore serventur , mali convertantur , et seducti ad viam rectam reducantur. Hæc erunt incessanter eorum, et omnium cooperatorum ipsorum, ardentissima conamina , per totum tempus prædicationis , seu *prophetiæ eorum,* et persecutionis Antichristi.

7ᵘˢ VERSUS. Et cum finierint testimonium suum, bestia quæ ascendit de abysso , faciet adversum eos bellum , et vincet illos , et occidet eos.

1° Itaque non quando placuerit impiis, sed tempore a Deo constituto , cum satis laboraverint , *et cum finierint testimonium suum,* cum nempe *duo testes* illi compleverint tempus trium annorum cum dimidio prædicationis suæ, et perfecerint sibi commissum opus Domini, ingentemque animarum multitudinem ante se ad cœlum, cum palma martyrii aut heroïcæ confessionis, miserint, innumeramque etiam invincibilium Christi confessorum turbam post se mansuram formaverint; tunc tandem , Deo hoc permittente,

2° *Bestia , quæ ascendit de abysso...* sed quænam est hæc *Bestia?* et de qua *abysso ascendit?...* Resp. Quamvis de variis *Bestiis,* variisque *abyssis,* agatur in decursu harum Revelationum , indubie *Bestia* de qua nunc , magnus Antichristus est, *homo peccati,* de quo Sanctus

Paulus Apostolus prophetavit (a) ; sed qui nomine hominis indignus erit, et *Bestia* vocari merebitur , et quidem
bestias ferocissimas , crudelitate et omnis generis perversitate, longe superabit. Etenim, etsi sæpe in Scriptura Sacra , homines perversi vocentur *bestiæ ,* ille
supra omnes isto opprobrii titulo merito designatos,
incredibiliter eminebit, ut testantur omnia quæ de illo,
Spiritu Sancto revelante , prædicta fuerunt.

3° *Abyssus* autem, de qua *ascendit ,* est *abyssus* infernalis, non quod ipse sit revera venturus de inferno ,
quamvis aliqui auctores hoc supposuerint ; sed quia
potestas inferni ipsum excitabit, et elevabit ; quia spiritu infernali penitus animatus erit, illique toto corde et
animo addictus. Alias et quia surget de profundissima
omnis impietatis *abysso,* et erit quasi dæmon incarnatus;
ita ut , sicut Christus Dominus omnes utriusque Testamenti Sanctos infinite superavit sanctitate; sic ille , uti
jam diximus , omnes totius generis humani sceleratos ,
ultra omne quod dici potest , sit perversitate supe-
raturus.

4° Horrendissima ergo illa *Bestia faciet adversum eos*
(*testes*)*bellum,* toto quidem tempore prædicationis istorum
prophetarum , et eorum operis sociorum ; geretur *bellum*
adversus eos, ab Antichristo, et ministris, et asseclis
ejus ; uti jam nunc , et ab antiquis temporibus , sine
intermissione geritur, et gestum fuit, contra servos , et
ministros Christi, ab omnibus præcursoribus Antichristi;
sed circa finem temporis *testium* illorum , furor *bestiæ*
infernalis, ascendet ad summum suæ rabiei gradum ; et
tunc furiosissima erit persecutio , quæ hic *bellum adversum eos* vocatur , quæque , sine dubio , sæviet et contra
omnes adhærentes eis ; et tandem , Deo hoc pro majori
sua , et electorum suorum gloria , permittente ,

(a) II. Thessal. c. ii , v. 3.

5° *Et vincet illos,* (uti factum est olim de Apostolis, eorumque successoribus, et imitatoribus,) cum scilicet missionem suam, inter continuos triumphos spirituales, et calamitates, ac afflictiones corporales, illi *testes fideles* adimpleverint, consummato cursu suo, vocabuntur ad *coronam justitiæ*, de manu *justi Judicis* recipiendam ; et adversarii ab illis *spiritualiter victi,* permittentur eos materialiter, at inaniter *vincere,* ad majorem, et æternam suam confusionem ; quia sicut olim gentiles idololatræ putabant fore, ut cum Petrum et Paulum occidissent, certe tunc tota rueret Christiana Religio ; sic sperabunt Antichristus, et ministri ejus, fore ut, sublatis duobus antesignanis Fidei Christi prædicatoribus, tunc sua tandem triumphet universaliter, et sine ullo obice impiissima secta ; sed e contra, sicut olim post mortem Apostolorum, ita et post mortem istorum prophetarum, vera Religio magis magisque accrescet. Interim quasi certam habens infernalem suam expectationem, præfata *Bestia*

6° *Et occidet eos.* Nullum dubium, quin hoc intelligendum sit, de morte corporali ; nisi forte totum negotium de *duobus testibus,* intelligi deberet, prout aliqui moderni auctores volunt, non de duobus istis prophetis, ex priscis temporibus conservatis, sed de aliqua societate missionariorum, illorum *spiritu, et virtute* repletorum, et facientium, ac patientium in fine mundi, quæcumque illi *duo testes* facturi, et passuri creduntur, salvis quibusdam magis mystice intelligendis, in hac suppositione. Tunc cnim *occidere eos,* significare posset *violenter supprimere istam societatem.* Nos vero, sentimus de his, cum tota venerabili antiquitate, et fere universitate auctorum totius Ecclesiæ Catholicæ. Itaque *occidet eos,* indubitanter significat :

7° *Mortem illis inferet violentam,* et certe ignominiosam,

ac dolorosam , quam maxime poterit. Consequenter
sicut in vita , ita etiam in morte , imitabuntur , et confitebuntur Dominum Jesum Christum illi fidelissimi ejus
servi, et non illi soli, sed et multi ex cooperatoribus, et
discipulis eorum , cum ipsis, eodem modo quo in primitiva Ecclesia , interfectis duobus præcipuis Apostolis
Christi , multi eorumdem laborum consortes , et innumeri eorum Discipuli, circa idem tempus, ad martyrium
ducti fuerunt , ab iisdem , aut aliis similibus Ecclesiæ
Christi persecutoribus.

8° Sed iterum hic animadvertendum , ne a proposito
nostro , et simul a mente Sacri Scriptoris aberremus ,
præfatum *bellum , victoriam Bestiæ , et occisionem duorum
testium,* non esse solummodo materialiter intelligenda ,
sed saltem certo modo, etiam spiritualiter. Itaque quantumcumque terribile futurum sit materiale *bellum* illis
inferendum , præcipuum et sævissimum erit *bellum*
doctrinarum , et morum , quod geretur verbis , et scriptis , publice , et clanculo , susurrationibus, mendaciis ,
calumniis , insidiosis interpretationibus, etc. , etc. , quæ
sub specie zeli boni , et veri , a furibundis lupis , *ovina
pelle* contectis , proferentur , et per impiam potestatem
civilem , in mundo fere universo dominantem , adhibita
violentia protegentur, contra sanæ doctrinæ defensores;
et hoc quidem tam vehementer , ac perseveranter , ut
tandem falsitas de veritate plene triumphasse videatur.
Et sic in primis *Bestia vincet eos.*

9° Quantum vero ad modum *occidendi eos ,* probabiliter a falsorum doctorum , seu corruptorum Episcoporum
conciliabulo, condemnabuntur ut hypocritæ, et seductores; vel aliaaliqua fraudulenta via, procurabitur contra
illos sententia excommunicationis , interdicti , deposi-
tionis , aut quid simile; et tales sententiæ , quantumvis
injustæ, et invalidæ, violenter exsecutioni mandabuntur

contra sanctos illos viros; et hæc erit spiritualis *occisio*
istorum prophetarum, sed quia illi, cognoscentes omni-
modam nullitatem istarum sententiarum, illas invalidas
demonstrabunt, spernent eas, et in sacro ministerio
pergere conabuntur; ostendentes *Deo magis obediendum
esse, quam hominibus;* denuo a furiosissimis suis adversariis accusati, ut rebelles, et turbatores populorum,
condemnabuntur, et ad crudelissimam mortem ducentur. Sic nos sentimus, ex aliorum quorumdam conjecturis, quas, salvo meliori, fundatas æstimamus.

10° Auctores qui putant ipsosmet *Henoch et Eliam*
non revera redituros esse, sed per *duos testes* sine
nomine prænuntiatos in Apocalypsi, debere intelligi Societatem Jesu, ob hanc causam multo alio modo dividunt
septem Ætates Ecclesiæ; et multo magis protrahunt
tempus persecutionis Antichristi, et *prophetiæ duorum
illorum testium,* seu multitudinis prædicantium Jesuitarum, contra Antichristum; consequenter et ipsum Antichristum alio modo explicant. Putant enim per *occisionem*
illorum prophetarum significari *suppressionem* Jesuitarum; per *dies* quibus eorum cadavera *jacebunt* insepulta
per plateas civitatis, tempus illorum *dispersionis,* usque ad
Bullam, qua servabantur in statu quo, in quibusdam
regionibus septentrionalibus, ubi a Guberniis toleraban-
tur, et qua velut resuscitati, *super pedes suos steterunt;* per
assumptionem eorum in cœlum, intelligunt *Bullam,* quam
dandam prædixerunt a Summo Pontifice, et quæ revera
data fuit a Pio Septimo, anno quo eam venturam præ-
dixerant. Hæc habentur in auctoris anonymi jam supra
citati opusculo, quod penes nos fuit jam ab anno mille-
simo-septingentesimo-nonagesimo-primo; quod utique
satis mirum est, quia nullatenus hæc post eventum
scripta dici possunt. Opusculum illud, in Belgio satis
rarum impressum fuit in Gallia, anno 1790, sine loci

nomine : auctor se dicit *Gallum, non Gallicanum, sacerdo-*
tem, non Jesuitam. Pergemus tamen, secundum assumptam sententiam.

8ᵘˢ VERSUS. Et corpora eorum jacebunt in
plateis civitatis magnæ , quæ vocatur spiritualiter Sodoma , et Ægyptus, ubi et Dominus
eorum crucifixus est.

Hic maxima requiritur attentio.

1° Itaque , *et corpora eorum*, nempe *occisorum testium,*
adeoque *cadavera* , ut videtur , sepulcro illis negato; non
tamen sine causa dictum fuit *corpora* , potius quam
cadavera ; probabiliter , quia illis *occisis* , simul etiam
Societates , ac piæ Institutiones, quas forte fundabunt ,
et quæ *corpora eorum* vocari poterunt , tunc quasi mor-
tuæ , et mox penitus perituræ considerabuntur. Forte
igitur sacer textus dicit *corpora,* et non *cadavera* , quia
non principaliter de *occisorum* prophetarum reliquiis
loqui intendit , sed de præfatis eorum sociëtatibus,
morte Fundatorum prostratis, et quasi inanimatis; quod
mox clarius evadet. Illa nempe,

2° *Jacebunt in plateis civitatis magnæ.* Quæcumque
magna civitas habet utique multas *plateas ;* textus quidem Græcus , in quibusdam exemplaribus , dicit in
singulari , *platea* , sed in multis aliis , loquitur in plurali , sicut noster Latinus ; et certe Sanctus Hieronymus
in sua versione , non sine fundata ratione dixit : *in*
plateis ; at *duo* cadavera possent ad summum in duabus
plateis ; jacere ; et tamen videtur sacer textus omnino
innuere , *eorum corpora* in pluribus , forte in omnibus
magnæ civitatis plateis debere *jacere :* dum enim dicitur
indeterminate , *in plateis* , tam recte de omnibus, quam
de quibusdam *plateis* potest intelligi : sed non æque

benè de duabus solummodo , nisi forte non reperiantur plures quam duæ , quod hic non est supponendum , cum agatur de *magna civitate.*

3° Nec dici debet illa ~corpora forte , per adversariorum sævitiam vicissim , nunc in una , deinde in alia, ac sic successive in plurimis *plateis* contemptui impiorum esse exponenda : hoc enim supposito , sacer textus debuisset potius dicere : *trahentur per plateas ,* vel exponentur *in plateis.* Sed simpliciter dicit : *jacebunt in plateis ,* et additur quamdiu , uti mox videbimus ; ergo immota videntur mansura *in plateis ,* in quibus post *occisionem* relicta, vel projecta fuerint. Sed quænam nunc est , vel erit , illa *civitas magna ,* in qua hæc prophetarum *occisio et corporum eorum* continget *expositio ?*

4° Respondetur in textu : illa est , *quæ vocatur spiritualiter ,* etc. Ergo nomina quæ hic sequuntur , non sunt illa , quibus vulgariter , seu usitato loquendi modo illa *civitas* nominatur; sed sunt nomina mystica , quæ illi , hoc loco , et solum inter Christianos dantur , ob mysticas significationes ; et frustra quæreremus , in antiquis , aut recentioribus descriptionibus mundi , civitatem aliquam, quæ istis simul junctis nominibus vocari soleat, et in qua etiam factum ultimo loco adjunctum , fuerit adimpletum.

5° Etenim *Vocatur Sodoma , et Ægyptus ;* itaque non absque ratione multum disceptatur antiquos inter et recentiores auctores, quænam sit vel tunc sit futura illa *civitas ,* cui hoc duplex nomen *spiritualiter* conveniat. Cum autem indubitatum videatur , eam debere esse *civitatem* in qua dominans tunc temporis Antichristus posuerit thronum suum , quem ille, potentissimi Imperii Romani instaurationem aggrediens, videtur Romæ collocaturus ; æstimant multi fore, ut ipse Romæ *occidat Henoch ,* et *Eliam ,* præcipuos nempe suos adversarios ;

et consequenter *Romam* esse illam *civitatem magnam*, de qua hic quæstio est. Hæc conjectura , prima fronte , satis plausibilis, imo verè fundata videtur.

6° Etenim celeberrima illa civitas , uti erat in summa sua gloria, regnante paganismo, et uti iterum futura supponitur tempore Antichristi , utique non immerito vocaretur *Sodoma ;* pristina enim *Sodoma ,* præcipua erat ex quinque civitatibus , quæ propter abominandas habitatorum impudicitias per angelum Domini, tempore Abrahami , igne cœlesti destructæ fuerunt (*a*). Roma vero ethnica, *Sodomæ* nullatenus erat inferior in omni corruptionis et impuritatis genere et propter absurdissimas idololatrias ; et quidem ob istas rationes, sæpe et merito, ab Apostolis vocata fuit *Babylon ,* quippe quæ esset veteri Babyloni vitiis omnibus simillima.

7° Quantum ad secundum nomen *Egyptum ,* regnum istius nominis erat idololatriæ antiquissima sedes et parens : ibi per multa sæcula, maximi superstitionis excessus committebantur, uti patet tam ex profana, quam ex sacra historia ; ergo et ille titulus rectissime Romæ denuo corruptæ, applicaretur tempore Antichristi. Præterea templum Dei , in quo , juxta Sanctum Paulum , sedebit Antichristus. ostendens se *tanquam sit Deus* (*b*), posset esse , et satis probabiliter erit , Cathedralis urbis Romæ, nempe magnificentissimum templum, sanctorum Apostolorum Petri et Pauli. Non enim de antiquo templo Hierosolymitano hoc potest intelligi , utpote quod a primo Ecclesiæ sæculo, funditus dirutum est, et cujus reædificatio divinitus impossibilis facta fuit , propterea post extinctos ethnicos imperatores , nec a Judæis , nec ab ullis aliis amplius tentata.

8° Posset tamen istius templi reædificatio Judæis promitti ab Antichristo , et inchoari, sed non perfici, ut

(*a*) Gen c. xviii. — (*b*) 2 Thess. c. ii. v· 4.

omnino certum videtur, non solum quia Deus invinci-
bilia obstacula posset renovare quæ olim opposuit, uti
et Judæi, et ethnici auctores, sicut Christiani historici
testantur; sed quia cognitum Regnum Antichristi non
tamdiu durabit, ut tantum opus perficiatur. Dicitur
autem *cognitum Antichristi Regnum*, quia si forte Antichristus fuerit Rex, vel imperator aliquis, jamdiu
regnans priusquam impios suos conatus contra Christianismum ordiatur, aut Judæos seducere tentet, quasi
esset eorum Messias, non tunc adhuc agnoscetur ut
Antichristus; et tempus quo omnia illa mala attentabit,
omnino videtur duntaxat duraturum per *tres annos cum
dimidio*, uti jam vidimus.

9° Interim nonnulli interpretes attentione digni, opinantur, et probare conantur : Antichristum venturum,
etiam non esse sumendum pro aliquo homine impiis-
simo, sed pro magna multitudine, seu societate impiorum, v. g. *Francimuratorum* (des Francmaçons), aut
similium; ex ista autem opinione, hoc omnino admittendum videtur : quod non unus solus, omnia illa mala
excogitaturus, perpetraturus, aut mandaturus sit, sed
magna quædam, ac perversissima societas, quæ forte
jamdiu existit, quia probabilissime est ipsamet modo
dicta Francimuratorum, per universum mundum dispersa, et tenacissimis vinculis satanicis colligata; quæ
tandem quasi imitans Ecclesiam Christi, erit sub uno
capite, cujus nomine, omnia horrenda et nefanda
committet; et præsertim ipso mandante, dirigente, et
principaliter agente, fiet atrox illa ultima persecutio.
Ille autem, si forte non publice ita vocetur, tamen vere
erit, et saltem a doctis, ac piis dicetur *Antichristus*.
Hoc enim requirunt textus Sacræ Scripturæ, qui de eo
loquuntur, et etiam constans Ecclesiæ traditio.

10° Itaque satis plausibiliter quidam volunt *magnam*

illam *civitatem* de qua loquitur hic Sanctus Joannes, esse
Romam , quam Antichristus violenter sibi subjecturus
est ; sed obstat quod in textu sacro , post nomina
Sodomæ et Ægypti, addatur : *ubi et Dominus eorum crucifixus est*. Utique magister istorum prophetarum , et
quorumvis prædicatorum Evangelii, Christus Dominus,
nusquam alibi reipsa *crucifixus est*, nisi Hierosolymis.
Inde nova, et non exigua difficultas, contra quam stare
nullatenus potest sententia quæ tenet Romam esse istam
civitatem magnam. Sed videamus an possibile sit in illa
potius agnoscere Hierosolymam.

11° Multi auctores olim asseruerunt Hierosolymam
esse *civitatem* , in qua occidendi erant *duo testes* ; dice-
bantque , si hodiedum *magna* non sit , eam olim fuisse
magnam valde quidem, si non extensione, saltem habitantium multitudine, splendore regio, honore Templi ,
divitiis, nobilitate, etc. quæ *civitas*, ut aiunt , sub Antichristo , stupenda celeritate , in summa magnificentia
reædificabitur , cum novo, ac splendidissimo *Templo*,
ac præsertim propterea Judæi Antichristum agnoscent
ut Messiam suum. Quo hæc verisimiliora reddant ,
aliqui istius opinionis defensores addunt :

12° Non nimis urgendam esse temporis istius brevi-
tatem , scilicet *trium annorum cum dimidio* ; illos enim
ultimæ persecutionis *menses quadraginta duos*, forte alio,
quam vulgo putatur, sensu , debere explicari , v. g. de
mensibus *triginta annorum* , et sic per tempus multo
longius durare , intra quod per prædicationes Anti-
christianas , aliasque omnis generis seductiones , Chri-
stianismus fere extinguetur , inquiunt , saltem quoad
cultum publicum. Judæi adducentur ad Antichristum ,
et in pristina sua patria congregati , suas civitates olim
destructas, at in primis Hierosolymam et templum viis
omnibus reædificanda curabunt, potenter favente Anti-

christo,: quo illos sibi adsciscat , et per illos reliquas etiam gentes.

13° Tunc (aiunt,) apparentes *Henoch et Elias ,* contra Antichristum praedicando , et miraculis multis suam doctrinam confirmando , iterum populos, et in primis Judaeos , ad Christum convertent ; et inde excitabitur ultimus , maximusque furor Antichristi , quo prophetae illi , cum innumeris aliis Christi Fidelibus, crudelissima morte peribunt ; et tam *duorum testium ,* quam illorum discipulorum *corpora ,* seu cadavera , in magna multitudine *jacebunt in plateis civitatis magnae,* nempe Hierusalem.

14° Haec opinio utique , propter venerabiles auctores, et defensores ejus, non est spernenda. Etenim praeterea adhuc notandum est : urbem Hierosolymam , propter antiquas impietates suas, a Jeremia propheta (a) vocari *Sodomam ;* adde quod propter persecutiones suas contra omnes prophetas Domini , et alios viros justos , maxime contra Justum per excellentiam , merito vocaretur *et Ægyptus ;* etiam certe *ibi crucifixus est Dominus illorum.* Deinde , si forte Antichristus ibidem non habiturus sit primariam imperii sui sedem , posset tamen eo interdum venire , ibique per vices aliquamdiu manere , ut in civitate secundaria imperii , vel etiam primaria , pro illius parte Orientali ; posset et in novo *templo ,* thronum sibi collocare , et in eo sedens, adorationem exigere , *quasi esset ipse Deus* (b).

15° Ea autem occasione Prophetae contra tantam impietatem vehementer praedicantes indubie tunc possent pro vera Fide , a ministris Antichristi , captivi ad eum adduci, et ipso mandante, *occidi; corporaque ipsorum ,* in signum publici contemptus , projici , et in spectaculum pro populo, maxime ad timorem Christianis incutiendum,

(a) C xxiii , v. 14.— (b) II. Thessal. c. ii , v. 4.

relinqui sine sepultura , *in* præcipuis civitatis *plateis.*
Attamen attente advertendum est illa fere omnia iterum cadere in sensum mere litteralem , et materialem ;
ac si ita sumi deberent, vera esse possent, sed in his Revelationibus, semper prævalere debet sensus mysticus.

16° Debent ergo etiam in omnibus istis , reperiri
multa mysteria ; ideoque illa , quasi mere historica
enarratio , non videtur posse admitti. Inde animadvertendum est : quod *civitas sancta,* in sensu Sacræ Scripturæ, sit *universalis Ecclesia Christi,* per totum terrarum
orbem extensa. Et sic *synagoga dæmoniorum,* seu congregatio impiorum, æque, et quidem magis universalis,
potest sumi , et a quibusdam Sanctis Patribus, aliisque
magnis scriptoribus reipsa sumitur pro maledicta illa
civitate magna, in qua tunc temporis *occidentur* celeberrimi isti prophetæ, cum multitudine maxima cooperatorum, et discipulorum suorum , omnis status et conditionis, et ex omni regione, per furiosum Antichristum,
et æque furiosos ministros ejus.

17° Itaque , in istius *magnæ civitatis plateis,* seu locis
publicis ; etenim per *plateas* non solummodo viæ ad
transitum destinatæ intelliguntur , sed etiam spatiosa
loca publica , emptionibus , v. g. et venditionibus faciendis aptata, vel ad publicam deambulationem aliasve
recreationes adornata ; si autem sensu supra proposito ,
civitas magna sumatur pro universa *synagoga dæmonio-*
rum, ejusdem *plateæ* essent variarum regionum *corruptæ*
urbes, et in his utique martyres incarcerabuntur, spolia-
buntur, et omnibus modis vexabuntur : et cruciabuntur
omnia membra societatum prædicatorum Fidei, aliique
veri fideles. In his, inquam, plateis, seu corruptis urbibus , *jacebunt* istorum martyrum inanimata *corpora.* Et
eo magis videtur hic agi de tali, seu de illa *magna civi-*
tate, nempe de *synagoga satanæ,* quod versu sequenti
dicitur :

9ᵐ VERSUS. Et videbunt de tribubus , et populis , et linguis , et Gentibus corpora eorum per tres dies et dimidium : et corpora eorum non sinent poni in monumentis.

1° *Et videbunt ,* etc. quia publice omnium aspectui exposita *jacebunt* illa *corpora ,* omnes illa videntes , eadem suo commodo intuebuntur , sed utique , alii alio modo affecti; non soli adversarii , et contemptores illa *videbunt* tristissima spectacula , sed omnes quicumque voluerint , et qualibet ex ratione ; sive ex curiositate , odio, aut contemptu, sive ex compassione, desolatione, aut miraculorum expectatione aspicient ea utriusque sexus spectatores :

2° *De tribubus , et populis, et linguis, et gentibus;* adeoque aliqui ex plurimis , si non ex omnibus nationibus ; forte ideo non dicitur *de omnibus* sine exceptione , quia in quibusdam nationibus jam tunc non reperientur amplius prædicatores doctrinæ Christianæ , saltem qui publice appareant , et vexationibus inimicorum sese exponant ; nec dicitur *omnes ,* sed solum quosdam *de tribubus, et populis, et linguis, et gentibus,* ea esse *visuros,* utique quia ex illis, qui in locis ubi *jacebunt corpora* illa, aderunt , forte non pauci ex bonis , et piis ea , præ timore, aspicere non audebunt , vel ex nimia afflictione non poterunt, vel quia ipsimet erunt in fuga, in exilio, vel in carceribus pro Christi Fide, utpote qui etiam prophetis favere atque adhærere solebant. Forte multi etiam ex perversis , ea non aspicient, vel ex nimio contemptu , vel aliis rebus nimis occupati, seu distracti.

3° *Jacebunt* autem ibi , *per tres dies et dimidium.* Dum hoc intelligitur de intuendis *corporibus occisorum* prophetarum, aliorumve martyrum proprie dictorum, sufficere videtur *dies* illos sumere sensu litterali ; si vero intelligatur de dispersis membris alicujus Societatis suppressæ, vel forte variarum sublatarum societatum, utique non sufficiens videretur tam breve tempus ; sed sumendi essent *dies* illi pro temporibus longioribus; quod non est omnino improbabile , siquidem sæpe in Scriptura Sacra, vox *dies* tempus aliquod indeterminatum, aut plus minusve longum temporis spatium significet. Hic igitur, tunc forte sumi deberet *dies*, pro integro anno , vel pro longiori adhuc tempore.

4° Sed notandum est : quod dicitur : *tres dies* etc. , et de noctibus non fiat mentio !... tamen evidens est, quod *diebus tribus cum dimidio* debeant includi *tres noctes*. An forte *corpora* illa de nocte abscondentur , ne ea furentur illorum prophetarum fideles discipuli ? Resp. Non videtur hæc esse causa. Sed potius videtur de *diebus* solummodo fieri mentio, quia *occisis* istis prophetis, et dispersis sociis eorum , impii quidem expectabunt triumphum *tenebrarum,* tenebrosarum nempe doctrinarum, adeoque densissimam *noctem spiritualem ,* in qua infernalibus gaudiis frui sperabunt; sed e contra, duplicabitur verus, et perpetuus veritatis triumphus , seu veri *cœlestis luminis;* sic erit tempus continuæ lucis, sive *dies* erunt *spirituales,* sine noctibus.

5° Nihilominus adversarii eorum adhuc ad breve tempus dominabuntur , sævientque ; *et corpora eorum non sinent poni in monumentis.* Attente hic consideremus quæ dicuntur. Non enim dicitur : *non sinent sepeliri corpora eorum ;* sed *non sinent poni in monumentis.* Et *monumentum* utique aliquid plus quam simplex sepulcrum significare solet. Christiani interim omnes tunc temporis graviter afflicti, vexati , et spoliati , magna licet in veneratione illos prophetas habentes, certissime parum , vel nullatenus cogitabunt de ædificandis *monumentis* plus minusve splendidis , in honorem martyrum suorum, quantumvis tali cultu dignos illos æstimaverint. Sed potius desiderabunt sacras eorum reliquias abscondere , quantum fieri poterit , ut ab ulteriori impiorum profanatione, et insultibus serventur, et a piis Fidelibus honorari valeant. Attamen quoad *corpora duorum testium,* certum est : illa insepulta esse mansura per tempus supra notatum, *in* dictis *plateis,* donec resuscitentur, sicut mox adhuc videbimus ; supposito nimirum : quod hoc saltem ad litteram sit intelligendum , quod omnino putamus , propter magnæ auctoritatis auctores, hanc sententiam firmiter tenentes.

6° Aliud est , dum agitur de membris societatis , aut societatum , prædicantium sub istorum Prophetarum directione; illa enim membra , per varias orbis partes dispersa , et ab invicem magnis distantiis separata , pro Fidelium sollicitationibus et suo ipsorummet desiderio , conabuntur sese congregare in domibus , vel monasteriis , ut saltem ibi clanculo possint simul saluti animarum incumbere , sperantes fore , ut aliquando pacatis aliquousque turbis , possint publicam Fidei prædicationem repetere , majorique cum fructu quam prius, quia probabilissime scient : paulo post mortem *duorum testium,* ipsummet Antichristum esse periturum et furiosam nimis persecutionem inde desituram , aut valde imminuendam.

7° Illæ itaque domus Congregationum , seu monasteria, sunt *monumenta, in quibus* adversarii *non sinent poni corpora* illa collectiva , seu Societates cooperatorum *occisorum prophetarum ,* quo zeli , et talentorum istorum virorum effectum impediant. Putamus igitur hic etiam agi de talibus *monumentis ,* talibusque *corporibus;* et quamvis non opinemur cum quibusdam , illam prophetiam jam nostro tempore fuisse adimpletam, per dispersionem Congregationum Religiosorum utriusque sexus,

et per multiplicia , ac violenta obstacula , quæ illarum
restaurationi multi impii opposuerunt , et etiamnum
opponunt ; tamen æstimamus illa quæ hic et alibi
nostro tempore facta fuerunt , vel hodiedum fiunt in
multis regionibus, fuisse, et nunc esse , proxima præludia illorum, quæ ultimo tempore, in toto orbe Christiano
contingent.

8° Tandem nullatenus est necessarium hoc intelligere
de solis viris, et de prædicatoribus proprie dictis ; etenim Congregationes virorum , qui ex officio non prædicant verbum Dei , sed in societatibus piis, sub certis
regulis approbatis vivunt simul in conventibus, sive
separatim in sua quisque domo; etiam societates mulierum simili more viventium, possunt, et debent hic connumerari ; quia omnes illi , et istæ , suo modo, utiliter ,
et efficaciter prædicant Evangelium Christi ; prædicant
nempe sanctis moribus , multarumque virtutum exemplis; prædicant habitu pœnitentiam et humilitatem re-
dolente ; prædicant publica professione , et observantia
regularum suarum ; prædicant frequentibus , ferven-
tibusque orationibus , mortificationibus , aliisque multis
bonis operibus, publice, aut secreto Deo oblatis, etc.

9° Omnes tales Societates, Ordines, Congregationes ,
et cujusvis nominis *corpora* collectiva dissolvere , adeoque, saltem spirituali morte , ad interitum ducere conabuntur impii ultimorum temporum dominatores , cum
suis asseclis. Dico *saltem spirituali morte ,* quia si possint
etiam corporaliter *occidere* omnia membra fideliter in
bono perseverantia , non deerit illis voluntas ; sicut
eorum præcursores in Gallia , in Hispania , et in multis
aliis regionibus , satis evidenter ostenderunt. Etiam
horrendi conatus eorum magno coronabuntur successu,
uti ex prædictionibus Christi Domini patet , quas jam
alibi citavimus.

**10"' Versus. Et inhabitantes terram gaude-
bunt super illos, et jucundabuntur : et munera
mittent invicem , quoniam hi duo prophetæ
cruciaverunt eos, qui habitabant super terram.**

1° *Et inhabitantes terram gaudebunt super illos*; illi
nimirum , qui *terram* ita *inhabitant ,* ut aliam patriam
nequaquam desiderent, nec quærant ; audientes aut
videntes illos esse mortuos, qui de caducis hujus mundi
rebus , ac de mox instante fine omnium temporalium ,
prædicare solebant , quique omni ope conabantur corda
hominum a rebus perituris avertere , et ad desiderium
bonorum æternorum excitare ; illi inquam , multum
gaudebunt prophetas esse mortuos , quia sperabunt fore,
ut doctrina sibi tam incommoda , ex tunc evanescat , et
oblivioni detur, veluti falsa , et perniciosa.

2° *Et jucundabuntur :* nimirum ex abundante lætitia
lusus publicos , et multorum generum recreationes
voluptuosas, et epulas frequentes ac magnificas insti-
tuent , uti fieri solet inter mundanos , dum res aliquæ
ipsis displicentes, et quæ illorum prava desideria refræ-
nare solebant, extinctæ, vel extirpatæ sunt ; agunt enim
tunc quasi calamitates publicæ cessassent ; vel faustissima quædam nuntia, pro bono publico, essent recepta.

3° *Et munera mittent invicem,* nempe, uti signa mutuæ
congratulationis , ad renovandam, vel augendam amici-
tiam , ad resumenda negotia , seu commercia , non
honesta solum , sed et inhonesta , quæ per præfatorum
prophetarum tristes prædictiones, et prædicationes inter-
rupta, vel multum debilitata fuerint, eaque tunc duplicato
ardore promovendo, ut cum usura reparetur damnum ex
publica consternatione ortum ; æstimantes se ex tunc
ab omni periculo liberatos , et ideo omnem timorem
mittentes.

4° *Quoniam hi duo prophetæ*, dum adhuc vivebant, et omnes eorum laborum consortes, dum adhuc libere agebant, et unitis viribus sub *prophetarum* directione laborabant, tam ingratam mundanis doctrinam prædicando, tam funesta prædicendo, populum a vanitatibus avertendo, omnes peccatores ad pœnitentiam, et justos ad majorem perfectionem exhortando, omnibus illam ultimam gratiam negligentibus, aut spernentibus, minando interitum sempiternum ; hi omnes, inquam, sic agendo,   -

5° *Cruciaverunt eos, qui habitabant super terram :* id est, suis monitionibus, veridicis licet et salutaribus, conturbaverant illos mundanos, anxietate, confusione, mœrore, illorum fallacem tranquillitatem auferendo ; temporalia damna plurima illis inferendo, multos charos, amicos, et necessarios ab illis abstrahendo ; qui nihilominus obdurate, ac pertinaciter *terræ* terrenisque bonis adhærere pergebant, nec ullis argumentis ad meliorem vitam promoveri valebant. Hæc et quæ sequuntur, versu undecimo, enuntiantur tempore præterito, secundum frequentissimum usum styli prophetici, sed nihilominus evidenter de futuro adhuc tempore intelligenda sunt. Itaque novo prodigio terrendi sunt impii...

11ᵘˢ VERSUS. Et post dies tres et dimidium, spiritus vitæ a Deo intravit in eos. Et steterunt super pedes suos, et timor magnus cecidit super eos, qui viderunt eos.

1° *Et post tres dies et dimidium :* quod tempus, uti jam diximus, putamus esse nativo et proprio sensu intelligendum, inquantum agitur de corporaliter *occisis prophetis.* nempe in propriis suis personis ; sed inquantum intelligi debeat etiam de *corporibus eorum mysticis,* mystice similiter resuscitandis , supponendum est hic significari spatium temporis multo longius ; difficillimum tamen esset , et forte impossibile , cum aliqua certitudine determinare , quam diuturnum hoc debeat esse , ac quomodo denominatio *trium dierum cum dimidio*, illi conveniat. Et cum nullus auctor hucusque hoc praestare potuerit , nos nullam opinionem circa hoc punctum emittere praeferimus. Tunc itaque iterum

2° *Spiritus vitae a Deo intravit in eos.* Similiter hoc loco , inquantum agitur de *duobus* illis *prophetis ,* certo hoc intelligendum est de regressu eorum animarum , quae jubente Deo , unaquaeque suum *corpus* vivificant ; sed inquantum intelligatur de numerosis praedicatorum verae Fidei societatibus, quae sub directione prophetarum laborarunt , et ipsis *occisis* suppressae, et dispersae fuerint , *Spiritus vitae a Deo intrans in eos,* erit novum decretum Ecclesiae , seu Summi Pontificis tunc regnantis, quo , nomine Dei , istae societates restaurabuntur, et quasi nova vita illis infundetur; consequenter renovatis viribus surgentes ,

3° *Et steterunt super pedes suos ,* nempe *duo prophetae* resuscitati, jam vitae pleni, et ab omni vulnere, dolore, et quavis plaga sanati , insuper posthac impassibiles , et immortales, uti de illis sentit tota venerabilis antiquitas. At rursum in quantum hoc applicari possit restauratae multitudini cum ipsis antea evangelizantium, *stare super pedes suos ,* debet significare : quod illi zelatores, Ecclesiae auctoritate suffulti ac roborati , firmiter *stent* in Fide, et in unione pristinae Societatis suae, uti antea; parati iterum ad omnia facienda, sustinenda , ac toleranda , quae ad gloriam Dei , animarum salutem et Ecclesiae decorem necessaria, aut utilia fuerint. Adeoque non mirum , quod ex utroque , vel alterutro illo omnibus impiis inexpectato spectaculo, nempe , vel virorum

antea crudelissime interfectorum , qui iterum in plenis-
sima sanitate vivunt; vel Societatum evangelizantium ,
quæ antea potentissimorum inimicorum odio ac furore
dissolutæ, penitus extinctæ videbantur , et tam mirabiliter restauratæ , novoque vigore plenæ apparent ; ita
quidem , ut adversariorum multitudine impediri non
valeant.

4° *Et timor magnus cecidit super eos* : non super omnes
eorum inimicos , uti videtur, quia tam stupenda res illa
invenietur, ut credere eam recusent multi, qui non propriis oculis eos redivivos intueri potuerint , sed solummodo ex nuntiis , vel publico rumore hæc audierint ,
quique eousque aliorum *timorem* contemnent , quasi
ridiculum , et stultis imaginationibus excitatum ; sed
testes oculati, quantumvis obdurati, utique facti evidentiam negare nec audebunt, nec poterunt; et vehementer
timebunt omnes illi adversarii eorum ,

5° *Qui viderunt eos* , nimirum denuo vivos, *stantes* ,
ambulantes, forte et manducantes, ac bibentes, agentes
liberrime , sicut ante mortem ; vel etiam audierunt eos
iterum loquentes, prædicantes, etc. Sic igitur prophetæ
apparent vere redivivi ;

12ᵘˢ Versus. Et audierunt vocem magnam de
cœlo , dicentem eis : Ascendite huc. Et ascenderunt in cœlum in nube : et viderunt illos
inimici eorum.

1° *Et audierunt vocem magnam de cœlo :* totus hic
versus etiam enuntiatur in præterito , quamvis agatur
de futuris, uti cuique notissimum est. Quod hic et sæpissime alibi fieri putamus , ut ostendatur res revelatas
pro futuris temporibus , tam certas esse , quam si jammodo essent præteritæ. Hic autem, sicuti in præceden-

tibus, quantum pertinet ad *duos testes* illos, secundum
sententiam antiquorum, moraliter communem, et idcirco
a nobis non temere rejiciendam ; putamus fore, ut prophetæ redivivi, sensibiliter *audiant vocem de cœlo* proprie
dicto, magno quidem strepitu sonantem ; ita ut non
tantum illi intelligant quid dicatur, in suam consolationem et honorem ; sed ut etiam longe, lateque hoc
percipiant *inimici eorum*, ad suam confusionem ; amici
vero ad majorem suam in Fide confirmationem.

2° Nihilominus, cum de his nihil sit auctoritate Ecclesiæ decisum, ac proinde cuique liberum sit, illa aliis
modis etiam explicare, modo prudenter semper maneatur
intra terminos pietatis, et vere Catholicæ probabilitatis,
putamus et hoc intelligi posse de voce sonante ex
cathedra Sancti Petri, adeoque de centro Ecclesiæ, (quæ
certo sensu, et quidem secundum Evangelium, est verum
cœlum, nempe *Regnum cœlorum* in terris) et *vocem* istam
esse directam ad Societates restauratas, de quibus jam
sæpe in præcedentibus. *Audierunt* ergo *vocem*

3° *Dicentem eis : ascendite huc*. Dicebat scilicet *vox* illa
prophetis resuscitatis; seu potius *dicet* illis, jam *stantibus
super pedes suos, ascendite huc;* nempe *ad cœlum,* ut
jam mercedem vestram in corpore et anima recipiatis.
Quamvis enim nunc redivivi, ac fortiores quam antea,
possetis labores Apostolicos repetere, ad hoc ultra non
vocamini, quia mensuram vestram modo replevistis :
tantum quod publice *in cœlum ascendendo,* sic novo
argumento probare et demonstrare debetis veritatem
omnium quæ ante mortem dixistis, et docuistis, tum
vosmetipsi, tum per discipulos vestros.

4° At inquantum præfata verba ab Ecclesia prove-
niant, et dirigantur ad resuscitatas prædicantium
Societates, verba sunt Summi Pontificis, qui denuo
vocat illos ad *ministerium verbi,* quique tam alta voce

loquitur illis, per Bullam *Urbi et Orbi* publicatam, ut per universam terram distincte audiatur, et intelligatur. Dum enim in hoc *Libro* mentio habetur de *voce magna,* ordinarie significantur res per totum terrarum orbem publicandæ, seu audiendæ ab omnibus populis; nempe Fidelibus ad instructionem, progressum, vel emendationem; infidelibus autem, ad conversionem. Tandem de redivivis *testibus,* additur :

5° *Et ascenderunt in cœlum in nube.* Nempe immediata potestate Dei, vel Angelorum ministerio adjuti, *ad cœlum* quo vocantur *ascendent;* cæterum eo fere modo, ut olim *ascendit* Christus Dominus ; quia sicut Christum jam in altum aera elevatum *suscepit nubes,* ita ut Apostoli, aliique adstantes, eum ultra videre non valerent; sic prophetæ illi, dum in altum tollentur, *nube* involventur, et ex oculis aspicientium amicorum, et inimicorum, mox evanescent. Sed quantum ad restauratos, et denuo ad *ministerium verbi* vocatos prædicatores, prophetarum discipulos, seu cooperatores, illi supradicto modo ad *cœlum* vocati, etiam *ascendent,* ad pristinas functiones nimirum, et *in nube,* nempe circumdati multitudine sequentium, et audientium se magna cum aviditate, ac docilitate.

6° *Et videbunt illos inimici eorum.* Dum scilicet adimplebitur ista prophetia, tum in prophetis illis, tum in eorum Discipulis, *videbunt* hæc, non solum amici, cum summa exsultatione, et gaudio, sed *et inimici eorum videbunt illos* in admirabili triumpho, quem tunc nullo modo vel impedire, vel negare, vel perverse explicare poterunt, nempe in *cœlum ascendentes,* et hoc, in confusione sua, et cum vehementissimo rubore *videbunt,* quamdiu non penitus *nube* involuti fuerint, vel altius elevati, quam ut oculis aspicientium percipiantur; si tamen de prophetis sermo sit, uti putamus.

7° Sed inquantum hoc spectat ad sæpe citatas societates; tunc denuo suprema auctoritate suffulti, illi ferventissimi prædicatores publice et libere annuntiabunt
Evangelium, ubique plene confundentes novatores,
seseque gloriose elevantes supra omnes contradictores
suos. *Et videbunt*, et audient hæc *inimici eorum*, et stupebunt, ob inexpectatum triumphum eorum, utique, quia
illum absolute impossibilem arbitrati erunt; nec poterunt amplius quidquam contra illos machinari, quia
tunc malitia, perversitas, et deceptio seductorum,
omnibus 'notæ et evidentes factæ erunt; mundus fere
totus relinquet Antichristum, et ministros ejus, evanescet eorum potentia, et ipse impiorum princeps cito tunc
in summa confusione peribit.

13ᵘˢ Versus. Et in illa hora factus est terræ
motus magnus, et decima pars civitatis cecidit:
et occisa sunt in terræ motu nomina hominum
septem millia: et reliqui in timorem sunt missi,
et dederunt gloriam Deo cœli.

1° *Et in illa hora*, id est, eodem tempore, vel circa
illud tempus, quo nempe celeberrimi illi prophetæ primum *a morte resuscitati*, paulo post *in cœlum elevati* fuerunt, seu aliquando erunt; vel etiam quo suppressæ,
ac dispersæ illæ societates restauratæ, et ad *ministerium
verbi* iterum cum honore assumptæ sunt per summam
Ecclesiæ auctoritatem; tunc ergo, et indubie ex illis
causis, uti mox patebit:

2° *Factus est terræ motus magnus.* Non quidem negare
intendimus fore ut in illo tempore physici contingant
terræ motus; e contra, opinamur plures, et terribiliores
tunc temporis debere contingere, quam unquam antea;

quia forte mox secutura elementorum dissolutione pro-
duci poterunt tales commotiones ; et etiam ipse Deus
forsitan illas excitabit, ad augendum salutarem timorem
in populis. Sed de his, ut putamus, hic non intendit loqui
Sanctus Joannes ; itaque *terræ motus magnus,* de quo hic
quæstio est , sunt , seu erunt vehementissimæ commotiones *hominum terrenorum* , et impiorum , propter res
prodigiosas, sub oculis eorum contingentes , quas antea
dum prædicebantur , incredibiles, imo omnino impos-
biles arbitrati erant , et ideo uti absurdas solebant
irridere.

3° Hinc ergo alii commovebuntur ad iram et furorem,
eo quod ea , quæ nonnisi a semistultis credi posse dicti-
tabant, fateri et agnoscere cogentur ; alii ad desperationem , quippe qui convicti erunt de necessitate pœnitentiæ , quam tamen agere pertinaciter nolent ; alii ad
amentiam, ex terrore, desperatione, et obdurata voluntate; tandem forte et nonnulli , ad salutarem timorem ,
quo, tarde quidem , sed tamen efficaciter , ad Deum
convertentu r,et crimina quantumvis multa et magna
expiabunt. Hi certe *magni terræ motus erunt.*

4° Sed his suppositis, quis erit sensus verborum Sancti
Joannis dicentis : *Et occisa sunt terræ motu ?* etc. Resp.
Continuo loquitur sacer scriptor stylo mystico, per figuras ex rebus naturalibus sumptas ; quia autem naturalibus *terræ motibus* , sæpe multi homines multaque
animalia bruta *occidi* solent, spiritualium etiam *terræ
motuum* effectus vocat *occisiones,* sed talibus verbis illas
exprimit, ut quisque facile intelligere valeat illum non
prædicere corporum *occisiones* saltem principaliter ;
etenim quot , et quinam hic *occisi* dicuntur , seu potius
occidendi prædicuntur? Resp.

5° *Nomina hominum septem millia. Nomina !* certe non
solent *nomina hominum* ordinariis *terræ motibus occidi,*

sed potius ipsimet *homines*, sub ruinis ædificiorum, aliisque ruentibus molibus perire. Nec dici debet : hic per *nomina*, *homines* intelligi, quia tunc utique multo melius diceretur simpliciter : *hominum septem millia* ; præsertim, quia *nomen* cum *homine* qui illo significatur, mori, seu perire non solet, maxime si *nomen* sit plus minusve celebre, sive in bono, sive in malo ; tunc enim ordinarie diu supervivit, uti quotidiana omnium experientia docet. Hic ergo videretur haberi miseranda vocum redundantia, quæ certissime in Apocalypsi Sancti Joannis, supponi non potest, neque etiam rationabiliter adscribi Sancto Hieronymo traductori, in linguis nimium versato.

6° Superest itaque intelligendum : quod multi *homines* impietate, incredulitate, studioso in Antichristum animo, etc., eousque famosi, mutata mente, tandem sincere abjecerint *nomen*, sive titulum execrabilem, de quo antea gloriari solebant; ita ut ex Antichristi adoratoribus, ministris, sive discipulis, facti sint, seu tunc temporis evadant, Christiani, et veri discipuli Christi ; ex persecutoribus propugnatores veræ Fidei. Illo igitur modo morientur *nomina* illorum *hominum*, et ex memoria omnium Christianorum delebuntur ; illi vero sub aliis, et honestioribus *nominibus* cognoscentur.

7° Sed quomodo nunc præcise *septem millia* talia *nomina* moritura, seu peritura invenientur? Respondetur : Hic uti alibi sæpissime in Scriptura Sacra, *septem*, pro magno, sed indeterminato numero, positum videtur, alias non reperitur hujus loci plausibilis explicatio in ullo auctore, quem noverimus, adeoque *septem millia*, significant magnam multitudinem talium *nominum*, ac talium uti supra exposuimus, *hominum* ; fere eo modo, sicut alibi vidimus, ubi numerus *septem* reperitur : et in sequentibus adhuc frequenter videbimus.

8° *Et reliqui in timorem missi sunt,* illi scilicet, qui non sunt conversi, quorum funesta *nomina* non sunt *occisa,* iisdem causis, quibus præcedentes ad conversionem commoti fuerunt; tamen etiam valde turbati, et anxiati, magno *timore* percussi *sunt,* sive tunc erunt. Etenim audacissimi inter impios etiam summopere turbari solent, dum evidentia miracula, aut res valde prodigiosæ contingunt, quas nullo modo explicare possunt, et quibus probantur, ac demonstrantur veritates Fidei, quas ut fabulas explodere solebant.

9° *Et dederunt gloriam Deo cœli.* Sed quomodo tandem illi, quos non conversos, adeoque in malo pertinaciter perseverantes supponimus tamen *dederunt,* seu tunc daturi sunt, *gloriam Deo cœli?* ... Resp. Non libenter, nec omnino libere, sed quasi coacti : se victos confitendo ut olim Julianus Apostata, qui jamjam moriens, et adhuc blasphemans, nihilominus Christo Domino, quem impio et violento bello lacessiverat, victoriæ gloriam adjudicabat; veluti etiam multi tyranni, et Martyrum tortores sæpe se victos fatebantur, nec tamen convertebantur; uti et fecerunt Pontifices Judæorum, aliique obdurati adversarii Christi, qui ejus resurrectionem compertam habentes, *dabant pecuniam militibus sepulcri custodibus,* ut ridiculo mendacio, de corporis Domini furto Apostolos accusarent quos omnes sciebant tanto timore perterritos esse, ut clausis in cubiculis absconditi exire non auderent. Tales ergo nolentes, et omnino inviti, dant *gloriam Deo cœli,* sed sine meritis.

14ᵘˢ Versus. VÆ secundum abiit : et ecce VÆ tertium veniet cito.

1° *VÆ secundum abiit.* Hic recordemur, in fine capitis octavi, versu decimo-tertio, per *Angelum volantem per medium cœli,* et *voce magna clamantem,* prædicta fuisse

tria *VÆ*, seu tres maximas calamitates, huic mundo
imminentes. Vidimus *primum VÆ*, post *sonitum tubæ
quinti Angeli*, capite nono, versu primo, et sequentibus.
Secundum VÆ incepit *sonante tuba sexti Angeli*, eodem
capite, ad versum decimum–tertium, et duravit usque ad
hunc locum. Meditati sumus tribulationes in quibus
illud videtur debere consistere. Nunc ergo superest considerandum *tertium VÆ*.

2° *Et ecce tertium VÆ veniet cito.* Itaque vocabulis *et
ecce*, Sanctus Joannes provocat magnam legentium, et
audientium attentionem. *Tertium VÆ*, id est, ultima,
sed omnium maxima hujus mundi calamitas. Maxima
erit undequaque, quia futura est absolute universalis,
nempe pro omnibus, in quovis loco, aut latibulo existentibus impiis, sine ulla possibili exceptione. Erit et
maxime terribilis, quia inferet reprobis summum malum,
quod erit sine ullo prorsus remedio, et in æternum
duraturum.

3° Tandem illud VÆ *veniet cito.* Notemus, ab initio
hujus *Libri*, de omnibus, quæ in eo prædicenda erant,
dictum fuisse : *Quæ oportet fieri cito.* Vidimus tunc,
quomodo illud *cito* deberet intelligi. Etenim tunc mone-
bantur Christi Fideles præsentes, et futuri, de periculis
persecutionum; de occasionibus, et obligationibus ope-
randi bonum; ac patienter tolerandi mala a Deo immit-
tenda, aut permittenda, id est, tribulationes, pro
nomine Christi, et Regno ejus, per decursum sæculorum.
Sed nunc, dum omnia, quæ mundi finem præcedere
debebant, impleta esse intelliguntur, sola superest
omnium rerum temporalium finalis destructio, cum
extremo Judicio.

4° Consequenter hoc ultimum *cito*, strictissime debet
intelligi, quamvis tamen nemo determinare possit quot
dies, hebdomadas vel menses duraturum sit illud ulti—

mum VÆ , ideoque , ne vel una hora differri poterit
pœnitentia, cum aliqua fundata securitate, ab illis, qui
tunc adhuc vivent in statu gravis peccati; et licet hoc
semper verum sit , quia omni momento mori potest
homo quilibet , tunc tamen erit verius, quam unquam
antea , in quibuscumque periculis, esse potuerit.

15 ᵘˢ Versus. Et septimus Angelus tuba cecinit :
et factæ sunt voces magnæ in cœlo dicentes :
Factum est regnum hujus mundi, Domini nostri
et Christi ejus, et regnabit in sæcula sæculorum : Amen.

1° Itaque tandem ultimus , *et septimus Angelus tuba
cecinit ;* nempe postremus omnium illorum , qui *tubam ,*
ut ea *canerent,* acceperant ; et ille , qui repræsentat ultimos in hoc mundo prædicatores , ac ministros Dei , in
Ecclesia militante, quique illis invisibiliter præest , illos
animat, dirigitque in laboribus Apostolicis, et curis, ne
in ultimis illis tribulationibus, ullus conversus perdatur,
neque ullus, quovis modo convertendus , negligatur.
Ergo ille *Angelus* ministros verbi Evangelici , ultimo
loco, in fine temporis prædicaturos , quasi tuba sonante
adducit in ministerium , tanquam vinitores ultima hora
vocatos, ad laborandum in vinea Domini. Aggrediuntur
ergo opus,
2° *Et factæ sunt voces magnæ in cœlo ,* scilicet *in cœlo*
præparatorio, id est , in Ecclesia adhuc militante , *factæ
sunt voces* sonantes per totum terrarum orbem ; nempe
instructiones , monitiones , exhortationes , et obsecra-
tiones, illorum ardentiori studio veram Fidem prædicantium , omnes errores condemnantium , ferventerque
suadentium pœnitentiam omnibus peccatoribus, ne a Deo
frustra offeratur ultima illa salutis lucrandæ occasio,

et cum tempus misericordiæ effluxerit, inutiliter in æternum amissa plangatur. Erant autem illæ *voces*

3° *Dicentes :* id est, asserentes, et ex omnibus signis, et eventibus, tunc in universo mundo visis, probantes, ac demonstrantes dicta sua : ut illis tandem firma fides ab omnibus hominibus habeatur, ad omnium adhuc in terris viventium conversionem, vel progressum, et æternam salutem ; *factum est Regnum hujus mundi,* illud scilicet *Regnum,* quod hucusque, potestas infernalis, tam injuste majori ex parte occupabat, et penitus usurpare, sibique in totam æternitatem subjicere, tam violenter tentabat; victis jam, et vinculatis omnibus hostibus irrevocabiliter ereptum, factum est :

4° Possessio *Domini nostri,* nempe veri Supremi, et solius *Domini,* quem nos indigni servi ejus, Fide vera illuminati, et gratia ejusdem adjuti, ut unicum, Optimum, maximumque *Dominum nostrum* agnoscimus, ut Deum Creatorem omnium visibilium, et invisibilium adoramus, ac omnibus populis prædicamus; estque tamen simul *Regnum* hoc

5° *Et Christi ejus,* nempe unigeniti Filii Patris æterni, qui idem est cum Patre Deus omnipotens. Nunc scilicet, destructo imperio Antichristi, ipsoque interfecto, subactis etiam, non vi bellica materiali, sed virtute verbi Evangelici, omnibus potestatibus adversis, solus ex nunc regnabit Christus, qui a Deo Patre constitutus est *Rex Regum, et Dominus dominantium ;* qui et mox Regnum suum temporale, purgatum ab omni labe iniquitatis, expulsis omnibus perversis, translaturus est, ex hoc jamjam perituro mundo, in mundum novum, sine fine duraturum, ac semper imperturbabilem, ibique cum omnibus servis amicisque charissimis, in summa pace vivet.

6° *Et regnabit in sœcula sœculorum.* Hæc, et similia prædicabunt, hisque exhortabuntur ultimi temporis

ministri verbi , ultimos in terris viventes populos , et
singulos homines ; hæc illis , mandante Deo ipso , prædicent , ac ardenter inculcabunt , ut festinent pœnitentiam agere , quicumque tunc adhuc peccatis immersi
reperientur ; et conentur etiam bona merita sua multi-
plicare , quicumque jammodo justificati existent ; quia
omnes mox vocandi erunt ante tribunal justi Judicis ,
qui unicuique , sive bono , sive malo , *juxta opera sua ,*
meritam mercedem largietur.

7° Additur *Amen ,* ad indicandum fervidos illos ministros , agnoscentes infinitam Dei bonitatem , ejusque
amore ardentes ; adorantes etiam ipsius justitiam , fla-
grare desiderio videndi plenam finalemque omnium
adimpletionem ; quasi dicerent : ita fiat ; assererentque :
certissime valde cito ita fiet ; quisque de his serio cogi-
tet , quia omnium intersunt.

16ᵐ VERSUS. **Et viginti quatuor seniores , qui
in conspectu Dei sedent in sedibus suis , ceciderunt in facies suas , et adoraverunt Deum ,
dicentes :**

1° *Et viginti quatuor seniores ;* omnes nempe principes
superioris , seu potius supremi ordinis , tunc existentes
in Ecclesia universali, tum Ecclesiastici, tum civiles, uti
antea probare conati sumus , nempe capitibus quarto ,
quinto , et septimo. Auctores enim , qui pro *viginti
quatuor senioribus* sumunt *duodecim patriarchas* Veteris ,
et *duodecim Apostolos* Novi Testamenti , videntur non
manere in materia Apocalypseos , cum per *Angelum* ad
hoc missum Sancto Joanni promittatur *ei ostendere quæ
debent fieri ,* non quæ facta jam erant. Patriarchæ autem
ad Vetus Testamentum omnino pertinentes , omni modo
videntur exclusi ex historia Ecclesiæ Novæ Legis , nisi

dum in cœlesti Hierosalem circa finem *Libri* reperiuntur; et ipsimet Apostoli, quamvis principes novæ Ecclesiæ, vix, aut ne vix quidem inter *viginti quatuor* possunt
admitti , cum exclusive agi videatur de principibus
Ecclesiæ militantis, in terris viventibus, dum illa contingunt, quæ prædicit Sanctus Joannes ; et reliqui Apostoli jam omnes e vivis excessissent, dum illa scribebat.

2° Itaque illi *seniores , qui in conspectu Dei sedent in
sedibus suis, qui* videlicet Deo vocante, legitime ad principatum , seu prælaturam spiritualem , aut dignitatem
temporalem , promoti fuerunt , ita ut Deo auctore ,
et approbatore *sedeant ,* id est , saltem vero jure , et
secundum justitiam dominentur , *in sedibus suis,* in
thronis merito ipsis assignatis , et digne ab illis occupa-
tis ; adeoque non *in sedibus alienis,* vi, dolo, fraude, aut
quibuscumque injustis viis occultis , aut publicis , cum
detrimento et injuria legitimorum possessorum, usurpa-
tis; illi inquit principes, venerabiles *seniores*

3° *Ceciderunt in facies suas,* profundissima humilitate,
et admiratione, Deum adorantes, ipsique gratias agentes
maximas, de omnibus mirabilibus quæ fecit , pro exal-
tatione Ecclesiæ suæ super terram, et omnium ejusdem
inimicorum humiliatione ; pro sempiterno, ac gloriosis-
simo *Regno Christi ,* et pro omnimoda ac perpetua
destructione maledicti imperii Antichristi , omnisque
potestatis infernalis.

4° Hic , ne quidquam asserere videamur, quod non
clare revelatum est , et consequenter a nemine certo cognosci potest; notetur incertum esse quo præcise modo
moriturus sit Antichristus ; de illo quidem dicit Sanctus
Paulus (a) : *quem Dominus Jesus interficiet spiritu oris
sui , et destruet illustratione adventus sui. Illustratio*
autem *adventus Domini Jesu* in fine mundi , non solum

(a) II. Thessal. c. II, v. 8.

erit illa ineffabilis , ac tremenda majestas , quacum
apparebit jamjam judicaturus vivos , et mortuos ; sed
etiam splendidissimus ille triumphus veritatis, in resurrectione, et glorificatione *duorum testium* , et in ultima
prædicatione Fidei Christianæ , quam remanentes impii
nec audebunt , nec poterunt amplius impedire ; inde
cadet regnum Antichristi , et *Spiritus oris Domini Jesu*,
omnino videtur idem esse ac *gladius utraque parte acutus*,
qui *de ore ejus* exibat ; nempe *verbum Dei ;* et quo forte
anathematizatus, morietur *homo peccati.*

5° Nunc redeamus ad *seniores* prostratos *in facies suas
ante conspectum Dei* , adeoque relinquentes gloriosas
sedes suas , seu thronos potentiæ suæ, et ita testificantes
se toto corde paratos esse ad omnia relinquenda propter
Deum , quæ a Deo solo receperunt, et nonnisi in gloriam
Dei possidere volunt. *Et adoraverunt Deum* , nomine
totius Ecclesiæ, in illa, et cum illa, devotissime *dicentes:*

17ᵘˢ VERSUS. Gratias agimus tibi, Domine Deus
omnipotens , qui es , et qui eras , et qui venturus es : quia accepisti virtutem tuam magnam ,
et regnasti.

1° *Gratias agimus tibi , Domine* , nos qui per misericordiam tuam , ad participationem *Regni tui* vocati sumus, ut aliquando beatitudine sempiterna in te fruamur,
cum omnibus populis curæ nostræ commissis , cum
omnibus animabus , quos nobiscum redimere , et ad
eamdem beatam hæreditatem vocare dignatus es. *Gratias agimus tibi, Domine,* pro nobismetipsis , et pro omnibus ; ac in æternum, cum omnibus electis tuis , in cœlis
gratias tibi agere , et laudes tibi decantare desidera-
mus. *Tibi ,*

2° *Deus omnipotens* , cujus fortissima manus protexit

nos contra omnium inimicorum insidias, et violentias ; et eripuit nos ex omnibus periculis : cujus gratia nobiscum perseverarunt omnes, *quorum nomina in Libro vitæ scripta sunt*, et qui mox ad hæreditatem in perpetuum beatam sunt transmittendi : fac ut nobiscum æternas tibi *gratias agant*, pro innumeris beneficiis, quibus et nos, et illos, tam misericorditer replevisti, in temporalibus et spiritualibus ; tibi enim soli debetur *omnis honor et gloria ab omni creatura*,

3° *Qui es, et qui eras, et qui venturus es ; qui* nimirum *es*, a temetipso necessarie existens, et per quem existunt quæcumque præter te existunt ; independens, et a quo omnia reliqua dependent. *Qui eras*, ac necessarie ita existens *eras*, ab omni æternitate, sine ullo initio, a temetipso, ac per temetipsum; similiter et qui *venturus es*, seu futurus es, per omnem reliquam æternitatem, sine fine, et absque ulla possibili mutatione. Itaque nos, et per nos universa Ecclesia, maximas *tibi gratias agit*, et *agimus*, Domine Deus,

4° *Quia accepisti virtutem tuam magnam :* id est, *quia* in Filio tuo, et per Filium tuum unigenitum, nunc universaliter glorificatum in cœlo, et in terra, imo et in ipsis infernis, manifestasti *magnitudinem tuam*, infinitamque *virtutem tuam*, eumque cum innumerabili multitudine electorum, mox reducem a tremenda extremi Judicii exsecutione recipere statuisti, in supremam sempiternamque gloriam. Quia consequenter,

5° *Et regnasti.* Nempe per eumdem dilectissimum Filium tuum, solus universaliter regnare cœpisti, ac expleto mox extremo illo Judicio, dempta omni potestate adversaria, solus regnaturus es, in perpetuas æternitates ; dum scilicet plene, et ultimatim adimpleta fuerit prædictio Gabrielis Archangeli, dicentis de Christo Domino : *Et dabit illi Dominus Deus sedem David Patris ejus, et regnabit in domo Jacob in æternum; et Regni ejus non erit finis (a).*

Pergunt adhuc Deo ex animi gratitudine loqui, per totum versum sequentem.

18ᵘˢ Versus. Et iratæ sunt Gentes, et advenit ira tua, et tempus mortuorum indicari, et reddere mercedem servis tuis Prophetis, et sanctis, et timentibus nomen tuum, pusillis, et magnis, et exterminandi eos qui corruperunt terram.

1° *Et iratæ sunt gentes,* nempe gentes impiæ, quæ nondum penitus extinctæ sunt, quamvis jam ad impotentiam redactæ, et subjugatæ sint. Quum enim plenum, ac finalem veritatis triumphum videntes, his ultimis saltem momentis, pro venia, et misericordia, ad te, Domine, clamare deberent, jam e contra, malitiæ suæ mensuram implentes, cum desperatione *iratæ sunt, contra Dominum, et contra Christum ejus;* contra Cœlestem Sponsum, et contra Sponsam ipsius Ecclesiam. At frustra, et inaniter, cum nihil ultra possint tentare; quia

2° *Et advenit ira tua,* cujus tandem mensura etiam impleta est, et facta superabundans, ita ut sit parata effundi super omnes obduratos impios adhuc relictos in terris, illosque, cum omnibus, qui ab initio mundi, usque ad hunc diem, illos in pertinaci pravitate præcesserunt, justis suppliciis irrevocabiliter deputare, et implacabilibus tortoribus in æternum tradere. Etenim jam advenit etiam :

3° *Et tempus mortuorum judicari.* Videlicet *tempus* ut omnino omnes mortui resurgant. Quamquam enim in hoc, vel in sequenti versu, non fiat aperta mentio, de

(a) Luc. c. 1, v. 31 et 32.

resurrectione corporum , illa necessarie debet subintel-
ligi , dum reliqua , pro universali Judicio requisita ,
adesse constat. Idem dicendum de ultima conflagratione. Ut igitur resurgant , et *recipiant unusquisque
secundum opera sua;* ut justi, qui jussi fuerant *expectare,
donec impleretur numerus fratrum eorum ,* obtineant tandem *vindictam* de hostibus suis ; et impii , sua culpa
reprobi, justas luant pœnas ; advenit *tempus* adimplendi,
Domine, omnia promissa tua , quo statuisti

4° *Et reddere mercedem servis tuis prophetis ,* qui in
continuis ærumnis, persecutionibus, internis externisque
afflictionibus, pro gloria tua et animarum salute , usque
ad ultimum halitum laborarunt , quorum etiam plurimi
sanguinem suum fuderunt pro gloria nominis tui , ut in
iis adimpleatur verbum tuum , quo pollicitus es : con-
fessurum te *coram Deo Patre tuo cœlesti , et coram Angelis
ejus, omnes qui te confessi fuerint coram hominibus.* Tandem et *tempus* quo similiter dignum præmium daturus es

5° *Et Sanctis* utriusque sexus , qui diversis modis
fideliter tibi servierunt in hac vita, sive ab ingressu suo
in sinum Ecclesiæ , perseveranter in innocentia baptismali viventes, sive post peccata commissa, *dignis pœnitentiæ fructibus* injurias tibi illatas fideliter reparantes ,
et in gratia tua cursum suum terminantes;

6° *Et timentibus nomen tuum ,* omnibus scilicet, qui
salutari *timore* justitiæ tuæ , vel a peccando abstinue-
runt, vel delicta plus minusve gravia , quorum rei fuerant, expiare curarunt; et proinde etiam in amore tuo ,
hanc vitam temporalem, cum beata æternitate mutave-
runt. Verbo : quibuscumque *ex timore tuo* veram *didice-
runt sapientiam ,* ita ut *bene illis fuerit in extremis* (a) ,
cujusvis fuerint status , aut ætatis ; nimirum :

7° *Pusillis et magnis ,* id est , sive in hoc mundo fue-

(a) Eccli. c. 1, v. 13.

rint *pusilli ,* seu humiliati , viles , et contempti inter
homines , seu virtute laudabiles . aut *magni* coram te ,
qui suscitas a terra inopem, et de stercore erigis pauperem;
sive fuerint hic *magni,* et honorati quidem , sed prudenter sese humiliaverint ex amore tuo . et *viles fuerint
in oculis suis* propter te , Domine. Tandem et jam *venit
tempus* et hora, penitus, et in perpetuum

8° *Exterminandi eos, qui corruperunt terram;* seu extir-
pandi omnes gentes corruptas , et corruptrices , singu-
losque depravatos homines qui scandalis suis tot animarum millia secum traxerunt in perditionem ; tot
simplices seduxerunt; tot imprudentes deceperunt ; quo
tandem criminibus eorum finis imponatur, et æternæ
vindictæ tuæ rigorem sentiant illi , qui thesauros-mise-
ricordiæ tuæ perseveranter spreverunt.

9° Utique impossibile est invenire clariorem , quam
in hoc versu decimo-octavo, evidentiorem que declarationem , quod in hoc loco , tempus extremi judicii adesse
ostendatur ; inde in versu sequente , ejusdem exsecutio
necessarie debet reperiri ; eo magis, quod in capite sequente, nempe duodecimo, iterum agitur de rebus, quæ
non in ultimis temporibus , sed in primitiva Ecclesia
contigerunt , ita ut ibidem · reperiatur nova repetitio
historiæ Ecclesiasticæ, aliis iterum imaginibus expositæ .

**19ᵘˢ Versus. Et apertum est templum Dei in
cœlo , et visa est arca testamenti ejus in templo
ejus, et facta sunt fulgura , et voces , et terræ
motus, et grando magna.**

1° In hoc versu, magna latent mysteria, consequenter
et valde magna requiritur attentio, tum ad illum recte
explicandum, tum ad eumdem, quantumvis clare expli-
catum, recte intelligendum. Itaque *et apertum est templum*

Dei in cœlo. Petitur 1° Quid hoc loco intelligi debeat per *cœlum?* 2° Quid *per templum Dei in eo?* et 3° quo sensu illud *apertum esse* dicatur? Auctores, quos videre potuimus, satis parum lucis attulisse videntur, ad hunc difficiHimum versum plausibiliter exponendum. Supplere dignetur Dominus, lumine gratiæ suæ, quod in illorum operibus deest, ut nos saltem utilem, et a veritate non alienum sensum, proferre possimus.

2° Vidimus in præcedentibus jam sæpissime, per *cœlum* ordinarie in hoc *Libro*, debere intelligi *Regnum cœlorum,* de quo Christus in Evangelio passim loquitur, nempe Ecclesiam militantem; *Regnum Christi* super terram; seu *cœlum præparatorium;* quamvis nihil impediat, sæpe pro sensu mere litterali, intelligere *cœlum aereum,* in quo forte Sanctus Joannes vidit sensibiliter apparentes imagines propheticas, seu symbola veritatum, quas prædicere jubebatur Ecclesiis, tum nominatis *septem* particularibus, et per eas omnibus præsentibus, ac futuris, tum Ecclesiæ orbis universi, in omnibus temporibus.

3° Hoc autem loco, quia agitur de extremi Judicii Die, uti firmiter credimus, quum Ecclesia militans usque ad illud temporis punctum existere debeat; cum venturus Judex tunc descensurus sit visibiliter *de cœlo* proprie dicto, in quo, a die Ascensionis suæ glorificatus, *sedet ad dexteram Patris;* arbitramur in hoc versu significari *cœlum empyreum,* seu *locum habitationis* supremæ *gloriæ Dei;* alias enim sensui aliquid deesset, uti omnino videtur.

4° At quid de *templo* illo cogitandum, quod dicitur *in cœlo* existere? videmus in eodem hoc Libro, capite vigesimo-primo, versu vigesimo-secundo, in descriptione cœlestis Hierusalem, (quæ utique idem est, ac *cœlum empyreum,*) Sanctum Joannem in ea civitate, *templum nullum vidisse,* a Deo distinctum; *quia ipse*

Dominus Deus omnipotens, templum illius est. et Agnus!...
Quomodo hoc intelligendum sit , videbimus suo loco.
Sed et sub alio respectu , jam vidimus tamen ibidem
haberi aliud quoddam *templum ;* nempe capite septimo ,
versu decimo-quinto , ubi legimus de *centum-quadra-*
ginta-quatuor millibus ex Israel , et de reliquis Beatorum
turbis, quod sint *servituri Deo in templo suo , die ac nocte;*
et quamvis hoc debeat adimpleri primo in Ecclesia militante, quæ verum *templum Dei* est super terram ; tamen
evidens est hoc iterum et perfectius *in cœlis* supernis
debere adimpleri.

5° Et quamquam *in cœlis* proprie dictis , Ecclesia
triumphans sit magnificentissimum *Dei templum,* cujus
constructio solum in die Judicii terminabitur , et hoc
templum vere sit distinctum a *Deo et Agno;* nihilominus
difficile videtur hoc loco , per *templum Dei apertum in*
cœlo , Ecclesiam triumphantem intelligere. Omnibus
tamen attente consideratis , putamus illum esse verum
sensum phrasis istius, nempe : partem Ecclesiæ Christi,
quæ jammodo in cœlesti gloria triumphat , esse illud
templum Dei , quod Sanctus Joannes , in spiritu prophetico *vidit apertum ,* ipso extremo die, et immediate ante
actum Judicii. Etenim

6° Usque ad illud ultimum temporis punctum, præfatum *templum* manebit certo modo *clausum :* 1° Quia
magnitudo gloriæ Sanctorum illorum , qui in Ecclesia
cognoscuntur , et honorantur , nonnisi obscure , pro
minori parte, et per solam Fidem, hic cognoscitur; tunc
autem, venientibus illis ad judicandum cum Christo in
toto splendore suo eorum gloria manifestabitur. 2° Immensus numerus Sanctorum, et Beatorum forte inferioris
ordinis , omnino ignotus est in terra; v. g. omnes quorum sanctitas nullo evidente miraculo , nulla decisione
Ecclesiæ probata fuit; omnes quorum nomina, vel

saltem vita etiam in terris ubique ignorantur, qui tamen felici morte cœlum ingressi sunt; item immensus parvulorum numerus qui in innocentia baptismali obierunt , tunc inter Beatos apparebunt *in magna* etiam gloria ; ergo sic tunc vere *apertum erit templum Dei in cœlo empyreo ,* et hæc quidem tunc videbuntur in *cœlo aereo* apparentia.

7° Eodem tempore : *Et visa est Arca Testamenti ejus, in templo ejus ;* de quanam *Arca Testamenti ejus* hoc dicitur? Num de illa *Arca* quam fecit Moyses in deserto , et quam instante captivitate Babylonica, Jeremias propheta abscondit in monte , quem olim ascenderat Moyses ut videret a longe Terram promissam , antequam moreretur , et cujus ibidem *Arcæ* latebram , idem propheta ignotam fore prædixit, *donec Deus congreget populum suum, et propitius fiat illi ,* in fine mundi?... Resp. De antiqua illa *Arca* certissime hic non principaliter agitur, quia ista non fuit , nisi *arca Veteris Testamenti ;* et sicut Vetus Testamentum tantum fuit figura *Testamenti Novi et æterni,* sic vetus illa *arca ,* erat solummodo figura *arcæ* ejusdem Novi Testamenti.

8° *Arca* autem hæc, quamvis non ex auro confecta uti præcedens , est infinite pretiosior ; est enim adoranda Humanitas Christi , quæ tunc in summa majestate, *in nubibus cœli ,* id est, in splendidissimo omnium Sanctorum comitatu, seu in medio viventis et *aperti Templi Dei* videbitur, ab omni creatura rationabili. Quemadmodum in Arca Fœderis antiqui conditæ erant Tabulæ Legis , seu Decem Præceptorum Dei , ita in illa vivente *Arca* Novi Testamenti , inclusæ sunt omnes Divinæ Leges, secundum quas ipse Judex Supremus omnes homines judicabit et ipsosmet etiam Angelos ; nam teste Apostolo , tunc etiam Angeli judicandi aderunt.

9° Diximus supra : certe *non principaliter* hic agi de

Arca Mosaica, quia non est improbabile hic secundarie de illa etiam haberi quæstionem ; plausibiliter enim opinari potest, verba Jeremiæ habitura esse etiam litteralem adimpletionem , ita ut *aurea Arca* Legis Veteris reperiri debeat ante finem mundi , v. g. tempore conversionis Judæorum, quæ intelligi debet per hoc , quod *Deus sit congregaturus* denuo *populum Israeliticum, eique propitius sit futurus*. Forte tunc cum *Arca*, simul inveniri possent etiam tabernaculum , candelabrum, etc. , etc.; ut antiquæ illæ figuræ, adhuc semel rerum præfiguratarum confirmationi inserviant. Cum enim tunc apparitura credatur vera *Crux* Christi, ut instrumentum Fœderis Novi, dicente ipso Christo Domino : *tunc parebit signum Filii hominis,* etc. (a), non improbabiliter ex supra citatis verbis Prophetæ supponi potest quod etiam tunc , sive paulo ante , apparitura sint præcipua Fœderis Antiqui instrumenta, aut saltem *Arca.* Sed non erit inutile de his paulo prolixius disserere.

10° Cum ob rationes supra allatas , satis videatur probabilis opinio , quod paulo ante finem mundi *Arca Fœderis* sit detegenda, vel sola, vel cum aliis præcipuis divini cultus instrumentis sub lege Mosaica , hic opportune peti potest : num a fortiori admitti debeat , inter signa proxime præcedentia , vel concomitantia extremum Judicium, apparitura esse aliqua monumenta , vel instrumenta introductionis , seu primordiorum Novæ Legis, et quænam?... Resp. Ab una parte, posset hoc videri inutile, importunum, et ideo minus probabile, ob plurimas quidem rationes , quas nimis longum esset omnes exponere , sed maxime ob illas quæ sequuntur. Videlicet

11° Primo : quia utique Deus inutilia non facit, et non videtur hoc utilitas Ecclesiæ requirere, cum moraliter

(a) Matth. c. xxiv , v. 30.

omnia Novæ Legis instrumenta, per totam durationem militantis Ecclesiæ, ab Ascensione Christi, fuerint reperta, et magna cum veneratione conservata, uti erunt usque ad finem mundi; primum enim et longe nobilissimum inter ea, est Sanctissimum Sacramentum; seu ipsemet Christus Dominus, sub speciebus sacramentalibus latens, et cum Fidelibus suis in terris continuo habitans. Etenim quamvis nihil non sint conati omnes adversarii, et omni ope enitantur, ut thesaurum illum pretiosissimum e medio tollant, Ecclesiæ militanti nunquam auferri poterit, et *cum ipsa erit usque ad consummationem sæculi*; quod ex ipsius Christi promissione stat indubitatum.

12° Secundo : Reliquiæ monumentorum vitæ, et omnium instrumentorum Passionis Christi, (inter quas eminet Lignum salutiferæ *Crucis*), passim in Ecclesiis, aliisque locis piis, summa cura custodiuntur, Fidelibus ostenduntur, et ab illis incessanter honorantur, per totum quidem orbem Catholicum, sed maxime Romæ, et alibi in Italia, Hierosolymis, et alibi in Palestina; eaque sic facta sunt innumerabilia, et perpetua monumenta Novi Fœderis, pro universo genere humano, sine intermissione omnium oculis exposita, nemini impervia, et quæ ab omnibus facillime dignosci possunt, ubi tamen vera Religio aliquantulum cognita est.

13° Tertio denique, in actuali apparitione Christi Judicis, QUINQUE conservata illius VULNERA, erunt manifestissima, et irrecusabilia Novi Fœderis monumenta, ac documenta, omnium creaturarum oculis exposita, quæ certe abundanter sufficere potuissent, et debuissent, si ita Deo placuisset; quis enim certiora, aut clariora requireret?... Sed nihilominus ab altera parte, omnino admittendum videtur quod tunc etiam vera *Crux* Christi, ea ipsa, in qua pro nobis pependit, et mortuus est , sit apparitura , probabiliter in alto aere elevata.

14° Probatur ex eo , quod Dominus proprio ore loquens , de signis, mediate , vel immediate suum secundum adventum præcedentibus dicat : *tunc parebit signum Filii hominis in cœlo.* Hinc tamen variæ oriuntur quæstiones ; prima scilicet : de quo *signo Filii hominis* hoc debeat intelligi? Et resp. De *signo* maxime distinctivo, quo Divinus ille *Filius hominis* in universo mundo, a tempore mortis suæ , factus est celebris , et quo indubie tunc , non solum a Fidelibus , sed et ab infidelibus quibuscumque , agnoscetur ; illud autem *signum* est evidenter ipsa *Crux ,* cui olim pro peccatis totius mundi , affixus fuit.

15° Etenim si Christus Dominus voluisset ut per *signum Filii hominis* intelligerentur ipsa vulnera , quibus in *Cruce* signatus est , et quorum stigmata post resurrectionem suam conservavit ; videtur quod non debuisset dicere *signum,* sed potius *signa Filii hominis ,* quia quinque sunt , et nullatenus per modum unius possunt considerari. Ob hanc forte rationem , at certe maxime ex Traditione Apostolica , tota Christiana antiquitas , imo semper , sicuti hodiedum , tota Ecclesia Catholica , præcitatum textum intellexit de futura apparitione *Crucis Christi in cœlo ,* nempe in alto aere , quæ fiet , ut creditur , sive eodem momento , quo apparebit Supremus Judex , sive paulo ante , eritque omnium oculis exposita.

16° Sed hoc admisso , petitur secundo : An erit vere eadem illa *lignea Crux ,* cui affixus fuit Salvator ? an forte potius phænomenon , in aere , vel in firmamento , in modum Crucis formatum ? Resp. Antiqui , celeberrimique Sancti Patres , Hieronymus, Chrysostomus, Hilarius , et alii multi Auctores magnæ auctoritatis , omnino videntur supponere realiter eamdem *Crucem* , sed ineffabili gloria fulgentem ; et hæc veneranda sententia videtur vere conformis menti Ecclesiæ, quæ cantat in Officio Divino , de vera *Cruce* Redemptoris : *Hoc signum Crucis erit in cœlo, cum Dominus ad judicandum venerit.* Itaque dicendo *hoc signum,* videtur omnino indicare substantialiter eamdem *Crucem ,* quam in Officio illo honorat; illa autem *Crux* est vera *Crux Christi ,* eadem nempe, ʼquæ Christo in ea patiente , et moriente , facta fuit instrumentum salutis nostræ, et *vexillum Regis* æternæ gloriæ. Ergo, etc.

17° Nunc, quamvis hoc , non ut Fide certum , ab Ecclesia credendum proponatur , nullatenus video , quid solidi piissimæ isti sententiæ opponi posset. Quidquid enim supponatur appariturum loco materialis istius *Crucis*, non erit salutifera *Crux* Christi , sed quædam ejusdem figura , consequenter certe minus veneranda , minusque reprobis , et dæmonibus tremenda, Angelis minus pretiosa , et electis infinite minus consolatoria , quam ipsissima *Crux* Salvatoris. Aliquid igitur valde quidem momentosi deesse videbitur triumpho Christi Domini , et omnium electorum ejus. Præterea si non sit *vera Crux* Christi , nec erit verum *Signum Filii hominis* : ergo nec prophetia Christi erit vere adimpleta; quod impossibile est admittere. Ergo etc.

18° Petitur tertio : Cum innumerabilis turba hominum judicandorum, in terra deorsum collocanda credatur, ad expectandam Supremi Judicis sententiam, nempe in valle Josaphat, juxta Hierusalem , vel in quovis alio loco , ad hoc destinato a Deo ; si vere eadem illa *Crux ,* quæ est , vel fuit utique magna , imo magna nimis , quum a Christo tam horrenda jam passo , portaretur , sed valde parva loci altissimi habita ratione , ubi creditur apparitura; quomodo poterit videri ab omnibus aspicientibus, tam remotis? Resp. Utique sacratissimum corpus Christi, olim isti *Cruci* clavis affixum, est mole multo minus, et tamen ab omnibus clare videbitur. Insuper adhuc certe incomparabiliter minora sunt ejusdem Quinque Vulnera, quæ tamen etiam ab omnibus distincte videbuntur; a Beatis nempe in consolationem, a reprobis in confusionem suam.

19° Ergo ita disponet tunc Deus omnium oculos, ut et *Crucem*, et Humanitatem Christi, et Vulnera ejus, et quæcumque aspicienda exhibere voluerit, distinctissime, et quasi prope adstantes intueri et discernere omnes valeant; et quidem debeant etiam, qui non desiderant (a). Nec objici debet, quantum ad *Crucem* Domini, illam jam pro majori parte divisam, per innumerabiles particulas, in toto orbe Christiano dispersam esse, et adhuc quotidie magis magisque dispergi; insuper eam, nisi forte miraculose servetur, in universali tandem incendio, esse in cineres redigendam : idem est, et erit, de corporibus omnium mortuorum, et hoc tamen non impediet eorum resurrectionem. Itaque, etiamsi omnes particulæ, et quæcumque adhuc supersunt, notabiliores partes Sanctissimæ *Crucis* combustæ forent, et cineres per universum orbem dispersi, multique eorum in profundissimis maris et fluminum abyssis deperditi, nihil utique obstare poterit, quin Deus omnipotens, illam instauret, seu quasi resuscitet.

20° Petitur quarto : His suppositis, quid tunc fieret de materiali illa *cruce*, post extremum Judicium? Resp. Solus utique Deus hoc certo cognoscit; at salvo meliori, opinamur nos illam, ut æternum monumentum, ac gloriosissimum tropæum victoriæ Christi Supremi Regis, et omnium beatorum servorum illius, in aula cœlesti esse collocandam; hoc enim videntur requirere et Sanctissimæ

(a) Videbunt in quem transfixerunt. Joan. c. xxix, v. 37.

Crucis dignitas, et gloria Christi, et gaudium Angelorum, et omnium Sanctorum, et justissime inflicta confusio Dæmoniorum, et reproborum, pro tota futura æternitate.

21° Petitur tandem quinto : An ob easdem rationes, quæ militant pro vera *Cruce* Christi, non etiam reliqua Passionis ejus instrumenta tunc apparere, et in cœlis conservanda deponi deberent?... Resp. iterum : quid de illis fiet, soli Deo notum est. Attamen, nobis videntur fere eædem et pro istis etiam rationes. Sed obstat 1° quod Christus Dominus solummodo locutus sit de uno *Signo Filii hominis;* si igitur illud unum *Signum* sit ejus *Crux,* de reliquis non videtur haberi quæstio. 2° Quod *Crux* fuerit instrumentum principale Passionis Christi ; cætera, nempe corona spinea, arundineum sceptrum, flagella, purpura, vincula, clavi, etc., etc ; quasi accessoria ; quæ, quantumvis veneranda, non videntur æque momentosa. 3° Quod sola *Crux* satis repræsentet dolorosissimam Christi Passionem et opprobria illi annexa, adeoque cætera instrumenta ad æternam Passionis, et victoriæ Christi commemorationem non ita videantur requiri.

22° Attamen quis novit, utrum omnia illa, non uti partes integrales *Crucis,* ad eam debeant referri, et in uno tropæo, *Cruci* unita apparere, ac consequenter cum illa conservari ?... nullatenus absurdum, aut pro Fide periculosum esset, hoc opinari ; Etenim non a certa aliqua forma *Crux* sortitur nomen suum, sed a verbo *Cruciare,* quia scilicet præcipuum est instrumentum, destinatum ad *cruciandum,* seu torquendum : inde quidem omnia, quæ vel animam, vel Corpus alicujus affligunt, torquent, aut cruciant, interdum *Cruces* vocantur, et merito ; proinde cum omnia quæ passus est Christus Dominus post ultimam Cœnam, sive in horto

Olivarum, sive in vinculis captivitatis, sive in viis ab
uno ad alium Judicem, sive in flagellatione, corona-
tione, Crucis bajulatione, crucifixione, et usque ad
mortem, sub uno nomine *Passionis* comprehendantur,
ita potuit Christus Dominus sub uno *Crucis nomine
collectivo,* dum prædicebat apparitionem *Signi Filii hominis,* omnia instrumenta Passionis suæ significare.

23° Omnibus ergo attente consideratis, confidenter
concludere audemus : Sacrosanctum Vexillum Regis
æternæ gloriæ, id est, Veram *Crucem* Christi, in
extremo die apparituram, et in æternum conservandam
esse. Interim valde mirum videbitur multis Sanctum
Joannem in Apocalypsi, nullam omnino mentionem
fecisse de rebus tam momentosis, et quæ videntur tam
naturaliter ad illius Libri materiam pertinere, præsertim
in variis descriptionibus signorum, quæ in fine mundi
apparebunt, maxime in extremi Judicii Die. Sed tamen,

24° Si majori diligentia, et ferventiori pietate,
textum sacrum, et mysticum Sancti Joannis loquendi
modum perpenderemus, forsitan invenire possemus,
etiam in hoc *Libro*, futuram apparitionem *Crucis* Christi non fuisse omissam. Dum hoc eodem capite, et
versu, Sanctus Joannes dicit : *Et apertum est templum
Dei in cœlo, et visa est arca testamenti ejus ;* in explanatione istius loci, æstimavimus, uti etiamnum æstimamus, non solum ex nostra, sed ex magnorum auctorum
conjectura, *arcam* illam esse, seu significare adorandam *Humanitatem Christi :* sed cum Christi Humanitas
in terris humiliata ad mortem usque, tam arcte juncta
fuerit Cruci, quæ tunc erat vilissimum, summeque contemptum, doloris ac mortis instrumentum, numquid
eadem Humanitas in cœlis glorificata, separari debet,
a glorificata etiam, et in Cœlis exaltata *Cruce?*... nonne
posset aut forte deberet, nomen *arcæ*, in hac visione

etiam ad *Crucem* , junctam cum Christi Humanitate apparentem , seu apparituram extendi ?...

25° Notandum enim est : quod dum loquimur , v , g. de admirabili virtute Sanctæ Crucis , non intelligamus *Crucem* a Christo independentem , et separatim sumptam, sed *Crucem* Christo quondam in ea passo, unitam, si non physice jam, et materialiter, vere tamen, sed spiritualiter. Ergo et dum de gloriosissima Humanitate Christi loquimur, videmur posse illam considerare etiam non amplius quidem ut physice, sed spiritualiter , et arctissime *Cruci* adhuc conjunctam , quasi sint unum et idem. Itaque si *Arca testamenti* significet Christi Humanitatem, sub alio respectu eadem *Arca,* forsitan, (ne dicam probabiliter,) significat *Crucem* Salvatoris.

26° Sed si quis forte dicat *Crucem* nullo modo posse *Arcæ* comparari ; cum utique per *Arcam* necessarie intelligatur capsula quædam, aut vas concavum, *Crux* e contra sit instrumentum solidum , seu machina trabibus solidis composita ; quod proinde nimis claudicaret illa comparatio, ac consequenter non sit admittenda; ad hæc respondebimus : *Crucem* Christi non esse quidem physice , sed moraliter concavam, multosque in ea , ac inæstimabiles thesauros contineri , quibus omnes amatores suos spiritualiter ditat , non solummodo pro hoc brevi mortalis vitæ tempore , sed pro tota æternitate. Recte igitur vocari potest *Arca*.

· 27° Ob rationes supra allatas , *Crux* merito comparatur *Arcæ Fœderis ,* seu *Testamenti,* quia sicut Arca Mosaica principale fuit *signum* Veteris Testamenti, ita Novi Testamenti *Crux* est *signum* præcipuum. Insuper Ecclesia considerans admirabilem *Crucis* capacitatem , seu spiritualem concavitatem, propter opus Redemptionis nostræ , ad quod adhibita fuit , illam comparat Arcæ Noemi , cantans in hymno Officii Sanctæ *Crucis : Arca*

mundo naufrago, etc. ; quia sicut Arca Noemi continebat
tempore diluvii omnes animas a mortiferis fluctibus
protegendas, ita spiritualiter spatiosissima *Arca Crucis,*
mystico sensu, includit omnes animas a mortiferis corrupti mundi fluctibus in æternum salvandas, per infinita
merita Christi crucifixi. Forte quidem idcirco Deus
voluit ut antiqua Arca conservatis creaturis gravida, fixa
remaneret in summitate Montis Ararat , quod vivificam
Domini *Crucem ,* in Monte Calvariæ defigendam præfigurare debebat.

Sed nunc revertamur ad textum sacrum. Dicitur adhuc
in hoc versu :

28° *Et facta sunt fulgura* . An *fulgura* ordinaria, seu
naturalia?... Resp. Nullatenus, illa enim nec adeo
sublimia, aut momentosa sunt , ut a Sancto Joanne prædicenda forent; nec ullum includerent mysterium, etiamsi
solito terribiliora supponerentur futura ; sed nomen
fulguris hic mystice sumitur ; et significat manifestationem omnium criminum reproborum. Quemadmodum
enim *fulgure* naturali , subito producitur triste et tremendum lumen, quo unico momento ostenduntur omnia
ante oculos posita , ita omnium criminum manifestatio ,
ex Dei omniscientia subito profulgens , producet in
omnibus ad quos pertinebit, tristissimam, ac terribilem
cognitionem, seu lumen , quo clare videbunt quam multis culpis horrendisque criminibus sint devincti, quibus
Dei justissimam , ac implacabilem iram concitave-
runt. Sed

29° Sequitur : *et voces.* Post *fulgur,* solet sequi strepitus tonitruum ; et quidem quo majus fuerit *fulgur ,* eo
vehementior solet esse fragor tonitru sequentis ; sicuti
pro singulis damnandis , secundum criminum eorum
diversam magnitudinem , relative minus , aut magis
terribilis erit *vox* sententiæ Judicis, quæ criminum mani-

festationem sequetur. *Voces* ergo quæ hic prædicuntur, sunt sententiæ condemnationis, a Judice Christo, contra reprobos, tam ex Angelis, quam ex hominibus pronuntiandæ, quæ omni tonitru ineffabiliter terribiliores erunt. Inde sequetur :

30° *Et terræ motus,* maximus scilicet motus desperationis, iræ furiosissimæ, ululatus, et stridor murmuris, tum hominum, tum Angelorum reproborum, ex tunc scientium se numquam ad Cœlum pervenire posse, sed se visceribus terræ, seu abyssis infernalibus, in æternum addictos esse. Illi enim motus certissime tunc fient, si forte non sensibili sonitu, saltem cum ineffabili strepitu spirituali, possuntque vocari *terræ motus*. quia *in terris* fient et emittentur, seu procedent ab hominibus quondam omnino *terrenis, terrarum* amatoribus, et ab Angelis apostatis, qui relicto *Cœlo, in terris* vagari solebant, ad seducendos homines. Post illos *terræ motus,* ultimo loco sequitur

31° *Et grando magna.* Sed cujus naturæ erit illa *grando magna ?* utique iterum non *grando* istius generis aut speciei, quales nos videre solemus tempore æstivo ; sed iterum *grando* mystica, et infinite terribilior quam quas unquam agros nostros devastantes vidimus, aut alibi cecidisse audivimus ; primo, quia dum jam, per universalem conflagrationem, omnia, quæ igne destrui, vel exsiccari possunt, consumpta fuerint, non supererunt amplius nubes in atmosphæra, unde *grando* naturalis formari, et cadere posset. Nec contra hoc dicatur : Ipsummet Christum prædixisse : *se venturum in nubibus Cœli ;* uti enim jam alibi notavimus, illæ *nubes Cœli,* sunt turbæ sanctorum Angelorum, et beatarum animarum, quibus Christus circumdatus veniet ; sed *nubes* unde naturalis grando, pluvia, et nives decidunt, potius *nubes terræ* vocarentur, quia ex vaporibus de terra, fluminibus, et mari ascendentibus formantur.

32° Deinde etiamsi, Deo volente, nubes naturales, eorumque ordinarii effectus tunc essent 'possibiles, et de facto existerent; quonam caderent illæ grandines, de quibus hic agitur? An per totum orbem terrarum, ad puniendum mundum? Sed quid hoc faceret, dum omnes homines in sola valle Josaphat congregati erunt, et bruta, et fructus agrorum non amplius existent, quia nec amplius necessaria, nec utilia erunt?... An forte solummodo in illo loco ubi erunt homines? Sed quid hoc mali posset facere, 1° Beatis, qui nullatenus amplius puniri debebunt; qui erunt impassibiles, et qui probabilissime in terra deorsum non stabunt judicandi, sed immediate post resurrectionem suam, in altum elevabuntur?... 2° ipsis reprobis, qui etiam neque occidi *grandine,* nec quavis alia plaga poterunt, et quorum tormenta aliunde erunt infinite pejora, quam *grandines?* Sed qualis tandem erit illa *grando magna?*

33° Resp. Ipsimet reprobi, tum ex Angelis, tum ex hominibus, quorum turbæ erunt plane innumerabiles, et terribiles, sicut maximæ nubes, in summo gradu atræ; ad instar lapidum *grandinis magnæ,* impetuosa vi iræ Dei, in abyssum infernalem præcipitabuntur, quam pressi criminum suorum pondere minus vel altius penetrabunt, pro diversitate culparum et scelerum, sicut lapides magni, vel globuli tormentorum bellicorum, ex alto cadentes in terram mollem, vel in lutum, magis vel minus profunde penetrant, pro diversitate ponderis sui. Hæc igitur erit, ut putamus, illa *grando magna* de qua hic est quæstio.

34° Sed ubinam, aut quomodo, in hoc versu, inveniemus judicium sanctorum Angelorum, et hominum? Etenim et ipsi judicari debent, testante Spiritu Sancto per Apostolum: *nescitis quoniam Angelos judicabimus?*

et hoc non dicit de solis *Angelis malis*, sed indistincte, de omnibus. Et alibi de hominibus judicandis loquens dicit : *omnes stabimus ante Tribunal Christi.* Ad hoc resp. Quantum ad beatos Angelos, et homines, cum venturi sint in comitatu Supremæ Majestatis Christi Judicis, ut charissimi ejus amici, fidelesque ministri, eo ipso eorum manifestabuntur merita, et etiam ipsis parata præmia ; ergo et eo ipso judicati erunt. Nec obstat quod hic non fiat mentio de resurrectione, et glorificatione corporum Sanctorum ; quia utique istorum corporum resurrectio, et reassumptio beatarum animarum, erunt partes manifestationis gloriæ eorum, et consequenter judicii eorumdem.

35° Sic igitur in æternis suppliciis prostrata, seu infernali in carcere perpetuis vinculis clausa maledicta turba, et Judice Christo, cum beata multitudine, in Cœlos reverso, fulgebit tandem ultimum, perpetuumque Sabbatum in sempiternis gaudiis celebrandum. Hæc autem erit *septima Ætas* Ecclesiæ, cum Sponso suo in æternum regnaturæ; nec erit ex tunc amplius Ecclesia *militans* in terris ; nec Ecclesia *patiens* in Purgatorio, sed sola *triumphans* in Cœlis.

36° Sed objici posset : si ille sit sensus verborum hujus versus, cur in hoc textu nihil omnino dicitur, de æternis beatorum gaudiis?... Resp. 1° Quia in versu præcedenti satis clare dictum erat : Jam *advenisse tempus remunerandi prophetas, et alios sanctos servos Domini, ac timentes nomen ejus, pusillos et magnos.* Quæ enim a Spiritu Sancto prædicta sciuntur, debent supponi suo loco et tempore adimpleta, etiamsi de adimpletione nulla fiat mentio. 2° Quia omnium electorum præmia jam in præcedentibus prophetiis reperiuntur explicata ; et quidem repetitis vicibus modo descripta fuerunt, præsertim in illis, quæ jubente Angelo, Sanctus Joan-

nes dicit *Angelis*, seu Episcopis *septem Ecclesiarum*. 3°
Quia adhuc clarius, et magnificentius, illa explicanda,
et quasi depingenda sunt, in capitibus penultimo,
et ultimo hujus libri, ubi describitur *Cœlestis urbs
Jerusalem*.

37° Ob similes fere rationes, necesse non fuit ut hoc
loco explicarentur tormenta damnatorum; nobis saltem,
salvo meliori, sic omnino videtur. Omnia enim quæ
ad nostram tantum opinionem pertinent, quamvis ea
sincere teneamus, donec meliora invenerimus, vel
Ecclesiastica auctoritas contradicat, nullatenus ut certa
asserere intendimus; et libenter fatemur multa quæ
nobis fundata videntur, ab aliis, forte sapientioribus,
ne probabilia quidem posse æstimari. Idem etiam profitemur de sequentibus ejusdem speciei, usque ad finem
hujus opusculi.

FINIS TOMI PRIMI.

INDEX
CAPITUM HUJUS VOLUMINIS.

PARS SEXTA.

CAPUT DECIMUM.

Angelus aliquis descendit de cœlo , et annuntiat sub juramento , tempus non amplius futurum ; mox consummandum mysterium Dei. Deinde porrigit Sancto Joanni librum devorandum. Interea septem tonitrua loquuntur arcana , non scribenda in Libro hoc. Liber traditus , est dulcis in ore, amarus in ventre devorantis.   437

CAPUT UNDECIMUM.

Datur Sancto Joanni calamus , ad metiendum templum , altare et adorantes. Relinquitur atrium profanandum a Gentibus , quæ et calcabunt civitatem sanctam. Prædicant duo testes. Quinam per illos intelligantur. Mira eorum potestas. Occiduntur a Bestia ascendente ex abysso. Resuscitantur, et ascendunt in cœlum. Consummatio secundi VÆ. Ad sonitum septimæ tubæ, tertium VÆ.   465

FINIS INDICIS.

Tornaci , apud J. Casterman et Filios.

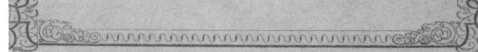